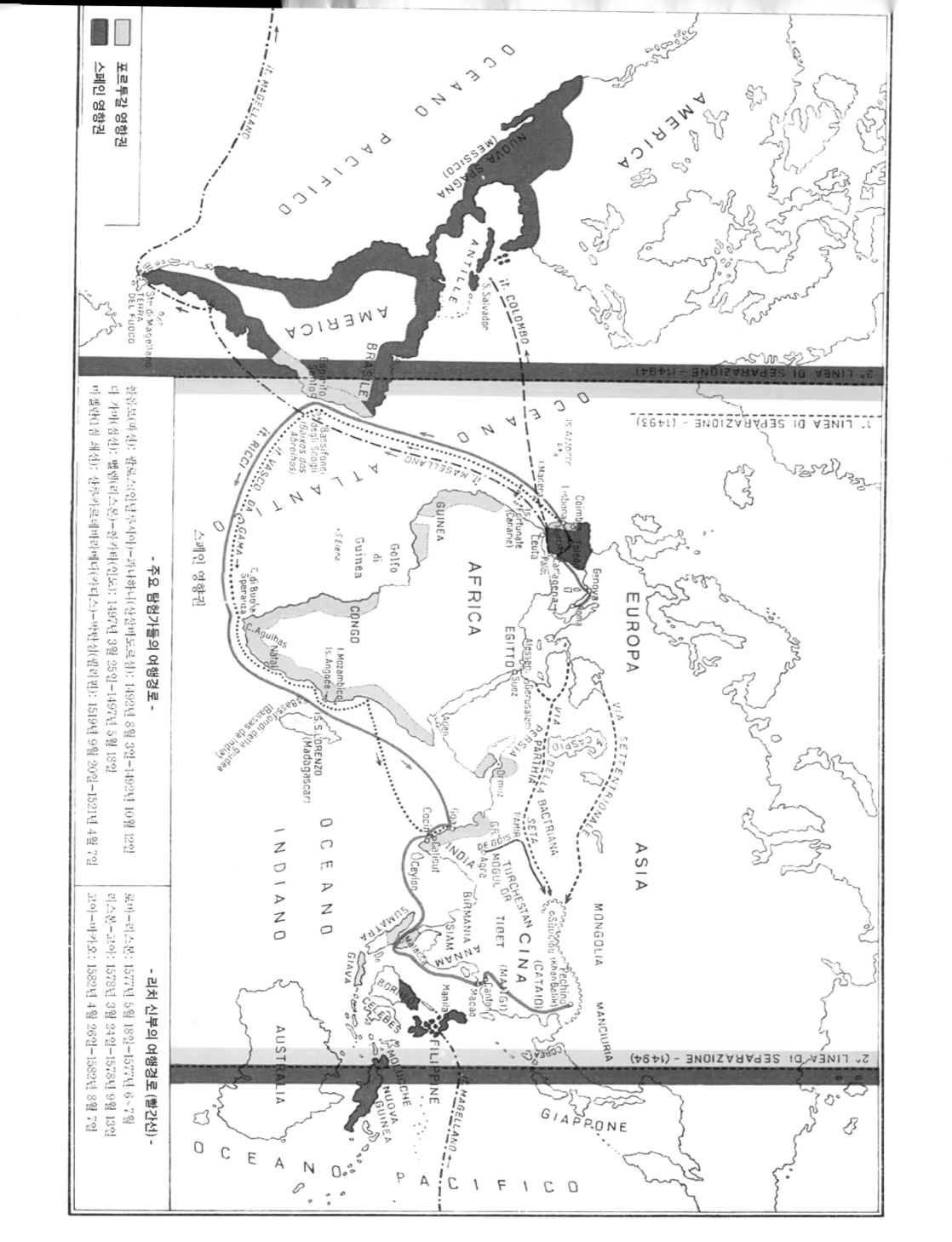

리치 원전 【1권】

Fonti Ricciane

그리스도교의 중국 진출기

리치 원전 【1권】

Fonti Ricciane

—

1판 1쇄 인쇄 2024년 10월 30일
1판 1쇄 발행 2024년 11월 15일

—

저   자 ㅣ 마태오 리치, 파스콸레 마리아 델리야
역주자 ㅣ 김혜경
발행인 ㅣ 이방원
발행처 ㅣ 세창출판사

신고번호 제1990-000013호
주소 03736 서울시 서대문구 경기대로 58 경기빌딩 602호
전화 02-723-8660 팩스 02-720-4579
이메일 edit@sechangpub.co.kr 홈페이지 www.sechangpub.co.kr
블로그 blog.naver.com/scpc1992 페이스북 fb.me/Sechangofficial 인스타그램 @sechang_official

—

ISBN 979-11-6684-331-0 94230
      979-11-6684-330-3 (세트)

—

이 역주서는 2018년 대한민국 교육부와 한국연구재단의 지원을 받아 수행된 연구임.
(NRF-2018S1A5A7029259)

—

이 책은 한국연구재단의 지원으로 세창출판사가 출판, 유통합니다.
잘못 만들어진 책은 구입하신 서점에서 바꾸어 드립니다.

리치 원전 【1권】

Fonti Ricciane

마태오 리치의 원전과
유럽-중국 간 첫 번째 관계사

(이탈리아 왕립 학술원 주관)
파스콸레 마리아 델리야 발행 및 주석
김 혜 경 역

세창출판사

마태오 리치가 쓰고

예수회의 파스콸레 델리야 신부(교황청립 그레고리오대학교 및 왕립

로마대학교 중국학 교수)가

미간행 자료와 중국 자료들을 토대로 새로 출판하며

방대한 해설을 덧붙인 작품

로마, 국립서고원 - 1942년-XX

[그림 1] 마태오 리치 신부 초상화(예수회, 1552-1610)

P·MATTHEVS RICCIVS MACERATENSIS QVI PRIMVS E SOCIETAE
IESV EVANGELIVM IN SINAS INVEXIT OBIIT ANNO SALVTIS
1610 ÆTATIS 60.

예수회의 에마누엘레 유문휘游文輝 페레이라 수사가 리치가 사망한 직후 북경에서 그려,
1614년 예수회의 니콜로 트리고 신부가 로마로 가져와 '예수 수도원'에 소장된 초상화

마태오 리치 작품의

이탈리아 국립판 출판을 선언함

Dichiarazione di edizione nazionale della pubblicazione delle opere

di Matteo Ricci

[그림 2] 리치 시대 중국 지도

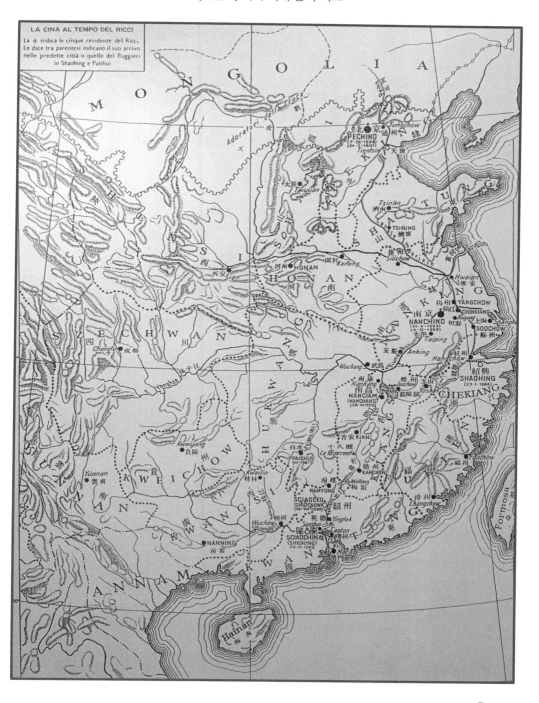

이탈리아 왕립학술원 원장
루이지 페데르조니의 서언

　우리가 흔히 '단테의 시대'라고 부르는 르네상스의 서막에서, 두 명의 열정적인 이탈리아인이 중국을 찾은 적이 있습니다. 한 사람은 상인으로, 다른 한 사람은 선교사로 갔지요. 마르코 폴로와 몬테코르비노의 요한 수사였는데, 요한 수사는 그리스도교 문명을 전하기 위해 처음으로 대ㅅ 카타이까지 갔고, 마르코 폴로는 『동방견문록Milione』를 통해 중국 문명에 대한 최초의 정확한 정보를 전한 바 있습니다.

　그 후 3세기가 지나면서, 타타르 왕조는 무너지고, 중국에서 첫 번째 사도의 목소리는 모든 울림과 기억이 사라졌고, 다시 시작해야 하는 상황이 되었습니다. 식스투스 5세와 토르콰토 타소 시대에 처음 두 사람에 못지않은 또 다른 두 명의 이탈리아 사람, 미켈레 루지에리와 마태오 리치가 그리스도의 말씀을 중국의 심부로 가지고 들어갔습니다. 그들이 1584년 설교를 시작할 때, 3세기 전에 뿌려진 씨앗이 있었고, 1610년 리치 신부가 사망할 때 2,500여 명의 신자를 남겼습니다. 그들은 모두, 혹은 거의 가장 교양 있는 상류층 인사들이거나 황실 근처에 있던 사람들이었습니다.

　그러나 학식 있는 예수회 회원[리치]의 뛰어난 장점은 그가 중국어로 쓴 신학, 철학, 지리학, 수학에 관한 저작을 통해 서양 문명에 대한 지식과 인식을 중국에 전파했을 뿐만 아니라, 이탈리아 작품을 통해 먼 제국의 삶과 역사, 관습과 제도에 관한 폭넓고 정확한 지식을 우리에게 전해주었다는 점입니다.

중국학자들의 제일인자로서 학문적인 영역에 천착한 건 옳은 일이었습니다. 우리 시대의 한 중국학자[타키 벤투리]는 리치 신부를 일컬어 선교의 혜택을 학문으로 확장한 최초의 인물이라고 주장했습니다.

피에트로 타키 벤투리Pietro Tacchi Venturi S.I. 신부는 1911~1913년, 자신의 저서 『중국에 관한 해설과 서신들Commentari della Cina e le Lettere』의 초판을 출간하여 학자들로부터 큰 호평을 받았습니다.

하지만 리치 신부의 저작들에 대한 새로운 판본, 즉 중국 자료를 더 직접적으로, 심층적으로 조사하여 완성도를 높인 판본이 필요했습니다. 이 작업을 로마 왕립 대학교와 교황청 그레고리오 대학교에서 중국학의 최고 권위자 파스콸레 델리야 신부가 맡았습니다. 그는 최근 리치 신부의 거대한 세계지도를 잘 편집하여 출판했고, 그해 이탈리아 왕립학술원 지정 최고 저자 중 한 명으로 지목되었습니다.

마태오 리치 신부의 간행 또는 미간행 작품 중 파스콸레 델리야가 시작하는 이 책은 이탈리아 왕립학술원, 국립 교육, 과학 및 예술 위원회의 후원으로 재출판을 제안했고, 보타이Bottai 장관은 국립 판으로 결정하고 그렇게 주문했습니다. 이탈리아 정부와 학술원에서 이 책의 중요성을 인정하고 출판까지 동행하기로 한 것은 당연한 일입니다. 왜냐하면 중국학 분야에서 이탈리아가 영광스러운 우위를 차지하는 것뿐만 아니라, 학문과 신앙의 위업에 관한 크고 힘든 부분을 조명하기 때문이고, 방대한 연구와 조사가 필요한 학문적으로 가치 있는 자료들을 대중에게 가장 많이 정확하게 전달하기 때문입니다. 델리야 신부가 오랫동안 성실하고 엄중하게 조사함으로써 연구하고 재정리한 자료로, 이 첫 번째 책 《1582년부터 1597년까지, 즉 리치 신부가 마카오에 처음 도착해서부터 조경과 남창과 남경으로 거슬러 올라갈 때까지, 그리스도교 중국진출의 역사》를 다루고 있습니다. 리치와 그의 첫 동료들은 고되고 위험한 순례의 여정에서 처음에는 [불교] 승려의 옷과 이름을 차용했고, 나중에는 [중국인] 문인 학자들의 의복과 이름을 씀으로써 스스로 중국인이 되어, 동료 루지에리가 기록한 것처럼, 말로 표현할 수 없을 정도로 유익한 결과를 얻었습니다.

이 책으로 다시 돌아가서, 역사-지리학 분야를 사랑하는 모든 분께 이 책을 드리게 되어 기쁘게 생각합니다. 델리야 신부는 위대하고 아득한 대선배[리치]에게 최고의 확실한 기념비를 세웠습니다. 가장 학문적이고 애정 어린 건설에 이탈리아 왕립학술원이 빠져서는 안 될 것입니다. 학술원의 과제 중 하나가 가장 인내심 있고 엄격한 모든 연구에 임하는 학자들을 격려하고 지원하는 것이기 때문입니다.

로마, 1941년 6월 9일

루이지 페데르조니(Luigi Federzoni)
이탈리아 왕립학술원 원장

파스콸레 델리야 신부의 서언

그리스도교는 중국에 세 번 진출했는데, 그 결과는 매번 달랐습니다. 먼저 635년에 네스토리우스교의 형태로 들어갔고, 두 번째는 1294년 가톨릭교의 형태로, 세 번째 역시 1583년 9월 10일, 가톨릭교의 형태로 들어갔습니다.

635년 당나라(618-907) 태종 시절 알로펜Alopen, 阿羅本을 선교단장으로 네스토리우스의 선교사들이 중동 또는 동로마[대진(大秦)[1]]에서 들어가 845년까지 발전하다가 980년경에 이르러 그 맥이 끊어졌습니다. 그러다가 1007년 아시아의 고원 지역High Asia[2]을 거쳐 다시 들어가 12세기 내내 번성하다가 이교주의와 이슬람교의 확산으로 사라졌습니다. 그 흔적은 수많은 그리스도인 무덤과 '십자교十字教'의 자취를 통해 충분히 통찰할 수 있습니다.

1294년, 이탈리아 출신의 프란체스코 작은형제회 소속의 조반니 다 몬테코르비노Giovanni da Montecorvino(1247-1328) 신부에 의해 시작된 새로운 진출은 그가 칸발리크Khanbalik —후에 서양에서 북경으로 알려지게

---

1   **역주_** 한(漢)나라 때 중국에서 로마를 가리킨 말.
2   **역주_** 아시아 내륙 고원 지역을 가리키는 말로 파미르, 히말라야, 티베트, 에베레스트 일대를 말한다. http://en.wikipedia.org/wiki/Roof_of_the_World

될 도시— 의 첫 대주교가 되고, 이어 이탈리아 출신의 동료 수사들에 의해 발전을 거듭하여 14세기 초반까지 중국 왕조의 주요 대도시에 여러 교구를 세우는 등 처음으로 희망의 조짐이 보였으나, 1368년에 이르러 그 희망은 무참히 꺾이고 말았습니다. 그들이 세운 교구들은 완전히 폐쇄되었고, 그 후 2세기에 걸친 긴 침묵으로 그때까지 이룩한 분명한 흔적마저 찾아보기 힘들 정도가 되어 버렸습니다.

1583년부터 예수회의 마태오 리치에 의해 시작된 세 번째 진출은 중국 가톨릭교회의 근대기라고 하겠습니다. 이것은 우리[예수회] 선교사가 오늘날 자오칭(肇慶)이라고 부르는 광동 연안에 수도회를 세우면서 시작되었다고 할 수 있습니다. 뒤이어 다른 네 곳에 분원分院이 세워졌습니다. 남쪽에서 북쪽까지, 방대한 대륙에 선교적으로 전략적인 지역에 씨앗이 뿌려진 것입니다. 광동성 북부에 있는 오늘날 소주韶州[현재의 사오관 韶關], 장시성江西省의 중심도시 남창南昌, 중국 남부의 수도라 불리는 남경南京과 북부의 수도 북경北京이 그것입니다. 그 시기에 가톨릭교회는 안으로는 길고 험난한 아픔을 겪었고, 밖으로는 잔인한 박해가 계속되었음에도 불구하고, 중국 땅에 강력하게 뿌리를 내리고 거대한 나무로 성장하여 현재 이 방대한 국가의 모든 지역으로 뻗어 나가 350만이 넘는 신도 수를 형성하고 있습니다.[3] 모두 교황청을 대표하여 교황대리 자격으로 중국을 찾았던 150명도 안 되는 고위 성직자들 덕분이었습니다. 이제 선

---

3   **역주_** 1940년 9월 27일 이 서언을 쓴 날짜를 기준으로 한 것이다. 2010년 기준 147개 교구에 3300만가량 되는 걸로 추정한다. 애국교회가 있어 정확한 통계를 확인하기는 어렵다. Cf. Katharina Wenzel-Teuber, Translated by David Streit, *People's Republic of China: Religions and Churches Statistical Overview 2011, Religions & Christianity in Today's China*, vol. II, 2012, No. 3.

교는 선교사들이 선교지에 뿌리를 내리는 형태로 바뀌고 있습니다. 과거의 선교 형태와는 달리, 이미 오래전부터 토착교회의 형태로 변화되고 있습니다. [1940년대 현재] 중국에는 25명의 현지인 고위 성직자가 있고, 이들은 하나같이 신앙에서나, 성사에서나, 또 예수 그리스도의 지상 대리자(교황)에 대한 순명에서나 로마와 긴밀하게 일치를 이루고 있습니다.

중국 속담에 '우물에서 물을 마실 때는 그 물이 어디서 왔는지 근원을 생각하라(飮水思源)'라는 말이 있습니다. 오늘날 가톨릭교회가 중국에서 활동하는 근원에는 이탈리아가 낳은 아들 마태오 리치가 있었습니다. 외국인에게 수세기 동안 닫혀 있었던 나라, 유럽대륙보다 훨씬 큰 대륙이 리치의 지혜와 온유함, 지식과 인품과 성덕으로 교회와 문명 세계를 향해 문을 열었습니다. 그는 조심스럽게 중국의 지식인들 사이에 자리를 잡았습니다. 중국의 지식인들이 중국 외에는 다른 세계도 없을뿐더러 중국보다 우수한 지식은 있을 수 없다고 확신하던 상황에서 리치는 그들이 거부감을 일으키지 않는 방식으로, 상위 계층에서부터 그들의 마음을 얻는 데 성공했습니다. 거기에는 학자들을 비롯하여, 고관대작, 행정관료, 지식인과 황제에 이르기까지 다양한 계층이 있었습니다.

마태오 리치의 학문적이고 호교론적인 저서들은 온 중국에서 찾아서 읽을 정도였고, 나중에는 중국 인문학의 탁월한 모범으로까지 인정받았습니다. 거기에는 자신이 도달하지 못하는 지역에까지 그리스도교 메시지를 선포하고자 하는 의도가 있었으며, 항상 좋은 마음으로 숭고하고 높은 심성들을 계속해서 그리스도의 참교회로 인도하고자 하는 열망이 있었습니다. 1610년 5월 11일, 그는 자기 죽음마저 중국 내에서 그리스도교 신앙을 황제로부터 공식적으로 승인받는 기회로 삼았습니다. 황제가 정식으로 중국선교의 창설자인 리치 신부에게 제국의 수도[북경] 근교에 묻힐 수 있도록 허락한 것입니다. 물론 예수회도 그곳에 집을 지을 수 있게 되었습니다. 중국에서 외국인에게 단 한 번도 허락한 적이 없는 일이었습니다. 그 결과 예수회 형제에게는 귀감이 되고, 이후 많은 이탈리아 출신의 예수회원은 물론 다른 수도회의 선교사들에게도, 또 다른 국적의 선교사들에게까지 그리스도교의 메시지를 전하는 방식에 있어 외국의 것을 가지고 들어가 문호를 개방시키는 게 아니라, 중국의 수천 년 문명의 오래된 기둥에 행복과 풍요를 접붙이는 방식으로 빛을 발하도록 했습니다.

16세기 말에서 17세기 초, [이렇듯] 중국 그리스도교의 시작에서 누가 진정한 주인공인지에 대해서는 이미 언급한 대로입니다. 이 책에서 마태오 리치는 제삼자가 되어 언제나 그랬듯이 낮은 자세로 우리의 손을 잡고 마카오에서 북경까지 인도합니다. 그의 곁에서 우리는 매일 그의 어려움과 기쁨, 희망과 절망, 수도회의 설립과 계획들, 제국의 고관대작들과의 만남과 궁중에서 그들을 알현하는 자리에 함께합니다. 이것이 리치가 사망하기 바로 전에 쓴 이 책 『그리스도교의 중국 진출기』의 내용입니다. 그의 기나긴 놀라운 경험의 열매입니다.

이 역사서는 각각 길이가 다르고 비중이 다른 다섯 권의 책冊으로 구성되어 있습니다.

제1책은 제가 「서론: 중국과 중국인들」이라고 제목을 붙인 것으로, 이어지는 책들의 개론서 역할을 합니다. 여기에서 리치는 중국에서 생산되는 것들, 예술과 산업, 언어와 문학, 정부, 도시, 풍습과 종교 등 중국에 관한 전반적인 정보들을 제공합니다.

제2책은 대부분 조경肇慶에 세워지는 첫 번째 수도원에 관해 이야기합니다. 앞서 1583년 9월 10일 리치가 예수회 형제들이 중국에서 쫓겨났다고 한 것은 바로 이곳 조경에 세운 수도원에서 쫓겨났다는 것으로, 이후 1589년 8월 중순까지 예수회원들이 갖은 고생을 하고, 결국 다른 곳에 수도원을 세울 계획을 하게 됩니다. 그러므로 제2책은 첫 번째 수도원과 교회가 설립되고 발전하는 과정, 첫 번째 영세자들과 초기 중국인 그리스도인들, 백성과 권력자들을 처음으로 만나는 과정, 리치의 첫 성공담과 첫 난관, 그의 첫 학문적인 업적, 동료 루지에리와 알메이다가 절강(浙江, Zhèjiāng)과 호광湖廣[현재의 후베이성(湖北省) 외 주변 일대]까지 한 첫 번째 여행, 처음 겪은 가장 큰 시련과 그로 인해 결국 조경에서 소주로 수도원을 강제 이주해야 하지만, 그것 역시 섭리로 보는 내용을 그리고 있습니다.

제3책은 소주와 남창, 이 두 곳에 세워진 수도원에 관해 이야기합니다. 1589년 8월 26일에서 1595년 4월 18일까지, 1595년 6월 28일부터 1598년 6월 25일까지 기간에 해당합니다. 여기에는 리치가 조경에서 소주까지 한 여행, 천 명이 넘는 수도승들이 사는 유명한 남화사南華寺 방문, 리치의 소주시市 도착, 두 중국인의 예수회 입회와 뒤이어 많은 중국인 예수회원들의 탄생, 첫 수학분야 제자들과의 만남, 리치의 첫 두 동료의 죽음, 소주시와 인근 지역에서 이룩한 첫 번째 사도적 결실들이 있습니다. 리치가 매령산梅嶺山을 넘어 강을 따라, 포양호鄱陽湖와 양자강揚子江을 지나 소주에서 남경까지 한 첫 번째 긴 여행, 남경 도착, 남창으로의 귀환, 제국의 고관들과 주요 인사들의 환대, 어디에서건 존경받는 리치의 모습과 강서성의 도읍에 수도원을 세우는 내용이 담겨 있습니다.

제4책은 가장 중요한 두 도시, 남경과 북경에 세워진 수도원의 역사에 대해 말합니다. 1599년 2월 6일부터 1600년 5월 19일까지, 1601년 1월 24일부터 1602년 9월 21일까지의 내용입니다. 리치가 남경을 거쳐 대운하[4]를 따라 남창에서 북경까지 한 소득 없는 여행과 1598년 9월 처음 북경에 도착한 이야기, 남경의 도시로 되돌아온 것, 남부의 도성[남경]으로 돌아와 수도원을 하나 더 세우고, 거기에 딸린 학교에 지역의 많은 유지가 들어오려고 한 것, 남경의 고위 지식층 사람들보다 우수한 리치의 지식에 대해 묘사하고 있습니다. 또 남경에서 [북경의] 황궁 입성까지 이어진 리치의 마지막 대장정과 환관 마당馬堂을 만나는 장면, 북경 입성을 허락하는 황제의 초대장, 황궁에서의 환대와 북부지역의 황도[북경]에서 경험한 첫 번째 난관과 그것을 극복하는 과정, 북경에서 처음 사귄 친구들에 관해서 언급합니다.

제5책은 북경에 세운 수도원이 발전하는 과정과 중국선교의 모든 조직에 대해 말하고 있습니다. 1602년 말에서 리치가 주님의 품에 영원히 잠드는 1609년 말까지의 활동 내용입니다. 처음 개종한 훌륭한 중국인 학자들과 중국에서 발견된 유대교의 흔적, '십자가 신봉자'의 먼 후예들

---

4   **역주_** 북경과 항주를 잇는 '대운하(京杭大運河, Jīng-Háng Dà Yùnhé)'라고도 한다. 고대에 만들어진 운하로 일부는 기원전 5세기에 만들어졌다고 한다. → 항주 = 항저우 / 대운하 = 베이징-항저우 대운하 / (京杭大運河, Jīng-Háng Dà Yùnhé) = (京杭大運河, 징항다윈허).

로 간주되는 사람들에 대한 자취, 중국과 카타이Cathay의 관계를 밝히고
자 데 고이스Benedetto de Góis 신부[5]가 육로로 인도에서 감숙甘肅까지 한 여
행, 리치의 호교론적이고 과학적인 저서들의 구성과 발간에 대해 적고
있습니다. 그리고 리치가 세운 소주, 남창, 남경의 세 수도원과 그곳에
대해 리치가 1609년까지 계속해서 관심의 끈을 놓지 않았던 것에 대해
기술하고 있습니다.

그러므로 이 역사서를 소개하는 것은 교회사와 중국학을 연구하는 사
람들에게는 당연히 기쁜 일이 되겠지만, 근대 시기 중국으로 대표되는
극동과 이탈리아와 유럽으로 대표되는 극서의 만남에 대해 알고자 하는
그 밖의 사람들에게도 흥미로운 일이 될 것이라고 확신합니다.

이 책을 통해 이런 관심이 증대되기를 바랍니다. 여기서 저는 리치의
텍스트에서 리치가 완전히 빼먹은 중국어 개념이나 상징을 모두 찾아내
어 처음으로 정리했습니다. 그리고 리치가 말한 지명과 그와 관계를 맺
은 사람들, 리치가 말하고 있는 사건들을 모두 확인하는 것은 물론 리치
의 텍스트에서 일부 유럽의 독자들에게는 이해하기 힘든 지극히 중국적
인 것들에 관해서도 확인을 거쳐 상세히 주석을 달았습니다. 그 덕분에
리치의 텍스트는 이제 예전에는 한 번도 가져 보지 못한 역사적인 가치
를 확보할 수 있게 되었습니다. 이를 통해 당시 중국 사회가 재건되고 만
력제萬曆帝 시절 중국의 지성인들 사이에서 활동한 리치의 엄청난 영향력
을 볼 수 있게 되었습니다.

---

5   **역주**_ 포르투갈 출신의 이 선교사는 사실 수사(修士)다. 델리야 신부도 착각한 것 같다.

역사서는 두 개의 부部로 나뉩니다. 분석적인 전체 목차는 제2부의 끝에 배치했습니다.

역사서의 본문으로 들어가기 전에 간략하게 적은 「서언」에서 이 책의 구성과 과거 번역서들의 유포를 적고, 이 책의 기준들을 명시했습니다. 「서언」에 앞서 『리치 원전』의 「전체적인 개요」에서 고대 중국의 종교사상에 관한 전반적인 배경을 간략하게 기술하고, 예수회 선교사들이 진출하기 이전 그리스도인과 가톨릭 교인이 중국의 전통적인 종교 사상에 어떻게 공헌했는지, 그로 인해 리치가 중국과 세계를 어떻게 이해할 수 있었는지를 적었습니다.

『리치 원전』의 대부분은 특별히 "그리스도교의 중국 진출의 역사"를 말하고, 제가 틀리지 않았다면, 오리엔탈리스트들과 중국학자, 중국과 다른 지역의 선교사들, 역사학과 지리학, 민족학과 동·서방 민족 간 문화적이고 학문적인 만남에 종사하는 모든 사람에게 도움이 될 것입니다. 그들은 이탈리아 가톨릭교회에 진심으로 고마워할 것입니다. 왜냐하면 이탈리아가 낳은 위대한 아들 리치 신부와 가톨릭교회에 명예를 드높이는 이 책의 발간이 이탈리아와 가톨릭교회 간 라테라노 조약6을 통한 화해의 결실 중 하나로 완성되었기 때문입니다. 『리치 원전』의 정부 발행

---

6   **역주_** 라테라노 조약(Patti lateranensi)은 1929년 2월 11일 이탈리아 왕국과 바티칸 시국이 라테라노 궁전에서 체결한 조약이다. 교황 비오 11세가 파견한 로마 교황청 대표 피에트로 가스파리 추기경과 이탈리아 수상 베니토 무솔리니가 서명했다. 바티칸 시국을 독립 국가로 인정하는 내용을 담은 이 조약은 2개의 문서, 곧 의정서와 협정서로 구분하여 이탈리아 의회를 거쳐 최종 6월 7일에 비준되어 12시간 만에 신속하게 발표되었다. 그때의 분위기는 매우 화기애애했고 우호적이었다고 한다.

은 국가를 통치하는 사람들과 전 세계 모든 지역에서 자기 조국을 사랑하고 그 이름을 빛내는 사람들에 의해 새로운 영성적 분위기가 만들어지지 않았다면 결코 나올 수 없는 일이었습니다. "비오 11세 교황 성하와 존경하는 빅토리오 에마누엘레 3세의 이름으로 체결하는 영광의 빛으로 조명된"[7] 라테라노 조약에 실질적인 이바지를 한 많은 분과 오늘날 리치 신부처럼 조국과 교회를 위해 헌신하는 모든 사람이 그에 합당하게 기억되기를 바랍니다.

『리치 원전』의 정부 발행을 통해 이탈리아는 오늘날 중국에서 예술과 학문의 스승으로, 그리스도교 문명의 빛나는 등대로 두터운 존경을 받고 있던 분을 공식적으로 영광스럽게 합니다.

이 책을 통해 뿌리 깊은 문화를 가진 지역에서 이상적인 선교사로, 복음을 선포하는 모든 사람에게 비교할 수 없는 모델로 활동한 리치 신부의 특별한 인품과 영웅적인 성덕을 어머니이신 교회가 장엄하게 인정해 주기를 희망합니다. 이런 목적을 위해서라면 『리치 원전』을 위해 제가 수집하고 연구한 모든 것을 내놓겠습니다.

이 기회를 빌려 국립 과학예술교육협의회와 '정부 발행'이라는 이름으로 이 책의 출판을 허락한 이탈리아 정부 관계자들과 이탈리아 왕립 학술원에 깊은 감사를 드립니다. 『리치 원전』의 모든 시리즈를 후원해 주었고, 전체 인쇄를 맡아 준 국립 인쇄소에도 감사드립니다. 독일 출신의 저명한 중국학자로 베를린대학교에 계신 프랑케Otto Franke 교수님은 이 역사서의 초고를 기꺼이 읽어 주셨고, 몇 가지 유용한 조언도 해 주셨습

---

[7] 1939년 12월 28일 퀴리날레궁에서 한 비오 12세 교황의 말씀. *Acta Apostolicae Sedis*, Roma, 1940, p. 21 참조.

니다. 북경국립도서관에 계시는 샹다[向達][8] 박사와 관장이신 위안퉁리[袁同禮][9] 박사는 제가 북경도서관에서 몇 가지 관련 연구를 할 때 매우 친절하게 도움을 주셨고, 북경에 계신 중국학자 페르구손Giovanni C. Ferguson은 이 책에서 가장 매력적인 대부분의 사진을 제공해 주셨습니다. 모든 분께 진심으로 감사 드립니다. 그리고 산스트리트어나 동방 언어에 속한 일부 개념들을 위해 도움을 준 교황청립 그레고리오대학교와 교황청 성서연구소에 계시는 제 동료 신부님들께도 고마움을 전합니다.

파스콸레 델리야(Pasquale M. D'Elia)

로마, 교황청립 그레고리오대학교, 1940년 9월 27일 - XVIII.
예수회 설립 400주년 기념

---

8 **역주_** 중국 역사학자 샹다(1900-1966) 박사는 1944년부터 오랫동안 베이징대학도서관 관장으로 있었다. 샹다 박사는 목록학과 역사학 저작을 자신의 키 높이만큼이나 많이 남겼다고 한다. 그러나 이 책이 출판되는 1940년에는 정확한 신분상의 언급이 없는 것으로 보아 역사학자로서 베이징국립도서관과 관계를 맺고 있던 것 같다.

9 **역주_** 위안퉁리(1895-1965) 박사는 1916년에 베이징대학교를 졸업한 뒤, 뉴욕과 런던에서 학술연구를 포함하여 도서관 사서 경력을 쌓고, 후에 미국의회도서관에서 중국어 문학과 사서 컨설턴트를 지냈다. 1925년부터 베이징대학교의 도서관장 및 서적해제자, 교수로 활동하였다.

Volume I (리치원컨 1권~2권) 도판 목록

『그리스도교의
중국 진출기』 서문

1책
서언: 중국과 중국인

제1장 이 책을 쓰게 된 동기와 집필 방식에 대해 ·········· 251

제2장 중국의 명칭, 국토의 크기와 위치에 대해 ·········· 255

제3장 중국에서 생산되는 것들에 대해 ·········· 271

제6장 중국의 정치에 대해서 ·· 333

리치원전 전체 차례

제9장 중국의 미신과 몇 가지 나쁜 풍속들

제10장 종교와 관련한 중국의 여러 종파

2권

2책

I. 조경(肇慶) = 소흥 수도원(1583년 9월 10일부터 1589년 8월 초순까지)

제1장 우리가 어떻게 중국에 처음 들어가게 되었는지에 대해(1552년부터 1582년까지)

제2장 1년이 채 안 되어 3명의 신부가 중국으로 들어갔으나 체류 허가를 받을 수 없었던 것에 대해(1582년 3월 9일부터 1583년 8월 10일경까지)

제3장 신부들을 어떻게 조경으로 불렀는지에 대해, 수도원을 지을 작은 땅을 얻고 중국에 체류할 수 있는 허가를 얻다(1583년 8월 15일 즈음에서 1583년 9월 말까지)

제4장 신부들이 서서히 중국인들에게 성교회에 관해 말하기 시작하다(1583년 10월부터 대략 1584년 11월 25-29일까지)

제5장 미켈레 루지에리 신부가 마카오에 가고, 마태오 리치가 조경에 오다

청동으로 된 시계와 중국어로 표기한 지구본을 통감에게 주다(1583년 12월부터 1584년 10월까지)

제6장 신부들이 어떻게 스페인 왕의 대사 자격을 획득하여 중국에 왔는지, 그리고 프란체스코 카브랄 신부가 어떻게 조경에 왔는지에 대해(1584년 5월 2일부터 1584년 11월 26일경까지)

제7장 이 사업을 위해 두 명의 신부가 어떻게 인도에서 왔는지에 대해: 한 사람은 두아르테 데 산데 신부로 선교회의 원장으로 있다가 조경 체류 허가를 받았고, 다른 한 사람은 안토니오 달메이다 신부로 미켈레 루지에리 신부와 함께 절강성으로 가다(1585년 4월 1일부터 1586년 4월까지)

제8장 신부들이 절강성으로 돌아오고 루지에리 신부가 광서에서 나가다: 그 밖에 이 시기에 일어난 사건들에 대해(1586년 7월부터 1587년 7월까지)

제9장 신부들이 조경에서 나쁜 일에 연루될까 두려워 두아르테 데 산데 신부를 마카오로 돌아가게 한 영서도; 이 일이 있고 난 뒤 신부들이 겪은 큰 어려움에 대해(1587년 7월 27일부터 1587년 12월까지)

제10장 미켈레 루지에리 신부가 어떻게 마카오에 가서 그곳에 남게 되었는지에 대해; 두아르테 데 산데 신부가 조경에 온 경위, 백성을 위해 그 집에서 겪은 또 다른 어려움(1588년 1월부터 1588년 7월까지)

제11장 알렉산드로 신부가 미켈레 루지에리 신부를 로마로 보내 교황이 신부들을 중국 황제에게 보내는 대사로 임명해 달라고 청하고, 안토니오 알메이다 신부는 조경으로 가는 길에 새로운 여러 난관에 부딪히다(1588년 8월부터 12월까지)

제12장 조경 수도원에서 우리가 거둔 성과에 대해(1583년 9월 10일부터 1589년 8월 초순까지)

제13장 조경 수도원에서 우리가 겪은 마지막 난관과 도당 유절재(劉節齋)에 의해 쫓겨난 이유에 대해(1589년 4월부터 8월 초까지)

3책

★ 제1부(제1장~제9장)

II. 소주(韶州) 수도원(1589년 8월 26일부터 1595년 4월 18일까지)

제1장 소주 수도원을 어떻게 지었는지에 대해, 중국선교에 대해 새로운 계획을 세우게 된 것에 대해(1589년 8월 초부터 10월 초까지)

제2장 새로 부른 신부들이 마카오에 어떻게 오게 되었는지, 그들이 모두 기뻐하게 된 일에 대해, 중국에 있는 신부들의 도움으로 순찰사 알렉산드로 발리냐노 신부가 두 명의 중국인 청년들에게 예수회 입회를 허락하고 중국선교에 투입하게 된 일에 대해(1589년 9월부터 1590년 6월 20일쯤까지)

제3장 구태소가 어떻게 소주에 거주하게 되었고 마태오 신부의 제자가 되었는지에 대해, 이후 구태소 덕분에 소주에 자리를 잡게 된 경위에 대해(1590년 말부터 1591년 9월까지)

제4장 우리가 소주에서 겪은 어려움과 두아르테 데 산데 신부가 소주에 가고, 마카오로 돌아가는 길에 생긴 일에 대해(1590년 말부터 1591년 9월까지)

제5장 안토니오 데 알메이다 신부의 사망과 그가 있던 소주로 프란체스코 데 페트리스 신부가 투입된 것에 대해(1591년 10월 11일부터 1591년 12월 말까지)

제6장 마태오 리치가 남웅(南雄)으로 어떻게 갔는지에 대해, 그 지역 일부 그리스도인들이 한 일(1591년 말부터 1592년 중반 즈음까지)

제7장 밤에 강도들이 수도원을 침입하여 두 신부에게 상해를 입히고 재판에 넘겨졌으나 신부들에 의해 풀려나다(1592년 7월부터 1594년 6월까지)

제8장 프란체스코 데 페트리스 신부의 사망과 소주에서 그의 자리를 대신할 라자로 카타네오 신부가 입국하게 된 경위에 대해(1593년 11월 5일부터 1594년 11월까지)

제9장 마태오 리치가 처음으로 남경 황궁에 가게 되고, 그 과정에서 일어난 일에 대해(1594년 11월 ?부터 1595년 5월 31일까지)

★ 제2부(제10장~제14장)

III. 남창(南昌) 수도원(1595년 6월 28일부터 1598년 6월 25일까지)

제10장 마태오 리치 신부가 어떻게 남경에서 쫓겨났는지에 대해, 그리고 어떻게 강서의 중심도시로 가게 되었는지에 대해(1595년 6월 1일부터 29일까지)

제11장 남창 지역 통감이 거주하는 강서의 도읍에 어떻게 거주지를 마련하게 되었는지에 대해(1595년 7월부터 9월까지)

제12장 황가(皇家)의 두 친족과 리치가 어떻게 친구가 되었는지에 대해, 남경에서 그들에게 한 설교(1595년 8월 20일경부터 10월까지)

제13장 교섭이 성공한 사실을 어떻게 알렸는지에 대해, 두아르테 데 산데 신부가 조반니 소에이로 신부를 남창으로 보내고 거기서 우리가 집을 어떻게 매입할 수 있었는지에 대해(1595년 12월부터 1596년 7월까지)

제14장 소주에서 라자로 카타네오 신부가 겪은 큰 봉변과 니콜로 론고바르도 신부와 요안데 로챠 신부의 입국(1596년 9월 ?부터 1597년 12월 말까지)

★ 제1부(제1장~제10장)

IV. 남경 수도원(1597년 7월 20일부터 1600년 5월 19일까지)

제1장 마태오 리치가 상서 왕충명(王忠銘)의 도움으로 라자로 카타네오 신부와 함께 남경으로 돌아가게 된 것에 대해(1597년 7월 20일부터 1598년 7월 10일경까지)

제2장 신부들이 처음으로 북경 황궁에 가고, 마태오 리치가 어떻게 남경 총독의 부름을 받게 되었는지에 대해, 그리고 북경으로 가는 길에서 겪은 일에 대해(1598년 7월 10일경부터 1598년 9월 7일까지)

제3장 신부들이 이번에는 북경에서 어떻게 행동해야 하는지를 몰라 다시 남경으로 되돌아가게 된 일에 대해서(1598년 9월 8일부터 1598년 12월 5일까지)

제4장 라자로 카타네오 신부가 어떻게 짐을 가지고 임청(臨淸)에서 겨울을 났는지, 마태오 리치 신부가 소주와 남경에서 어떻게 거주하게 되었는지에 대해(1598년 12월 5일부터 1599년 2월까지)

제5장 마태오 리치가 어떻게 남경에서 수학 강의를 하게 되었는지, 그것이 우리에게 얼마나 큰 공신력을 안겨 주고 열매를 가져다주었는지에 대해서(1599년 2월 6일 이후부터 1600년 5월 19일 이전까지)

제6장 남창의 많은 주요 인사들이 마태오 리치와 대화하고 싶어 한 것에 대해(1599년 초)

제7장 마태오 리치가 우상 종파의 한 유명한 승려와 거룩한 신앙에 관해 논한 것에 대해(1599년 초)

제8장 임청에서 겨울을 지낸 우리 형제들이 황제에게 줄 물건을 가지고 어떻게 남경에 도착하게 되었는지, 남경에서 어떻게 좋은 집을 매입할 수 있게 되었는지에 대해(1599년 2월부터 6월 5일경까지)

제9장 라자로 카타네오 신부가 마카오에 어떻게 귀환하게 되었는지에 대해, 남창에서도 그

리스도인들이 점차 생겨나기 시작한 것에 대해서(1599년 6월 20일 무렵부터 1600년 3월경까지)

제10장 마태오 리치 신부가 디에고 판토하 신부와 두 명의 수사 종명인 페르난도와 에마누엘레 페레이라와 함께 어떻게 다시 북경으로 돌아오게 되었는지, 어떻게 산동의 제녕에 도착하게 되었는지에 대해(1600년 3월부터 6월까지)

★ 제2부(제11장~제20장)
V. 북경 수도원(1601년 1월 21일부터 1602년 9월 21일까지)

제11장 우리가 임청(臨淸)과 천진위(天津衛)에서 겪은 일에 대해(1600년 6월부터 1601년 1월까지)

제12장 어떻게 중국의 황제가 신부들에게 진상품을 가지고 북경에 들어오라고 했는지, 첫 입성에서 일어난 일에 관해(1601년 1월부터 2월까지)

제13장 우리가 어떻게 주객사(主客司)의 지시를 받게 되었고, 외국 사절단들이 묵는 사이관(四夷館)에 들어가게 되었는지에 대해, 그리고 어떻게 거기에서 나오게 되었는지에 대해(1601년 2월 25일경부터 5월 28일까지)

제14장 신부들이 직접 황제에게 탄원서를 쓰게 된 경위, 예부의 관리들이 신부들에게 사이관 밖에 거주하도록 허락하고 북경의 고위 인사들이 방문하여 위로하다(1601년 6월부터 12월까지)

제15장 우리가 북경에서 사귄 풍모강(馮慕岡)과 이아존(李我存), 이 두 인사와의 깊은 우정(1601년 6월부터 12월까지)

제16장 이 시기에 우상 종파가 겪은 커다란 수치와 하느님께서 우리에게 닥쳐오는 엄청난 고통으로부터 구해 주신 것에 대해(1602년부터 1604년 5월 25일까지)

제17장 그동안 소주(韶州) 수도원에서 일어난 일에 대해(1599년 7월 초부터 1603년까지)

제18장 그동안 소주(韶州) 수도원에서 겪은 몇 가지 어려움에 대해(1599년부터 1603년까지)

제19장 남경 수도원의 발전과 서 바오로 박사의 개종에 대해(1600년 5월부터 1604년 2월까지)

제20장 마카오 콜레지움의 새 원장 발렌티노 카르발료 신부가 어떻게 마누엘 디아즈 신부를 중국 내륙으로 보내게 되었는지에 대해, 마태오 리치가 그의 편으로 선교 물품을 보내기

위해 그를 북경으로 부르게 된 것에 대해, 황궁에서 그리스도교가 순조롭게 출발하게 된 것에 대해(1600년 2월 1일부터 1602년 9월 21일까지)

4권

5책 선교의 점진적인 발전과 개별 그리스도인의 증가
(1603년 2월부터 1610년 5월 10일까지, 그리고 1611년 11월 1일까지)

제1장 순찰사 알렉산드로 신부가 어떻게 일본에서 마카오로 오게 되었는지, 중국에 어떻게 다시 물건을 보냈는지, 마누엘 디아즈 신부가 다른 6명의 예수회원과 어떻게 마카오로 돌아왔는지에 대해

제2장 마태오 리치의 출판 작품들로 인해 우리와 그리스도교가 얻은 공신력에 대해

제3장 1604년 서 바오로 박사가 북경에서 어떻게 진사 시험에 통과하고 진 마르티노가 어떻게 무관이 되었는지에 대해, 그 외 북경에서 그리스도교와 관련한 일들에 대해

제4장 왕국 밖에서 들어온 많은 그리스도인의 존재를 중국에서 어떻게 발견하게 되었는지에 대해, 그들이 여전히 '십자가 신봉자'라는 이름으로 계승되어 오고 있는 것에 대해

제5장 이 시기에 소주 수도원에서 일어난 일에 대해

제6장 이 시기에 남창 수도원에서 일어난 일에 대해

제7장 그 시기에 남경 수도원에서 일어난 일에 대해, 구태소가 이냐시오라는 이름으로 개종한 것에 대해

제8장 북경 수도원에서 추진하는 일의 성과와 더 크고 편안한 집을 매입한 것에 대해, 바오로 박사가 마태오 리치와 함께 어떻게 『기하원본』을 번역하고 출판하게 되었는지에 대해

제9장 중국과 일본의 순찰사며 중국선교의 첫 발기인 알렉산드로 발리냐노의 죽음에 대해

제10장 우리가 광동(廣東)에서 겪은 큰 시련과 그로 인해 광주에서 프란체스코 마르티네스 수사에게 닥친 일에 대해, 그리고 그가 고통 중에 사망하게 된 것에 대해

5권

Abbozzo della Storia dei Mini: 왕홍서(王鴻緒)의 『명사고(明史藁)』.

AFH: Archivum Franciscanum Historicum[프란체스코회 역사 고문서고], Quaracchi.

AHSI: Archivum Historicum Societatis Iesu[예수회 역사 고문서고], Roma.

AIA: Archivum Iberico-Americano[이베리아아메리카 고문서고], Madrid.

ALENI[1]: 『대서리서태선생행적(大西利西泰先生行蹟)』[서방 끝에서 온 마태오 리치 선생의 생애][진원(陳垣), 1919].

ALENI[2]: 『직방외기』[북경, 1623], in 『천학초함』[북경, 1629], XIII, XIV.

AMCL: 『인광임(印光任)과 장여림(張汝霖)의 오문기략(澳門記畧)』[마카오 역사], 재판.

Annali del distretto di Kaoyao: 『고요현지(高要縣志)』.

Annali della Prefettura di Fengyang: 『강희봉양부지(康熙鳳陽府志)』.

Annali della Prefettura di Nanchang: 『동치남창부지(同治南昌府志)』.

Annali della Prefettura di Shiuchow: 『소주부지(韶州府志)』.

Annali della Prefettura di Shiuchow: 『광서조경부지(光緒肇慶府志)』.

Annali Generali del Fukien: 『동치복건통지(同治福建通志)』.

Annali Generali del Kiangnan: 『건륭강남통지(乾隆江南通志)』.

Annali Generali del Kiangsi: 『가경광서통지(嘉慶廣西通志)』.

Annali Generali del Kwangtung: 『도광광동통지(道光廣東通志)』.

Annali Generali di Tsaoki: 『조계통지(曹谿通志)』.

ARSI: Archivio Romano della Compagnia di Gesù[예수회 로마 고문서고 — 별도의 명시가 없는 한, 이것들은 항상 미간행 필사본임.

BARTOLI[1]: *Della Cina*, in *Opere del* P. Daniello Bartoli, Torino, 1825, voll.

XV-XVIII. 이 책에서 인용한 장과 페이지만 언급함.

BARTOLI[2]: *Del Giappone* in *Opere del* P. Daniello Bartoli, Torino, 1825, voll. X-XIV. 이 책에서 인용한 장과 페이지만 인용함.

BCP. Bulletin Catholique de Pékin [북경천주교 회보], Pachino.

BD. Herbert A. Giles, *A Chinese Biographical Dictionary*, Londra, 1898.

BDM. Boletim eclesiàstico da diocese de Macau [마카오교구 교회 회보], Macao.

BECCARI: *Rerum Aethiopicarum scriptores occidentales inediti a saeculo XVI ad XIX*, Roma, 1903-1917. voll. 15.

BEFEO. Bulletin de l'Ecole Française d'Extrême Orient [극동아시아 프랑스학교 회보], Hanoi.

BELTCHENKO: *Present Day Political Organization of China* by H. S. Bruneert and V. V. Hagelstrom, Revised by N. T. Kolessoff. 러시아 원어에서 번역 A. Beltchenko and E. E. Moran, Scianghai, 1912.

BERNARD[1]: *Aux Portes de la Chine*, Tientsin, 1933.

BERNARD[2]: *Le P. Matthieu Ricci et la Société Chinoise de son temps 1610*, Tientsin, 1937. voll. 2.

BIERMANN: *Die Anfänge der neueren Dominikanermission in China*, Münster i. W., 1927.

BP. 북당(北堂)도서관, *Biblioteca dei gesuiti a Pechino* [북경예수회도서관], ossia antica biblioteca dei gesuiti a Pechino, ora presso la chiesa del nord o Péttam nella stessa città.

BRETSCHNEIDER: *Medieval Researches from Eastern Asiatic Sources*, Londra [1887]. voll. 2.

CARDIM: *Batalhas da Companhia de JEsus na sua gloriosa provincia do Japão* (edito da Luciano Cordeiro), Lisbona, 1894.

CARLETTI: *Viaggi di Francesco Carletti da lui raccontati in dodici ragionamenti e novamente editi da Carlo Gargioli*, Firenze, 1878.

CCS. Collectanea Commisionis Synodalis (시노드 회의록), 북경.

CFUC. 앞의 Aleni[2] 참조.

CHAVANNES[1]: *Les deux plus anciens spécimens de la cartographie chinoise. Estratto da Bulletin de l'Ecole Française d'Extrême Orient*, Hanoi, 1903, aprile-giugno, pp. 214-247.

CIAMŬEIHOA: 장유화(張維華)의 『명사불랑기려송화란의대리아서전주석(明史佛郞機呂宋和蘭意大里亞西傳注釋)』, 북경, 1934. Yenchin Journal of Chinese Studies, Monograph Series, N. 7.

CIAMŜIMLAM: 장성랑(張星烺)의 『중서교통사료휘편(中西交通史料彙篇)』, 북경, 1926, 전 6권.

CICZI: 엄종간(嚴從簡)의 『수역주자록(殊域周咨錄)』, 1920년의 개정판, 북경.

Codex novitiorum: *Codex novitiorum Societatis Iesu, qui Romae tirocinium posuerunt ab anno MDLXVI ad annum MDLXXXVI.* Si conserva nella casa di Noviziato della Provincia romana della Compagnia di Gesù in Galloro (Ariccia).

CORTESÃO: *Cartografia e Cartógrafos portugueses dos séculos XV e XVI*, Lisbona, 1935, voll. 2.

COULING: *The Encyclopedia Sinica*, Scianghai, 1917.

COURANT: *Catalogue des livres chinois, coréens, japonais* etc., Parigi 1902-1910. voll. 3.

COUVREUR: *Choix de documents*, Hokienfu, 1906.

COUVREUR, *Chou King*: Séraphin Couvreur, 『서경(書經)』, Sienhsien [이하 "獻縣天主堂印書館"으로만 표기], 1916.

CP: *Labor Evangelica. Ministerios Apostolicos de los obreros de la Compañia de Jesùs.* Fondaciòn y progressos de su Provincia en las islas Filipinas, historiados por el P. Francisco Colin S. I. Nueva ediciòn por el P. Pablo Pastells S. I. Barcellona, 1900-1902. voll. 3.

Cronaca dei Min: 손극가(孫克家)의 『명기(明紀)』.

CUZUIÜ: 고조우(顧祖禹)의 『독사방여기요(讀史方輿紀要)』.

DALGADO: *Glossario Lúso-Asiatico*, Coimbra, 1919-1921. voll. 2.

DB: *Dizionario biografico*, 『중국인명대사전(中國人名大辭典)』, 상해(上海), The Commercial Press [이하 "商務印書館有限公司"로 표기], 1933.

DE BARROS: *Da Asia de João DE BARROS*, Nova edição, Lisbona, 1778, Voll. 24.

D'ELIA[1]: *Il Mappamondo cinese del P. Matteo Ricci S.I., commentato, tradotto e annotato,* Città del Vaticano, 1938. Volume in-figlio grande con XXX tavole geografiche. — Le note della Parte III sono citate con un **numero arabo** in grasetto, preceduto da un **N.** minuscolo.

D'ELIA[2]: *Le origini dell'arte cristiana cinese* (1583-1640), Roma, Reale Accademia d'Italia, 1939.

DE MAILLA: *Histoire générale de la Chine*, Parigi, 1777-1783, voll. 12.

DE MOIDREY: *La Hiérarchie catholique en Chine, en Corée et au Japon* (1307-1914), Shanghai, 1914.

DERK BODDE: *A History of Chinese Philosophy* by Fung Yu-Lan, translated by Derk Bodde, Pechino, 1937.

DE URSIS: *P. Matheus Ricci S.I. Relação escripta pelo seu companheiro, P. Sebarino De Ursis S. I.*, Roma, 1910.

DG: 『중국고금지명대사전(中國古今地名大辭典)』, Shanghai, The Commercial Press, 1933.

DORÈ[1]: *Recherches sur les superstitions en Chine*, 1911-1934. Voll. 16.

DORÈ[2]: *Manuel des superstitions chinoises*, 1926.

DU HALDE: *Description géographique, historique, chronologique, politique et physique de l'Empire de la Chine et de la Tartarie chinoise*, Parigi, 1735, Voll. 4.

Duvigneau: *Saint Thomas a-t-il porté l'Evangile jusqu'en Chine?*, Pechino, 1936.

Dyer Ball: *Things Chinese or Notes connected with China* by E. Chalmers Werner, Shanghai, 1925.

EI: *Enciclopedia Italiana*, 1929-1937, voll. 37.

Fomieulan, 풍우란(馮友蘭), 『중국철학사(中國哲學史)』, Shanghai, 1935.

Franke[1]: *Geschichte des chinesischen Reiches*, Berlino, 1930-1937. voll. 3.

Franke[2]: *Li Tschi. Ein Beitrag zur Geschichte der chinesischen Geisteskämpfe im 16. Jahrhundert* in *Abhandlungen der Preußischen Akademie der Wissenschaften* 1937, Phil.-hist. Klasse, Nr. 10.

Franke[3]: *Li Tschi und Matteo Ricci* in *Abhandlungen der Preußischen Akademie der Wissenschaften*, Jahrgang, 1938, Phil.-hist. Klasse, Nr. 5.

Gaillard: *Nankin d'alors et d'aujourd'hui. Aperçu historique et géographique,*

Shanghai, 1903.

Gemelli-Careri: *Giro del Mondo*, Napoli, 1700, voll. 6.

Gibert: *Dictionnaire historique et géographique de la Mandchourie*, Hongkong, 1934.

Gennaro: *Saverio Orientale overo Storie de' cristiani illustri dell'Oriente*, Napoli, 1641, Tomo I, Parti I, II, III.

Havret: *La Stèle chrétienne de Sin-ngan-fou*, Shanghai, 1895, 1897, 1902. voll. 3.

Hennig: *Terrae incognitae. Eine Zusammenstellung und kritische Bewertung der wichtigsten vorkolumbischen Entdeckungsreisen an Hand der darüber vorliegend Originalberichte*, Leida, 1936, 1937, 1938, 1939. voll. 4.

Herrmann: *Historical and Commercial Atlas of China*, Cambridge, Massachisetts, Harvard University Press, 1935.

Heyd: *Storia del commercio del Levante nel medio evo*, Torino, 1913, in Jannaccone, *Biblioteca dell'economista*, V ser., voll. X.

HJ: Yule-Burnell, *Hobson Jobson. A glossary of colloquial anglo-indian words and phrases, and of kindred terms, etymological, historical and discursive.* New edition by W. Crooke, Londra, 1903.

Homueilien: 홍외련(洪煨蓮)의 『고리마두적세계지도(考利瑪竇的世界地圖)』, in 우공(禹貢) *The Chinese Historical Geography Semi-monthly Magazine*, 제5권, nn. 3-4, 1936, 4월 11일, 북경, pp.1-50.

INTORCETTA, ecc.: *Confucius Sinarum philosophus, sive Scientia sinensis, latine exposita* studio et opera Prosperi INTORCETTA, Christiani HERDTRICH, Francisci ROUGEMONT, Philippi COUPLET, Parigi, 1687.

Iücom. 앞의 홍외련(洪煨蓮) 참조.

JA: *Journal Asiatique*, Parigi.

JNCBRAS: *Journal of the North China Branch Royal Asiatic Society*, Shanghai.

LIVR: 황비묵(黃斐黙)의 『정교태포(正敎奉褒)』, Shanghai, 1904.

Litae: 주환졸(朱桓拙)의 『역대명신언행록(歷代名臣言行錄)』[ediz.di c.1807]

Maas: *Die Wiedereröffnung der Franziskanermission in China in der Neuzeit*, Münster i, W., 1926.

Martini: *Novus atlas sinensis* [Amsterdam, 1655].

Mayers[1]: *The Chinese Government*, 1897.

Mayers[2]: *The Chinese Reader's Manual*, Shanghai, 1924.

MHSI: *Monumenta Historica Societatis Iesu*, Madrid, Roma.

Mimgiu Sciiòngan: 『명유학안(明儒學案)』[개정판. della Commercial Press, Shanghai, 1933, voll. 2].

Montalto: *Historic Macao[2]*, Macao, 1926.

Moule: *Christians in China before the year 1550*, Londra, 1930.

MS: *Monementa Serica. Journal of Oriental Studies of the Catholic University of Peking*, Pechino.

MSOS: *Mitteilungen des Seminars für Orientalische Sprachen an der Königlichen Friedrich-Wilhelm-Universität zu Berlin*, Berlino.

MÜNSTERBERG: *Chinesische Kunstgeschichte[2]*, 1924, Esslingen a.N. voll. 2.

Musso: *La Cina ed i Cinesi*, 1926, Milano, voll. 2.

MX: *Monumenta Xaveriana*, in *Monumenta Historica Societatis Iesu*, Cf. 앞의 MHSI.

Nazareth: *Mitras Lusitanas no Oriente[2]*, Nuova Goa, Tomo II, 1924.

Pantoja[1]: *Lettera del P. Diego Pantoja al P. Provinciale di Toledo*[디에고 판토하 신부가 톨레도 관구장 신부에게 쓴 편지], 북경, 1602.03.09, 안토니오 콜라코(Antonio Colaço) 신부의 스페인어 텍스트는, *Relación annual de las cosas que han hecho los Padres de la Compañía de Jesú, en la India Oriental y Japón en los años de 600 y 601 y del progresso de la conversión y christiandad de aquellas partes*, Valladolid, 1604, pp.539-682.

Pastells: *Catalogo de los documentos relativos a las islas Filipinas existentes en el Archivo de Indias de Sevilla*, Barcellona, 1925-1932, voll. 7.

Pastor: *Geschichte der Päpste seit dem Ausgang des Mittelalters*, Friburgo, 1901-1931, voll.16.

Pauly: *Real-Encyclopädie der klassischen Altertumswissenschaft*, herausgegeben von Georg Wissowa, Stuttgart, 1893.

PCLC: 이지조(李之藻)의 『천학초함(天學初函)』[북경, 1629].

Pereira-Rodrigues: *Portugal, Diccionario historico, chorograhico, heraldico, biographico, bibliographico, numismatico, e artistico*, Lisbona, 1904-1915, voll. 7.

Pfister: *Notices biographiques et bibliographiques sur les Jésuites mission de Chine(1552-1773)*, Scianghai, 1932-1934. voll. 2.

Ramusio: *Navigationi e viaggi*, 1550, 1556, 1559. Voll. 3.

Richard[2]: L. Richard's, *Comprehensive Geography of the Chinese its dependencies*, translated into English by M. Kennelly S. I., Shanghai, 1908.

Rodrigues: *A Companhia de Jesus em Portugal e nas missões* (1540-1934), 2ª ediz., Porto, 1935.

Sacchini: *Historiae Societatis Iesu Partes I-V*, 1614-1661.

Saeki[1]: *The Nestorian Monument in China*, Londra [1928].

Saeki[2]: *The Nestorian Documents and Relics in China*, Tokio, 1937.

Seccu: 『사고전서 총목제요(四庫全書 總目提要)』, 1933, Shanghai, 商務印書館有限公司. voll. 4.

SF: *Sinica Franciscana* di A. van den Wyngaert O.F.M., Quaracchi, 1929-1936. voll. 3.

Soothill-Hodous: *A Dictionary of Chinese buddhist terms with sanskrit and english equivalents*, Londra, 1937.

SPT: 장천택(張天澤)의 『중국어-포르투갈어 1514에서 1614까지』, Leida, 1934.

Storia di Macao. *AMCL*을 보라.

Storia dei Min: 『명사(明史)』.

Stele dei dottori: 『제명비록(題名碑錄)』.

Streit: *Bibliotheca Missionum*, Münster-Aachen, 1916.

Tacchi Venturi: *Opere Storiche del P. Matteo Ricci S.I.*, Macerata, 1911-1913, voll. 2.

TSCCLPS: 고염무(顧炎武)의 『천하군국리병서(天下郡國利病書)』 [ediz. del 1823].

TMHT: 『대명회전(大明會典)』 [1587년경 판].

Tobar: *Inscriptions juives de K'ai-fong-fou*, Shanghai, 1912.

TP: *T'oung Pao. Archives concernant l'histoire, les langues, la géographie et les arts de l'Asie Orientale*, Leida.

TRIGAULT: *De Christiana Expeditione apud Sinas suscepta ab Societate Iesu. Ex P. Matthaei Ricij eiusdem Societatis Commentarijs Libri V. Auctore P. Nicolao Trigautio, belga, ex eadem Societate*, Asburgo, 1615.

Werner[1]: *Myths and Legends of China*, Londra, [1928].

Werner[2]: *A Dictionary of Chinese Mythology*, 상해, 1932.

WIEGER, HC: *Histoire des croyances religieuses et des opinions philosophiques en Chine*[3], 獻縣天主堂印書館, 1927.

WIEGER, TH: *Textes histoques*[3], Sienhsien, 1929.

WIEGER, TPH: *Textes philosophiques*[2], Sienhsien, 1930.

WILLIAMS, China: *China yesterday and to-day*[5], Londra [1932].

WILLIAMS, History: *A short History of China*, Londra [1928].

Wylie: *Notes on chinese literature*, 상해, 1922.

Yule-Cordier, MP: *The Book of Ser Marco Polo*, Londra [1919-1929]. voll. 3.

Zottoli: *Cursus Litteraturae Sinicae*, Shanghai, voll. 5.

Zueiueilu: 『좌유록(罪惟錄)』.

Zzeiüen: 『사원(辭源)』, Shanghai, 16ª ediz., 1933.

각주에 표시된 N.이나 NN. 이하 숫자는 아래의 텍스트를 말한다.

NN. 1-1000 그리스도교의 중국 진출기, 전 2권.

NN. 1001-2000 리치의 서간집.

NN. 2001-4000 리치 동료들의 서간집.

NN. 4001-5000 연차 보고서와 같은 일반 문서들.

NN. 5001-6000 여러 문서 또는 기타문서들.

특히 이 책에서는 아래의 번호에 해당하는 문건들을 주로 인용했다.

NN. 1-500, 그리스도교의 중국 진출기, 제1부, 제1권.

NN. 501-1000, 그리스도교의 중국 진출기, 제2부, 제2권.

NN. 1018-1021, 리치가 마셀리(L. Maselli)에게 보낸 편지, 코친, 1580년 11월 29일.

NN. 1022-1026, 리치가 마페이(G.-P. Maffei)에게 보낸 편지, 코친, 1580년 11월 30일.

NN. 1027-1031, 리치가 아콰비바(Acquaviva) 총장[10]에게 보낸 편지, 고아, 1581년 11월 25일.

NN. 1046-1057, 리치가 M. 드 포르나리(de Fornari)에게 보낸 편지, 마카오, 1583년 2월 13일.

NN. 1058-1064, 리치가 아콰비바 총장에게 보낸 편지, 마카오, 1583년 2월 13일.

NN. 1066-1085, 리치가 로만(G.-B. Romàn)에게 보낸 편지, 조경, 1584년 9월 13일.

NN. 1086-1093, 리치가 아콰비바 총장에게 보낸 편지, 광주, 1584년 11월 30일.

NN. 1094-1110, 리치가 아콰비바 총장에게 보낸 편지, 조경, 1585년 10월 20일.

NN. 1111-1119, 리치가 마셀리(L. Maselli)에게 보낸 편지, 조경, 1585년 11월 10일.

NN. 1120-1133, 리치가 풀리가티(G. Fuligatti)에게 보낸 편지, 조경, 1585년 11월 24일.

N. 1134, 리치가 데 산데(E. de Sande)의 파견에 관해 로마에 보낸 편지, 조경, 1586년 9월 30일.

NN. 1135-1146, 리치가 마셀리에게 보낸 편지, 조경, 1586년 10월 29일.

NN. 1147-1167, 리치가 발리냐노(A. Valignano)에게 보낸 편지, 소주, 1589년 9월 9일.

NN. 1168-1178, 리치가 발리냐노에게 보낸 편지, 소주, 1589년 10월 30일.

NN. 1179-1203, 리치가 파비(F. de' Fabii)에게 보낸 편지, 소주, 1592년 11월 12일.

NN. 1204-1218, 리치가 부친(父親) 조반니 바티스타(Giovanni-Battista)에게 보낸 편지, 소주, 1592년 11월 12일.

NN. 1219-1253, 리치가 아콰비바 총장에게 보낸 편지, 소주, 1592년 11월 15일.

NN. 1254-1259, 리치가 데 산데(E. de Sande)에게 보낸 편지, 소주, 1593년 10월 ??일.

NN. 1260-1264, 리치가 부친(父親, G.-B.)에게 보낸 편지, 소주, 1593년 12월 10일.

NN. 1265-1275, 리치가 아콰비바 총장에게 보낸 편지, 소주, 1593년 12월 10일.

NN. 1276-1285, 리치가 코스타(G. Costa)에게 보낸 편지, 소주, 1594년 10월 12일.

NN. 1286-1291, 리치가 파비에게 보낸 편지, 소주, 1594년 11월 15일.

NN. 1292-1370, 리치가 데 산데에게 보낸 편지, 남창, 1595년 8월 29일.

NN. 1372-1376, 리치가 벤치(G. Benci)에게 보낸 편지, 남창, 1595년 10월 7일.

NN. 1377-1402, 리치가 코스타(G. Costa)에게 보낸 편지, 남창, 1595년 10월 28일.

NN. 1403-1426, 리치가 코스타에게 보낸 편지, 남창, 1595년 10월 28일.

---

10   예수회 총장은 로마에 거주.

NN. 1427-1485, 리치가 아콰비바 총장에게 보낸 편지, 남창, 1595년 11월 4일.

NN. 1486-1495, 리치가 풀리가티에게 보낸 편지, 남창, 1596년 10월 12일.

NN. 1496-1501, 리치가 동생 안토니오(Antonio Maria)에게 보낸 편지, 남창, 1596년 10월 13일.

NN. 1502-1518, 리치가 아콰비바 총장에게 보낸 편지, 남창, 1596년 10월 13일.

NN. 1519-1525, 리치가 코스타에게 보낸 편지, 남창, 1596년 10월 15일.

NN. 1526-1539, 리치가 파씨오네이(L. Passionei)에게 보낸 편지, 남창, 1597년 9월 9일.

NN. 1540-1544, 리치가 클라비우스(C. Clavio)에게 보낸 편지, 남창, 1597년 12월 25일.

NN. 1545-1566, 리치가 코스타에게 보낸 편지, 남경, 1599년 8월 14일.

N. 1567, 리치가 론고바르도(N.Longobardo)에게 보낸 편지, 북경, 1602년 9월 6일.

NN. 1571-1586, 리치가 파비에게 보낸 편지, 북경, 1605년 5월 9일.

NN. 1587-1602, 리치가 부친 조반니-바티스타에게 보낸 편지, 북경, 1605년 5월 10일.

NN. 1603-1614, 리치가 코스타에게 보낸 편지, 북경, 1605년 5월 10일.

NN. 1620-1628, 리치가 총장 비서 알바레스(G. Alvares)[11]에게 보낸 편지, 북경, 1605년 5월 12일.

NN. 1630-1656, 리치가 마셀리에게 보낸 편지, 북경, 1605년 5월 12일(?).

NN. 1674-1695, 리치가 아콰비바 총장에게 보낸 편지, 북경, 1605년 7월 26일.

NN. 1696-1709, 리치가 줄리오(G.)와 지롤라모 알라레오니(G. Alaleoni)에게 보낸 편지, 북경, 1605년 7월 26일.

NN. 1710-1727, 리치가 아콰비바 총장에게 보낸 편지, 북경, 1606년 8월 15일.

NN. 1809-1844, 리치가 아콰비바 총장에게 보낸 편지, 북경, 1608년 3월 8일.

NN. 1845-1884, 리치가 아콰비바 총장에게 보낸 편지, 북경, 1608년 8월 22일.

NN. 1895-1900, 리치가 동생 안토니오에게 보낸 편지, 북경, 1608년 8월 24일.

NN. 1901-1917, 리치가 파시오(F. Pasio)에게 보낸 편지, 북경, 1609년 2월 15일.

NN. 1918-1926, 리치가 총장 비서 알바레스에게 보낸 편지, 1609년 2월 17일.

N. 2001, 미켈레 루지에리(M. Ruggieri)가 메르쿠리아노(E. Mercuriano) 총장에게 보낸 편지, 코친, 1579년 5월 1일.

---

11 수도회[예수회] 총장 비서로 있으며, 포르투갈과 포르투갈령 선교를 담당하고 있었다.

NN. 2002-2007, 루지에리가 메르쿠리아노 총장에게 보낸 편지, 마카오, 1580년 11월 8일.

NN. 2008-2009, 루지에리가 메르쿠리아노 총장에게 보낸 편지, 마카오, 1580년 11월 8일.

NN. 2010-2017, 고메즈(P. Gomez)가 메르쿠리아노 총장에게 보낸 편지, 마카오, 1581
년 10월 25일.

NN. 2018-2019, 알바레즈(D. Alvarez)가 메르쿠리아노 총장에게 보낸 편지, 마카오,
1581년 10월 25일.

NN. 2020-2029, 루지에리가 메르쿠리아노 총장에게 보낸 편지, 마카오, 1581년 11월 12일.

NN. 2046-2056, 산케즈(A. Sanchez)가 아콰비바(Acquaviva) 총장에게 보낸 편지, 마카
오, 1582년 8월 2일.

NN. 2057-2058, 루지에리가 아콰비바 총장에게 보낸 편지, 마카오, 1582년 12월 14일.

NN. 2064-2066, 파시오(F. Pasio)가 아콰비바 총장에게 보낸 편지, 마카오, 1582년 12월
15일.

NN. 2067-2069, 발리냐노가 아콰비바 총장에게 보낸 편지, 마카오, 1582년 12월 17일.

NN. 2070-2074, 멕시아(L. Mexia)가 아콰비바 총장에게 보낸 편지, 마카오, 1582년 12
월 20일.

NN. 2075-2085, 파시오가 고메즈에게 보낸 편지, 조경, 1583년 1월 10일.

NN. 2086-2092, 고메즈가 아콰비바 총장에게 보낸 편지, 마카오, 1583년 1월 28일.

NN. 2093-2094, 루지에리와 파시오가 고메즈에게 보낸 편지, 조경, 1583년 2월 1일.

NN. 2095-2096, 파시오가 아콰비바 총장에게 보낸 편지, 조경, 1583년 2월 5일.

NN. 2097-2099, 파시오가 산케즈에게 보낸 편지, 조경, 1583년 2월 6일.

NN. 2100-2101, 루지에리가 산케즈에게 보낸 편지, 조경, 1583년 2월 7일.

NN. 2102-2120, 루지에리가 아콰비바 총장에게 보낸 편지, 조경, 1583년 2월 7일.

NN. 2121-2126, 루지에리와 파시오가 고메즈에게 보낸 편지, 조경, 1583년 2월 10일.

NN. 2127-2129, 루지에리와 파시오가 고메즈에게 보낸 편지, 조경, 1583년 2월 12일.

NN. 2130-2131, 멕시아가 아콰비바 총장에게 보낸 편지, 마카오, 1583년 2월 13일.

NN. 2132-2136, 파시오가 고메즈에게 보낸 편지, 조경, 1583년 2월 18일.

NN. 2137-2140, 파시오가 아콰비바 총장에게 보낸 편지, 조경, 1583년 6월 27일.

NN. 2141-2144, 카브랄(F. Cabral)이 아콰비바 총장에게 보낸 편지, 마카오, 1583년 11
월 20일.

NN. 2145-2148, 루지에리가 아콰비바 총장에게 보낸 편지, 마카오, 1584년 1월 25일.

NN. 2153-2154, 멕시아가 총장비서 로드리게즈(E. Rodriguez)에게 보낸 편지, 마카오, 1584년 1월 28일.

NN. 2155-2160, 루지에리가 아콰비바 총장에게 보낸 편지, 조경, 1584년 5월 30일.

NN. 2172-2173, 산케즈가 코엘료(G. Coelho)에게 보낸 편지, 마카오, 1584년 7월 5일.

NN. 2174-2177, 카브랄이 아콰비바 총장에게 보낸 편지, 마카오, 1584년 10월 6일.

NN. 2178-2182, 루지에리가 아콰비바 총장에게 보낸 편지, 마카오, 1584년 10월 21일.

NN. 2183-2192, 카브랄이 발리냐노에게 보낸 편지, 마카오, 1584년 12월 5일.

NN. 2193-2203, 카브랄이 아콰비바 총장에게 보낸 편지, 마카오, 1584년 12월 8일.

NN. 2204-2207, 멕시아가 아콰비바 총장에게 보낸 편지, 마카오, 1584년 12월 22일.

NN. 2208-2227, 산케즈가 아콰비바 총장에게 보낸 편지, [마닐라], 1585년 4월(?).

NN. 2228-2236, 발리냐노가 아콰비바 총장에게 보낸 편지, 고아, 1585년 4월 1일.

NN. 2237-2244, 발리냐노가 세데노(A. Sedeno)에게 보낸 편지, 고아, 1585년 4월 8일.

NN. 2245-2249, 데 알메이다(A. de Almeida)가 총장비서 로드리게즈에게 보낸 편지, 마카오, 1585년 9월 4일.

N. 2250, 루지에리가 아콰비바 총장에게 보낸 편지, 조경, 1585년 10월 18일.

NN. 2251-2253, 데 산데가 아콰비바 총장에게 보낸 편지, 조경, 1585년 10월 18일.

NN. 2254-2263, 데 알메이다가 총장비서 로드리게즈에게 보낸 편지, 1585년 11월 5일.

NN. 2264-2268, 나바로(P. Navarro)가 사르디(B. Sardi)에게 보낸 편지, 마카오, 1585년 11월 6일.

NN. 2269-2271, 페라로(M. Ferraro)가 아콰비바 총장에게 보낸 편지, 마카오, 1585년 11월 15일.

NN. 2280-2289, 발리냐노가 아콰비바 총장에게 보낸 편지, 고아, 1585년 12월 27일.

NN. 2290-2294, 발리냐노가 펠리페 2세에게 보낸 편지, 고아, 1585년 12월 28일.

NN. 2295-2309, 데 알메이다가 데 산데에게 보낸 편지, 소흥(紹興), 1586년 2월 10일.

NN. 2310-2316, 루지에리가 아콰비바 총장에게 보낸 편지, 조경, 1586년 11월 8일.

NN. 2317-2323, 데 산데가 총장비서 로드리게즈에게 보낸 편지, 조경, 1586년 11월 10일.

N. 2324, 멕시아가 총장비서 로드리게즈에게 보낸 편지, 마카오, 1586년 12월 8일.

NN. 2328-2332, 발리냐노가 아콰비바 총장에게 보낸 편지, 코친, 1587년 1월 14일.

NN. 2333-2334, 멕시아가 아콰비바 총장에게 보낸 편지, 마카오, 1587년 1월 23일.

NN. 2335-2350, 데 알메이다가 총장비서 로드리게즈에게 보낸 편지, 마카오, 1587년 2

월 4일.

NN. 2351-2353, 멕시아가 총장비서 로드리게즈에게 보낸 편지, 마카오, 1587년 2월 6일.

NN. 2399-2400, 멕시아가 아콰비바 총장에게 보낸 편지, 마카오, 1587년 6월 19일.

NN. 2401-2402, 로페즈 디 폰세카(A. Lopez di Fonseca)가 부-주교에게 보낸 편지, 마카오, 1587년 6월 30일.

NN. 2403-2407, 예수회에 관한 판사보 로보(B. A. Lobo)의 증명서, 마카오, 1587년 8월 6일.

NN. 2408-2409, 발리냐노가 아콰비바 총장에게 보낸 편지, 고아, 1587년 11월 20일.

N. 2410, 마르티네즈(P. Martinez)가 아콰비바 총장에게 보낸 편지, 1587년 12월 19일.

NN. 2413-2416, 데 산데가 아콰비바 총장에게 보낸 편지, 마카오, 1588년 1월 3일.

NN. 2417-2421, 데 산데가 총장비서 로드리게즈에게 보낸 편지, 마카오, 1588년 1월 4일.

NN. 2422-2425, 멕시아가 총장비서 로드리게즈에게 보낸 편지, 마카오, 1588년 1월 15일.

NN. 2430-2440, 데 알메이다가 데 산데에게 보낸 편지, 조경, 1588년 9월 8일.

NN. 2445-2495, 발리냐노가 아콰비바 총장에게 보낸 편지, 마카오, 1588년 11월 10일.

NN. 2496-2502, 발리냐노가 아콰비바 총장에게 보낸 편지, 마카오, 1588년 11월 21일.

NN. 2503-2506, 발리냐노가 아콰비바 총장에게 보낸 편지, 마카오, 1588년 11월 23일.

N. 2507, 데 페트리스(F. De Petris)가 아콰비바 총장에게 보낸 편지, 마카오, 1589년 1월 8일.

NN. 2508-2511, 멕시아가 총장비서 로드리게즈에게 보낸 편지, 마카오, 1589년 6월 8일.

NN. 2513-2515, 멕시아가 아콰비바 총장에게 보낸 편지, 마카오, 1589년 6월 10일.

NN. 2516-2517, 발리냐노가 아콰비바 총장에게 보낸 편지, 마카오, 1589년 6월 12일.

NN. 2518-2522, 발리냐노가 총장비서 로드리게즈에게 보낸 편지, 마카오, 1589년 9월 24일.

NN. 2523-2526, 발리냐노가 아콰비바 총장에게 보낸 편지, 마카오, 1589년 9월 25일.

NN. 2527-2528, 데 산데가 아콰비바 총장에게 보낸 편지, 마카오, 1589년 9월 28일.

NN. 2529-2531, 멕시아가 아콰비바 총장에게 보낸 편지, 마카오, 1589년 10월 8일.

NN. 2532-2534, 발리냐노가 아콰비바 총장에게 보낸 편지, 마카오, 1589년 10월 10일.

NN. 2535-2538, 발리냐노가 아콰비바 총장에게 보낸 편지, 마카오, 1589년 11월 10일.

NN. 2539-2545, 로씨(P. Rossi)가 피렌체 콜레지움의 원장에게 보낸 편지, 로마, 1590년 7월 14일.

NN. 2550-2553, 데 산데가 아콰비바 총장에게 보낸 편지, 마카오, 1591년 1월 29일.

NN. 2554-2560, 데 산데가 코레아(G. Correa)에게 보낸 편지, 마카오, 1591년 1월 30일.

NN. 2561-2570, 황명사(黃明沙)가 데 산데에게 보낸 편지, 소주, 1591년 11월 21일.

NN. 2571-2575, 데 산데가 아콰비바 총장에게 보낸 편지, 마카오, 1592년 1월 27일.

NN. 2576-2579, 멕시아가 아콰비바 총장에게 보낸 편지, 마카오, 1592년 2월 2일.

NN. 2583-2590, 데 산데가 아콰비바 총장에게 보낸 편지, 마카오, 1592년 11월 9일.

NN. 2591-2596, 데 페트리스가 아콰비바 총장에게 보낸 편지, 소주, 1592년 11월 15일.

NN. 2597-2598, 데 페트리스가 N.N.[수신자 불명]에게 보낸 편지, 소주, 1592년 12월 15일.

NN. 2599-2601, 데 페트리스가 데 파비(F. de' Fabj)에게 보낸 편지, 소주, 1592년 12월 15일.

NN. 2602-2607, 발리냐노가 아콰비바 총장에게 보낸 편지, 마카오, 1593년 1월 1일.

NN. 2608-2612, 발리냐노가 아콰비바 총장에게 보낸 편지, 마카오, 1593년 1월 13일.

NN. 2613-2615, 발리냐노(A. Valignano)가 아콰비바 총장에게 보낸 편지, 마카오, 1593년 1월 13일.

N. 2617, 마르티네즈가 아콰비바 총장에게 보낸 편지, 마카오, 1593년 1월 17일.

NN. 2618-2621, 데 산데가 총장비서 로드리게즈에게 보낸 편지, 마카오, 1593년 1월 20일.

NN. 2622-2625, 멕시아(L. Mexia)가 아콰비바 총장에게 보낸 편지, 마카오, 1593년 1월 20일.

NN. 2627-2636, 데 산데가 아콰비바 총장에게 보낸 편지, 마카오, 1593년 11월 15일.

NN. 2637-2641, 데 산데가 총장비서 로드리게즈에게 보낸 편지, 마카오, 1593년 11월 17일.

N. 2642, 안투네즈(D. Antunez)가 아콰비바 총장에게 보낸 편지, 마카오, 1594년 1월 3일.

NN. 2667-2669, 데 산데가 총장비서 알바레즈(G. Alvarez)에게 보낸 편지, 마카오, 1596년 1월 2일.

NN. 2670-2672, 데 산데가 총장비서 알바레즈에게 보낸 편지, 마카오, 1596년 1월 2일.

NN. 2673-2679, 데 산데가 아콰비바 총장에게 보낸 편지, 마카오, 1596년 11월 4일.

NN. 2680-2690, 데 산데가 총장비서 알바레즈에게 보낸 편지, 마카오, 1596년 8-10월.

NN. 2691-2694, 발리냐노가 아콰비바 총장에게 보낸 편지, 고아, 1596년 12월 3일.

NN. 2695-2700, 발리냐노가 파비(F. de' Fabii)에게 보낸 편지, 고아, 1596년 12월 15일.

N. 2701, 발리냐노가 아콰비바 총장에게 보낸 편지, 고아, 1596년 12월 16일.

NN. 2713-2714, 데 산데(E. de Sande)가 총장 비서 알바레스(G. Alvares)에게 보낸 편지, 마카오, 1597년 10월 25일.

NN. 2715-2721, 발리냐노가 아콰비바 총장에게 보낸 편지, 마카오, 1597년 11월 10일.

NN. 2722-2725, 데 산데가 아콰비바 총장에게 보낸 편지, 마카오, 1597년 11월 12일.

NN. 2729-2730, 발리냐노가 아콰비바 총장에게 보낸 편지, 고아, 1597년 12월 3일.

NN. 2731-2733, 발리냐노가 데 파비에게 보낸 편지, 고아, 1597년 12월 15일.

NN. 2734-2797, 론고바르도(N.Longobardo)가 아콰비바 총장에게 보낸 편지, 소주, 1598년 10월 18일.

NN. 2798-2807, 론고바르도가 총장 비서 알바레스(G. Alvares)에게 보낸 편지, 소주, 1598년 11월 4일.

NN. 2808-2812, 데 산데가 총장 비서 알바레스에게 보낸 편지, 마카오, 1598년 11월 15일.

NN. 2813-2815, 론고바르도(N. Longobardo)가 데 부체리스(A. De Bucceris)에게 보낸 편지, 소주, 1598년 11월 30일.

NN. 2816-2821, 데 산데가 총장 비서 알바레스에게 보낸 편지, 마카오, 1598년 12월 3일.

NN. 2822-2825, 디아즈(E. Dias)가 총장 비서 알바레스(G. Alvares)에게 보낸 편지, 마카오, 1599년 1월 9일.

NN. 2826-2829, 디아즈가 아콰비바 총장에게 보낸 편지, 마카오, 1599년 1월 10일.

NN. 2830-2831, 론고바르도가 마셀리에게 보낸 편지, 소주, 1599년 9월 20일.

NN. 2832-2846, 카타네오(L. Cattaneo)가 아콰비바 총장에게 보낸 편지, 마카오, 1599년 10월 12일.

NN. 2847-2852, 론고바르도가 아콰비바 총장에게 보낸 편지, 소주, 1599년 10월 18일.

NN. 2853-2864, 소아레스(M. Soares)가 아콰비바 총장에게 보낸 편지, 마카오, 1599년 10월 26일.

NN. 2865-2870, 디아즈가 아콰비바 총장에게 보낸 편지, 마카오, 1599년 12월 12일.

NN. 2871-2883, 디아즈가 아콰비바 총장에게 보낸 편지, 마카오, 1599년 12월 19일.

NN. 2886-2891, 디아즈가 총장 비서 알바레스에게 보낸 편지, 마카오, 1600년 1월 11일.

NN. 2892-2911, 디아즈가 아콰비바 총장에게 보낸 편지, 마카오, 1600년 1월 16일.

NN. 2912-2921, 론고바르도가 N.N.에게 보낸 편지, 소주, 1600년 10월 20일.

NN. 2924-2935, 발리냐노가 아콰비바 총장에게 보낸 편지, 나가사키, 1600년 10월 21일.

NN. 3005-3013, 디아즈(E. Dias)가 아콰비바 총장에게 보낸 편지, 마카오, 1601년 1월 17일.

NN. 3034-3043, 리치의 북경 입성에 관한 보고서, 1601년 3월-4월.

NN. 3056-3062, 카르발호(V. Carvalho)가 아콰비바 총장에게 보낸 편지, 마카오, 1601년.

NN. 3063-3064, 로키(M. Rochi)가 총장 비서 알바레스에게 보낸 편지, 마카오, 1602년 1월 20일.

NN. 3072-3171, 판토하(D. Pantoja)가 톨레도(Toledo)의 관구장에게 보낸 편지, 1602년 3월 9일.

NN. 4004-4017, 데 산데(E. de Sande)가 쓴 1589년도 연감, 1589년 9월 28일

NN. 4018-4031, 데 산데가 쓴 1591년도 연감, 1592년 1월 28일.

NN. 4032-4050, 데 산데가 쓴 1594년도 연감, 1594년 10월 28일.

NN. 4051-4071, 데 산데가 쓴 1595년도 연감, 1596년 1월 16일.

NN. 4072-4083, 디아즈(E. Dias)가 쓴 1597년도 연감, 1597년 11월 12일.

NN. 4084-4096, 디아즈가 쓴 1597년도 연감, 1598년 7월, 1599년 1월-2월.

NN. 4097-4151, 카르발호(V. Carvalho)가 쓴 1601년도 연감, 1602년 1월 25일.

NN. 4162-4183, 안투네즈(D. Antunez)가 쓴 1602년도 연감, 1603년 1월 29일.

NN. 4184-4261, 디아즈가 쓴 1606-1607년도 연감, 남창, 1607년 10월 5일과 18일.

NN. 5001-5009, 마카오에 관한 발리냐노의 발언, 고아, 1580년 8월-1582년.

N. 5010, 중국어 공부를 시킨 4명의 선교사에 관한 발리냐노의 회고록, 일본, 1582년 2월 12일.

NN. 5011-5012, 중국에 관한 산케즈의 메모, 1585년 이후.

NN. 5113-5124, 광주에서 소흥(紹興) 여행에 관한 루지에리의 보고서, 1590-1591년.

NN. 5173-5238, 중국에 관한 루지에리의 설명, 1590-1591년(?).

NN. 5241-5258, 마카오 원장에게 보내는 발리냐노의 회고록, 1594년.

NN. 5289-5458, 루지에리의 중국 선교사 생활에 관한 회고록, 1596년(?).

N. 5460, 아콰비바 총장이 발리냐노에게 보낸 편지, 로마, 1597년 12월 20일.

❶ 본서는 다음과 같이 나뉘어져 있다. 리치 수기본은 책(册), 델리야 신부의 구분은 Volume, 세창출판사 편집은 권(卷)이다. 다시 말해서 리치 수기본은 1-5책까지, 델리야 신부의 구분은 Volume I-II, 세창출판사 편집은 1-5권까지다. 목차에서 확인할 수 있다.

❷ 텍스트가 두 개 언어[이탈리아어와 한문]인 경우, 이탈리아어를 번역하고 한문을 아래에 병기했다. 저자가 이탈리아 사람인 점을 고려하여, 저자의 의도를 최대한 살리기 위해서다.

❸ 중국어 고유 명사들, 곧 지명, 인명 등은 모두 고전 한자어로 명기했다.

❹ 본고에서 인용한 『천주실의』, 『교우론』, 『기인십편』 등 마태오 리치의 저술 중 한국어로 번역된 것은 참고만 하고, 인용하지 않았다. 모두 이 책에 있는 이탈리아어 원문에서 새로 번역했다.

❺ 가독성을 높이기 위해 [ ] 안에 있는 말은 문장의 이해를 돕기 위해 대부분 역자가 넣은 말이다. 이탈리아어에서 많이 나타나는, 고유명사를 반복하기보다는 대명사로 대체하거나 삭제가 많아 한국어로 옮겼을 때 이해가 안 되는 경우가 많기 때문이다.

❻ 화폐 단위

두카토(ducato), 스쿠디(scudi), 리브르(libre), 크루자도스(cruzados) 마라베디(maravedi), 볼로니니(bolognini), 피오리노(fiorino), 바이오키(baiocchi) 등 당시 유럽에서 통용되던 모든 화폐가 등장한다. 대부분 그대로 썼지만, 문맥에 따라서 역자가 확실하다고 생각되는 부분은 중국의 은화나 금화로 썼다. 마태오 리치는 대부분 환산하지 않고 동량으로 언급했지만, 텔(teal)의 경우만 간혹 금화 두 배로 환산해서 말하곤 했다. 이 점 역시 확실하다고 판단되는 부분만 환산해서 번역했다. 필요하다고 판단되는 경우 역주를 넣었다.

❼ pagano라는 단어는 '이교도'라는 의미지만, 서양에서 이교도는 비그리스도인 전체를 대상으로 할 뿐 아니라, '야만인', '교양 없는 사람'을 일컫는 의미로도 쓰인다. 따라서 문맥에 따라 이교도, 비교인, 비신자(그리스도인이 아니라는 뜻) 등으로 번역했다.

❽ litteris sinicis의 번역은 문맥에 따라서 '중국 문학' 또는 '중국 인문학'으로 번역했다. 건륭제 때 나온 『사고전서四庫全書』도 litteris sinicis로 소개된다는 점을 근거로 했다.

❾ 이름과 지명 등 그리스도교 성경책에 등장하는 고유명사는 저자가 가톨릭교회 사제인 점을 고려하여 한국가톨릭 주교회의 발행 성경을 따랐고, 나머지는 출신이나 해당 지역의 언어 발음으로 명기했다.

❿ 참고도서 약어표와 각주에서 표기한 N., NN.이라는 번호는 본문에서 아라비아 숫자로만 표기했다.

『리치 원전』의 전체적인 개요

                    『리치 원전(*Fonti Ricciane*)』으로 들어
가기에 앞서, 앞부분에서 마태오 리치 신부의 대작을 제대로 평가하기
위해 작품을 역사적 · 문화적 틀에서 재배치할 필요가 있어 보인다.

    우선, 고대 중국의 종교 사상으로 대표되는 그 나라의 역사적 기원에
서부터 기원전 3천 년대 말경까지 전체적인 배경을 빠른 붓놀림으로 스
케치할 것이다. 수천 년의 문화를 자랑하는 이 나라가 사도[리치 신부]에
게 어떤 인격신 안에서 오래되고 확고하며 변함없는 믿음의 기초를 제공
했다고 할 수 있다. 이런 인격신은 자연신학에서 말하는 [신에 관한] 거의
모든 속성을 인정받은 신이다(제 I 장).

    그런 다음, 7세기부터 13세기까지, 이런 종교사상에 그리스도교 선교
사들이 뿌린 첫 번째 예수 그리스도와 그분의 복음 메시지를 진단해 볼
것이다. 비록 네스토리우스 이단에 의해 손상되고 감염되었어도 말이다
(제 II 장).

    이어서 1294년부터 1368년까지, 아씨시 성 프란체스코의 아들들이었
던 최초의 가톨릭 선교사들, 주로 이탈리아인들이었던, 그들의 노력을

간략하게 살펴본다(제Ⅲ장).

그 후, 2세기의 긴 침묵이 있었다. 그 시기에 중국에서 그리스도교의 역사는 전혀 기록된 바가 없다.

침묵은 1552년, 드디어 성 프란치스코 하비에르에 의해 깨어졌다. 그는 도달해야 할 목적지로 중국을 가리키며 닫힌 문 앞에서 사망했다. 그 뒤 30년간, 여러 수도회와 국가 소속의 60여 명의 선교사가 굳게 닫힌 중국의 문을 열기 위한 시도를 거듭했지만 아무런 소득을 얻지 못했다. 그 중 가장 운이 좋았던 사람이 예수회 소속 이탈리아인 미켈레 루지에리Michele Ruggieri였다. 그는 위대한 알렉산드로 발리냐노Alessandro Valignano의 인도로 1579년부터 1582년까지, 근대 [아시아] 선교의 진정한 선구자의 길을 준비했다(제Ⅳ장).

그[진정한 선구자]가 바로 마태오 리치Matteo Ricci 신부로, 1582년 마카오에 도착해서 1583년에 중국 내륙으로 들어갔다. 그는 방대한 나라의 남쪽에서부터 북쪽 수도까지, 거침없이 나아가며 수도원을 세우고, 1610년 성인의 향기를 풍기며 북경에서 사망했다(제Ⅴ장).

이런 이유로 『리치 원전(*Fonti Ricciane*)』의 국립 판(l'Edizione Nazionale)을 수행할 기회가 주어졌다(제Ⅵ장).[1]

---

1   이 전체 개요에서도 참고도서 목록 약어에 관한 설명은 앞에 있는 "참고도서 약어표"를 보라.

전반적인 배경, 고대 중국의 종교사상

1. 중국 역사의 시작에서 중국 민족

고대건 현대건 모든 민족에게 그리스도교 계시의 빛이 도달하지 않은 곳으로, 중국처럼 종교적인 민족은 찾아보기 힘들고, 불가능할 것이다. 만약 성 바오로가 서쪽으로 가지 않고 동쪽으로 갔다면, 우리는 그리스 인들보다 더한 중국인들을 향해 "모든 면에서 지나칠 정도로 경건함, 경 외심, 종교심, 헌신적"이라고 말했을 것이다. 즉, "모든 면에서 대단한 종 교심을 가지고 있는"[2] 것이다.

수 세기의 희미한 선사 시대가 지난 후, 중국인들은 기원전 3000년대 마지막 세기에 역사에 등장했다. 그때부터 그들은 오늘날과 마찬가지로, 거의 같은 생활 습관을 4천 년간 유지하고 있다. 기원전 2200년에 벌써 안정된 조직과 문명을 가진 민족이 되었다. 사회계급도 완성되었다. 하 위계층에는 단순하고 무지한 천민이 있고, 중간계층에는 많은 관리가 있 으며, 상위계층에는 기원전 20세기부터 "하늘의 아들[천자(天子)]"이라고 하는 황제가 지배하는 구조가 만들어졌다. 천자는 대신들을 다스리라고 명을 받았다고 느꼈고, 상제上帝와 같은 이름으로 불리게 될 하늘[천(天)] 이 맡긴 거로 생각했다.[3] 세상, 문명 세계는 중국과 함께 끝이 난다. 세상

---

2   Cf. 사도행전 17, 22.

위에서는 하늘이 지배하고, 지상에선 중국이 하늘의 부왕 혹은 대리인이 되어 지배하는 것이다. 그러므로 두 명의 황제가 있는데, 하나는 최고 통치자고, 다른 하나는 그에 예속되어 있다. 한 분에 대해서는 아무도 그 기원을 모르지만, 다른 한 분의 신분은 분명하다. 한 분은 모든 권위의 원천이고, 다른 한 분은 그의 "아들"이다. 아들은 아버지와 똑같은 권위로 백성을 다스리도록 위임받았다. 하늘을 지배하는 최고 지배자의 가시적인 대리인 "천자天子"는 최고 제사장(pontefice supremo)이기도 해서 이름, 자리, 그에게 의탁하는 백성의 호의가 매년 성대하게 하늘에 제사 지내게 하며, 다른 어떤 직무보다도 권위적이고 배타적이다. 따라서 제국의 존엄성을 침탈하면 안 된다. 반대로, 천민은 지배자가 옥좌에 앉아 있기만 해도 경외심을 가져야 한다. 그것은 곧 종교적인 경외심이기도 하다. 중국의 군주는 혁명이나 반란을 두려워하는 게 아니라, 그보다 더 심한 걸 두려워한다. 최고 황제[상제]가 보낸 통솔자[황제]에 대해 백성이 불평을 토로하여 통치 권한을 철회할까 봐 두려워하는 것이다.

이 민족의 오랜 기원에서부터 공자孔子의 출현과 이후 시대에 이르기까지, 중국의 문헌들은 최고 황제 또는 참 하느님의 주요 속성을 가진 하늘을 계속해서 인정해 왔다. 함무라비가 바빌로니아를 통치하고, 아브라함이 메소포타미아를 떠날 때부터 중국인들은 하늘 또는 최고 황제를 유일하고 인격적이며 지적인 존재로, 우주의 주인이자 통치자로 황제를 마

3　중국에서 가장 오래된 문헌들, 즉 최근에 발견된 뼈에 새겨진 신탁으로 제(帝), 곧 황제라고만 적힌 걸 읽을 수 있다. 하지만 중국에서 가장 오래된 책『서경(書經)』과『시경(詩經)』에는 제(帝)와 함께 상제(上帝)와 천(天), 태양 혹은 황제(皇帝)의 신분을 가리키는 황상제(皇上帝), 황천(皇天), 황천왕(皇天王)과 같은 단어를 볼 수가 있다.

음 내키는 대로 임명하고 박탈하며, 모든 것을 보고 듣는 존재로 인식했다. 또 현세는 물론 사후에도 선인들에게는 상을 주고 악인들에게는 벌을 준다고 믿었다.

2. 고유한 원시 종교

[우리가] 기원전 2002년에 있다고 생각해 보자. [다음은] 순舜 황제 어른과 신하 우禹와 고요皋陶가 주고받는 대화다. 우가 말한다:

"폐하, 옥좌에 있는 동안 자기를 살피소서. 상제[上帝, '최고 존재(Imperatore Supremo)']의 명을 받았다는 걸 모두에게 알리소서. 하늘[天][4]이 폐하께 계속해서 명령을 위임하고 많은 복을 더해 주시나이다." 그러자 고요가 덧붙인다: "하늘의 일은 사람[황제]이 하나이다.[5] 여러 사회 집단 간의 관계와 풍습은 하늘에서 왔나이다. 의인에게 권세를 주고 죄인을 벌하는 것은 하늘이나이다. 하늘은 우리 민족의 눈과 귀로 보고 듣나이다.[6] 하늘은 우리 백성이 영광을 원하느냐 형벌을 원하느냐에 따라 영화롭게 하기도 하고 벌을 주기도 하나이다. 저 위에 있는 분과 밑에 있는 분은 이렇게 소통하나이다." 황제 어른이 "무슨 일이건, 어느 때건 하늘의 명령에 주의를 기울여야 하리라"라고 결론 내린다.[7]

---

4   이 텍스트에서, 물론 다른 곳에서도 마찬가지로, 하늘[天]과 상제(上帝)를 정확하게 같은 존재로 보고 있다.
5   이와 관련한 공식 논평은 "황제가 하늘을 대신하여 사람을 다스린다[代天官人]"는 것이다. 그리고 대략 이렇게 설명한다. "하늘[天]이 직접 다스리는 게 아니라, 군주를 통해서, 군주는 대신들의 도움을 받아서 다스린다. 그러니까 군주와 신하들이 하늘을 대신하여 다스리는 것이다. 天下自治, 立君乃治, 君不獨治, 爲臣以佐之. 君臣代天爲治." Cf. Wieger, TPH, p.8.
6   옛날 속담과 비교할 수 있다. "백성의 소리는 하느님의 소리다. vox populi, vox Dei."

이 텍스트와 다른 첨부할 수 있는 많은 텍스트는 하늘 혹은 고대 중국의 상제가 세상과 완전히 구별되는 인격적이고 지적인 존재라는 걸 분명히 보여 준다. 중국인의 이런 원시 종교는 기원후를 즈음하여 불교가 도입될 때까지 이어졌고, 따라서 2천 년 이상 다른 고대 민족의 종교에서 볼 수 있는 것과는 달리, 신화나 우화, 혹은 [비극] 시詩의 그림자를 찾아볼 수가 없다. 그리스인과 로마인들이 자기네 올림포스를 신들로 채우는 그런 나약하고 외설적인 건 훨씬 적은 것이다.

더욱이 하느님에 대한 사상은 기원전 6세기 이전에는 거의 존재하지 않았던 철학자와 사상가들의 생각만이 아니다. 오히려 모든 사람의 생각이었으며, 단 한번도 논의의 여지가 없었던 중국 문명의 가장 확고한 기초 중 하나였다. 사실 사상이라기보다는 삶이라고 할 수 있다. 다시 말해서, 그것은 천민에서 황제에 이르기까지 중국 사회 전반에 내재된, 추상적이거나 형이상학적인 형태로 표현되지 않은, 실천적인 삶의 구체적인 형태였다. 그런 문화유산으로, 국가는 하느님에 대한 사상에 따라 살 뿐 그것을 이론으로 해석할 필요성을 느끼지도 않았다. 모든 오류에서 완전히 자유로울 수는 없지만, 민감한 사람도 전혀 놀라게 하지 않는 이런 전반적인 사상은 매우 순수하므로, 정화하여 통합할 필요가 있었다. 중국 지식인들은 오늘날 유럽이나 미국의 우리 대학에 스며든 거짓 이론이나 무신론에 감염되지 않은, 자기네 고대 문헌에 나온 '상제(Essere Supremo)' 사상을 갖고 있었다.

---

7   Cf. Zottoli, III, pp.346-349, 352-353; Couvreur, *Chou King*, pp.40-41, 43, 50.

3. 시대를 거쳐 완성되고 규명된 하느님 사상

시대가 흐르면서 상제에 대한 이런 사상은 긴 터널에서 점점 더 확연해져 갔다. 기원전 16세기와 11세기, 중국의 문헌들은 하늘[天]에 전능全能, 전지全知, 섭리, 정의, 자비는 물론, 사물과 인간의 기원을 두었다. 거기에 대해 말한다. "모든 사물은 그 기원이 하늘에서 온다."[8] "하늘이 모든 인간을 만들고 존재성을 부여하고, [자연]법[에 따라서] 선善과 덕德을 사랑하게 된다."[9] "[그분이] 너무 높이 있다거나, 우리 위에 있다고 말하지 마시오! 그렇지 않소! 그분은 우리의 한가운데를 오르내리며 매일 모든 것을 깨닫게 한다오."[10]

기원전 5세기까지, 그 밖의 여러 문헌에서도 이런 식으로 언급하고 있다. 상제만이 지배하고, 통치하고, 보상하고, 벌을 준다. 아무도 그분의 정의에서 벗어날 수 없듯이, 아무도 [그분을] 속일 수 없다. 억울한 사람들은 그분께 하소연하고, 그분은 그들의 목소리를 듣고 보호해 준다. 착한 사람은 그분의 복을 받아 높여지고, 종국에는 그분의 환영을 받는다. 그분은 변하는 시대와 환경에서도 언제나 [변함없이] 존재한다. 아무도 그분과 비교할 수 없고, 비슷할 수도 없다. 그분은 다른 존재들과 근본적으로 다르고, 그들 위에 있다. 그분의 의지 없이는 세상에서 아무것도 일어나지 않는다. 만약 왕권이 이 손에서 다른 손으로 넘어가면, 그것은 그분이 자격이 없는 사람을 버리고 마음에 있는 사람을 선택했기 때문이다.

---

8   萬物本乎天. Cf. Couvreur, *Li Ki*, 1913, I, p.594.
9   天生烝民, 有物有則. 民之秉彝, 好是懿德. Cf. Zottoli, III, pp.278-279; Couvreur, *Cheu King*, 1916, p.349.
10   無日高高在上, 陟降厥士, 日臨在茲. Cf. Zottoli, III, pp.302-303; Couvreur, *Cheu King*, p.382 e n.1.

그러므로 우리는 완전한 유신론, 정말 솔직한 유일신론을 보는 것이다.

4. 하느님의 절대 지배와 현존의 전형적인 경우

기원전 1559년경, 초기 하夏 왕조의 마지막 황제 걸桀은 사악하고 잔인한 사람으로, 자신과 가문의 왕관을 모두 잃었다. 새 왕조는 처음에는 왕조가 유래한 영지의 이름으로 상商이라고 불렀다가, 후에 기원전 1315년에 새로 세운 수도의 이름을 따서 은殷이라고 불렀다. 이 두 번째[은 왕조]는 기원전 16세기부터 11세기까지, 거의 500년간 지속되었다.

고대 중국인들에게 왕조가 바뀌는 것은, 혁명이 아니라 하늘의 심판이었다. 기원전 1558년 상나라의 군주가 자신의 통치자 '걸'에 대항해 전쟁을 일으켰을 때, 그는 중국 전체가 자신의 이런 시도를 받아들여야 한다고 생각했다. 이런 혁명은 선례가 없었다. 군주는 종교적인 성격의 논의들에 의존하여, 만약 자신이 걸 왕을 상대로 반란을 일으킬 수밖에 없었다면, 그것은 걸 황제를 버리라는 하늘의 명령에 복종한 거라고 했다. 그의 변론이다.

"군중이여, 가까이 와서 내 말 좀 들어 보오. 나는 반란이나 일으키는 나약한 소년이 아니라오. 걸 황제는 많은 죄를 범했기에 하늘이 전멸시키라고 명하였소. 그는 죄인이고 나는 상제가 무서워 그를 벌하라는 걸 멀리할 수가 없었소. 여러분은 하늘의 징벌을 실현하게 나를 도와주시오. 그렇지 않으면 여러분을 무자비하게 죽일 것이오."[11]

---

11 Cf. Zottoli, III, pp.372-373; Couvreur, *Chou King*, pp.87-89. 같은 말이 기원전 1050년, 은 왕조의 마지막 황제에 대항하여 발(發) 장군이 반복해서 사용한다. Cf. Zottoli, III, pp.412-413; Couvreur, *Chou King*, p.156.

달리 말해서, 상나라의 군주는 혁명을 일으킨 것이 아니라, 하늘이 백성을 통해 보여 준 뜻을 실행한 것뿐이다. 전제군주에 대한 백성의 불만이 그를 끝내도록 요구했기 때문이다. 백성은 아무도 반항하지 않고 그의 변론을 들었고, 그것은 그의 말이 옳다는 명백한 증표가 되었다. 그리고 그의 능력에 왕권이 넘어가는 것은 지고한 존재[Ente Supremo]에 대한 믿음이 당시 중국인의 마음에 깊이 뿌리내린 덕분이었다.

기원전 1250년에 나온 찬미가는 지금까지 전해 오고 있다. 그중 두 개가 왕가王家를 현양하고 영광스러운 기원을 기념하는 내용이다. 기원전 1558년 지금의 왕조가 시작하기 5세기 전, 하늘은 그에게 오늘의 숭고한 사명을 이미 예정해 두었다는 것이다. 하늘이 가문의 조상을 놀라운 방식으로 탄생하게 했고,[12] 수 세기 동안 사람과 사물을 준비하여 미래의 통치자가 그것을 발견할 수 있게 했다. 때가 찼을 때, 상나라의 군주는 "상제를 공경했는데, 그가 중국의 황제를 만들었기 때문이다"라며, 크게 상을 차려 제사를 지냈다.[13]

이 문헌은 상제 혹은 하늘[天]의 예지에 대한 중국인들의 믿음을 보여 준다. 해설자들은 이 점을 강조한다. 그들이 말하는 것은, 상나라의 조상을 일으킨 최고 통치자는 그에게 영지를 위임한 순임금이 아니라, 상나라에 5세기 후에 태어날, 탕湯 임금에게 옥좌를 예정한 상제라는 것이다. 시조始祖의 즉위식에는 제국의 옥좌를 대비한 미래의 성격이 담겨 있었다(天命湯爲天下王也).[14]

---

12   Cf. Zottoli, III, pp.320-321; Couvreur, *Cheu King*, p.403.
13   Cf. Zottoli, III, pp.320-325; Couvreur, *Cheu King*, pp.403-409.
14   Cf. Wieger, *TPH*, p.12; *HC*, pp.21-22.

5. 협소한 신(神) 중심 체계

유다 민족을 제외하고, 어떤 민족도 중국 민족처럼 이렇게 강한 신정 체제를 알고 있지는 않다.[15] 지상의 황제는 하늘로부터 직위를 받고, 국가의 통치를 돕고 대신한다. "하늘은 백성을 위한 선의로 그들에게 군주와 스승들을 주었으니, 그들은 상제의 협력자로서 하늘은 만민을 위한 선의로 그들에게 원칙과 스승을 주셨고, 그들은 최고 황제의 협력자로서 네 가지를 기본으로 이익을 확산하고 평화를 통치해야 한다."[16]

만약 모든 인간을 하늘이 지어냈다면, 지상의 황제는 그의 맏아들이고, 그 이름을 확실히 "원자元子" 혹은 "천자天子"[17]라고 해야 한다. 백성과 관리들은 마땅히 황제에게 복종해야 하고, 그것은 하늘의 뜻[天命]을 알고자 하늘에 복종하는 것이다.[18] 이것은 기원전 3세기 이후 잃어버린 어떤 한 수기본 자료 덕분에, 불 위를 지나간 거북이 껍질의 균열을 통해, 또는 아킬레아[톱풀]라는 식물의 마지막 잎에 담긴 것을 통해, 당시의 믿음에 따라 해석함으로써 하늘의 응답으로 파악했다. 아킬레아와 거북이를 통해 결정된 것에 맞서는 사람은 누구라도 화를 입을 것이고, 그는 자신과 다른 사람들에게 가장 나쁜 걸 끌어들인 것이다. 따라서 사악한 황제는 스스로 멸망을 자초했고, 그래서 왕권을 빼앗겼다.

"하늘의 눈길은 아래 있는 인간을 살피고, 특히 그들의 정의에 관심을

---

15   이와 관련한 가장 오래된, 고대부터 기원전 5세기까지, 풍부한 텍스트는 *CCS*, 1938, pp.683-687: 1939, p.229에서 찾아볼 수 있다.
16   Cf. Zottoli, III, pp.406-407; Couvreur, *Chou King*, p.147.
17   Cf. Zottoli, III, pp.252-253, 256-257; Couvreur, *Cheu King*, pp.316, 322.
18   Cf. Zottoli, III, pp.422-423, 394-395, 430-435; Couvreur, *Chou King*, pp.125-126, 170-172, 184-191.

기울이며, 어떤 사람에게는 장수長壽를 주고, 어떤 사람에게는 단명短命을 준다. 생명의 실을 끊는 건 하늘이 아니라, 인간이 [저지른 악행으로] 그것 [생명의 실]을 끊었기 때문이다. 가끔 백성은 덕德의 길을 따르지 않고, 자신의 죄를 인정하지 않으려고 한다. 그리고 하늘이 그것을 바로잡으려고 하면, 이렇게 말한다: 나하고 무슨 상관이 있는가?"[19]

"천자야, 하늘이 이미 은殷의 집에서 명령을 철회했구나. 선대 황제들이 후손인 우리를 돕지 않는 게 아니라, 황제가 방심하여 [하늘과의 소통이] 모두 끊어졌구나. 그래서 하늘이 우리를 버려 먹을 것이 넉넉하지 않게 되었구나. 우리가 양심에 더 주의를 기울이지 않고, 더는 법에 복종하지 않은 때문이구나."[20]

6. 최고 황제는 다섯이 아니라 한 분

이 순수한 빛을 더욱 부각하기 위해, 기원전 1000년 직전에 중국의 하늘에 희미하지만 방심할 수 없는 그림자가 나타났다. 『주례周禮』의 몇 안되는 빈약한 텍스트는 "오제五帝"에 대해 언급한다. 문인 학자들의 반응은 빠르고 활력이 넘쳤다. 이 텍스트가 있는 문헌에 대한 존중으로 그것의 진위는 부정되지 않았지만, 상제의 유일성에 선을 긋는 설명이 시도되었다. 예컨대 사람은 하나로 쪼갤 수 없고, 사지를 통해 행동하는 것처럼, 하늘이 외적으로(ad extra) 행동할 때 황제의 이름을 쓰고, 물, 불, 나무, 쇠, 흙의 다섯 가지 원소를 사용하며, 동, 서, 남, 북, 중앙의 오방五方

---

19   Cf. Zottoli, Ⅲ, pp.402-403; Couvreur, *Chou King*, p.137.
20   Cf. Zottoli, Ⅲ, pp.402-403; Couvreur, *Chou King*, pp.138-139.

에서 행동하신다. 동일한 존재의 이런 다섯 가지 측면의 개별적인 것에 황제의 이름을 부여할 수 있고, 상제는 원소 중 하나와 방향 중 하나에서 활동하지만, 하늘이라는 이름을 [모두에] 부여할 수는 없다. 이것[하늘이라는 이름]은 다섯이 아니라, 여섯[육천(六天)]이라고 말하기도 하는 것처럼 부족하지 않음에도 불구하고 거의 다섯 개씩 늘어나기 때문이다.

설명이 다소 모호하고 유동적이고 변할 수 있지만, 문인 학자들의 태도는 분명했다. 거의 모든 사람이 상제의 유일성을 공격하려는 사람을 향해 한목소리로 항의했다. 결국, 이런 형태의 모든 시도를 없애고자 서기 1067년 신종神宗 황제는 법령을 선포했다. "『주례』에는 '황천상제皇天上帝', '상제上帝', '오제五帝'라고 말한다. 현재 [이런 모든 표현이] 한 황제를 [가리키는 것은] 아니다(一帝而已)." 그리고 이어서 이와 같이 말했다. "나는 [일부] 고대 작가들의 지지를 받은 육천론六天論은 강력히 반대하노라: 先儒六天之說, 朕甚不取."[21]

"오제五帝" 혹은 "육천六天"의 문제는 이렇게 해결되었고, 역사에서 결코, 다시는 나타나지 않았다.

7. 개인, 가족, 국가 도덕의 기초이신 하느님

하느님 사상은 추상적인 사상으로 남은 것이 아니다. 그것은 다른 곳과 마찬가지로, 중국에서도 개인은 물론 가족과 국가의 도덕으로 자리 잡았다. 춘추春秋 시대(기원전 722-481년)의 많은 문헌은 분명 하늘이 선한 사람에게는 복을 주고, 악인에게는 고난을 준다고 말한다.[22] 이것이든

---

21 Cf. Wieger, *TH*, p.1600; *HC*, pp.94-95; *TPH*, pp.75-78.

저것이든 [모든 것이] 개인의 공덕 혹은 과실의 결과이고, 통치자의 경우는 더욱 그렇다. 문헌에서 말하는바, 도덕적으로 좋은 행위는 하늘이 즐거워하고, 기쁨과 축복을 끌어당긴다. "덕은 국가와 가정의 기초다. 기초가 있는 곳에는 파괴가 없다; … 덕이 있는 곳에는 기쁨이 있고, 그 기쁨은 영원하다: 德, 國家之基也. 有基無壞 … 有德則樂, 樂則能久."[23]

"예禮" 자체는 하늘을 향한 공경 때문에라도 잘 지켜져야 하는데, 이는 하늘의 뜻에 맞게 행동하라는 규범이 되어 주기 때문이다.[24] 지키는 사람은 하늘의 복을 받고, 그렇지 않은 사람은 하늘의 벌을 받을 것이다. 한편 고대 중국인의 도덕 생활은 이 한 문장으로 함축할 수 있을 것이다. "하늘의 길이란, 선인은 상을 받고 악인은 벌을 받는다: 天道, 賞善而罰淫."[25] 더 나아가 "하늘에 복종하는 사람은 번창하고, 반항하는 사람은 멸망한다: 順天者昌, 逆天者亡."[26]

그것은 멸망하는 것만이 아니라, 국가가 무너지는 원인이 될 수가 있다. "덕이 있는 사람들이 사라지면, 나라는 망한다. … 그러나 예를 지키는 정부는 최대한 쇠퇴도 알지 못한다: 無善人則國從之 … 有禮, 無敗."[27]

반대로 덕은 행복의 원인이다. "위대한 덕만이 큰 행복을 가져온다. 덕을 박탈하고 대중을 자기에게 굴복시키는 자에게는 화가 있으리라: 唯厚德者能受多福. 無德而服衆者, 必自傷也."[28] 계속해서, "덕은 행복의 기

---

22 Cf. *CCS*, 1939, pp. 229b-230a.
23 Cf. Couvreur, *Tch'oen Ts'iou et Tso Tchouan*, Hokienfu, 1914, II, p. 410.
24 Cf. Couvreur, *Tch'oen Ts'iou*, I, p. 531.
25 Cf. *CCS*, 1939, p. 230b.
26 Cf. *CCS*, 1939, p. 230a.
27 Cf. Couvreur, *Tch'oen Ts'iou*, II, pp. 463-465.
28 Cf. *CCS*, 1939, p. 232a.

초다. 행복이 덕의 열매가 아니면, 기초가 없는 도성과 같아서 오래지 않아 무너지고 말 것이다: 夫德福之基也. 無德而福隆, 猶無基而厚墉也, 其壞也無日矣."[29]

그렇다면, 때로 악인들이 복을 누리는 것은 어떻게 설명할 수 있을까? 그것은 거짓 행복이다. 하늘이 액수를 채워 더욱 엄하게 벌하기 위해, 그들에게 은혜를 베푸는 것처럼 보이는 것이다.[30]

8. 영혼 불멸과 행복 또는 불행한 내세

여기서 말하는 행복은 당연히 지상의 행복이지만, 하늘의 행복을 배제한 것이 아니라, 오히려 포함하고 있다. 여러 번, 중국의 봉건 영주들 사이에 체결된 조약에 따르면, 조약을 위반하는 사람에게는 "귀신鬼神"의 손에 의해 최악의 저주로 위협을 받는다고 했다. 귀신은 수 세기 동안에 죽은 고대의 왕이나 군주들의 영혼이다.[31] 이것은 고대 중국인들이 죽은 후 영혼 불멸을 믿었다는 증거이며, 그 힘이 살아 있는 사람들에게 좋게 혹은 나쁘게 작용한다는 것이다. 산 자들을 좋게 하는 것은 간단하게 "신神"이라고 부르고, 나쁘게 하는 것은 '사납다'라는 뜻의 "여厲"라고 불렀다.

"신" 혹은 '착한 손'은 하늘의 신하 또는 사신인 천신天神, 천사天使이기 때문에 "상제의 수도[제도(帝都)]"에 살며, 산 자들을 하늘에 고발하는 권한이 있다. 반면에 "여"는 제도帝都에서 배제된다. 몇몇 고대의 인사는 상제의 오른쪽 혹은 왼쪽에서 활동하고 있다고까지 말한다. "문왕文王은 높

---

29   Cf. *CCS*, 1939, p.232a.
30   Cf. Couvreur, *Tch'oen Ts'iou*, II, pp.153-154: III, pp.74, 183, 186.
31   Cf. Couvreur, *Tch'oen Ts'iou*, I, p.403: II, pp.93-94, 272.

은 곳에 있구나; 오! 하늘에서 얼마나 빛나는가! ··· 그는 [항상] [상]제의 좌우를 오르내리고 있구나: 文王在上, 於昭于天 ··· 文王陟降, 在帝左右."[32] 문왕만이 아니다. "성탕成湯도 [상]제의 측근에 있구나: 成湯又敢在帝所."[33] 반면에 다른 영혼들은 "어둠의 수도[유도(幽都)]"[34]에 떨어질까 두려워한다. 그곳은 어렵지 않게 지옥의 개념이라고 생각하면 될 것 같다.

그러므로 기원전 5세기 이전에 이미 중국의 종교사상은 완성되었다. 하느님은 유일한 존재고, 지성적이고 인격적이며, 선견지명이 있으시고, 전능하고 전지하며, 개인, 가족 및 국가 도덕의 기초라고 보았다. 그분은 이승에서뿐 아니라, 죽음 너머의 생애에서도 선한 사람에게는 상을 주고 악한 사람에게는 벌을 주며, 전자는 당신의 거처에서 봉사하게 하시고, 후자는 어두운 곳으로 던진다.

9. 공자의 자연신학

철학자들은 시대별로 이런 가르침을 보존하고, 발전하고 지키는 데 도움을 주었다. 공자(기원전 551-479년) 혹은 "공부자孔夫子"는 중국 철학자들의 선두에 선 인물로, 고대 전통을 체계화하면서 고대인들이 세운 '최고 존재(l'Essere Supremo)'에 대한 불변의 사상을 후대에 전하는 역할을 했다. 그는 최고 존재를 대신한 적도 없었고, 종교를 설립하지도 않았다. 그는 혁신가가 되고 싶어하기보다는 고대 중국 지혜의 메아리가 되기만 바랐다. 따라서 그는, 앞서 걸었던 사람들처럼, 모든 걸 아는 하늘은 오

---

32 Cf. Zottoli, III, pp.226-227; Couvreur, *Cheu King*, pp.281-282.
33 Cf. *CCS*, 1939, p.235b.
34 Cf. *CCS*, 1939, p.236b.

류가 없고, 최고 재판관이며, 생과 사, 부富와 명예의 주인이며 현자로 존경받을 권리가 있는 것이다.[35] 그의 문장이다.

"누구든 하늘에 죄를 지으면 매달릴 곳이 없다: 獲罪於天, 無所禱也."[36] 하늘로부터 자신의 가르침을 보급하고 효력이 있기를 기대했다. "나의 가르침이 흥할 것인가 망할 것인가는 [원수들의 뜻이 아니라] 하늘의 뜻에 달려 있다: 道之將行也與, 命也, 道之將發也與, 命也."[37]

10. 철학자 묵자의 자연신학

공자의 가르침은 그의 제자들과 뒤이어 나온 독립 문인 학자들에 의해 유지되고 강조되었다. 이 사람 중에서, 우선 테르툴리아누스가 주저하지 않고 "타고난 그리스도인의 영혼(anima naturaliter christiana)"[38]을 가진 사람이라고 말했을 묵적(墨翟)(기원전 약 479-381년)이라는 이름을 기억하고자 한다.

그에게 모든 것은 인간의 의지가 하늘의 의지에 합치되어야 한다. 숲과 계곡, 사람의 눈으로 꿰뚫어 볼 수 없는 가장 멀리 떨어진 산줄기 입구까지 하늘에서 벗어나는 것은 없다(夫天不可爲林谷幽澗無人明必見之). 그[하늘]는 정의와 질서를 원하고, 불의와 무질서를 싫어한다. 하느님의 뜻에 맞추는 사람은 서로 사랑하고 좋은 일을 하며, 그래서 상을 받게 되지만, 그 반대의 사람은 서로 미워하고 빼앗기 때문에 벌을 받게 된다.

---

35 Cf. Zottoli, III, pp.226-227, 256-257, 282-283, 306-307, 332-333, 350-351; Couvreur, *Les quatre livres²*, Hokienfu, 1910, pp.77, 126, 166, 200, 234, 255.
36 Cf. Zottoli, II, p.237; Couvreur, *Les quatre livres*, p.93.
37 Cf. Zottoli, II, p.233, N.37; Couvreur, *Les quatre livres*, p.234.
38 Cf. Wieger, *TPH*, pp.175-176.

고대의 선한 왕들은 위로는 하늘을 공경하고, 아래로는 사람을 사랑했다. 그래서 하늘은 그들에게 "천자天子"라는 칭호를 주어 제국을 부유하게 하고, 많은 후손을 주어 '현명한 왕'이라는 이름으로 역사에 기록되게 했다. 폭군들은 정반대로 했고, 그래서 하늘의 저주를 받았다. 실제로 사람이 하늘의 뜻대로 하지 않고 하늘이 원하지 않는 걸 하면, 하늘도 사람이 원하는 것을 하지 않고 사람이 원하지 않는 것을 하여, 사람에게 질병과 다른 불행을 준다(有所不爲天之所欲, 而爲天之所不欲, 則夫天亦且不爲人之所欲, 而爲人之所不欲). 하늘의 뜻은 수레바퀴 장인의 손에 든 컴퍼스나 목수의 손에 든 직각자와 같다(我有天志, 譬若輪人之有規, 匠人之有矩: 어떤 물체가 원형인지 정사각형인지를 알려면 컴퍼스에 맞는지 직각자에 맞는지를 보면 된다). 이렇게 우리의 행동이 하늘의 뜻에 맞는지 아닌지에 따라서 착한지 나쁜지를 알 수 있다(觀其行, 則天之意, 謂之善意行, 反天之意, 謂之不善意非). 누군가 집안의 가장을 화나게 하면 이웃집으로 피신하여 벌을 피할 수 있고, 나라의 군주를 화나게 하면 역시 인접 국가에서 피난처를 찾을 수 있다. 그러나 이 세상에 사는 모든 사람이 같은 하늘에 의지하고 있는데, 누군가 하늘을 분노케 한다면 피할 곳이 없다(人皆處天下而事天, 得罪於天, 將無所以避逃之者矣).[39]

11. 그리고 철학자 맹자의 자연신학

공자 다음으로 가장 위대한 중국 철학자라면 분명 맹자(孟子)(기원전 372-289년경)를 들 수 있을 것이다. 그래서 중국인들은 [그를 두고] "두 번

---

39 Meize 묵자(墨子), c. 천지(天志), 上, 中, 下.

째 성인, 아성亞聖"이라고 부른다. 그는 아리스토텔레스(기원전 384-322년), 에피쿠로스(기원전 341-270년), 제논(기원전 356-264년)과 같은 시대의 인물이다.

그에게도 하늘은 선대 학자들이 인정한 것처럼, 모든 속성에 있어 '최고 존재(l'Essere Supremo)'다.[40] 가령, 하늘이지 요堯가 아니며, 말로써가 아니라 섭리를 통해서 백성이 받아들이게 하며, 순舜에게 명령하여 "'하늘이 내 백성의 눈과 귀를 통해 보고 듣는다'라는 태서泰誓[41]의 말씀에 따라"[42] 다스리게 했다. 이어서 "하늘을 기쁘게 하는 자는 온 천하를 보전하고 하늘을 경외하는 자는 자기 나라를 보전한다(樂天者保天下, 畏天者保其國)"[43]라고 했다. 그리고 성경의 지혜서와 같은 양식으로, 맹자는 이렇게 선언한다: "현자의 기쁨은 세 가지인데, 왕의 위엄이 없다는 것이 그 첫째요 ⋯ 위에 있는 하늘에 얼굴을 붉힐 게 아무것도 없다는 것이 둘째며, 아래 있는 사람 앞에서 부끄러워할 게 아무것도 없다는 것이 셋째입니다."[44]

왕권을 주고, 사랑받고 경외 받는 하늘과 그 앞에서 얼굴을 붉힐 수 있다면, 그것은 분명 인격적인 하느님이다. 더 있다. 세상의 좋은 통치는 바로 이런 하늘의 뜻에 달려 있다는 것이다.[45] 그[하늘]가 누군가에게 중요한 임무를 맡기고자 할 때, 높은 사명을 감당할 수 있게 하려고 그 사

---

40   Cf. *CCS*, 1940, pp.466-476.
41   Cf. 앞 p.60, 각주 6; Zottoli, III, pp.410-411; Couvreur, *Chou King*, p.151.
42   Cf. Zottoli, II, pp.544-547; Couvreur, *Les quatre livres,* pp.519-522.
43   Cf. Zottoli, II, pp.400-401; Couvreur, *Les quatre livres,* p.329.
44   Cf. Zottoli, II, pp.616-617; Couvreur, *Les quatre livres,* p.615.
45   Cf. Zottoli, II, pp.402-403; Couvreur, *Les quatre livres,* pp.330, 404-405.

람을 내적·외적 고난으로 준비시킨다[46]고도 했다. 그분은 인간의 사악함을 통해서도 당신이 원하는 대로 일을 만드신다. 철학자[맹자]의 경쟁자는 그가 왕자의 호의를 얻지 못하게 막았고, [이 사실을 알게 된 맹자의] 친구 중 하나가 그에게 말하자, 그는 "아닙니다. 제가 그분의 호의를 얻지 못한 건 하늘이 원하지 않았기 때문이지, 제 경쟁자가 방해했기 때문이 아닙니다"라고 대답했다.[47] "자식이 현자가 되느냐 악인이 되느냐 하는 것은 인간에게 달린 게 아니라 하늘에 달려 있습니다. [사람이] 하지 않고 하는 것은 하늘의 일이요, [사람이] 원인이 되지 않고 일어나는 일은 [하늘의] 뜻이 있었기 때문입니다(莫之爲而爲者, 天也, 莫之致而至者, 命也)"[48]라는 것이다.

그리스도교 시대 이전 2천 년간 이교도[의 나라] 중국에서 가르침이 이토록 숭고하고 순수하다는 것에 깊이 감탄하지 않을 수 없다. 그러나 이렇게 순수한 고대 중국의 가르침이 수 세기에 걸쳐 세 번 치명적인 타격을 입었다. 첫 번째는 도교에 의해서고, 두 번째는 불교에 의해서며, 세 번째는 합리주의자 주희朱熹 학파에 의해서다.

12. 노자의 일원적 범신론과 도교

기원전 6세기, "어르신 철학자", 노자老子의 출현으로 현실주의와 일원론적 범신론이 시작된다.[49] 노자는 태초에, 시간이 시작되기 전, 하늘과

---

46   Cf. Zottoli, II, pp.608-609; Couvreur, *Les quatre livres,* pp.605-606.
47   Cf. Zottoli, II, pp.420-421; Couvreur, *Les quatre livres,* pp.353-354.
48   Cf. Zottoli, II, pp.548-549; Couvreur, *Les quatre livres,* pp.524-525.
49   Cf. N.192, p.465, 주(註) 608.

땅이 생기기 전에 도道가 있었다고 한다. 도는 원칙이고, 하나며 유일하고, 감지할 수 없는 불변의 것이며, 만들어지지 않았지만, 존재들을 만든 자며, [자신은] 영원하지만 모든 존재에 한계를 부여한다. 그로부터 사물이 분리되지 않고 나오고, 다소 오랜 기간의 변화와 우여곡절 끝에, 다시 그 안으로 들어가 탄생, 성장, 쇠퇴, 죽음의 순환 체계를 형성한다. 재생으로 새로 시작한다는 것은, 즉 환생, 새로운 성장, 또 다른 쇠퇴, 두 번째 죽음 등 이렇게 계속된다는 걸 말한다. 그러므로 만물이 일치하는 가운데, 대치되고, 상반되며 모순되기까지 하며, 과거와 미래, 선과 악, '나 (l'io)'와 '나-아닌(il non-io)', 예와 아니오, 삶과 죽음이 있는 것이다. 이런 체계에서는 세상과 피조물이 구분되는 분명한 인격적인 하느님이 설 자리가 없다.[50]

13. 정토종의 다신론

그리스도교 시대가 시작되기 직전에 불교가 인도에서 중국으로 전해졌다.[51] 그로 인해 상제의 독창성은 크게 타격을 입었다. 붓다는 숭배받았고, 헤아릴 수없이 많은 추종자가 그를 따랐다. [불교] 이야기는 원시 교리의 순수성을 점점 더 부패하게 했다. 그러나 많은 오류가 난무하는 중에도 불교는 중국인들에게 천국과 지옥에 대한 가장 분명한 사상을 심어 주었고, 마음을 정화하려는 열망을 갖게 했으며, 아름다운 속죄행위까지 하게 했다. 소위 정토종淨土宗의 기원이 되어, 이교도의 입술로 거의

---

50 Cf. Wieger, HC, pp.147-150, 159-160, 168-172, 177-178.
51 Cf. 본서 p.456, 주(註) 580.

그리스도교적인 형식으로 열렬히 기도하는 착하고 온유한 영혼들이 드물지 않게 [생겨나게] 했다.[52]

14. 유물론자 주희의 인식론

서기 1130년에서 1200년까지, 합리주의자 주희朱熹가 살았는데,[53] 그의 체계는 최소한 1904년까지 중국의 모든 학교를 지배했다. 그에게 하늘[天]과 상제에 관한 고대 중국의 가장 명확하고 인상적인 텍스트는 '옳고 그름(fas et nefas)'으로 반드시 물질주의적 의미로 설명되어야 했다. 고대인이 무엇을 말했든지 하느님에 대해, 상제에 대해, 최고 심판관에 대해, 섭리에 대해 말해서는 안 된다. 우주와 그 안에 있는 존재들은 서로 다른 두 개의 영원히 공생하며 구분되지만 불가분의 원리, 즉, 물질인 기(氣)와 형상인 이(理)로 구성되어 있기 때문이다. 이것은 하나이며, 무한하고, 영원하고, 불변하고, 맹목적이고, 무의식적이며, 지능이 없다. 그것은 무한한 물질 일부를 한정하여 개별적으로 만들 수 있지만, 자체의 변형으로부터 자극을 받으면 이 물질은 죽음에서 물러난다. 그런 다음 실제로 한 번도 멀어지지 않은 전체 속으로 다시 들어간다. 이렇게 보면, 헤켈(Ernst H. Haeckel)의 동적 유물론과 크게 다르지 않은 시스템이다.[54]

---

52   Cf. Wieger, *Amidisme chinois et japonais*, 1928; *Civiltà Cattolica*, 1940, IV, pp.169-172.
53   Cf. N.176, p.447, 주(註) 552.
54   Cf. Wieger, *HC*, pp.667-671.

15. 리치가 고대 중국의 종교 사상으로 회귀할 것을 요청하다

고대 중국인들에게 그토록 순수했던 하느님 사상을 공격한 세 개의 적 敵들은 수 세기에 걸쳐 불확실한 결론과 싸우게 했다. 이것이 16세기 말 마태오 리치가 중국의 문인 학자들을 대상으로 개종을 시도했을 때, 주 희朱熹의 합리주의 학파와 무신론의 해석을 거부하고, 과거에 가졌던 [하 느님에 대한] 의미를 상기시키며, 중국의 고대 문헌들을 다시 집어 들게 했던 이유다. 이런 방식으로 그는 그리스도교의 계시가 최고 존재(Essere Supremo)에 관해 중국의 전통이 그들에게 전한 아름답고 좋은 것을 파괴 하지 않고, 오히려 완성하여 완전하게 한다는 것을, 중국 학자들에게 알 려 주기 위해 공통점을 모색했다.[55] 성 바오로의 방법으로, 그리스인들 에게 연설하면서 이교도 시인 아라투스Aratus의 구절을 경시하지 않고 인 용한 것이다.

---

[55] Cf. N.170, p.433, 주(註) 510.

II

그리스도교가 처음 전해진 것

1. 635년 네스토리우스 교인들의 도착

성 토마스 사도가 중국에서 설교했다는 받아들일 수 없는 비판적인 전설[56]과 그 외 초 세기 그리스도교의 복음화에 관한 막연하고 생소한 일부 텍스트는 한쪽으로 밀어 두고,[57] 역사적으로 확인된 것은 635년에 그리스도교가 중국으로, 당시의 장안長安, 오늘날 산시陝西의 시안西安으로 진출했다. 아라본阿羅本[58]과 서방에서 온 여러 선교사가 중국으로 건너와 존경의 표시로 궁중에서 크게 영접을 받았다.

그들은 얼마 지나지 않아 수도[장안]에서 제국의 가장 멀리 떨어진 성省으로까지 전교하며 성당과 수도원들을 지었고, 가지고 온 많은 그리스도교 서적의 일부를 번역 혹은 개작했다. 그러나 짐작하건대, 중국인을 대상으로 한 개종은 매우 빈약했던 것 같다.

2. 781년 대진경교유행중국비와 교의적인 내용

최초의 중국 그리스도교 복음화와 관련하여, 수 세기 후에 밝혀진 확

---

56 Cf. N.200, 본서 2권, p.46, 주(註) 2.
57 Cf. N.4, p. 260, 주(註) 15: N.193, p.468, 주(註) 615.
58 **역주_** 635년, 당 태종 때 시리아의 수도승 알로펜(아브라함의 중국명, 阿羅本)과 선교사 21명이 장안(長安)으로 들어간 걸 말한다. 그들은 '경교(景教)'라는 이름을 가지고 들어갔고, 동로마제국을 뜻하는 '대진(大秦)'을 붙여 '대진경교(大秦景教)'로 불렸다.

실한 모든 문헌 중에서 가장 유명한 것은, 781년 2월 4일에 판각했고, 1625년에 와서야 발견된 서안의 네스토리우스 비석이다. 거기에는 7-8세기 네스토리우스의 행적과 교리[가르침]가 기록되어 있다. 거대한 비석의 윗부분에는 십자가가 크게 새겨져 있고, 그 밑에 동로마제국 혹은 동부 지중해를 일컫는 "대진大秦에서 온 빛의 종교인 경교景敎의 중국 전파 묘비"라고 쓴 타이틀이 있다. 비석은 중국어와 에스트란겔로estranghelo라고 부른 고대 시리아어로 새겼고, 한쪽에는 종교적인 교리가 담긴 설명 부분이 있고, 다른 한쪽에는 635년부터 781년까지 중국에서 네스토리우스파의 활동을 서술한 역사 부분이 있다. 그리고 70여 명 서양 선교사의 이름과 직함이 에스트란겔로어로 적혀 있다.

교리 부분은 그리스도교를 간략하게 요약한 것에 불과하다. 거기서 다루는 것은 하느님은 하나이며 삼위이신 분, 불변하고 영원하며, 창조주이고 순수한 영이라는 것. 하늘과 땅, 태양과 달을 창조하고, 원초적인 정의에 근거하여 인간을 창조했다는 것; 원조元祖들의 죄와 그로 인해 생긴 세상에서의 무서운 결과; 동정녀에 의한 주님의 탄생과 별을 통해 드러난 현시; 예수에 대해, 구약성경의 예언을 완성하는 시리아어로 메쉬하Mešīhā, 즉 메시아, 여기서는 미시가彌施訶라고 하는 분에 대해, 교회의 설립, 여덟 가지 행복 선언, 향주삼덕의 가르침, 십자가 위에서의 죽음,[59] 의인들과 함께 승천하고 신약성경 27권을 남겼다는 것; 세례, 십자성호, 얼굴을 동쪽으로 돌려 기도하는 것; 끝으로 사제들에 관한 것으로, 수염을 기르고 삭발하며, 청빈 서약을 하고, 산 자와 죽은 자를 위해 하루에

---

59   텍스트에서 이 부분은 명확하지 않다.

일곱 번씩 성무일도를 바치며, 일주일에 한 번 미사를 집전하는 등이다.

예컨대, 비석에 새겨진 예수의 생애가 어떤 식으로 언급되는지는 다음과 같다. "우리의 삼위-일체[아삼일(我三一)]는 스스로 증식한 것 같아라. 고귀하고 존귀한 미시가(彌施訶)(메시아)께서는 당신의 위엄을 감추고 사람들과 같이 되시어 이 세상에 오셨느니라. 한 천사[신천(神天)]가 이 소식을 전하니라. 이에 처녀[실녀(室女)]가 대진大秦에서 성자를 낳았니라. 밝은 별 하나가 예사롭지 않은 사건을 알리니, 페르시아인[파시(波斯)]들이 별을 보고, 선물을 가지고 인사하러 찾아왔니라. 그분은 [구약성경의] 24성인이 선포한 고대의 율법을 지키며, 유대 땅[대유(大猷)][60]에 당신의 왕국을 세웠느니라. 삼위일체 중 한 분이신 정풍(淨風)(성령)[61]의 말씀 없이 친히 새 종교를 창시하였니라. 그분은 생명을 열고 죽음을 누르셨느니라. [정의의] 태양을 붙들고 어둠의 왕국을 무너뜨렸느니라. 그리하여 마귀의 모든 간계가 파괴되었니라. 자비의 배를 저어 찬란한 궁전[명궁(明宮)]에 이르게 하니, 영혼들이 구원을 받느니라. 권세 있는 일을 마치고 [신약성경] 27권을 남긴 채, 환한 대낮에 승천하였니라."[62]

3. 처음 기록된 중국의 그리스도인

네스토리우스 선교사들은 중국에 도착하자마자, 가지고 간 그리스도교 서적 530권 중 일부를 중국어로 번역 혹은 개작하기 시작했다. 서안

---

60   유대(猷大)가 대유(大猷)로 자리바꿈을 한 것으로 가정하고 쓴다.
61   또 다른 같은 시기의 같은 사료들에서는 성령을 프레스코 소피오(Fresco Soffio), '신선한 숨[양풍(涼風)]'이라고 불렀다.
62   Cf. Havret, III, pp.35-52; Saeki², pp.54-55, The Chinese Text, p.2.

의 비석을 통해 이미 알려진 훌륭하게 완성된 이 저작 중 많은 부분이 635-700년경에 작성되었지만, 1908년에서야 발견되었다. [그것들은] 최근까지도 유럽어로 번역된 바가 없다.

하지만 그 덕분[63]에 우리는 637년에 작성한 것으로 추정되는 '메시아 예수에 관한 책'『서청미시가[소]경序聽迷詩訶[所]經』[64]을 갖게 되었고, 이 책에서 처음으로 '예수'를 이쉬우(Isciu), 이서移鼠[65]라고 음역한 걸 만날 수 있게 되었다. 나아가 비슷한 시기에 작성한 걸로 보이는 '베풂 혹은 자선에 관한 존엄한 보편적 논의[=하느님]'『세존포시론世尊布施論』[66]과 '유일신론에 관한 논문'『일천론一天論』[67]도 만나게 된다. 이 모든 것 가운데 눈에 띄는 건 거룩한 삼위일체께 드리는 찬가, "삼위몽도찬三威蒙度讚"으로, 시리아 동방교회에서 사용하던 양식의 "대영광송(Gloria in excelsis Deo)"[68]이다. 네오(neo)(新)-그리스도교 언어의 뉘앙스를 살짝 맛보기 위해, 이 찬가의 마지막 부분이 어떻게 시작되는지 여기에 적는다.

"지극히 높은 하늘이 당신을 깊이 존경하며 경배하나이다!
광대한 땅은 자주 보편적 평화와 조화를 생각하나이다.
사람은 본래 자신의 참된 본성 안에서 믿음과 안식을 얻으니,
오! 알로하[Aloha, =하느님][69]! 자비로우신 우주의 아버지시여"

---

63 **역주_** 그렇게 발견한 덕분에.
64 Cf. Saeki², pp. 125-160, The Chinese Text, pp. 13-29.
65 중국어는 동부 시리아어 ܝܫܘܥ Īšoʿ 의 형태에서 왔다.
66 Cf. Saeki², pp. 206-247, The Chinese Text, pp. 51-70.
67 Cf. Saeki², pp. 174-205, The Chinese Text, pp. 36-50.
68 Cf. Saeki², pp. 266-272, The Chinese Text, pp. 71-73; Moule, pp. 52-55.
69 **역주_** 바로 아래 본문에서 보게 될, 삼위일체의 하느님을 가리키는 엘로힘(Elohim)의 시리아식 이름이다.

- 찬가는 이렇게 끝난다.

"오! 지극히 거룩하시고 온 우주에서 찬미받으시는 메시아,
저희도 당신을 경배하나이다. 연민의 바다요, 자비하신 아버지,
지극히 거룩하고, 감미롭고, 순수한 영이시여,
모든 생각을 초월하는 순수하고 강하고 거룩하신 분이시여!"[70]

또 다른 기도의 하나는 우리[가톨릭교회]의 '호칭기도(litanie)'와 조금 비
슷한데, 삼위일체의 삼위께 드리는 기도로, [성부는] 구약성경의 엘로힘
(Elohim, מיהולא)을 연상시키는 시리아어 알라하(Alàhā, ܐܠܗܐ)를 음역한
아라가(阿羅訶)(*Aloha*)로, [성자는] 메시아를 미시가(彌施訶)(Misceho)로, 그
리고 [성령은] 시리아어로 거룩하신 성령을 가리키는 로가녕구사(盧訶寧俱
沙)(*Rūhā deqšā*)에서 유래한 로카니구사(*Lokha ni cuscia*)라는 이름으로
드리는 기도문이다. 기도문은 이렇게 시작된다.

"*알로하!* 존엄하신 성부여, 신비하신 인격이여
미쉐호! 존엄하신 성자여, 성부로부터 나신 인격이여,
로카니구사, 증언자이신 인격이여,
단일한 본성의 세 위격位格이시여!"[71]

4. 중국어로 쓴 예수의 유년기
이 선구자들이 가르친 교리의 역사에서 특히 중요한 것은 『서청미시

---

70   Cf. Saeki[2], The Chinese Text, pp.71-73.
71   Cf. Saeki[2], The Chinese Text, p.74.

가[소]경』에 나오는 예수 그리스도에 관한 대목이다. 중요성을 고려하여, 중국어에서 번역하여 여기에 소개한다.

"천존(天尊)[=하느님]이 신선한 숨[양풍(涼風)][=성령]을 모이엔[Moien, 말엽(末艶)][=마리아]이라고 하는 동정녀[동녀(童女)]에게 보내셨니라. 이에 양풍이 마리아의 태중으로 들어가니, 천존이 계획한 대로 즉시 잉태하였니라 … 잉태 후, 마리아는 이서(移鼠, Isciu)[=예수]라는 한 남자[일남(一男)]를 낳았는데, 그의 아버지는 앞서 말한 신선한 숨(Fresco Soffio, 양풍)이니라. 일부 무식한 사람들은 그가 앞서 말한, 양풍이 잉태되고 태어나서, 그가 세상에 왔다고 말하니라[72] … 예수 메시아가 태어났을 때, 세상의 주민들은 하늘과 땅에서 빛을 실제로 보았니라. 수레바퀴 크기의 상서로운 별 하나가 궁창에서 빛나고 천존의 자리를 비추니, [예수]가 로마제국[불림국[원](拂林國[園])]에 있는 예루살렘성[조리사렴성(鳥梨師斂城)]에서 탄생하였느니라. 그분이 태어난 지 5년 후, 말하기 [시작하면서], 모든 사람에게 율법을 가르쳤고, 선한 일을 하라고 권하였니라. 열두 살이 넘자, 요르단[술난(述難)]이라고 하는 정화의 장소로 가서 요한[약혼(若昏)]이라는 사람을 청하여, 그의 제자가 되고 목욕[세례]하러 물속으로 들어갔느니라 … 이에 요한[곡혼(谷昏)]은 메시아를 요르단[다난(多難)]으로 들어가게 하여 세례[세(洗)]를 주었니라. 메시아가 세례 후 물에서 나오자 신선한 숨[양풍]이 하늘에서 비둘기 모양으로 내려와 메시아의 머리 위에 내리고,

---

72 가톨릭교회의 교리에 따르면 성령은 예수의 아버지가 아니며, 성령의 작용으로 동정녀 마리아의 태에서 그분이 잉태되었다. 네스토리우스 이단은 마리아가 사람[인간 예수]의 어머니였고, 나중에 어찌어찌해서 신성이 거기에 합류했다고 주장했다. 431년 에페소 공의회는 네스토리우스를 단죄하면서 마리아를 테오토코스(θεοτόκος), '천주의 모친'으로 선포했다. 하느님의 말씀이 육신을 취하여 탄생하도록 했기 때문이다.

공(空)[=공중]에서 말하는 소리가 들리니, '메시아는 내 아들이니라; 세상의 모든 주민은 그를 본받아 선한 행동을 하여라.' … 12살부터 32살이 될 때까지, 메시아는 악인들에게 선義으로 회개하라고 권하니라. 메시아는 열두 제자가 모였을 때 고난받기 시작했느니라. 죽은 사람이 살아나고, 눈먼 사람이 시력을 되찾고, 나병환자가 차차 치유되고, 병자들이 낫고, 억압받던 사람이 해방되며, 절름발이의 다리가 펴지느니라. 병자들은 메시아의 옷을 만지기를 청하매 치유받았기 때문이라…."

"[악인들]은 계속해서 그를 죽이려고 염탐했지만, 많은 사람이 이 종교를 믿고 있어 메시아를 죽일 수 없었느니라. 하지만 뒤이어 악인들은 연합하여 죄 없고 충실한 사람들을 이용하여 끊임없이 메시아를 죽이려고 했니라. 그런데도 성공하지 못하자, 그들은 대왕(大王)(Gran Signore)[73]에게 그를 고발하니라. 악인들이 계속해서 해를 끼칠수록 메시아는 선을 행하라고 하고, 군중을 가르치니라. 그가 32살이 넘었을 때, 사악한 사람들은 대왕비라도사(大王毗羅都思)(Gran Signore Pilato)에게 고발하며 이렇게 말하니라: '메시아는 죽을 죄인이오.'[74] 대왕이 그를 보호했지만, 악인들은 합창하여 메시아를 고발했고, 대왕비라도사가 [말하기를]: '메시아가 사형선고를 받아야 하리라.' 이에 대왕이 재판하기 시작하여 [이르되]: '이 사람에게 사형을 선고하라고 하는데, 나는 그의 죄를 보지도 듣지도 못했소. [아니] 이 사람은 죽을 만한 죄를 범하지 않았소. 악인들이 그를 판단한 것이오.' 이어서 대왕이 말하기를: '나는 이 사람을 죽일 수 없소.'

---

73   말 그대로 큰 임금 혹은 군주[대왕(大王)]이다.
74   복음적인 배경이 명확하다.

이에 악당들이 대왕에게 응하기를: '만약 이 사람이 죽지 않으면, 우리의 자손들은 어찌 되겠는가?' 비라도 대왕이 물을 달라고 하여 악당들 앞에서 손을 씻으며 [말하기를]: '정말로 나는 이 사람을 죽일 수 없소.' 그러나 악인들은 끈질기게 고집하며 말하기를: '그를 죽일 수 없다는 건 말이 안 되오.' … [메시아]는 스스로 이 세상 모든 사람을 위해 목숨을 초의[불꽃]와 같이 태워, 죽음으로써 생명과 맞바꾸었느니라. 메시아는 자기를 내려놓고 죽임을 당하였느니라. 악인들은 그를 준비해 둔 골고타 홀구(Golgota 訖句)로 끌고 가, 나무木에 묶고, 양쪽에 두 도둑을 하나는 오른쪽에 다른 하나는 왼쪽에 세우니라.[75] 그들이 메시아를 오시[오전 7시부터 9시]에 묶은 날은 육일재六日齋의 금요일이었느니라. 그는 환한 대낮[평명(平明)]부터 해가 질 때까지, 묶여 있었느니라. 어둠이 사방에 퍼지고 땅이 흔들리고, 산이 무너지고, 무덤이 열리고 모든 죽은 사람이 되살아났느니라."[76]

5. 네스토리우스파의 발전과 종말

수도[장안]에서 네스토리우스 수도사들은 제국의 여러 지역으로 퍼졌다.[77] 멀리 사천四川 지역까지, 760년 직후 두 개의 "복음화 센터, 경복원景福院"과 "그리스도인 신앙촌, 경교고리景教故里"가 만나 퍼져 나간 것이다.[78] 9세기 초, 823년에 사망한 네스토리우스의 총대주교 티모테오 1세

---

[75] 네스토리우스 교인들이 예수의 수난과 십자가 희생을 설교했다는 것은 의심의 여지가 없다.

[76] Cf. Saeki², The Chinese Text, pp.24-29.

[77] 중국에 있던 네스토리우스의 여러 수도원에 대해서는 다음을 보라. F. S. Drake, *Nestorian Monasteries of the T'ang Dynasty* in *MS*, 1936-1937, pp.293-340.

(Timoteo I)는 "많은 수도승이 지팡이와 전대만 가지고 해로海路를 통해 인도와 중국으로 갔다"라고 전했다.[79]

제국[중국]의 거의 모든 지역으로 진출하여 번영을 누린 후, 845년 법령이 선포되어 불교가 파괴되면서, 네스토리우스파도 파괴되었다.[80] 980년 네스토리우스파 총대주교의 사절은 이렇게 보고했다.

"중국의 그리스도교 교회는 최근에 멸종되었습니다. 현지인 그리스도인들은 어떤 식으로든 죽었습니다. 그들이 사용하던 성당은 파괴되었고, 전국에 단 한 명의 그리스도인도 남지 않았습니다!"[81]

6. 11−13세기 네스토리우스파의 부활

11−13세기에 이르러, 당시 중국에서 네스토리우스파가 어느 정도 꽃을 피웠는지를 목격하게 된다. 아시아 고산지역 교회에서 온 네스토리우스인 작은 집단 하나가 비非중국인 부족들 사이, 곧 중국의 북부 지방에 자리를 잡았다. 특히 1007년경, 임황臨潢에서 네스토리우스파로 넘어왔을 약 20만 명의 케레이트[82]에 관한 이야기가 있다.[83] 알타이산맥을 차

---

78   *The Chinese Recorder*, Shanghai, 1934, pp.306-308, 722: 1935, pp.59-60.

79   Cf. *Corpus scriptorum christianorum orientalium: Scriptores Syri*, Series secunda, T.LXVII, versio, Roma, 1915, p.70; textus, Parigi, 1914, p.107.

80   843년의 박해에 관한 법령은 마니교(摩尼教) 신도들을 공격했다. 마니교는 694년 페르시아에서 중국으로 들어와 오랫동안 위구르족[형두(迴紇)]의 토속신앙과 결합하여 실천되었고, 군주들은 마니교에 호의적이었다. 그들을 보호해 주던 권력이 세력을 잃으면서 그들도 종말을 향해 갔다. 그러나 12세기까지 절강과 복건에서는 적은 숫자지만 명교(明教)라는 이름으로 발견되곤 했다. Cf. F. S. Drake, *Foreign Religions of the T'ang Dynasty in The Chinese Recorder*, Shanghai, 1940, pp.643-649, 675-688.

81   Cf. *The International Review of Missions*, 1931, p.457.

82   **역주_** 케레이트(몽골어: ᠬᠡᠷᠡᠶᠢᠳ)는 몽골제국 이전에 몽골의 고원지대에 흩어져 살던 유

지하고 있던 나이만족, 투르판의 형두(逈紇)나 형골逈鶻에 있던 위구르족, 내몽골의 터키 부족[84]과 특히 옹구트족(Önggüt) 또는 백인 타타르족, 산서에서 멀지 않은 수원綏遠 지방 남-동쪽,[85] 만리장성 북쪽 땅 당돌(唐突)(Tenduc)에 살던 몽골족도 네스토리우스교인들이었다. 그리스도교는 칭기즈칸의 궁정에도 대표를 둔 것으로 추정된다. 왜냐하면 그의 아들 중 하나가 그리스도인 케레이트의 공주 사로홀첩니(唆魯忽帖尼)(Sorghaqtani)[86]와 결혼하여 몽가(蒙哥)(Möngkä) 칸과 홀필열(忽必烈)(Kubilai) 칸의 엄마가 되었기 때문이다. 그리고 옹구트족에서 조르조 Giorgio 왕자는 후에 작은형제회의 조반니 다 몬테코르비노(Giovanni da Montecorvino)에 의해 첫 번째 가톨릭교회로 개종한 인물이 될 것이다.

1246년 아르메니아의 왕 혜툼 1세[Hethum I, 하이톤 1세(Hayton I)로도 부름]의 동생 셈파드Sempad는 대사로 카타이에 파견되었다가 몽골족에 의해 파괴된 아름답고 웅장한 그리스도교 교회들에 관해 이야기한다.[87]

마르코 폴로도 1275-1292년, 중국에 있는 동안 수많은 네스토리우스 그리스도인들을 만났다. 그는 몽골, 감숙甘肅, 산서山西, 현재의 후베이(湖

목민 부족이다. 한자로는 객렬액(客烈亦), 겁렬(怯烈), 겁렬액(怯烈亦) 등으로 표기되었다. 페르시아어 사료에는 키라이트(페르시아어: كرائيت)로 나오기도 한다. Cf. 위키백과, https://ko.wikipedia.org/wiki/케레이트

83 Cf. *EL*, XXIII, p.674; *CCS*, 1935, p.405.
84 Cf. *EL*, XXIII, pp.661-662.
85 Cf. *CCS*, 1935, p.28, n.2: p.405.
86 그녀는 "잔니 신부"[cfr. 더 뒤 N.4, p.256, 주(註) 9]라는 이름을 처음 갖게 되는 사람의 손녀였다. 감숙(甘肅)의 감주(甘州)에서 1252년에 죽어 네스토리우스 성당 십자사(十字寺)에 묻혔다. Cf. *CCS*, 1935, pp.393-394, 410-413; *Storia degli Iüen* 원사(元史), c.38, f.5v.
87 Cf. *CCS*, 1935, p.33.

II._____그리스도교가 처음 전해진 것

87

北), 푸젠福建, 저장浙江, 특히 난징南京에서 멀지 않은 곳에서 몇몇 그리스
도인들을 발견했다. 중국 자료들은 이 마지막 장소[남경 근처]에 관한 베
네치아인 여행자[마르코 폴로]의 증언을 훌륭하게 확인해 주고 있다. 그것
들은 1279-1281년경, 네스토리우스교인이며 사마르칸트인 의사 설리길
사(薛里吉思)(Mar Sargis) 세르지오Sergius가 진강鎭江에 여섯 개의 네스토리
우스 수도원을 세웠고, 그중 네 개가 1333년에도 여전히 존재했다고 말
한다.[88]

7. 중국에 남은 네스토리우스의 유적과 흔적

이들 네스토리우스 공동체의 여러 가지 유물은 시간이 지나면서 하나
씩 발견되기 시작했다. 고대 옹구트족(Önggüt)이 살던 지역에서는 십자
가 모양이 새겨진 13세기와 14세기의 물건이 다량 발견되었다.[89] 성 조
르조의 메달 2개도 발견되었는데, 이것들은 13세기 몽골에 살았던 그리
스정교회 전례를 거행하던 그리스도인들 조지아인(Georgians)의 것으로
추정된다.[90] 다섯 개의 십자가는 천주泉州 인근에서 발견되었는데, 11세
기 이전의 걸로는 보이지 않는다. 중세기 거대한 시장은 복건福建 지역,[91]
자동刺桐이라는 이름으로[92] 아랍 세계에서 유명했다. 전체가 네스토리우

---

88   Cf. Moule, pp.145-165; Ciamscimlam, II, pp.279-288.
89   Cf. *BCP*, 1933, pp.187-191; *The Chinese Recorder*, Shanghai, 1930, pp.104-108,
      251-252, 351-352, 390-391, 704-706: 1931, pp.237-242; *TP*, 1931, p.84; *Revue des
      arts asiatiques*, 1931, p.290. 네스토리우스 교인들이 십자가를 사용한 것에 대해서는
      다음을 보라. *SF*, I, pp.202-203, 227, 264, 275-276; *CCS*, 1935, pp.402-404.
90   Cf. *CCS*, 1935, pp.548-549.
91   Cf. *BCP*, 1927, pp.65-71; *TP*, 1931, pp.83-84.
92   천주(泉州) 시는 사방에 둘러선 가시 달린 자동(Zaetom, 刺桐) 나무[역주: 두릅나뭇과

스의 도시인 '올렌 수메(Olon Süme)',[93] 즉 "많은 사원의 폐허"는 고대 옹구 트족이 살던 지역에서 오언 래티모어(Owen Lattimore)(1900-1989)가 발견 했다. 수원綏遠에 있는 귀화성歸化城 북서쪽에서 영국 마일로 100마일 떨어진 곳에 있었다. 거기서 예닐곱 개의 돌 위에 몰타 십자가가 얹힌 걸 발견하기도 했다.[94] 1919년 북경에서 영국 마일로 40마일 떨어진 십자사 十字寺에서 960년과 1365년 1월 23일 자 비문이 새겨진 두 개의 비석이 발견되었다. 이 돌에 새겨진 십자가는 7-9세기 것으로 추정된다.[95] 7-13 세기 것으로 추정되는 그리스도인의 이름이 상당히 등장하는데,[96] 중국

에 속한 잎이 넓은 나무로, 키는 대략 25m 정도 된다. 7, 8월에 황록색의 꽃이 피고, 열매는 10월에 검게 익는다. 가구를 만들기도 하고, 껍질은 한약재로 쓴다. 학명은 Kalopanax pictus다.]가 사방을 둘러싼 곳으로 쩨통(Zzettom, 刺桐)이라고 불렀다. 쩨통(Zzettom)이라는 발음은 제동(Zaetom)으로 변형되었다가, 중세기 문헌들에서는 자동(Zation)으로 기록된 걸 발견할 수 있다. Cf. *TP*, 1911, pp.678-691, 713-716. 9세기 이후, 물론 그전에도 중국의 교역은 남쪽 바다를 통해서 이루어졌고, 그 중심을 이곳 항구에 두었다. 11-12세기에 자동 항구는 극동아시아 최대의 항구였다. 이곳에는 특히 아랍 상인들이 많이 드나들었다.

[93] **역주_** "올렌 수메 인 토어(Olon Süme-yin Tor)"로도 알려진 이 지역은 중국 내몽골 자 치구 바오터우시에 있는 다얼한마오밍안(Darhan Muminggan) 북부에 있는 고고학 유 적지다. 1933년에 발견되었는데 중세기 옹구트 왕의 북부 수도로 확인되었다. 여기서 발견된 공예품들이 2003년 일본에서 전시 및 도록으로 출판되었고, 최근 중국 정부는 이 지역을 관광지로 개발하기 시작했다. Tjalling H. F. Halbertsma, 2008, *Early Christian Remains of Inner Mongolia* (Leiden: Brill); オロンスムーモンゴル帝国の キリスト教遺跡 / Olon Süme: *remains of Christendom in inner Mongolia*, 2003. (Yokohama: Yokohama Museum of EurAsian Cultures).

[94] Cf. *The Geographical Journal*, 1934, vol. 84, pp.481-497; *MS*, 1937-1938, pp.242-245.

[95] Cf. *BCP*, 1922, pp.290-297, 326-329, 375-380, 420-428, 464-466: 1923, pp.218-224, 282-285: 1924, pp.52-54, 82-83: 1931, pp.543-547: 1932, pp.3, 472-474; *CCS*, 1931, p.883.

[96] Cf. *CCS*, 1935, pp.30-31: 1939, pp.327-337; *JA*, 1896, nov.-dic., p.409, N.2; *TP*, 1914, pp.638-640: 1927-1928, pp.162-168.

인들 사이에서 알려진 이름은 가령, 예수 (그리스도가 아닌) 애설愛薛, 루카로가盧伽, 바오로 보록保祿과 보로寶路, 요한 옥함玉函 혹은 유한난瑜罕難과 주안(注安 혹은 尤安), 야고보 아호雅琥, 세르조 살길사薩吉思, 카를로 철리徹里, 줄리오 이로伊矑, 조시모 낙실모樂失謀, 조르조 활리길사闊里吉思 등이다. 일부 이교 종파들, 예컨대 미래교未來教, 황길도黃吉道와 황천도黃天道, 소향교燒香教와 금단교金丹教 등은 그리스도교 교리를 일부 보존하고 있는데, 삼위일체, 육화(그리스도의 강생), 구속, 영혼 구원, 고백성사와 같은 것들로, 별다른 기원이 있는 것 같지는 않다.[97] 중국 투르키스탄과 몽골 중부 및 동부의 여러 공동묘지, 특히 몽골의 석주자량石柱子梁과 울란 배심[Ulan Baescim, 울란 바이싱(Ulan Baishing)]의 공동묘지[98]는 12-13세기 대규모 그리스도인 장례 기념물로 밝혀졌다. 마침내 1933년 6월, 슈우트 Scheut의 선교회 안토니오 모스타르트Antonio Mostaert 신부는 에르쿠트Erküt 의 부족들에서 고대 네스토리우스파의 마지막 후손들을 만나는 행운을 얻었다. 중국 이름 야리가온也里可溫은 중세 중국 문학에서 이들 그리스도인을 지칭하는 걸로 알려졌는데, 이것은 사실 고대 몽골어 에르쿤 (erke'ün)에서 파생되었고, 복수형은 에르쿠드erke'üd, 즉 에르쿠트Erküt다.

이 부족은 우신Üšin 국가의 오르도스Ordos 남동쪽 귀퉁이에서 살았다. 이 에르쿠트인들은 오늘날에도 초대 그리스도교의 근원을 엿볼 수 있게 하는 특별한 종교적인 실천을 하고 있다. 가령, 만卍자 모양의 십자가를

---

97 Cf. *BCP*, 1927, pp.21-24, 245-253, 323-324: 1932, pp.38-43; *CCS*, 1934, pp.683-684, 905-906.

98 Cf. *BCP*, 1924, pp.54-56; *TP*, 1914, pp.627, 643: 1931, p.83; *Etudes*, 1910, T. 124, p.9, N.3; *JA*, 1914, marzo-aprile, pp.497-498; *MS*, 1937-1938, pp.232-256과 이하 이어지는 그림들.

숭배하고, 천국과 지옥을 믿으며, 사제는 그들의 신神 울란 담잔Ulan Damdzan에게 매년 세 마리의 염소를 잡아 희생 제물로 바치고, 신자들은 제물을 나누어 먹는 데 참여한다. 그들이 실천하는 많은 풍습은 세례성사, 고백성사, 혼인성사 및 종부성사를 분명하게 상기시킨다. 1333년경의 네스토리우스 문헌에 따르면, 망자는 흰 천으로 싸서 십자가 모양으로 안치한다고 말한다. "십자가는 인간의 몸에서 그 형상을 취한다. 十字者 取像人身."[99]

이런 모든 것은 에르쿠트족이 의심할 여지 없이 중세기 중국에서 살았던 네스토리우스파의 먼 후손임을 보여 준다.[100]

---

[99] Cf. Moule, pp.144, 146.
[100] Cf. A. Mostaert, *Les Erküt, descendants des chrétiens médiévaux, chez les Mongols Ordos*, in *Bulletin of the Catholic University of Peking*, N.9(1934) e in *Ordosica* [북경, 1934], pp.1-20; *Civiltà Cattolica*, 1936, I, pp.307-316.

[그림 3] 대진경교유행중국비(출처, 위키백과)

III

가톨릭 문명의 첫 번째 여명기

13세기, 몽골과 가톨릭 사이의 첫 번째 접촉이 있었는데, 처음에는 드물게 교황이나 왕의 사신을 통해 이루어지다가 후에 안정적인 방식으로 이루어졌다. 두 경우 모두에서 이탈리아는 훌륭한 대표주자가 되었다.

1. 가톨릭교회와의 첫 번째 접촉: 조반니 다 피안 디 카르피네, 앙드레 드 롱쥐모와 기욤 드 뤼브룩

우리가 거대한 몽골제국 시대에 있다고 생각해 보자. 원래 유목민족이었던 몽골족은 칭기즈칸의 강력한 왕권 밑에서 하나로 모여, 1206년에 그를 황제, 칸Khān으로 선포하고 수도를 중국 북서쪽에 있는 "검은 들판"이라는 뜻의 화림(和林)(Karakorum)에 정했다. 그의 후계자들은 계속해서 새로운 정복을 거듭했고, 그들의 영토는 중국에서 소아시아, 러시아 남부, 심지어 오스트리아와 헝가리까지 확장했다. 제국은 그리스도교 세계에 엄청난 위협이 되었다.

이에 인노첸시오 4세(재임 1243-1254년)는 몽골 황제와 접촉하여 가능하면 그들을 그리스도인으로 만들거나, 최소한 뒤에서 위협이 되는 이슬람교도들을 상대로 십자군의 동맹자로 삼을 생각을 했다. 그래서 몽골에 교황의 사절을 보내기로 했다.

이런 민감한 임무를 수행하기 위해 이탈리아인 작은형제회에서 선발된 한 명의 대사는 성 프란체스코의 첫 번째 동료 중 한 명으로, 조반니 다 피안 디 카르피네Giovanni da Pian di Carpine o da Villa di Pian di Carpine였다. 그는 오늘날 [움브리아주의] 페루자Perugia 근처 마조네Magione 출신이다.[101] 그는 1245년 4월 16일, 리옹에서 출발하여 2년 후에 다시 그곳으로 돌아 왔다. 그 바람에 그는 처음으로 육로로 극동아시아를 여행한 사람이 되 었다.[102] 몽골인들은 개종에 대해 듣고 싶어 하지 않았고, 계획한 동맹에 참여할 의사도 보이지 않았다. 작은형제회는 황제 귀위크(庫裕克)가 교 황 인노첸시오 4세에게 보내는 무례한 편지 한 통만 가지고 와서 전했 고, 1252년 달마티아 남부 바르Bar[103]의 대주교로 생을 마감하면서 여행 경험을 담은 『몽골족 역사(Storia dei Mongoli)』를 남겼다.[104]

조금 나은 결과는 1249년 프랑스의 생 루이Saint Louis 왕이 프랑스인 도 미니코회 앙드레 드 롱쥐모André de Longjumeau를 그리스도교로 개종했다 고 알려진 몽골 황제에게 파견한 것이다. 앙드레 역시 1251년, 귀위크

---

101 조반니 수사의 고향에 관해서, 마조네(Magione)와의 관계에 대해서는 오스발도 토스 티(Osvaldo Tosti) 신부의 논문을 보라. *La patria di Fra Giovanni da Pian del Carpine* in *Studi Francescani*, Firenze, 1940, pp.95-105. 특히 에토레 리치(Ettore Ricci, d.O.) 신부의 논문도 주목하라. *Fra Fiovanni da Pian di Carpine* in *Miscellanea Francescana*, Roma, 1940, pp.261-268.

102 그의 여정에 관한 중국 자료는 다음을 보라. *CCS*, 1935, pp.22-33.

103 **역주_** 몬테네그로어로는 바르(Bar, Бар), 이탈리아어로는 안티바리(Antivari)로 알 려진 아드리아해 연안에 있는 몬테네그로의 대표적인 항구 도시를 일컫는다.

104 Cf. *SF*, I, pp.4-130. 고유극의 편지는 1921년, 바티칸 비밀문서고(l'Archivio Secreto Vaticano)에서 발견되었다(A.A.Arm. I-XVIII, 1802). 길이 거의 1m에 폭 25cm의 종이 띠가 감겨 있고, 텍스트는 페르시아어로, 시작 형식은 튀르키예어로 적었다. 날짜는 아랍어로 1245년 4월 16일이라고 적었고 몽골어로 봉인되어 있었다. 프랑스어로 번역 한 것을 *SF*, I, p.141, N.1에서 볼 수 있다. Cf. *Revue de l'Orient chrétien*, 1922-1923, pp.6-30.

황제의 미망인 오굴 카미시(斡兀立海迷失)의 오만한 편지를 생 루이 왕에게 전했다.[105]

그가 돌아온 지 2년 후, 플랑드르 출신의 작은형제회 기욤 드 뤼브룩(Guillaume de Rubrouck)(1220?-1293?)이 1253년에 떠났다가 1255년에 돌아왔다.[106] 이 임무의 결과도 미미했다. 화림和林에 있는 몽골 궁정에서 그는 그리스도인들에 둘러싸인 몽케(蒙哥) 황제를 만났는데, 둘러선 그리스도인은 그의 어머니 소르칵타니(唆魯忽帖尼)[107]와 두 명의 조정 대신 보록카야(布魯海牙)와 보로칸(孛魯歡)이었다.[108] 수도에서는 불자들과 도교 신봉자들과 네스토리우스교인들이 서로 반박하는 회의가 열리곤 했다. 몽가蒙哥는 "신이 사람의 손에 여러 개의 손가락을 주신 것과 같이, 사람에게 각기 다른 길, 곧 종교를 주셨다"라는 비유의 말을 했다. 나중에 그는 불교는 손바닥과 같고, 다른 종교는 손가락과 같다고 말하게 될 것이다.[109] 기욤은 다섯 사람에게 세례를 주고, 네스토리우스파 사제 한 명을 개종시킨 뒤 서방으로 귀환했다.[110]

이 세 명의 사절은 서방의 가톨릭교회를 처음으로 몽골제국과 접하게 했다는 데 큰 의의가 있다. 그러나 그들 중 누구도 그곳에 남지 않았고, 선교는 여전히 구축해야 하는 것[과제]으로 남았다.

---

105 Cf. *Revue de l'Orient chrétien*, 1931-1932, pp.3-84; *CCS*, 1935, pp.392-393. 편지는 Soranzo, *Il Papato, l'Europa cristiana e i Tartari*, Milano, 1930, p.525, N.1에서 보라.
106 그의 여행에 관한 중국 자료는 *CCS*, 1935, pp.391-418에서 보라.
107 Cf. 앞 p.87, 각주 86.
108 Cf. *CCS*, 1935, pp.413-417; *Storia degli Iüen* 원사(元史), c.125, f.4: c.205, f.13.
109 Cf. *EI*, XXIII, p.662b.
110 Cf. *SF*, I, pp.147-332.

2. 첫 번째 가톨릭교회의 선교사 조반니 다 몬테코르비노 수사

중국에서 가톨릭 선교를 처음 시작한 영예는 또 다른 이탈리아인 작은 형제회 조반니 다 몬테코르비노Giovanni da Montecorvino 수사에게로 돌아갔다. 조반니 다 피안 디 카르피네Giovanni da Pian di Carpine 수사가 유럽으로 귀환하던 1247년 살레르노 근처, 몬테코르비노 로벨라에서 태어난 그는[111] 후에 프란체스코 수도회에 들어가 오랫동안 근동 지방, 특히 페르시아와 아르메니아에서 선교사로 활동했다. 1289년 로마로 돌아와 그 지역 선교사업을 보고하고, 아르메니아 왕 헤툼 2세(Hethum II)와 페르시아 왕 아르군(Arghun, 1258-1291)이 위임한 임무에 관해 교황과 협상하기 위해 성 베드로 좌를 찾았을 때, 그는 예전 프란체스코 수도회 총관구장 조반니 다 아스콜리Giovanni da Ascoli가 니콜로 4세 교황이 되어 만났다.[112] 교황은 아시아의 공작, 왕, 황제에게 보내며 26장에 달하는 친서를 써서 많은 동료 선교사들과 함께 동방으로, 아니 극동 지방으로 그를 다시 파견했다. 1289년 7월, 베네치아인지 안코나인지에서 출발해서 해로海路로 다르다넬스해협(Çanakkale Boğaz)을 거쳐 페르시아까지 가서, 거기서 잠시 멈추었다. 다시 출발하여 페르시아만으로 내려갔고, 도미니코 수도회의 니콜라 다 피스토이아Nicola da Pistoia와 제노바 상인 페트로 루칼론고Petro Lucalongo를 데리고 해로로 인도 말라바르해안에 도착했다.

---

[111] 조반니 수사, 몬테코르비노 로벨라(Montecorvino Rovella) 혹은 몬테코르비노 디 풀리아(Montecorvino di Puglia)의 정확한 고향에 관한 문제는 in *Collectanea Franciscana*, Assisi, 1934, pp.245-248: 1936, pp.658-659에 있는 아무 논문이나 보면 된다.

[112] Cf. Chabot, *Histoire de Mar Jabalaha III et du moine Rabban Çauma*, Parigi, 1895, pp.211-235.

인도에서 그는 100여 명의 사람에게 세례를 주었다. 1292년, 인도 해안 반대편으로 건너갔고, 그곳에서 소위 성 토마스의 그리스도인들이라고 하는 사람들을 만났다. 그는 그곳에 성당을 하나 짓고 13개월간 머물렀는데, 거기서 도미니코회의 동료 선교사 하나를 잃고 그곳에 묻었다.

그는 다시 해로로 여행을 계속했다. 그 바람에 그는 지금까지, 수백 수천 명의 선교사가 이용하게 될 중국을 향한 해로를 처음 개척한 인물이 되었다. 그는 자동刺桐 항구에 상륙했는데, 자동은 오늘날 복건福建에 있는 천주泉州다. 거기서부터 강의 운하를 이용했는데, 특히 장강長江에 이어 대운하를 따라 칸발리크Khanbalik까지 올라갔다. 칸발리크는 1264년에 쿠빌라이가 세운 "황도皇都"인데, 후에 서방에서는 '북부의 수도', 북경北京으로 알려지게 될 이름이다.[113] 1294년 초, 중국의 수도[북경]에 도착했을 때, 대大 쿠빌라이는 바로 그즈음에 사망한 걸로 알려졌다(2월 18일).

3. 조르조 왕자가 자기 백성과 함께 개종하다

조반니 수사는 즉시 작업에 들어갔고, 가장 좋은 방법으로 사도직을 시작했는데, 그것은 백성들에게 크게 영향을 미치는 엘리트 계층의 개종에 주력했다. 그 덕분에 그가 칸발리크에 도착하던 해에, 그는 옹구트족(Önggut)의 영토인 텐두 당돌(唐突)의 조르조 활리길사를 가톨릭교회로 인도하는 데 성공했다.[114] 과거 네스토리우스교인으로 살았던 이 군주, 아라쿠시 퇴기트 쿠리(高唐忠獻王)[115]가 가톨릭으로 개종한 것이다. 그의

---

113 Cf. *SF*, I, pp.345-346.
114 Cf. *CCS*, 1935, pp.78, 404-405.
115 Cf. *MS*, 1937-1938, p.245.

개종은 많은 네스토리우스 신하들에게 본보기가 되었다. 조반니 수사는 황제는 물론, 황족들과도 긴밀하게 지냈다. 황제는 첫 번째 결혼에서 아버지 쿠빌라이의 후계자로 예정된 친킴(眞金)의 딸 쿠타투미시(忽答迷迷失)와 결혼했다. 그러나 친킴은 후계자가 되지 못했다. 그는 쿠빌라이의 후계자가 되기 위해 성종成宗 티무르의 딸 애아미실(愛牙迷失)과 재혼했다.[116] 그러는 사이에 우리의 프란체스코회 수사[조반니]는 서서히 황제에게 접근할 준비를 했다.

개종한 다음 해에 조르조는 아들을 낳았고, 우리의 프란체스코회 수사에게 헌정하는 뜻으로 조반니 주안注安, 출안尢安 혹은 주안主安이라는 이름으로 아들에게 세례를 청했다.[117] 수사는 군주가 "거룩하게 옷을 차려입고"라며 그 순간의 감동을 전했는데, 아마도 군주가 예를 갖추어 옷을 차려입고 미사에 참석했다는 걸로 보인다. 특히 흥미로운 건 라틴 전례를 위구르어로 거행했다는 것이다.[118] 군주는 카툰(可敦)으로 추정되는 수도에 삼위일체께 드리는 가톨릭 성당을 하나 지어 봉헌하기도 했다. 수사[조반니]와 군주는 라틴어 성무일도를 통째 위구르어로 번역하는 데 합의했고, 그래서 온 백성이 그분[하느님]의 통치를 노래할 수 있게 하기로 했다.[119] 그러나 이런 모든 아름다운 희망은 1298년 군주의 사망으로 산산조각이 나고 말았다. 그가 사망한 뒤, 네스토리우스 근본주의자 형제단은 백성을 이전의 오류 상태로 되돌려 놓았다. 그리고 착한 프란체

---

116 Cf. *CCS*, 1934, p.754; *TP*, 1914, p.631; *MS*, 1937-1938, p.245, N.20.
117 Cf. *CCS*, 1934, pp.754-756: 1939, p.330; *MS*, 1937-1938, pp.252-253.
118 Cf. *SF*, I, p.348.
119 Cf. *SF*, I, p.350.

스코회 수사는 5년간 이단자들로부터 심한 고통을 받았고, 슬픔에 겨워 한탄하며 "네스토리우스교인들의 비방이 없었다면, 나는 3만 명 이상의 사람들에게 세례를 줄 수 있었을 것"이라고 되뇌었다.[120]

4. 성당, 세례식과 현지인 성직자

조반니 수사가 칸발리크[북경]에 세운 성당은 세 개였다. 첫 번째는 1298-1299년에 지은 것으로, 종(鐘)이 세 개 달린 종탑이 있었다. 두 번째는 1305-1306년에, 세 번째는 1318년 이전에 지었다. 이 중 한 곳에는 신구약 성경의 일화를 그린 여섯 개의 그림이 있었는데, 교리교육용으로 라틴어, 터키어, 페르시아어로 되어 있었다. 두 번째 성당은 200명을 수용할 수 있었고, 꼭대기에는 적색 십자가를 걸어 보는 사람마다 감탄하게 했다. 그곳은 대칸(大Khān)의 궁정과 거리 하나만 사이에 두고 있어, 그의 방에서도 전례 성가를 들을 수 있을 정도였다.[121]

조반니 수사의 활동은 대단했던 것으로 보인다. 그는 자주 세례식을 주례했다고 전했다. "저는 자주 세례식을 거행합니다." 1305년까지, 그는 약 6천 명에게 세례를 주었고, 1305년 11월 1일부터 이듬해 2월까지, 4개월도 채 안 되는 기간에 400명을 더 세례 주었다.[122]

그가 현지인 성직자의 필요성을 느낀 건 좋은 것 같다. 무엇보다도 그에게 가장 절실했는데, 10년 이상, 혹은 최소한 1294년부터 1303년까지, 그는 본인을 위해 고백성사 볼 사람조차 한 명 없이 혼자 있었다. "11년

---

120 Cf. *SF*, I, p.347.
121 Cf. *SF*, I, pp.347-353; *BCP*, 1930, pp.346-352, 458-461, 632-634: 1931, pp.35-36.
122 Cf. *SF*, I, pp.347, 355.

간 고백성사 한 번도 못 보고 혼자 이 순례를 했습니다."[123] 이어서 그는 "두세 명의 선교사가 나를 도와주었어도, 지금쯤 칸은 가톨릭 신자가 되었을 것입니다"라고 적기도 했다.[124] 혼자였기 때문에, 그는 현지인 중에서 선교사업을 계속 이어 갈 사람을 생각해야 했다. 요즘도 중국에서는 가난한 집에서 자식을 파는 일이 드물지 않은데, 특히 기근이 들 때는 더했다. 조반니 수사는 이런 아이들, 그러니까 7살에서 11살 사이의 이교도 어린이들을 40명가량 사서 우선 세례를 주고, 천천히 라틴어와 성가, 전례를 가르쳤다고 말한다.[125] 그러기 위해선 책이 필요했는데, 가난한 수사는 자기가 가지고 간 것 외에는 없었다. 따라서 어린이들은 우선 시편, 짧은 기도와 찬송만 했다.[126] 하지만 악보가 적힌 성가책과 다른 많은 책이 추가로 필요했고, 결국 수도회의 총 관구장에게 부족한 책을 보내 달라고 요청했다.[127] 조반니 수사는 이 어린이들을 사제로 만들 생각이었고, 그것을 그가 쓴 두 번째 편지에서 충분히 엿볼 수가 있다. 앞서 말한 두 개의 성당을 지었다는 말을 한 뒤, 그는 몇 명의 어린이는 앞의 성당에, 다른 몇 명은 두 번째 성당에 배치하여 자기가 자리를 비웠을 때, 성무일도를 바칠 수 있게 하려고 했다고 적었다. 그러면서 덧붙이기를, "그렇지만 기본적인 것은 어느 성당[ecclesia]에서건 담당 사제인 제가

---

123 Cf. *SF*, I, p.347.
124 Cf. *SF*, I, p.349.
125 Cf. *SF*, I, pp.347-348, 353.
126 Cf. *SF*, I, p.347.
127 "우리 수도회의 총 관구장님께 청합니다. 입당송과 성인 축일의 독서, 화답송과 해설서 사본이 있는 시편송이 있으면 좋겠습니다. 저는 간략한 독서와 작은 미사경본이 있는 휴대용 성무일도서 하나밖에는 없습니다. 사본이 하나씩 더 있으면 어린이들에게 주겠습니다"(*SF*, I, p.350).

합니다. 어린이들은 사제가 아닙니다."[128] 즉 그들이 "사제가 아니"라는 말을 굳이 하고 있다. 사실 이게 그의 생각이 아니라면, 7살에서 11살의 어린이들이 사제가 아니라는 점은 지적할 필요도 없을 것이다.

이 모든 것은 조반니 수사가 쓴 두 통의 편지에 담겨 있다. 1305년 1월 8일과 1306년 2월 13일에 칸발리크에서 쓴 것이다. 우리에게 남은 건, 이 시기에 대해 말하고 있는 두 통의 문서밖에는 없다.[129]

5. 칸발리크의 첫 대주교

이 소식은 톨렌티노의 복자編著 토마스를 통해 당시 푸아티에에 있던 클레멘스 5세의 귀에 들어갔다. 교황은 매우 기뻐하며 작은형제회의 총관구장에게 명해 주교품을 받을 일곱 명의 수사를 선발하고 조반니 수사에게 가서 그에게 칸발리크의 대주교 겸 극동아시아의 총대주교로 축성하라고 했다. 주교 서품은 1307년에 있었다. 선발된 사람들은 이탈리아인 다섯 명, 독일인 한 명, 스페인 사람 한 명이었다. 그들은 안드레아 다 페루지아Andrea da Perugia, 제라르도 알부이니Gerardo Albuini, 페레그리노 다 카스텔로Peregrino da Castello, 니콜라 다 반지아(Nicola da Banzia)[즉 산타 마리아 디 반제(S. Maria di Banze)], 안드레우치 다시시Andreucci d'Assisi, 울리코 폰 세이프리즈도르프Ulrico von Seyfriedsdorf와 굴리엘모 다 빌라노바 Guglielmo da Villanova다.[130] 여기서 마지막 인물[빌라노바]은 선교지로 떠나

---

128 Cf. *SF*, I, p.353.
129 Cf. *SF*, I, pp.345-351, 351-355.
130 Cf. Golubovich, *Biblioteca bio-biobliografica di Terra Santa*, Quaracchi, 1919, III, pp.104-108.

지 않았던 걸로 보인다. 만약 떠났다면 어떻게 1327년에 트리에스테의 주교로 사망할 수 있는지 설명할 수 없기 때문이다. 다른 여섯 명은 1307년 가을에 출발했고, 그들 중 세 명, 니콜라 다 반지아, 안드레우치 다시시와 울리코 폰 세이프리즈도르프는 가는 도중 인도에서 사망했다. 다른 세 명은 1313년경에 중국의 수도에 도착했고, 거기서 조반니 수사를 칸발리크의 대주교로 서임하는 서품식을 거행했다. 그들은 죽을 때까지 중국에 있었다.

6. 천주(泉州), 항주(杭州), 양주(楊州)에 세워진 주교좌

같은 해인 1313년, 새 대주교는 복건福建의 자동[刺桐, 오늘날의 천주(泉)시에 또 다른 주교좌를 하나 설립했는데, 어떤 부유한 아르메니아인 부인이 성당을 웅장하게 지어 주어, 그곳을 주교좌로 삼았다. 제라르도 수사가 그곳을 맡았다. 그가 1318년에 사망하자, 페레그리노 수사가 그 뒤를 이었지만, 그 역시 머지않은 1322년 7월 7일에 사망했다. 이후 안드레아 수사가 뒤를 이었고, 새로운 성당 하나와 수도원도 하나 추가로 건설했다. 그러나 그도 1326년에 사망했고, 그 뒤에는 아무도 이을 사람이 없었다. 물론 프란체스코 수도회에서 다른 주교들이 서품되어 중국으로 파견되었다. 1310년 12월 20일에 서품된 피에트로 다 디렌제Pietro da Direnze 와 어떤 톰마소Tommaso라는 사람과 지롤라모 다 카탈로냐Girolamo da Catalogna였다. 그러나 톰마소와 지롤라모에 대해서는 이름만 있고, 특히 톰마소에 대해서는 알려진 게 거의 없다.[131] 다른 수사들은 우리의 조반

---

131 Cf. Golubovich, *Biblioteca*, III, pp.38-58, 163.

니에 의해 절강浙江의 항주杭州와 강소江蘇의 양주揚州로 파견되었다.

7. 오도리코 다 포르데노네가 중국에 갔다가 돌아오다

비슷한 시기인 1322년, 또 다른 이탈리아인 프란체스코회 수사 오도리코 다 포르데노네Odorico da Pordenone가 쟈코모 디를란다Giacomo d'Irlanda 수사와 함께 자동刺桐에 상륙했다. 그들은 조반니 수사의 여정을 참조하여 지중해, 페르시아, 호르무즈, 인도, 수마트라와 보르네오를 거쳐 중국으로 들어갔다. 자동에 정착하여, 거기에 두 개의 프란체스코회 수도원을 지었다. 거기서 다시 북쪽으로 복주福州, 항주杭州, 남경南京, 양주揚州와 제녕濟寧을 거쳐 칸발리크에 도착했다. 거기서 삼 년 동안, 1325년에서 1328년까지 살다가 페르시아와 아르메니아를 거쳐 이탈리아로 돌아와 교황에게 그 방대한 지역을 복음화하기 위해서는 50여 명의 수사가 필요하다고 했다. 이탈리아로 귀환한 건 1330년으로 추정된다. 그해 5월, 굴리엘모 다 솔라냐Guglielmo da Solagna 수사에게 여행 보고를 했기 때문이다. 그리고 다시 중국으로 떠나기 전에 리옹으로 가서 교황의 축복을 요청하려고 준비하는 동안 병이 들었고,[132] 1331년 1월 14일 우디네Udine에서 사망했다.[133]

---

[132] **역주_** 이 시기는 교황청이 아비뇽에 있었다는 점을 상기할 필요가 있다. 1309년에서 1377년까지다. 그래서 리옹으로 갔던 거다.
[133] Cf. Golubovich, *Biblioteca*, III, pp.374-393; *SF*, I, pp.381-495; *TP*, 1920-1921, pp.275-290.

8. 조반니 데 마리뇰리도 똑같이 하다

그사이에 조반니 다 몬테코르비노는 노쇠해졌고, 1328년에 사망하자 실질적으로 아무도 그 뒤를 이을 사람이 없었다. 1333년에 니콜라라는 이름의 한 프란체스코회 수사가 후임으로 임명되었지만, 그가 중국에 왔는지는 의심스럽다. 분명한 건 1336년에 그는 중국에 없었다는 것이다. 그 시기에 개종한 알란족이 칸발리크에서 베네딕토 12세에게 편지를 보내, 8년 전에 사망한 조반니의 후계자를 보내 달라고 요청했기 때문이다.[134] 이 편지는 순제順帝가 교황에게 보내는 사절단이 가지고 왔는데, 그를 인도한 사람은 제노바인 안달로 디 사비뇽Andalò di Savignone이었다. 사비뇽은 역사에서 안드레아 프랑코Andrea Franco, 즉 안드레아 크리스티아노Andrea Cristiano로 알려진 인물이다.[135] 사절단이 아비뇽에 도착한 것은 1338년 5월 말이었다. 같은 해 10월 31일, 교황 베네딕토는 피렌체 사람 조반니 데 마리뇰리Giovanni de' Marignolli 수사를 중국 사절로 임명했고, 그는 50여 명의 다른 프란체스코회 수사와 함께 중국으로 떠났다.

그는 1339년 4월 초순쯤, 나폴리에서 항해를 시작하여 콘스탄티노플로 향했고, 그곳에서 크림반도를 거쳐 중앙아시아로 갔다. 그 후 육로를 통해 1342년 8월 중순 전에 칸발리크에 도착했다. 8월 19일, 조반니 수사는 황제를 특별 알현했다. 수사는 옷을 성대하게 차려입고 십자가를 앞세워, 햇불과 향로를 켜고 황제 앞에 섰다. [황궁으로] 들어가면서 그는

---

134 Cf. *SF*, I, p.529. 골루보비치(Golubovich, *Biblioteca*, III, pp.419-424)는 니콜라(Nicola)가 중국에 오지 않았다고 주장하기 위해 애를 쓰고 있다.

135 Cf. Golubovich, *Biblioteca*, 1923, IV, pp.250, 255: p.289, N.2. cfr. N.206, 주(註)를 보라.

"사도신경"을 노래했고, 사절은 대칸(大Khān)에게 장엄 축복을 해 주었다.[136] 같은 날 조반니 수사는 교황의 이름으로 훌륭한 말 한 필을 황제에게 선물했고, 중국의 문인 학자들은 이 말을 불랑국拂郎國, 즉, 로마를 가리키는 불름拂菻[137]에서 온 천마天馬라고 칭송하며, 앞다투어 시와 문장을 선보였다. 여기에 만족하지 않고, 그달 22일, 황제는 말을 탄 채 초상화를 그려 달라고 했고, 1815년까지 그림이 있었다는 증거가 있다.[138]

우리의 조반니 수사는 삼사 년 동안 30명이 넘는 다른 프란체스코회 수사들과 함께 북경에 머물렀다. 그들은 황궁에서 살았고, 생활비는 황제가 지급했으며, 그들의 생활을 돌보는 왕자가 두 명 배정되었다. 얼마 후, 조반니 수사는 아마도 현現 왕조를 전복시킬 혁명의 첫 징후를 보았던지, 황제의 만류에도 불구하고 그곳을 떠나고 싶어 했다. 그러나 전쟁 때문에 해로를 이용하라는 조언을 듣고 그대로 했다. 그는 북쪽에서 남쪽으로 내려가면서 항주杭州와 프란체스코회에서 세 개의 성당을 지었던 자동刺桐과 같은 큰 도시들을 지났다. 자동에서는 두 개의 종鐘을 축복하며, 종의 이름을 하나는 안토니, 다른 하나는 조반니라고 지어 주었다.[139] 마침내 1345년 또는 1346년 12월 26일에 그는 인도로 가는 배를 탔다. 그곳[인도]에서 그는 황제가 교황에게 선물하는 물건들을 도둑맞아

---

136 "저는 [제의를] 엄숙하게 차려입고 가장 아름다운 십자가를 들고, 초와 향을 피우고 한 분이신 하느님께 드리는 신앙고백을 노래하며, 영광스러운 궁전으로 들어가 옥좌에 앉은 칸 앞으로 갔습니다"(SF, I, p.529).
137 Cf. Ciamsimlam, II, pp.222-231: VI, pp.567-570; Golubovich, Biblioteca, IV, p.264; D'Elia¹, p.130, N.2: pp.233-234.
138 Cf. TP, 1914, pp.642-643.
139 Cf. SF, I, p.536.

짐의 무게가 많이 줄었다. 16개월간 인도에 있다가 호르무즈, 바그다드, 모술Mosul, 에데사Edessa, 다마스쿠스와 예루살렘을 거쳐 1352년에 아비뇽에 도착했다.[140] 2년 후 그는 칼라브리아 비시냐노의 주교로 임명되었지만, 대부분 시간을 프라하에서 카를 4세와 함께 살았고, 1359년 3월 22일 이전 그곳에서 사망했다. 1355년에서 1358년 사이에 쓴 그의 여행 보고서는 1768년까지, 사실상 1820년까지, 완전히 외면당했다.

9. 프란체스코회의 첫 번째 선교 종결

조반니 수사는 교황 인노첸시오 6세에게 극동 [지역] 선교에 대해 애정 어린 당부를 부탁하며, 프란체스코 수도회의 장상들에게 사람을 선발하여 교황이 주교로 서품한 뒤 중국으로 보내 달라고 요청했다. 그러나 여기에 대해 프란체스코회의 연감들은 "이 사업을 추진하는 책임자들 간에도 열의가 부족하여, 어떤 진전도 이루기 어려웠다"라고 안타까운 심정을 전하고 있다.[141] 다시 말해서, 선교의 열정이 식어 버린 것이다. 그 후 1368년의 대혁명으로 원元의 타타르 왕조가 무너지고 명明의 중국 왕조가 들어섰다. 그 바람에 프란체스코회의 모든 영웅적인 활동은 흔적도 남기지 않고, 거대한 폭풍이 쓸고 간 것처럼 사라지고 말았다.

---

140 Cf. *SF*, I, pp.517-518; Golubovich, *Biblioteca*, IV, pp.299-304.
141 "[선교] 활동을 증진하던 사람들은 아직도 조금 더 나은 발전을 준비한다고 했다." Cf. Golubovich, *Biblioteca*, IV, p.298. 이 텍스트는 대부분 1369년 이전에 사건이 일어나던 동시대에 기록된 *Chronicon XXIV Generalium*에서 발췌한 것보다 더 신뢰할 수 있다. 한편 와딩(Wadding)은 그것을 타타르족이 흔들어 놓은 탓이라고 하지만, 골루보비치(Golubovich)가 명시적으로 언급한 것처럼, 그것이 "기록한 사람의 준엄한 판단을 완화시키는 것은 아니다"라고 했다(*Biblioteca*, IV, p.298, N.7).

10. 이 선교에서 기억할 만한 두 가지 요소

모두 확실하지는 않지만, 이 선교와 관련한 유일한 기억은 피렌체의 라우렌치아나 도서관에 소장된 한 권의 필사본 성경에 있는 것으로 보인다. 11×16.5㎝ 크기의 고딕체로 쓴 성경은 당시의 여러 수기본 성경과 비슷하다. 현재 이것은 노란색 비단에 정성스럽게 싸여 있는데, 이것이 중국에서 씌었음을 암시하는 유일한 단서다. 벨기에 출신의 예수회원 쿠플레(Couplet) 신부가 중국에서 구매하여 1681년에 이탈리아로 가져온 것이다. 조상으로부터 물려받았다고 하는 어떤 이교도한테서 발견했는데, 그 이교도는 책이 몽골 시대까지 거슬러 올라간다고 전했다. 그렇다면 마르코 폴로나 프란체스코회 선교사 중 누군가가 중국으로 가지고 왔을 확률이 높다. 그러나 쿠플레 신부는 "믿음은 믿는 사람의 몫이다"라는 다소 의심스러운 말로 이 증언을 마무리하고 있다.[142]

여기에 통상 하나를 더 추가하는 것은 높이 19.6㎝, 지름 9.4㎝의 성작 聖爵이다. 베네치아에서 발견된 이 성작은 지금도 골동품 애호가인 베네치아 사람 지노 스파다Gino Spada 씨 개인이 소유하고 있다. 성작의 둘레에서 최후의 만찬을 생각하게 하는 장면에, 12명의 인물이 등장하는데, 그중 일부는 수염을 길렀고, 얼굴이 중국인이라기보다는 오히려 몽골인

---

142 Cf. Biscioni, *Biblioteca Mediceo-Laurenziana*, 121, caps. I, plut. III. 다음은 쿠플레 (Couplet)가 직접 쓴 글이다: "성경은 ‖ 중국에서 어떤 이교도가 가지고 있었다 ‖ 그는 상숙(常熟)이라고 하는 도시에서 살고 있었는데 ‖ 강소(江蘇)성 남경(南京) 인근이다. 이것이 의미하는바 ‖ 조상들이 남긴 것으로 ‖ 소위 황족 시절에 ‖ 서쪽의 타타르족 소속의 원(元)이라고 하는 나라가 ‖ 중국을 400년 넘게 지배했고 ‖ 그 시기에 ‖ 마르코 폴로(Marcus Polus)라는 베네치아인이 이곳에 왔다 ‖ 아마도 그가 유럽에서 가지고 왔거나 ‖ 아니면 다른 유럽인이 가지고 왔을 것이다. ‖ 신앙이 어떤 이교도의 손을 거쳐 보존되고 ‖ 전수되었다. ‖ 필립보 쿠플레(Philippus Couplet S.J.) ‖ 중국 담당자."

에 가까운 사람들이 식탁에 둘러앉아 있다. 식탁 주변에 있는 이 사람들은 [보기에도] 몽골인이라고 할 만한 복장에 일부 소박하게 한 장식도 몽골식으로 보인다. 성작이 역사의 어느 시점에 중국에 있었다는 것은 중국의 비문『풍조기馮朝記, Fonciao chi』에서 확인할 수 있다. 잔의 받침대 바닥에 그것이 적혀 있던 것이다. 그리고 잔이 미사 때 사용하는 성작이라는 것은 컵에 새겨진 포도나무 덩굴의 잎과 포도송이가 있는 걸로 충분히 유추할 수 있다. 끝으로, 그것이 유럽인의 눈앞에서 만들어졌다는 흔적은 중국어로 쓴 기록과 함께 L.C.라고 쓴 데에서 발견할 수 있다.[143] 여하튼 몽골의 양식과 가옥 건축물들이 몽골 시대를 드러내고, 따라서 프란체스코회에 의한 최초의 선교를 암시한다고 할 수 있겠다.[144]

11. 프란체스코회 선교사들이 개종시킨 그리스도인의 수

4분의 3세기[약 75년] 동안 지속된 프란체스코회의 선교가 단지 별다른 기억을 남기지 않았다는 사실은 그때 당시에 이미 그리스도인의 수가 매우 적었다는 걸 의미할 것이다. 통상 3만 명 정도의 개종자가 있었던 것으로 추정하지만, 당시의 어떤 문서도 정확한 숫자를 기록하고 있지 않다. 더군다나 이런 수치마저도 어느 정도 혼동하고 있는 게 아닐까 하는 의문이 들 정도다. 조반니 다 몬테코르비노Giovanni da Montecorvino는 1305년까지 네스토리우스교인들의 방해가 없었다면 3만 번 이상의 세례식을

---

143 L.C.이라는 글자가 무엇을 의미할지에 대해 자문해 보았다. 그곳에서 미사를 드리면서 네스토리우스의 성작과 구분하기 위해 "라틴 성작(Latinus Calix)"이라고 했을 가능성이 가장 크다는 결론에 이르렀다.

144 내 논문 *Une trouvaille? Un calice catholique chinois du XIV siècle* in *CCS*, 1930, pp.715-723을 보라.

거행할 수 있었을 거라고 기록했다.[145] 다른 한편, 칸발리크에 거주하던 —그리스도교 언어에 그리스 전례를 거행하던— 알란족이 약 3만 명이었다.[146] 이제 그들 중 대부분이 칸발리크의 첫 번째 대주교에 의해 개종한 것임을 알았다. 일부 후기의 작가 중에 시간이 지나면서 알란족이 통째로 개종했다고 믿거나, 위대한 선구자 프란체스코 회원[조반니 수사]의 소망이 현실적으로 이루어졌다고 믿는 사람이 있지는 않을까? 아무튼 내가 보기에 이것들은 가능성 있어 보이지 않는다.

12. 1580년 이전에는 중국인 가톨릭 신자들인가 아니면 비중국인 가톨릭 신자들인가?

우리가 특별히 알고자 하는 것은 이 그리스도인들의 수보다는 그들의 국적이다. 다시 말해서, 초창기 네스토리우스파와 프란체스코회에 의해 개종한 가톨릭 신자가 대부분 중국인인지, 아니면 일부가 중국인인지 알고 싶은 것이다. 중국이 그리스도교와 가톨릭으로 개종하는 것은 사실상 마태오 리치에 의해서인데, 그 이전인 근대 이전에는 어느 정도의 상황이었는지 아는 게 중요한 문제이기 때문이다.

시작부터 1550년까지 중국 그리스도교에 대해 심도 있는 연구와 많은

---

145 "언급한 [네스토리우스 교인들에 의한] 명예훼손이 없었다면 3만 명 이상에게 세례를 줄 수 있었을 것이다"(*SF*, I, p.347).
146 "알란(Alan)이라고 하는 선한 그리스도인 3천 명이 황제로부터 봉급을 받으며 살고 있고, 조반니 수사는 그들과 그 가족들에게 가서 격려하고 설교했습니다"라고 1318년 페레그리노 다 카스텔로(Peregrino da Castello)는 적었다(*SF*, I, p.366). Cf. Wieger, HC, p.673. 실제로 중국인들 사이에서 아아스[Aas, 아속(阿速)]라는 이름으로 알려진 3천 명의 알란족 기사들은 1221년 몽골족인 그들의 땅을 침략한 이후 조지아에 의해 중국으로 이주해 왔다. Cf. *CCS*, 1935, pp.395-396.

의미 있는 비판적 시각을 드러낸 작가 아서 크리스토퍼 물레(Arthur Christopher Moule)(1873-1957)는 단호하게 부정적인 견해를 피력하고 있다. 즉, 그는 그렇게 오랜 세기 동안 중국에 그리스도인들이 있었느냐는 질문에 그렇다고 말하면서도, 오늘날에도 여전히 로마에 중국인이나 일본인 이교도가 있는 것처럼 중국인으로는 그리스도인이건 가톨릭 신자건, 그 수가 매우 적었다는 것이다. 그의 증언은 그가 가톨릭 신자가 아니라 개신교인이기 때문에, 이 점에서 별다른 이유가 있을 수 없고, 관련 논문을 뒷받침하는 문헌들을 강조할 가능성이 커서 인정할 수 있는 여지가 많다고 생각된다. 그는 이렇게 적고 있다. "우리가 [이 책에서] 다루고 있는 15세기의 긴 기간 동안, 내가 아는 한, 중국인 그리스도인이 존재했다는 증거는 겨우 두 개 혹은 기껏해야 세 개 경우밖에 없다."[147]

저자는 계속해서, "더욱이 이들 그리스도인도 중국 교회에 커다란 영예가 되는 것은 아니다"라고 말한다.[148] 책은 1930년에 출판되었다. 이듬해 물레는 자기 생각을 다음과 같이 정리하여 결론짓고 있다. "초 세기 또는 중세시기 중국 그리스도교의 역사는 그곳에 정착한 그리스도인 교회가 출범한 역사가 아니라, 중국에 살았다는 기억에 불과하다. 다소 오랜 기간이 될 수도 짧은 기간이 될 수도 있고, 그 수도 많든 적든 대부분

---

147 "15세기의 긴 기간 동안 중국 그리스도인의 존재를 보여 주는 경우는 단 두 개 혹은 기껏해야 세 개뿐이다"(Moule, p.150, n.17). 845년의 법령은 네스토리우스파 외국인들에게 자기네 나라로 돌아가라고 말하는데, 이는 반드시 그렇다고 할 수는 없지만, 중국인 네스토리우스 교인들도 있었다는 걸 말해 준다. 앞의 pp.85-86, 5항에서 언급한 바, 980년의 한 문헌에는 "현지인 그리스도인들"에 대해서도 말하고 있다.
148 안드레아 다 페루지아(Andrea da Perugia) 수사는 1326년에 "그들 중 얼마나 많은 사람이 우상 숭배자로 세례를 받고, 세례를 받은 뒤에도 그리스도교의 길에서 벗어나 제대로 걷지 못하고 있는지 모릅니다"(SF, I, p.376)라고 썼다.

외국인이고, 이름이나 사건이 그리스도인의 것이었다는 것이다."[149]

다시 말해서, 이 역사는 중국 그리스도교의 역사가 아니라, 중국에 살았던 외국인 그리스도인의 역사라는 것이다. 사실 그는 1930년에 출판된 자신의 『1550년 이전 중국의 그리스도인들(*The Christians in China before the year 1550)*』에서 일부 평론가들의 애정 어린 비판에 자극을 받아 『중국 그리스도교의 초창기 실패(*Insuccesso primitivo del Cristianesimo in Cina)*』[150]의 원인을 네스토리우스파와 함께 14세기까지 가톨릭교회에도 있다는 점을 부각하고자 했다.

물레는 초창기 네스토리우스파 수도원은 거의 전부 외국인 수도승들이 차지하고 있었다며, 일부 중국인이 그곳에 있었던 것은 그들이 가져온 서적들을 중국어로 번역하는 데 도움을 주기 위해서였다고 말한다.

"첫 번째 시기(서기 635-845년)에 나는 [그리스도인] 조직으로서, 순수한 수도승이 아닌 [평신도] 그리스도인의 존재에 대해 문헌으로 나온 걸 알지 못한다. (다만, 당나라 역사[당서(唐書)]에 나오는 문장 하나에 의심을 제기할 수 있는 여지는 제외하고) 또 외국인이 아닌 그리스도인에 관한 문헌도 전혀 없다. … 당唐나라 시대부터 지금까지 전해 오는 중국어로 된 대여섯 개의 문헌들은 나도 기꺼이 인정할 수 있는, 중국인 [신자들의] 핵심 세력이 초기 그리스도교 수도원에 있었다는 것이다."[151]

---

149 "중세와 근대 초 중국의 그리스도교 역사는 그리스도교가 그 땅에 세워진 역사가 아니라, 중국에서 길게 혹은 짧게, 많이 혹은 적은 수의 외국인들이 중국에 살았다는 기록이고, 그들이 명목상 그리스도인이었다는 사실일 뿐이다"(Moule, in *The International Review of Missions*, Londra, 1931, XX, p.459).

150 *The Primitive Failure of Christianity in China*, in *The International Review of Missions*, Londra, 1931, XX, pp.456-459.

그는 그리스도인과 조로아스터교도를 위한 845년의 법령에 따르면, 그들이 본래 2천(또는 3천) 명에 달한다면서, 이들 남녀 수도승들은 9세기 중반쯤에는 천 명[152]으로 줄었을 가능성이 크다고 보았다.

11-13세기, 네스토리우스교인들의 숫자와 질은 우리를 계속해서 더욱 어둡게 한다. 여행자들은 종종 그것들에 관해 이야기하지만, 아무것도, 거의 아무것도 정확하게 말해 주는 건 없다. 진강鎭江의 네스토리우스 수도원에서 우리는 중국 문헌들을 통해 명확하게 [당시의] 모든 수도승이 외국인이었다는 걸 알게 된다. 이런 관찰을 중국 제국의 거의 모든 다른 수도원으로 확장하는 게 낫지 않을까? 그러나 절강浙江의 온주溫州에서는 중국인일 수 있는 네스토리우스 교인들을 만나기도 했는데, 이들은 평신도들이지 수도승이 아니었다.[153] 1607년 하남河南의 개봉開封에 살았던 십자가 신도들[십자교(十字敎)]은 고대 그리스도인들의 후예라는 걸 인정하지 않으려고 했는데, 이유는 그들이 외국인이 아니기 때문이라는 것이다. 오히려 그들은 "중국인으로 간주해" 주기를 바랐고, "외국에서 온 사

---

151 "For the first period (635-845) we have no evidence known to me of any Christianity which was not purely monastic in organization, and (excepting an uncertain inference from a sentence in the *History of the T'ang*) no explicit evidence of any Christians who were not foreigners … The fact that five or six Christian documents in Chinese have survived from the T'ang dynasty to this day may show that there was a stronger Chines element in those early Christian monasteries than I have been disposed to admit"(Moule, *The Primitive Failure*, pp.457, 459). 그러나 엄밀히 말해서, 이 번역자들이 반드시 그리스도인일 필요는 없다. 이 문헌들의 중국 스타일은 이교도적인 것, 불교적인 것, 특히 도교적인 양식과 표현들까지 얽혀 있기 때문이다.

152 Cf. Moule, *The Primitive Failure*, pp.456-457.

153 Cf. Moule, *The Primitive Failure*, p.458.

람"이라는 걸 부끄러워했다. 이는 "면목 없게도" 중국이 "모든 나라를 하찮게 여기기" 때문이다.[154]

우리는 프란체스코회 선교를 통한 가톨릭 신자들과 관련하여, 이와 비슷한 결론을 강제로 내려야 한다는 의무가 있을까? 그렇게 보일 수도 있다. 하지만 우리는 문헌의 부족으로 [더욱이] 오늘날의 [과학적인] 학문 연구의 풍토에서 이 주제에 관한 확실하고 결정적인 결론에 도달하기란 불가능하다는 걸 바로 깨닫게 된다.

『시니카 프란치스카나Sinica Franciscana』[155]의 부지런한 편집자는 이들 가톨릭 신자 중 중국인이 거의 없었다고 하는 사람들의 견해에 동의하지 않는다. 기욤 드 뤼브룩이 가톨릭으로 개종한 네스토리우스교인들에게 반복해서 세례를 주지 않았다는 사실과 다른 증거가 필요 없이 프란체스코회의 다른 선교사들도 똑같이 그렇게 했을 거라며, 그는 당시 문서들이 세례에 대해 말할 때, 항상 비신자를 대상으로 한 것이기 때문에 그건 곧 중국인을 가리키는 거라고 결론 내렸다.[156] 주장이 다소 약하고 설득

---

154 Cf. N.728.
155 **역주_** "프란체스코 수도회의 중국선교 활동기"라고 번역할 수 있는 『시니카 프란치스카나(*Sinica Franciscana*)』는 13-14세기 활발하게 선교사들을 파견한 프란체스코회의 아시아, 특히 중국 선교활동에 관한 기록이다. 프란체스코 작은형제회의 아나스타시우스 반 덴 윈게르트(Anastasius Van Den Wyngaert O.F.M.) 신부가 편집하여 1929년에 제1권이 피렌체에서 라틴어로 출판되었다. 원제는 *SINICA FRANCISCANA* Volumen I, *ITINERA ET RELATIONES FRATRUM MINORUM SAECULI XIII ET XIV* (TESTO IN LINGUA LATINA Firenze, Quaracchi Editore, 1929)이다. 제2권(1933년), 제3권(1936년), 제4권(1942년), 제5권(1954년), 제6권(1961년), 제7권(1965년), 제8권(1975년) 등이 있다.
156 "몇 번이고 카타이(Catai) 지역에서 개종한 일부가 거의 완전히 비원주민과 이단자들 사이로 와서 살았다. 다른 종파를 허용하는 곳으로 온 것이다"(*SF*, I, pp.CIII-CIV).

력이 없어 보일 수도 있다. 프란체스코회원 중 아무도 단 한 명의 네스토리우스교인에게 재차 세례를 주지 않았다고 해도 ―그건 증명할 수 없지만― 세례받은 모든 사람이 중국인이라는 것은 설득력이 없다. 그들은 실제로 몽골인일 수도 있고, 다른 일부 비-중국인 소수 민족일 수도 있다. 당시 중국에는 많은 사람이 있었기 때문이다. 이 부분은 더 뒤에서 설명하게 될 것이다.[157]

적어도 1306년까지는 중국어가 칸발리크에서 가톨릭 신자들을 위한 유용한 언어는 아니었다. 선교사들은 중국어를 몰라도 중국어 통역사가 없었고, 새 신자 중에서 중국인이 있다는 게 오히려 이상할 정도였다. 실제로 조반니 다 몬테코르비노Giovanni da Montecorvino 수사도 구약과 신약에서 발췌한 주제의 6개 그림을 자기 성당에 그리게 한 뒤, 그 설명을 "라틴어, 튀르키예어, 페르시아어로 적어 모든 통역자가 읽을 수 있게 했다"라고 말한 바 있다.[158] 라틴어는 [선교사들의 출신을 고려할 때] 쉽게 설명되는 부분이다. 튀르키예어[159]와 페르시아어는 당시 칸발리크에 있던

---

157 Cf. 본서 pp.116-118.
158 "전형적인 가르침에 따라, 신·구약 성경에서 여섯 가지 이미지를 만들어 라틴어, 튀르키예어와 페르시아어로 [설명을] 적었습니다. 모든 사람이 [자기] 언어로 읽을 수 있도록 했습니다"(SF, I, p.352). 여기서 "언어"는 고대 문헌들에서 자주 보듯이, "언어를 말하는" 사람들, 즉 통역사들을 가리킨다. 여기서 우리는 당시에 중국어 통역사는 없었다는 걸 알 수가 있다. 아마 필요성을 느끼지 못했기 때문일 것이다.
159 여기서 말하는 튀르키예어는 13세기 중앙아시아와 페르시아에서 몽골 황제의 사절단 대부분이 사용하던 위구르어임이 틀림없다. 소그디아나[Sogdians, 역주: 고대 이란족 계열의 유목민족인 스키타이인들을 부르는 이름으로, '소그드(Sogd)'의 '땅(ia)'이라는 의미로, 중앙아시아의 아무다리야강과 시르다리야강 상류의 가운데 지역을 동서로 흐르는 제라흐샨강의 옛 이름이다. 소그디아나는 중국과 서아시아, 유럽을 잇는 동서의 대상무역로, 즉 실크로드의 요충지였을 뿐만 아니라, 남으로는 인도, 북으로는 초원의 세계를 잇는 교통의 요충지였다]와 네스토리우스교인들과 접촉한 위구르인들은 그들

많은 수의 외국인을 설명해 주는 동시에 이 두 언어 중 하나는 충분히 알아야 했다는 것도 생각하게 한다. 하지만 조반니 수사가 중국인들 사이에서 이미 일을 하고 있거나 적어도 일을 하고 싶었다면, 중국의 수도에서 우선시 되어야 하는 건 그들의 언어가 되어야 할 텐데, 그렇지 않은 게 놀랍고, 이해되지 않는다. 하여튼 최소한 1306년까지는 중국 국적의 그리스도인도 통역자도 없었다.

조반니 수사가 한 전례서典禮書들의 번역도 미사경본이건 작은 기도문들이건, 똑같은 결론에 이르게 한다. 그는 타타르족의 언어를 능숙하게 배웠고, 옹구트족의 언어와 위구르족의 언어까지 잘 알고 있었다.[160] 그리고 이 언어로 미사를 거행하는 데는 아무런 문제가 없었던 걸로 보인다. 라틴 전례를 따르면서 교회법적인 부분과 같은 더 본질적인 것까지도, 그 언어로 했다.[161] 그는 신약성경과 시편을 위구르어로 번역한 뒤,[162] 자신의 시종들에게 필사하도록 했고, 그것들은 중국어가 아니라 옹구트어 또는 위구르어가 되어야 했다.[163] 계속해서 그는 같은 언어로 로마 성무일도서를 통째로 번역하여 옹구트 백성의 공통 기도문이 되게

을 통해 셈어 알파벳을 습득했고, 그 바람에 아시아 민족 중에서 가장 먼저 알파벳을 사용한 민족이 되었다. 이 언어에서 오스만 사람들의 신(neo)-튀르키예어가 16세기에 시작되었고, 몽골어와 만주어가 파생되었다. Cf. Golubovich, *Biblioteca*, III, pp.14-28.

160 "저는 현지어와 타르타르족의 통용어인 타타르어를 배웠습니다"(*SF*. I, p.350).
161 "미사는 라틴 전례에 따라서 전례 표준어인 라틴어와 현지어[=타타르어]로 거행했습니다"(*SF*. I, p.350).
162 "저는 이미 그 언어와 그들의 문자로 신약성경 전체와 시편을 번역했습니다"(*SF*. I, p.350).
163 "제가 한 일은 그들의 가장 아름다운 문자로 글을 쓴 것입니다"(*SF* I, p.30). "그[어린이들]중 많은 사람이 시편과 다른 좋은 글들을 적었습니다"(*SF*. I, p.348).

하고 싶었다.[164]

우리 선교사들이 어떤 언어를 알고 있었는지를 살펴보면 결론도 다르지 않다. 조반니 다 몬테코르비노 수사는 중국에서 선교사로 활동하기 전에 근동 지역에서 오랫동안 살았고, 아르메니아어를 잘 알고 있었다. 이것은 그가 1318년 이전에 왜 칸발리크에서 라틴 전례를 하는 성당을 다른 동료들에게 맡기고, 자기는 아르메니아 전례를 하는 성당을 독점적으로 돌보게 되었는지를 설명한다. 거기에는 아마도 다른 전례를 하는 비중국인 그리스도인들도 왔을 것이다.[165] 또 그는 두 차례 페르시아도 간 적이 있었기 때문에, 페르시아어도 알고 있었을 것이고, 앞서 살펴본 것처럼, 위구르어도 알고 있었을 것이다. 복자 오도리코 다 포르데노네 Odorico da Pordenone도 아르메니아어를 알고 있었다.[166]

중국어에 관해서는, 우리 선교사들이 그것을 알고 사용했다는 걸 입증하는 문서가 없을 뿐만 아니라, 오히려 정반대를 말하는 일부 문서가 있다. 페레그리노 다 카스텔로 Peregrino da Castello 수사는 1318년에 자동刺桐 뿐만 아니라 모든 대도시에서 선교사들이 비신자들을 대상으로 설교하는데, 그들의 언어를 몰라 두 명의 통역자를 세워서 했다고 전한다.[167]

---

164 "그리고 저는 앞서 말한 조르조 왕이 살아 있었다면, 그의[옹구트족] 나라 모든 지역에서 노래할 수 있게 성무일도를 통째로 번역하라고 했을 것입니다"(*SF.* I, p.350).
165 1318년 페레그리노 다 카스텔로(Peregrino da Castello) 수사는 이렇게 적었다. "다른 종파들을 싫어하는 여러 국적의 그리스도인들은 조반니 신부가 맡았는데, 특히 아르메니아인들이 대표적이었다. 그 시기에 그들은 눈에 띄는 성당을 하나 지어 신부에게 주며 계속해서 그들을 돌봐 달라고 했고, 신부는 라틴 성당들을 다른 형제들에게 맡기고 그들에게 갔다"(*SF.* I, p.366). Cf. *SF.* I, p.CVII.
166 Cf. *SF*, I, p.437.
167 "우리의 설교는 … 중간 통역사 두 명을 통해 그들의 대도시에서 우상을 숭배하는 사람들에게 했는데 … 우리가 직접 그들의 언어로 했다면, 하느님의 경이로움이 정말로

이것은 너무도 분명해서 성실한 프란체스코회의 역사가조차 최소한 이들 초기 개척자들이 중국어를 배울 시간이 없었고,[168] 그래서 그들이 중국인들을 대상으로 활동했다는 것이 오히려 이상하게 여겨진다는 사실을 두려워하지 않고 인정했다.

한편, 중국의 대도시들에는 중국인이 아닌 사람들이 많이 있었다는 건 확실하다. 몽골군에는 병사들이 모두 외국인이었고 여러 전례를 하는 그리스도인들도 있었다. 앞서 이야기한 것처럼, 칸발리크에 있던 3만 명 정도의 알란인들은 모두 그리스 전례를 하는 그리스도인들이었다. 그중 천 명은 황제의 경호부대를 형성하고 있었다. 폴란드인 베네데토 수사는 타타르족 사이에 있던 조지아인(Giorgians)에 대해 말한다.[169] 거기[칸발리크]에는 최소한 1만 명의 러시아인 병사로 구성된 부대도 하나 있었다. 그 외 크름반도에서 온 사람들로 구성된 부대도 있었다. 기욤 드 뤼브룩은 많은 그리스도인, 헝가리인, 알란인, 루테니아인, 조지아인, 아르메니아인에 관해 이야기한다.[170] 1326년, 안드레아 다 페루지아Andrea da Perugia 수사는 이 광대한 제국에 지구상의 모든 나라에서 온 사람과 모든 종파가 있다고 했다.[171] 여기에 온 모든 그리스도인은 특이살(特爾撒)(tersa)[172]과 십자가 숭배자들[십자교(十字敎)]이라는 이름으로 왔고, 그

나타날 거라고 믿었습니다"(*SF*. I, p.366). 그렇다면 여기서 말하는 언어는 어떤 언어란 말인가?

168 Cf. *SF*. I, p.XCIX.
169 Cf. *SF*, I, p.140.
170 Cf. *SF*, I, p.280.
171 "이 광대한 제국에는 하늘 아래 모든 나라의 사람과 모든 종파가 있습니다"(*SF*, I, p.376).
172 N.174, p.442, 주(註) 540을 보라.

들의 성전은 '십자가 사당[십자사(十字寺)]'이라고 했다.[173] 정사正史는 예부
禮部 소속의 숭복사崇福寺라는 사람에 관해 말하고 있는데, 그는 이름이 그
리스어로 '이사(Isa)[애설(愛薛), 곧 예수]이고,[174] 콘스탄티노플 출신으로
의사, 점성술사, 저명한 언어학자로 쿠빌라이 밑에서 칸발리크의 자선소
소장을 지내다가 대기록관, 연대기 작가, 그리고 후에 장관이 되어 중요
한 임무를 수행했다고 전했다. 제국의 공작으로 대우받았던 그는 다섯
자녀를 남기고 세상을 떠났다. 엘리아Elia는 예부의 행정관이 되었고, 덴
하Denha는 서원書院의 원장이었고, 예수Gesù는 궁정 연회담당관, 조르조
Giorgio는 조폐국의 부국장, 루카Luca는 자선소 소장을 지냈다고 한다.[175]

13. 결론: 1580년까지 중국은 한 번도 제대로 복음화된 적이 없다

그러므로 우리에게 전해진 문헌의 희소성을 고려하고, 앞서 언급한 부
분들을 모두 고려하여, 유추할 수 있고 해야 하는 유일한 결론은 바로 이
것이다. 635년에 네스토리우스파가 도착하고 845년까지 그 수가 계속
증가하여 11-13세기에 꽃을 피웠으며, 1294년경에는 가톨릭 선교사들까
지 도착하여 1368년까지 사도적 활동을 했음에도 불구하고, 2세기가 조
금 안 되는 기간에 '전혀'라고는 말할 수 없지만, 거의 완전히 침묵 상태
에 있었다는 것이다. 16세기 중반에 접어들어 선교 운동이 다시 시작되
었을 때, 중국은 여전히 장벽이 높은 이교도 사회였을 뿐 아니라, 그리스
도교 혹은 가톨릭으로부터 포교의 흔적이 많이 있지도, 손상을 입지도

---

173 N.173, p.439, 주(註) 526을 보라.
174 N.174, p.442, 주(註) 539를 보라.
175 Cf. Saeki², pp.508-510.

않았다. 다시 말해서 중국에서 그리스도교와 가톨릭 선교는 여전히 구축해야 하는 과제였다. 그때까지 한 번도 제대로 구축된 적이 없었기 때문이다.[176] 그곳[중국]에는 7-9세기에 천 명의 네스토리우스 수도승이 있었지만, 중국인은 거의 포함되지 않았다. 14세기에는 여하튼, 약 3만 명의

---

[176] "1550년 이전의 모든 시기에서 토착 교회라고 부를 만한 어떤 것도, 존재하지 않는다는 증거는 충분하다"(Moule, in *The International Review of Missions*, 1931, p.459). 마찬가지로 펠리옷(Pelliot) 교수도 이렇게 말한다. "그리스도교는 [몽골 시대] 중국에서 실제 중국인에 의해 실천된 적은 없는 것 같다"(*Haute Asie*, p.20). Cf. *TP*, 1914, p.643. 같은 맥락에서 위거(Wieger)도 말한다. "1369년, 북경의 그리스도인들, 곧 모든 외국인이 추방되었다. 가톨릭과 네스토리우스교도들이 그 대상이었다. 몽골의 지배하에서 유입된 모든 종교는 중국인을 대상으로 개종자를 만들지 않았고, 침략자=몽골의 보호를 몹시 싫어했기 때문에 몽골인들과 함께 모두 쓸어버렸다. 정말 아무것도 남지 않았다. 예수회의 마태오 리치(Mathieu Ricci)가 1600년[더 정확하게는 1601년 1월 24일] 북경에 올 때까지, 원(元)의 그리스도교는 아무런 자취도, 기억도 찾지 못했다"(*HC*, pp.674-675). 위대한 학자며 중국 선교 역사에 대한 깊은 지식을 가졌던 주세페 브루커(Giuseppe Brucker) 신부도 이렇게 적었다. "13-14세기, 중국에서 프란체스코 회원들의 영웅적인 사도직이 성공적이었다고 하려면, 어느 정도까지는 진짜 중국인에게 도달했어야 하지 않았을까? 그러나 선교사들의 편지와 보고서는 그것을 말하지 않는다. 오히려 마리뇰리(Marignolli)가 말하는 것처럼, 몽골의 제국 군대에 '실제건 명목상이건' 병사로 있던 많은 그리스도인에 주력했다고 조언한다. 우리는 앞서 칸발리크(Khanbalik)의 그리스도교 세계에서 알란족(les Alains)이 얼마나 중요한 위치를 차지하는지를 보았다. 그들은 중국에 오기 전에는 분명히 그리스[정교회](l'Eglise grecque) 소속이었을 것이다. … 이미 주목한 바 있듯이, 중국어는 그[조반니 데 몬테코르비노(G. de Montecorvino)]의 그림으로 보는 교리문답(?) 해설 언어 세 개 중에 포함되지 않는다. 따라서 그에게 세례를 받은 '비신자들'은 모두 혹은 거의 중앙아시아의 부족들과 동맹 관계에 있거나, 몽골의 식민지 소속일 확률이 높다. 많은 새 신자가 한때 네스토리우스 교도들로 보였다." 더 나아가 "우리는 잔 드 몬테코르비노(Jean de Montecorvino, 조반니 데 몬테코르비노)와 그의 동료들이 개종시킨 그리스도인의 후손으로 추정되는 가족들을 한 번도 만난 적이 없다"(*Etudes*, Parigi, 1910, T. 124, pp.19-20, 25). 9년 후, 같은 저자는 다음과 같이 적기도 했다. "이렇듯 첫 번째 가톨릭 선교는 원 왕조(1368)의 멸망에서 살아남기가 힘들었다. 16세기 중국인들 사이에서 그에 관한 흔적이나 기억도 전혀 없었다. 예수회 신부들이 거대한 제국으로 진출하는 데 성공했을 때, [중국은] 외국인들에 대한 대접이 너무도 나빴다"(*La Compagnie de Jésus*, Parigi, 1919, p.355).

가톨릭 신자가 있었지만, 배타적이라고까지 하지 않더라도, 그들은 대부분 비중국인이었다. 그러니까 중국 땅에 있던 이들 그리스도인 혹은 가톨릭 공동체는 모두 이교도의 사막에 있는 오아시스와 같았다. 마치 백인 가톨릭 공동체가 아프리카나 다른 지역의 일부 이슬람교도 사막에 있는 오아시스인 것처럼 말이다. 설상가상으로, 이 오아시스마저 1368년의 폭풍과 함께, 넓게 보아 14세기 중반에서 거의 16세기 중반까지 2세기가 넘게 서양 선교사들의 진출이 중단되면서 사라졌다. 반대로, 이웃 나라 일본은 17세기 중반부터 19세기 중반까지 박해와 가톨릭 사제의 도움 없이도 현지인 그리스도인들은 신앙을 확고하게 유지하며 남아 있었다. 앞서 본 것처럼 중국의 경우는 대부분 혹은 거의 전부가 비중국인이었기 때문에 그들의 믿음은 아무런 흔적을 남기지 않고 역사에서 사라졌다.

2세기가 지나고, 다른 세계로부터 거의 완전히 고립되었던 중국에, 드디어 예수회라는 젊은 수도회가 생겨 나 그의 아들들이 진출하여 복음과 세계를 향해 다시 문을 열게 하고, 그곳에 ─이번에는 결정적으로─ 안팎에서 불어닥친 크고 작은 많은 어려움 속에서도, 오늘날까지 단절되지 않고 선교활동 및 교회가 뿌리내리게 했다.

IV

중국에서 예수회의 시작

1. 16세기 예수회와 중국

예수회는 1540년 바오로 3세에 의해 승인받았고, 같은 해, 로마에서 중동과 극동으로 첫 선교사들을 파견했다. 특히 중국과 관련하여, 예수회는 16세기 후반에 절대 우위를 차지했다. 예수회는 중국에 첫 번째 추진자로 프란치스코 하비에르Francisco Javier를 보냈고, 이후 다른 많은 예수회, 프란체스코회, 아고스틴회와 도미니코 회원들을 거쳐 효과적인 길을 준비하게 한 다음, 탁월한 전략가며 리더인 알렉산드로 발리냐노 Alessandro Valignano와 인내심 있는 선구자 미켈레 루지에리Michele Ruggieri, 그리고 드디어 총명하고 헌신적인 실천가 마태오 리치Matteo Ricci를 파견할 것이다. 그들은 포르투갈, 스페인, 그리고 더 많은 이탈리아에서 온 동료들과 함께 중국 사회에 봉사함으로써 그곳을 고국으로 삼아, 선교와 교회를 영구히 뿌리내리게 할 것이다.

2. 성 프란치스코 하비에르가 중국을 통해 일본을 개종시키려고 하다

거의 2세기 동안 중단되었던 네스토리우스파의 노력과 프란체스코 수도회의 노력이 있고 나서, 리치가 말한 것처럼,[177] 난공불락으로 여겼던 중국[178]의 "[이교주의에 대항하여] 전쟁을 시작하고 벽을 두드린 첫 번째"

인물은 성 프란치스코 하비에르였다. 영혼들을 구하는 데 목말라했던 그는 인도와 몰루카에서 오랜 세월을 보낸 후, 1549년 8월 15일, 포르투갈인들에 의해 불과 6년 전에 발견된 일본에 상륙했다. 그러나 그곳에서 그는 얼마 지나지 않아, 중국에 인접한 다른 모든 국가가 문화적으로 중국에 예속되어 있다는 걸 깨달았다.

실제로 일본에서 좋은 것은 모두 중국에서 수입한 것이었다. 문헌, 문학, 예술, 공자孔子에 의한 도덕, 망자에 대한 제사, 불교 등 모든 것과 그외 많은 것이 모호하게 일본식으로 광을 낸 중국의 것들이었다. 따라서 일본인들은 하비에르가 선포한 그리스도교와 같은 너무도 민감하고 중대한 변화가 예상되는 주제는 당연히 중국을 통해서 와야 한다고 생각했다. 그러나 중국은 그리스도교 국가가 아니었고, 한 번도 그리스도교 국가가 되어 본 적도 없었다. 그래서 그는 중국이 이교도 국가로 남아 있는 한, 일본인들을 상대로 한 선교에서 그들은 사도에게 귀를 기울이지도 메시지를 들으려고도 하지 않는다는 걸 깨달았다. 오히려 그들은 [하비에르에게] "당신 종교의 진리에 관해 설교하는 것이 참되고, 절대적으로 받아들여야 하는 것이라면, 어찌하여 여태 중국이 가톨릭 국가가 되지 않았는지요? 먼저 중국을 개종시키시면, 그때 우리가 당신의 말을 듣겠소"라고 했다.[179]

하비에르는 생각했다. 왜 중국은 일본에 불교를 전한 뒤, 그리스도교는 여태 전하지 않았을까? 중국인의 손을 거쳐 제시되면 거부되지 않겠

---

177 Cf. N.201.
178 Cf. 본서, pp.126-128.
179 Cf. N.201, 본서 2권, p.49, 주(註) 6.

고, 오히려 다른 모든 것처럼, 환영받을 것이다. "일본인을 알고 있는 그는 생애 마지막 해 초, 성 이냐시오에게 편지를 썼다. '중국인들이 하느님의 율법을 받아들이면, 그들의 종파에 대한 믿음은 얼마 지나지 않아 사라지고 말 것입니다'라고."[180]

게다가 그가 여행 중에 조금씩 입수한 중국인들에 관한 몇 안 되는 정보는 확실히 고무적이었다. 중국인은 일본인보다 더 예리한 지능을 가졌고, 학문적이고, 특히 평화를 좋아하며 완벽하고 효과적인 중앙집권 체계의 정부를 가지고 있다는 걸 알았다. 이것은 그가 뒤로 돌아가서 중국을 통해 일본을 개종시키기에 충분했다.

이렇게, 단 한 가지 이유로, 하비에르는 1551년 11월 15일과 20일 사이, 일본에서 출발하여 이듬해 1월 24일, 바로 인도로 돌아왔다. 인도에서 몇 개월 동안 중국으로 가는 사절단을 꾸렸다. 물론 그도 [함께] 갈 생각이었다. 4월, 다시 여행길에 올랐는데, 이번에는 중국으로 가는 항해였다. 8월에 작은 섬, 상천도上川島에 도착하여 닫힌 중국의 문 앞에서 본토를 바라보았다. 대륙에서 약 10㎞ 정도 떨어져 있었고, 광주廣州시에서는 100㎞가 조금 넘게 떨어진 곳이었다.

3. 좌절된 희망, 죽음, 새로운 희망의 싹

그곳에서 그는 반대편으로 건너갈 기회가 생기기를 3개월 이상 기다렸다. 10월에 시암 —오늘날의 태국— 에서 북경으로 가는 사절단 하나가 있다고 했다. 좋은 기회였다. 그는 한 지인에게 배를 하나 사서 자기

---

180 Cf. *MHSI, MX*, I, p.672.

를 시암으로 데려다 달라고 할 참이었고, 그곳으로 떠날 준비를 했다. 거기서 사절단과 함께 북경으로 갈 생각이었다. 그러나 이런 생각이 지고 나면, 또 다른 게 나오기 마련이다. 10월 22일, 그는 편지에서 자기를 배로 본토까지 데려다줄 중국인을 만났고, 며칠 동안 자기 집에 그를 숨겼다가 광주시 성문 앞에 두기로 했다고 적었다. 11월 12일, 그는 이번에는 확실히, 8일만 더 있으면 중국인 상인이 와서 자기를 광주로 데려다줄 거라고 했다.[181]

그러나 몇 날 몇 주가 지나도록 상인은 나타나지 않았다. 그동안 사도의 기력은 떨어지고 있었다. 그는 병이 들었고, 고열에 시달렸다. 1552년 12월 3일 밤, 그는 말라바르인 하인 한 명과 아주 먼 곳까지 그를 찾아온 한 천사가 지켜보는 가운데 숨을 거두었다. 리치는 중국인들의 죄가 "위대한 사도에 의한 개종 혜택을 받지 못하게 했다"라고 말했다.[182]

하비에르의 유언으로 간주할 수 있는 마지막 편지가 지금도 우리에게 남아 있는데, 11월 13일, 그가 사망하기 20일 전에 쓴 것이다. 예언자적인 위로가 담긴 편지는 그해, 1552년 마체라타에서 몇 주 전에 태어난 리치에 의해 알려지고 기억되었다.[183]

"예수회원들이 중국에 진출하는 것에 대해 사탄이 얼마나 반대하는지 잘은 모르지만, 확신컨대 의심할 여지는 없습니다. 우리가 그 왕국으로 들어가는 것이 우리 원수들에게는 최고의 부담이 되는 것 같습니다. … 그러나 분명한 건 우리 주님의 도움이 있을 것입니다. 그러면 사탄은 우

---

181 Cf. Brou, *S. François Xavier²*, Parigi, 1922, II , pp.345-346, 348, 350.
182 Cf. N.201.
183 1552년 10월 6일에 태어났다.

리 주 예수님으로 말미암아 혼란 속에 빠질 것이고, 부족하고 나약한 우리 같은 도구로 거대한 사탄의 의도를 흩어놓는 것은 그분께 큰 영광이 될 것입니다."[184]

하비에르는 아시아 이교주의의 미로에 길을 만들었다. 인도에서, 몰루카에서, 일본에서, 그리고 거의 중국의 문 앞에서, 그는 불굴의 용기를 가지고 앞으로 나가며, 극동아시아 이교주의의 거대하고 속된 나무들을 좌우로 잘라냈다. 다른 사람들은 그가 시작한 일을 견고하고 조직적으로, 그의 죽음으로 중단된 바로 그곳에서 다시 시작할 것이다. 그렇게 그의 뒤를 따르게 될 것이다. 이 과제는 또 다른 거인 알레산드로 발리냐노 Alessandro Valignano가 맡을 것이다.

4. 알렉산드로 발리냐노, 유럽에서 인도와 마카오까지

[알렉산드로 발리냐노는] 아브루쪼Abruzzo의 키에티Chieti에서 태어났다. 1539년 2월, 아마도 20일로 추정된다. 유명한 파도바대학교에서 18살에 법학 학위를 받고, 1566년 5월 27일,[185] 로마 예수회에 입회했다. 27살이었다. 로마 콜레지움에서 수련기와 학업을 끝내고, 1571년에 사제로 서품되었다. 그리고 1년간 마체라타 콜레지움에서 원장을 지냈고, 1573년 8월, 겨우 34살에 순찰사[186]로 임명되었다. 이는 인도에서 일본까지, 중

---

184 Cf. 본서 2권, p.51, 주(註) 14.
185 Cf. 본서 2권, p.60, 주(註) 21.
186 **역주_** '순찰사 제도'는 예수회에만 있는 특징으로, 총장이 종신직이기 때문에 선교의 현장에서 총장과 다름없는 권위와 지위로 즉각적이고 원활한 선교 활동을 지시하기 위해 고안한 혁신적인 제도였다. 소통의 수단이 오늘날과 같이 발달하지 않은 시대에, 더욱이 아시아의 위험한 바닷길을 고려할 때, 선교의 현장에서 선교사들의 요청에 즉

앙아시아와 극동아시아 예수회 모든 선교의 총책임[원장]을 맡는 것이다. 그해[1573년] 9월 24일, 그는 로마에서 출발하여 리스본과 희망봉을 거쳐 1574년 9월 6일, 다른 40명 선교사의 수장首長으로 고아Goa에 도착했다.

1575-1577년에 인도 전역을 방문했고, 1578년 4월 말, 첫 일본 여행을 시작했다. 이 여행에서 반드시 들러야 하는 곳은 마카오였다. 원래 마카오는 1557년 이후, 정확하게는 1557-1565년에 예수회가 진출하여 수도원과 거기에 딸린 성당을 짓고 자리 잡고 있었다. 1578년 8월 초, 발리냐노가 처음 그곳에 도착했을 때, 초창기 포르투갈 점령 지역에는 이미 약 1만 명의 주민이 있었지만, 5년 전부터 장벽을 쳐서 중국 본토와 분리되어 있었다. [중국 본토는] 언제나 폐쇄되어 있었고, 포르투갈 점령지만 식민지 개척자들에게 유보되어 있었다.

5. 평화적인 방법으로 절벽을 공략하다

반세기 넘는 세월이 흐른 뒤, 세메도Semedo[187]가 수집한 전통에 따르면, 중국 본토를 휩쓴 예수회 수도원의 한 창문에서 발리냐노Valignano가 마음 깊은 데서 터져 나오는 소리로 절규했다고 한다. "오 절벽이여! 오 절벽이여! 언제나 복음에 문을 열 것이냐?"

각적으로 대응해 주는 것은 대단히 중요한 일이었다. 발리냐노는 예수회가 순찰사 제도를 도입한 이래 두 번째 순찰사로 파견되어 1574년부터 마카오에서 사망하는 1606년까지 32년간 그 자격을 유지하며 아시아선교의 총책임을 맡았다. Cf. 김혜경, 「왜란 시기 예수회 선교사들의 일본과 조선 인식 — 순찰사 알렉산드로 발리냐노의 일본 방문을 중심으로」, 『교회사 연구』 제49집(한국교회사연구소, 2016.12.), pp.13-14.

187 Semedo, *Histoire universelle de la Chine*, Lione, 1667, p.253. Il ms. di quest'opera era pronto verso il 1640. Cf. *TP*, 1934, pp.81-82.

그[중국]는 네스토리우스의 수도승들과 프란체스코회 선교사들을 모두 외면했지만, 하비에르는 생애 마지막 날들을 그곳에서 몇 킬로미터 떨어지지 않은 곳에 있었고, 이후 60여 명의 선교사가 노력하고 시도했으나 실패했다. 그런 절벽이 문을 여는 순간 가슴이 뻥 뚫리는 걸 느끼며, 위대한 천재는 이 견고한 절벽을 평화적인 방법으로 공략하기 위해 가장 적합한 방법을 연구하기 시작했다.

몇 개월 뒤, 그의 계획은 무르익었고, 인도에서 몇 명의 이탈리아인 젊은 신부를 오게 하여 오로지 중국어와 [중국의] 풍습만을 공부하게 했다. 그들이 지적으로나 도덕적으로 준비가 되면, 그는 중국을 평화적으로 정복하기 위해 그들을 투입하기 위해서다. 사실 그는 하비에르 이후 중국 진출에 실패한 많은 사례에서 빠졌던, 이런 준비가 필요하다는 걸 간과하지 않았다.

6. 절망적이고 불가능한 일

이런 결정을 내리기 위해서는 위대한 순찰사의 용기가 필요했다. 사실 그는 주변에서 절망적인 말만 들었다. 바로 그때, 1578년 12월 2일, 마카오의 같은 집[수도원]에서 조용히, 편지 한 통이 로마로 발송되었는데, 거기에는 중국이 하느님을 잊었기 때문에, 중국의 하느님도 그들을 잊어, 그들의 개종은 인간적으로 불가능한 일이라고 확언했다. 게다가 다른 신부들까지 가세하여 그 "사업"은 "불가능"할 뿐 아니라, "절망적"인 일이라고 했다.[188] 젊은 리치는 몇 달 전 마카오에 도착했고, 그는 처

---

188 1580년 11월 8일, 루지에리는 한 편지에서 이렇게 적고 있다. "일부 동료들은 말합니

음으로 편지 한 통을 써서 1583년 2월 13일 자, 중국에서 발송했는데, 수신자는 수도회[예수회] 총장이다. 그 편지에서 그는 소심하지만 분명하게, [마카오 수도원에 있던] 신부들의 입장과 상반된 견해를 밝혔다. 신부들[189]은 1579년에서 1582년까지, 리치도 곧 만나게 루지에리의 동료들로, 그가 "반 순교자"가 되는 걸 보고 대신 나서 준 것이다. 그러나 순찰사 발리냐노는 중국의 엄청난 인구를 생각하며, 중국선교 계획은 "오늘날 그리스도교 국가에서나 있을 법한 가장 중요하게 하느님을 제대로 섬기는 일 중 하나"임을 확신했고, 순찰사를 지지하는 누군가는 자기가 순찰사라면, 이 젊은 신부들에게 말 하나도 제대로 가르치지 못한 중국인 스승들을 모두 땅이나 파라고 보내 버릴 거라고 말하기도 했다.[190] 그 밖에도 마닐라에서 포르투갈의 국왕뿐 아니라 교황까지 나서서 큰 기적이 없으면 중국을 개종시키기는 불가능하다고 했다.[191]

7. 발리냐노가 기초를 위해 대담하게 투신하다

그러나 현명한 순찰사는 이렇게 믿음이 적은 사람들이 영향력을 행사

다. 어떤 목적으로 예수회의 다른 직무에 봉사할 수 있는 신부 하나를 온통 중국어 공부와 절망적인 사업(impresa desperata)에 시간을 허비하게 한다는 말입니까?" (N.2004), Cf. NN.203, 204.

189 **역주_** 원문은 이들을 "molti santi(많은 성인)"라고 표현하는데, 이는 전형적인 이탈리아식 표현이다. 누군가를 위해 대신 총대 혹은 십자가를 메어 주는 사람을 일컫는다. 당시 마카오에 와 있던 선교사들을 일컫는다.

190 Cf. N.1064.

191 이렇게 마닐라의 주교 도메니코 데 살라자르(Domenico de Salazar)가 1583년에, 세관원 조반 바티스타 로마(Giovan Battista Román), 즉 필리핀의 세금징수원은 그다음 해에, 다른 여러 사람과 마찬가지로, 중국의 개종은 불가능하다고 했다. Cf. N.203, 본서 2권, p.59, 주(註) 19.

하지 못하게 했고, 길게 기다리지도 않았다. 1578년 말, 그는 고아로 가는 배에서 인도 관구장 로드리고 비첸테Rodrigo Vicente 신부[192]에게 칼라브리아 로싸노(Rossano) 출신의 베르나르디노 데 페라리스Bernardino De Ferraris 신부를 마카오로 보내라고 명했다.[193] 미래 선교의 기초를 놓기 시작한 것이다. 데 페라리스가 코친Cocin의 원장이었기 때문에 그곳을 떠날 수 없게 되자, 풀리아 출신의 미켈레 루지에리Michele Ruggieri[194]를 대신 보냈다. 루지에리는 1579년 5월 3일, 코친에서 출발하여 발리냐노가 일본으로 떠난 지 2주 후인, 7월 20일경 마카오에 도착했다. 발리냐노는 일본으로 떠나면서 새로 온 사람이 해야 할 일을 모두 종이에 써서 두고 갔다. 거기에는 중요한 임무(mission)를 위해 진지하게 준비해야 할 것들이 적혀 있었다.

루지에리는 도착한 지 1년 뒤, 로마에 보낸 편지에서 "이 지역에서 알레산드로 발리냐노 신부가 없다면, 중국의 개종에 관한 이 사업이 어떻게 될지 모르겠습니다"[195]라고 썼다. 다시 말해서, 위대한 순찰사가 아니고는 다른 누구도 감히 이런 대담함을 가질 수 없을 거라는 거다. 그사이에, 루지에리는 함께 공부할 동료의 필요성을 크게 깨달았다. 이는 마음 약한 사람들의 비판에 더 잘 대응하고, 책도 없고 스승도 없는 열악한 조건에서 힘든 [언어] 공부를 하는 데 서로 격려하기 위해서다. 그래서 마카오 체류 1년이 지나자, 클라우디오(Claudio Acquaviva) 총장의 조카며, 훗

---

192 Cf. N.204, 본서 2권, p.67, 주(註) 22.
193 Cf. NN.2103, 5306.
194 Cf. 본서 pp.143-147.
195 Cf. N.2004.

날 살렛에서 순교하는 복자 로돌포 아콰비바Rodolfo Acquaviva가 무굴제국 선교에 너무 바빠 재차 요청할 수 없게 되자, 발리냐노와 함께 배를 타고 인도로 왔던 최고의 여행 동지 마태오 리치를 청했다. [하느님의] 섭리는 중국의 사도로, 하비에르를 대신하는 인물로 리치를 준비시킨 것이다. 1581년 11월 12일, 루지에리는 차기 선교사로 리치가 올 거라고 확신하며 이를 알렸고,[196] 실제로 1582년 8월 7일, 마카오에 도착했다.

8. 선교사들을 준비시킬 필요성: 언어와 풍습에 관한 공부

발리냐노는 일본으로 떠나면서 루지에리와 분명 뒤따라올 다른 여러 사람을 위해 직접 쓴 프로그램을 하나 두고 가며, "중국어로 읽고 쓰고 말할 줄 알아야 한다"[197]라며 공부할 것을 당부했다. 이것[발리냐노가 직접 작성한 이 프로그램]은 현재 우리에게 전해지지 않지만, 그것을 알 수 있는 1582년 2월 12일 자, 위대한 순찰사의 지시사항이 담긴 편지가 있어 같은 내용일 것으로 짐작된다. 여기서 그는 마카오에 있는 네 명의 수사들에게 만다린어[관화(官話)]를 배울 것을 당부하며, "[중국어로] 쓰고 읽을 수 있어야 합니다. 또 [중국의] 풍습과 우리 주님을 기쁘게 할 이 '사업'에 필요한 모든 것을 함께 공부하십시오. 그들이 다른 일로 산만하게 하지 않게 하십시오. 수도원의 원장도 그들에게 다른 일을 시켜 산만하게 하지 않게 하십시오. 우리 중 몇 명이라도 관화를 알지 않는 한, 중국의 개종을 성공적으로 시도한다는 것은 불가능합니다."[198] 이 몇 줄에서 그는 동

---

196 Cf. N. 2005.
197 Cf. N. 2023.
198 Cf. N. 5010.

료 원장들의 협조를 구하며,[199] 과거에 이미 여러 차례 겪었던 실패를 반복하지 않기 위해 선교사들을 준비하고 훈련시키는 전략가의 기질을 드러내고 있다. 거의 동시에 그는 총장에게도 편지를 써서 두 젊은 신부가 해야 할 주요 업무에만 집중하도록, 또 [해당] 지역의 원장이 그들에게 직권을 행사하지 않도록 감사를 배치해 달라며, "원장들은 대개 자기가 통솔하는 동안 집에서 누가 봉사를 잘하는지에 대해 감시하지 않습니다. 예수회의 책임자[즉, 자신]라면 선견지명이 있어야 하고, 사람이 바뀌더라도 적시에 성공할 수 있게 일을 미리 준비하고 앞서 결정할 수 있어야 합니다"라고 했다.[200]

9. 중국선교는 발리냐노에서부터 시작하다

훗날 그의 말은 적중했다. 마체라타 사람[마태오 리치]이 마카오에 도착한 이듬해인, 1583년 9월 10일, 중국의 가톨릭 선교는 리치와 루지에리에 의해 설립되었다. 물론 발리냐노에게 중국의 [선교] 사업을 재기하고 부활시킨 일등 공신이라는 명예가 돌아갔고,[201] 그래서 그에게 "이 선교 사업의 첫 번째 고안자"[202]며, "중국 선교사업의 첫 번째 설립자"[203]라는 호칭을 부여했다. 그가 없었다면, 중국이 마태오 리치를 만나지 못했을 뿐 아니라, 오랜 세월 동안 복음과 세상에 차단된 채 남아 있었을 것이다.

---

199 Cf. *CP*, II, p.686.
200 Cf. N.2069.
201 Cf. N.203.
202 Cf. N.275.
203 본서 『그리스도교의 중국 진출기(*Storia dell'Introduzione del Cristianesimo in Cina*)』 제5책, 9장 제목을 보라. cf. N.776.

발리냐노는 중국선교를 시작한 것만이 아니라, 지원하고, 돕고, 인도하며, 지속적인 어려움으로 여정을 방해하는 요소들을 극복할 수 있게 도왔다. 재능 있는 사람들을 축성하여 파견했고, 재정적인 도움을 주며, 마침내 리치가 제국의 수도에 입성할 수 있도록 현명한 방향을 제시했고, 중국의 상류 사회에 거침없이 침투할 것을 독려했다.

10. 발리냐노가 선교를 지지하고 촉진하다

그러므로 발리냐노는 자기가 준비시킨 두 젊은 신부가 가장 중요한 해안 도시 중 하나인 조경肇慶에 안정적으로 정착하고, 벌써 그들의 인품과 설교하는 종교에 대해 그 지역의 관리와 주요 인사들의 존경을 받고 있다는 사실을 알았을 때, "그는 오랫동안 닫혀 있던 방대하고 우수한 왕국에 그리스도교의 가르침이 들어갈 수 있게 문호가 열린 거로 생각하여 크게 기뻐했다." 이것은 잘 시작한 사업이 계속되는 데 강력한 자극제가 되었다. 따라서 모든 선善을 주신 분께 감사한 뒤 "이 선교사업이 날로 좋아지고 성장하도록" 하는 데 주력했다.[204]

그래서 우선, 인도의 고아 콜레지움에서 학장을 지냈고, 앞서 신학 교수를 역임한 뒤, 바자임에서 총장으로 있던 포르투갈인 에두아르도 데 산데Eduardo de Sande[205]를 초기 선교사업의 원장으로 임명했다.[206] 그를 혼자 보내지 않고, 또 다른 포르투갈인 동반자로 삼십 대의 안토니오 데 알메이다Antonio de Almeida를 보내 언어 공부에 큰 희망을 주었지만, 그는

---

204 Cf. N.275.
205 중국선교의 첫 번째 책임자였다.
206 Cf. N.276, 본서 2권, p.202, 주(註) 352.

몇 년 지나지 않아 요절하고 말았다.[207] 그런 다음, 그는 선교사업을 어떻게 재정적으로 지원할 것인지도 생각했다. 우선 인도 총독 에두아르도 데 메네세스Eduardo de Meneses로부터 "중국 내륙에 있는 신부들의 생활비를 위해 충분한 비용"을 확보했고, 그다음에는 포르투갈의 국왕 펠리페 2세(Felipe II de Habsburgo)를 찾았다. 국왕은 포르투갈이 발견한 지역들의 선교에 큰 후견인이었다. 그는 또 새집과 새 성당의 비품들도 생각했다.[208] 그리고 그는 "매년 신부들에게 애정이 가득 담긴 편지"로 수많은 다양한 난관 속에서도 선교사들의 사기를 항상 높이 유지할 수 있게 했다.[209] 아무도 그보다 더 그들의 기쁨과 슬픔에 함께하지 못했을 것이고, 특히 그들이 고난을 겪을 때, 그는 그들을 위해 "많은 미사를 봉헌하고 끊임없이 기도"했다. 그리고 그들이 성공하면 다른 모든 사람과 함께 "크게 축제"를 벌였다.[210] 그는 매번 리치에게 마카오를 지나게 되면 언제든지 와서 편안하게 들리고, 상의할 일이 있으면 하라고 했고, 그가 오면 "큰 사랑으로" 맞이했으며,[211] 더 큰 어려움에 봉착하면 격려해 주었고, 이미 시작한 길을 계속해서 가도록 용기를 주었다. 그의 전술은 "절대 뒤로 물러서지 않는 것"이었고,[212] 스스로 모범을 보였다. 1591년 중국 선교사 포르투갈인 데 알메이다de Almeida가 처음 사망했을 때, 그는 이탈리

---

207 Cf. N.276, 본서 2권, p.205, 주(註) 353.
208 Cf. N.277.
209 Cf. N.278. N.353도 보라.
210 Cf. N.307.
211 Cf. N.323.
212 순찰사 신부는 선교사들에게 편지하여, "최대한 모든 방법을 동원하여 그곳에 남아 있으라고 당부했다"(N.353).

아인 데 페트리스De Petris를 투입했고,[213] 그도 2년 후에 사망하자 다시, 또 다른 이탈리아인 선교사 라자로 카타네오Lazzaro Cattaneo를 투입했다.[214]

확실히 발리냐노는 일을 하다가 말거나 작은 규모로 진행하는 사람은 아니었다. 그는 모든 일을 선견지명을 갖고 추진했다. 같은 시대 사람 중 하나인 첼소 콘팔로니에리Celso Confalonieri 신부는 1596년 10월 16일 자, 총장에게 보낸 비밀 편지에서 순찰사를 칭찬할 의도 없이 발리냐노는 "분명 눈에 띄는 사람이었고, 모든 것에서 고차원적인 사람"[215]이라고 말했다. 그의 생각, 계획, 방법, 목표, 어려움을 정면으로 마주하는 것, 용기 있게 최선을 다해서 해결하는 방법이 언제나 위대했다. 그에게 작거나 사소하거나 세심한 건 없었다. 그의 사부 이냐시오가 그리스도 안에 머물렀던 것처럼, 그 역시 세상보다 더 원대한 마음을 갖고 있었다. 바르톨리Bartoli는 발리냐노에 대해 말할 때, 그 어느 때보다도 행복한 표정으로 "하느님을 섬기는 일에서, 그는 제왕과 같은 위대한 마음으로 했다"[216]라고 했다.

11. 교황청 북경 사절단!

1585년 일본인 소년사절단의 로마 방문을 구상하고 성공적으로 마무리한 뒤, 그[발리냐노]는 '영원의 도시[로마]'에 대한 향수와 매력을 깊이 느

---

213 Cf. N.308, 본서 2권, 주(註) 514.; NN.419-425.
214 Cf. N.426, 본서 2권 p.404, 주(註) 295.
215 Cf. *ARSI, Jap.-Sin.*, 13, f.1r.
216 Cf. Bartoli², I, c.46, p.163.

껴,[217] 선교사들에게 수도[북경]에 도달할 기회를 주고, 황제로부터 안정적인 상태에서 자유롭게 설교할 수 있는 허락을 받고자 로마에서 북경에 파견하는 사절단을 계획하려고 했다. 실제로 그는 문인 학자들의 사고방식과 외국인들이 멸시받는 상황을 고려하여, 선교사들이 고관들로부터 존경받는 방법과 수단을 제공하고 도성으로 진출하는 게 절대적으로 바람직하다고 설명했다. 1500년대 모든 것이 황제에게 달린 위계적인 중국과 같은 나라에서는 도성에서 호의적으로 받아들여지지 않는 한, 결코 선교가 제대로 진행될 수는 없었다.[218] 교황이 많은 선물과 중국어로 쓴 인증 서신을 써 주고, 4명의 사절단을 북경에 보내 준다면, 이 모든 것을 얻을 수 있을 것이다. 이를 위해 발리냐노는 중국 내륙에 있던 유일한 두 명의 선교사 중 한 명을 주저하지 않고 희생시키기로 하고, 사절단을 꾸리고 준비하라고 로마로 보냈다.[219] 아니, 그는 이 소망을 이루기 위해 극동에서 로마까지 전체 여정을 또 한 번 할 준비가 되어 있다고 선언했다. 그가 총장에게 쓴 편지에는 "땅에 엎드려 무릎을 꿇고 양손을 들고 신부님께 청합니다. 교황 성하께서 사절단을 보내 주시고, 거기에 드는 4-5천 두카토의 비용까지 감수할 수 있도록 가능한 모든 걸 해 주십시오. 이 시기에 소망할 수 있는 가장 큰 것으로, 중국이 개종할 수 있도록 문을 활짝 열게 하는 일입니다. 5천 두카토나 드냐고요? 5백만의 금화가 들어도 이런 일에는 기꺼이 써야 합니다."[220] 1600년 즈음에도 발리냐노

---

217 Cf. *I Grandi Missionari*, seconda serie, Roma, 1940, p.157; *ARSI, Jap.-Sin.*, 12, f.63: 13, ff.44-45.
218 Cf. N.303, 본서 2권 p.250, 주(註) 475.
219 미켈레 루지에리였다. Cf. NN.303-304; 그러나 불행하게도 여러 가지 복잡한 이유로 교황의 사절단 계획은 실패하고 말았다.

는 여전히 자기가 살아 있는 동안, 소망이 충분히 실현되는 걸 보게 될 거라는 희망을 완전히 접은 것 같지는 않다. 1600-1601년에야 리치가 북경으로 들어가고, 섭리에 따라 그곳에 정착했을 때야 비로소 위대한 순찰사는 자기의 생각을 단념했다.

12. 적응에 관한 문제를 완전히 해결하다

발리냐노의 직관이 가장 뚜렷하게 드러난 부분 중 하나며, 그의 주장을 극적으로 느끼게 된 지점은 복음화되어야 할 환경에 적응하는 문제였다. 그는 극동의 사람들을 절대 "유럽화"하고 싶지 않았다. 그보다는 복음적인 가르침과 도덕에 부합하는 모든 것에서 선교사들이 인도에서는 인도인, 중국에서는 중국인, 일본에서는 일본인이 되기를 강력히 바랐다. 그렇게 음식, 의복, 사회적 관습 등, 요컨대 죄를 뺀 모든 것에서 현지화하기를 바랐다. 그는 말했다. "인간이 생각하는 것보다 훨씬 더 중요한 것은 무엇인가."[221]

이런 원칙에 따라, 그는 선교사업 초기에 리치와 그의 동료들에게 승려의 이름과 복장을 취하도록 했다. 그리고 십 년 이상의 경험을 통해 승

---

220 "Por esso con las rodillas en el suelo y con las manos alevantadas pido a V.P. que haga todo lo possible para mover Su Sanctidad a ambiar esta embaxada y a aventurar quatro o çinco mil ducados que en ella se pueden gastar, para alcançar la mayor cosa que se puede en estos tiempos dessear, como es abrar bien la puerta a la conversion de la China. Que no digo yo çinco mil ducados, mas aunque se gastassen çinco millones de oro, para este effeito eran muy bien gastados"(*ARSI, Jap.-Sin.*, 11, f.8r). Cf. N.2493.

221 *ARSI, Jap.-Sin.*, 9, I, f.68r에서 1582년 1월 6일의 결정문. 젊은 리치는 마카오에 도착한 뒤, 직접 손으로 텍스트를 베꼈다. Cf. *I Grandi missionari*, 1940, pp.130-137.

려는 문인 학자들 사이에서 멸시받는다는 걸 알았고, 선교사들에게 다시 변화의 기회를 주었다. "포르투갈에서 사제와 수도자가 모두 수염을 깎고, 머리를 짧게 하고 다니는 건 우리 땅의 관습인데," 승려들은 새로 온 사람들을 자기네와 다르지 않다며, 독신 생활과 사찰에서 오랫동안 기도하는 것도 같다고 했다. 이에 리치는 "발리냐노 신부에게 우리가 수염과 머리카락을 기르는 게 전적으로 필요합니다"라고 말했다. 관리들이 방문할 때는 비단옷을 입는 것이 관례였다. 따라서 선교사들도 문인 학자들과 접촉하려면 그들처럼 하는 것이 이로웠다. 포르투갈의 풍습을 이렇게 근본적으로 바꾸는 것에 대한 비판과 비난이 없을 수는 없었다. 순찰사는 어떤 것도 두려워하지 않았고, "신부들에게 폭넓은 선택을 할 수 있도록 충분한 자율권을 주며, 모든 책임을 자신이 지고, 총장 신부와 교황[클레멘스 8세]에게 편지를 썼다."[222] 여기에 대해 바르톨리는 이렇게 말한다.[223] "그들은 그 옷[관복]을 입는 것에 대해 과도하게 질질 끄는 것 외에, 다른 단죄할 만한 걸 발견하지 못했다."

13. 수도와 황궁에 기필코 가야 한다

리치에게 한 발리냐노의 위대한 지시는 반드시 도성에 들어가야 할 필요성을 보여 주는 것에서도 드러난다. 1594년에 벌써 해안 지방인 광동廣東성에서 나와 다른 곳에 정착할 것을 제안했다.[224] 그래서 리치는 관리가 지나가는 걸 이용하여 남경南京까지 갔다가 조심스럽게 뒤로 물러

---

222 Cf. N.429.
223 Cf. Bartoli[1], II, c.62, p.132.
224 Cf. N.429, 본서 2권, p.413, 주(註) 310.

나, 1595년 6월 28일 남창南昌에 자리를 잡았다.[225] 그 바람에 광동의 해안과 북경 사이, 중간 지점에 도달하게 되었다. 하지만 그것은 절반에 불과했다. 2년 후, 아마도 1597년 8월 4일에 리치를 [중국] 선교의 책임자로 임명하면서 순찰사는 "무엇보다도 그에게 북경 도성과 황제가 있는 황궁으로 들어갈 것을 당부했다. 신부들의 지위를 황제가 승인해 주지 않는 한 결코 안전할 수 없기 때문이다." 이를 위해 그는 마카오에서 황제에게 선물할 만한 모든 것을 챙겨서 보냈다. 거기에는 성모 성화聖畵와 구세주 성화, 여러 크기의 시계 등 "이 일을 위해 마카오에서 할 수 있는 모든 것을 마련하여"[226] 보내 주었다.

리치는 "발리냐노 신부의 명령을 받고, 즉시 황제에게 갈 수 있는 좋은 방법을 연구하기 시작했다."[227] 첫 시도는 1598년 6월 25일과 9월 7일 사이, 남창南昌을 출발하면서 했다.[228] 그러나 도성의 성문 앞에서 두 달을 기다리다가 신중하게 판단한 뒤, 더 뒤로 미루기로 했다. 실제로, 1600-1601년의 두 번째 시도는 남경南京에서 출발하는 것이었는데, 전적으로 성공했다. 1601년 1월 24일, 리치는 황제의 직접적인 부름을 받고 북경으로 당당하게 입성했다.[229] 이렇게 발리냐노는 자신의 계획이 완벽하게, 성대하지는 않아도 황제의 총애를 받으며 실현되는 걸 보았다. 다른 것들도 이처럼 크게 만족했고, 사망하기 약 2년 전인 1603년 11월 12일 자, 총장에게 쓴 승리의 편지에서 이렇게 적었다.

---

225 Cf. NN.430-464.
226 Cf. N.501.
227 Cf. N.503.
228 Cf. NN.506-524.
229 Cf. NN.576-592.

"이렇게 중국선교가 인간적이라기보다는 기적에 가깝게 빨리 도달했습니다. 여기서 백 년 뒤에도, 우리가 이곳 도성[남경과 북경]에서 얻은 공신력과 명예에 도달할 거라는 기대를 할 수 있을지 모르겠습니다."[230]

14. 항상 더 크고 좋게 하다

신부들이 이렇게 크고 기대하지 않았던 성공을 알렸을 때, 발리냐노는 1598년 8월 5일부터 시작된 세 번째 일본 방문 중이었다. 그는 서둘러 마카오로 오려고 했으나, 1603년 2월 10일에야 귀환했다. "좀 더 가까이에서 중국을 지원하고, 일본에서보다 훨씬 나은 많은 개종자를 내는 선교지를 열고 제대로 보기 위해서였다. 사도 시대부터 우리 시대에 이르기까지 얼마나 많은 설교자가 있었던가"라고 [외쳤다며] 리치는 전했다.[231] 모든 기대를 뛰어넘는 현실을 본 발리냐노는 심장이 크게 뛰는 것을 느꼈고, 중국선교를 돕기 위해 모든 희생을 감수할 준비를 했다.

"순찰사 신부는 듣고 생각했던 것보다 모든 게 훨씬 낫다고 생각하여 할 수 있는 모든 지원을 기꺼이 해 주기로 했다. 중국에서 활동하는 신부들이 요청하는 거라면 모두 들어주었고, 오히려 적다고 생각했다."[232]

---

230 "마태오 리치 신부는 [북경의] 조정 대신들이 모두 방문하고 싶어 하고, 그것을 영광으로 생각했던 인물로, 그곳에 4년간 있으면서, 자기를 찾아오는 고관들의 호의로 남경과 북경, 두 도성에 두 개의 수도원을 마련했습니다. 중국 선교사업이 이렇게까지 달성할 수 있었던 것은 인간적이라기보다는 기적에 더 가까운 것으로 보입니다. 우리가 중국에서 얻은 공신력을 백 년 뒤에도 얻을 수 있을지, 도성에서 얻은 많은 명예와 외국인을 하찮게 생각하는 중국인들 사이에서 얻은 큰 공로를 [먼 훗날에도] 기대할 수 있을지 모르겠습니다"(*ARSI, Jap.-Sin.*, 14, f.140v). Cf. N.3211. N.1915도 보라.
231 Cf. N.697.
232 Cf. N.698.

그런 다음 그는 즉시, 그때까지 잠시 그곳에 있던 에마누엘레 디아즈 Emanuele Diaz[233] 신부와 "유능한 여덟 명"을 투입하고, 7월경 인도에서 오는 배로 차기 선교사들이 도착하면 "더 보내 주겠다"라고 약속했다. 그리고 그는 북경에 집을 마련하기 위해 1,000두카토와 각 수도원의 연간 생활비로 1,200두카토를 계산했다. 그러나 1603년 7월 29일, 네덜란드인 위브란트 반 웨르위크Wijbrand van Waerwijck 제독의 손에 상선이 빼앗기는 바람에 40만 두카토를 잃어버려 겨우 600두카토만 보내 줄 수 있었다. 이 사건은 [중국] 선교를 마카오로부터 완전히 독립하게 만들고, 중국의 4개 성당과 수도원을 현지의 비품들로 채우게 하는 계기가 되었다. 이것은 언뜻 보기에 그리스도교의 가르침과 양립할 수 없는 걸로 보이는 중국의 특정 풍습에 대한 허용과 관용의 첫 번째 해결책이었고,[234] 리치에게 중국어로 과학서[기서]와 호교론적인 책을 쓰도록 독려하는 계기가 되었다.[235]

15. 마지막 방문과 죽음

그러나 그의 위대한 정신은 여기에 만족하지 않았다. 죽기 전에 그는 "중국선교가 잘 정착하게끔 해 주고" 싶었다. 이를 위해 직접, 자기 눈으로 보고 필요한 것이 무엇인지 알고 싶었다. 거의 67살이 되었고, 32년 간 순찰사로, 아시아의 바다에서 지칠 줄 모르며 살아왔다. 그래서 이제

---

233 **역주_** 리치의 텍스트에서는 마노엘, 마누엘, 에마누엘, 엠마누엘 등 여러 이름으로 등장하지만, 모두 같은 인물이다. 에마누엘레 디아즈 신부다.
234 Cf. *I Grandi Missionari*, 1940, p.138.
235 Cf. NN.698-700.

조금은 휴식을 취할 수도 있었다. 그러나 그는 [여전히] 멈출 줄을 몰랐고, 오히려 일하는 가운데서 휴식을 찾았다. 그래서 그는 리치가 세운 모든 수도원을, 이 방대한 나라의 남쪽에서 북쪽까지, 멀리 북경까지 직접 방문하려고 했다. 그의 방문을 동행할 두 명의 첫 중국인 예수회원 중 한 사람인 황명사黃明沙 마르티네즈가 마카오에 오기를 기다리기만 하면 되었다.[236] 이 중국인 수사는 발리냐노가 1591년 1월 1일 예수회 입회를 허락한 사람이었다. 그가 중국 입국을 준비하는 동안, 1606년 1월 20일, 죽음은 그가 선교사들을 향해 가진 애정과 존경을 주저앉히고 말았다.[237]

리치가 전하는바,[238] "그의 사망은 일본과 중국, 양쪽 교회의 신부들에게 큰 충격과 슬픔을 안겨 주었다. 발리냐노의 큰 사랑과 노력으로 설립되었고, 그 덕분에 크게 성장할 수 있었다. 그의 도움은 실로 컸다. 선교 사업과 관련한 것들이 자리를 잡아 가고 있는 마당에서 크게 도움을 주던 분을 잃은 것이다. 여전히 많은 어려움과 위험이 산재해 있는 상황인데 말이다." 그의 죽음은 중국의 문 앞에서 사망한 하비에르와 같았다.

16. 하비에르의 모델이 60여 명의 개척자에게 자극을 주다

동역자와 우두머리 다음은 선구자, 미켈레 루지에리Michele Ruggieri가 있다. 솔직히 그는 유일한 선구자도 최초의 선구자도 아니다. 단지 긴 시리즈의 마지막 인물로, 운이 가장 좋은 사람이라고 할 수 있다.

---

236 Cf. NN.354-353, 주(註).
237 Cf. N.775.
238 Cf. N.776.

실제로 상천上川의 절벽에서 성 프란치스코 하비에르가 시도한 것은, 겉으로 보기에는 아무런 성과를 올리지 못한 걸로 보였을 것이다. 하지만 그것은 미래를 준비하는 섭리였다. 이후 여러 수도회와 다양한 국적의 용감한 개척자들이 긴 여정을 시작하는 데 자극을 주고 모델이 되었기 때문이다. 성 프란치스코 하비에르에 관해 책을 쓴 브로Brou는 말한다.[239] "만약 우리의 성인[하비에르]이 유럽의 사절단을 따라 광주에 들어가는 게 불가능하다는 걸 알고 슬퍼하며 그냥 조용히 인도로 돌아왔다면 어떻게 되었을까? 아마도 다른 사람들은 이렇게 위대한 인물의 사례를 통해 불가능한 것을 시도하지 않기 위해 권력을 이용했을 것이다. 하지만 그는 인간적인 모든 수단이 고갈된 뒤에도, 자신의 명이 다했다(consummatum est)는 걸 믿지 않았다. 그런 속에서도 하느님만을 의지하며 오로지 가야 할 길을 갔다. 지상의 현인[하비에르]이 마지막 말을 할 때, 해야 했던 말은 하느님의 어리석음이었다. 그리고 그도 그 길을 갔다. 분명 실패했지만, 그래도 갔다. 최소한 뒤따라오는 사람들에게 [포기했다는] 사례를 남기지 않음으로써 실패가 되지 않게 했다."

그의 사례는 이미 [널리] 퍼져 나가고 있었다. 하비에르가 사망한 지 겨우 2년 반밖에 되지 않은, 1555년 7월 20일, 포르투갈인 예수회원 멜키오르 누녜즈 바레토Melchior Nuñez Barreto가 다른 네 명의 예수회원과 함께 [그가 사망한] 상천도上川島에 상륙했고, 거기서 낭백오浪白澳와 대륙의 해안에 있는 광주까지 갔다. 이듬해인 1556년에는 스페인 출신의 도미니코회 가스파르 다 크루즈Garpar da Cruz가 그 뒤를 이었다. 1555년부터 1583

---

239 Cf. Brou, *S. François Xavier*, 1922, II, p.347.

년까지, 25명의 예수회원, 22명의 프란체스코회원, 두 명의 아우구스티노회원과 지금 언급한 한 명의 도미니코회원이 그 뒤를 이었다. 그중 어떤 사람은 (중국의 문을 열기 위해) 한 번 이상 시도하기도 했다. 그들은 인내와 불굴의 용기로 두드렸지만, 중국의 문은 여전히 열리지 않았고, 그들의 수고는 허사였다.[240] 그들은 하나같이 대륙의 해변에 서서 대륙을 바라보기만 했고, 어쩌다 운이 좋은 사람은 조경肇慶까지 갔지만 몇 주 혹은 최대한 몇 개월 후에는 다시 돌아와, 그곳을 떠나야 했다. 그들 중 아무도 사전에 준비한 사람은 없었다. 아무도 예컨대, 중국어를 공부하지 않은 것이다. 1565년 11월 21일, 예수회의 프란체스코 페레즈Francesco Perez 신부가 광주의 총감에게 대륙에 남게 해 달라고 요청했을 때, 그는 즉시 언어를 알고 있느냐고 물었다. 총감의 부정적인 대답에 그는 자신의 요구가 받아들여질 수 없는 걸로만 이해했다.[241]

17. 리치의 선구자, 미켈레 루지에리

발리냐노는 이런 것들을 어느 것 하나도 간과하지 않았고, 그래서 루지에리에게,[242] 그 뒤에는 리치에게 중국어를 공부하도록 강요했다. 그리하여 전자[루지에리]는 후자[리치]의 선구자가 되었다. 루지에리는 리치가 중국에 진출할 수 있도록 길을 준비한 뒤, 말 그대로 선구자로, 조용히 무대에서 사라졌다.

폼필료 루지에리Pompilio Ruggieri ―이것이 그의 원래 이름이다― 는

---

240 Cf. N.202, 본서 2권, p.53, 주(註) 18.
241 Cf. N.202, 본서 2권, p.59, 주(註) 20.
242 Cf. N.205, 본서 2권, p.69, 주(註) 24.

1543년 [이탈리아] 풀리아(Puglia)주 베노사(Venosa) 교구의 스피나쫄라 (Spinazzola)에서 태어났다. 나폴리대학교에서 민법과 교회법을 공부한 뒤, 펠리페 2세 정부에서 공직자로 다양한 일을 하다가 1572년 10월 28일, 한 해 전, 젊은 마태오 리치가 입회한 로마의 퀴리날레에 있는 성 안드레아 수련소 문을 두드렸다. 그곳에서 그는 이름을 폼필료Pompilio에서 미켈레Michele로 바꾸었다.[243] 로마 콜레지움에서 리치와 함께 공부했고, 1577년 11월, 리치와 함께 로마에서 출발하여 리스본을 거쳐, 1578년 9월 13일 고아에 도착했다. 머지않아 그는 말라바르 해안에서 성무를 담당했고, 그곳에서 그는 무엇보다도 언어 공부에 몰두했다. 1579년 4월 12일, 인도 관구장 로드리고 비첸테Rodrigo Vicente 신부한테서 편지 한 통이 왔는데, 거기에는 순찰사 알렉산드로 발리냐노 신부의 명령으로 중국 마카오로 가라는 것이었다. 1579년 5월 3일, 코친에서 출발하여 7월 20일경, 포르투갈의 영지[마카오]에 도착했다. 거기서 그는 순찰사의 지적知的 준비에 관한 서면 지침을 받았다. 하느님께서 기뻐하실 때, 중국에 들어갈 수 있도록 최선을 다해 이 일에 몰두하라고 했다.[244]

시작은 어려웠다. 책은 존재하지 않았고, [중국인] 스승들은 루지에리가 말하거나 알아들을 수 있는 언어는 전혀 몰랐다. 더욱이 그들은 루지에리가 공부해야 하는 만다린어[관화(官話)]를 거의 알지 못했다. 따라서 학생 —40세가 조금 안 된 학생— 이, 신분상으로는 다소 우스꽝스러운 학생이, 스스로 교육 방법을 모색해야 했다. 방법은 이랬다.

---

243 인문주의는 고전적인 이름을 영예로 알았고, 후에 사제 후보자가 되면서 그리스도인의 이름으로 개명했다.
244 Cf. NN.205, 2022.

"화가가 한 명 필요했습니다. 그가 중국의 글자와 단어를 제게 가르쳐 줍니다. 가령, 말(馬)을 어떻게 읽고 쓰는지를 알고 싶으면, 말을 그리고 그 위에 '말'이라는 의미를 적고, 마(ma)[마(馬)]라고 부르는 것입니다."[245]

이런 중에 루지에리는 계속해서, 순종의 덕德과 효력이 이렇게 힘든 공부를 다른 사람이 말하는 것과는 달리, 상대적으로 훨씬 즐겁고 덜 어렵게 만든다고 덧붙인다. 그렇다고 해서 1581년 10월 25일 이전에 그가 벌써 1만 2천여 글자를 알았고, 그해 11월 12일까지 3주가 채 안 되는 기간에 3천 자를 더 배워, 1만 5천 자[246]를 알았다는 걸 억지로 인정할 필요는 없다. 그랬다면, 그는 최고의 중국학자 중 한 사람이 되었을 텐데, 다른 한편, 알려진 것과는 반대로 중국의 학문을 풍성하게 알지 못한 걸로 알고 있다.

포르투갈인들은 처음에는 1년에 한 번, 나중에는 매년 두 번, 광주에 가서 몇 주, 심지어 몇 달 동안 계속되는 박람회에 참석하곤 했다. 루지에리가 처음 그들과 함께 그곳[광주]에 간 것은 1580년 4월 3일 며칠 전이었다. 그때 그는 배에서 상인들과 함께 머물지 않고, 광주를 지나는 주강 珠江, Pearl River 근처 집에서 지낼 수 있게 거주 허락을 받았다.[247] 이듬해 10월 25일 이전에도 마찬가지로 박람회 시기에 두 차례 그곳에 갔다. 다만 그때는 사절단이 있는 집에서 묵었는데, 그곳 사당을 경당으로 만들어 미사를 드릴 수 있게 했다.[248] 1582년 4-5월, 네 번째 광주에 갔을 때

---

245 Cf. N.2104.
246 Cf. NN.2013, 2023.
247 Cf. NN.2108, 2210, 5299, 5311.
248 Cf. NN.2056, 2061, 2107, 2108, 5301, 5312, 5313, 5316, 5317.

는 알폰소 산케즈Alfonso Sanchez도 필리핀에서 와 거기서 만났다. 그 시기, 조경肇慶에 파견된 총독은 마카오의 주교와 장군이었는데, 그들은 몇 가지 문제로 음모를 품고 있다고 의심받고 있었다. 그 바람에 주교를 대신해서 루지에리가 가고, 장군을 대신해서 [마카오의] 배석판사 마티아 파넬라Mattia Panela가 갔다. 두 사람은 5월 중순쯤 대인大人, Grand'Uomo의 영접을 받았다. 그는 300여 명의 관리와 병사들에 둘러싸여 위엄을 드러내고 있었다. 그는 루지에리를 옥좌 가까이 오게 하여, 곧 자르게 될 신부의 수염을 어루만지며 애정과 친숙함을 드러냈다.[249] 1582년 12월 27일, 그는 프란체스코 파시오Francesco Pasio와 함께 다시 조경으로 갔고, 거기서 1583년 1월 1일 첫 미사를 봉헌했다.[250] 8개월 후, 그는 드디어 리치를 그곳에 데리고 갔다. 리치는 루지에리를 포함하여 다른 모든 선구자가 했던 것과는 달리 죽을 때까지 중국에 영구 정착하게 될 것이었다.[251] 선구자[루지에리]의 역할은 1583년 9월 10일 자로, 여기에서 끝난다. 루지에리는 리치의 요청에 세례자 요한의 말을 반복하는 것 같다: 그분은 커지셔야 하고 저는 작아져야 합니다(*Illum oportet crescere, me autem minui*).[252]

이후 그는 두 차례 더 [중국에] 갔는데, 한 번은 1585년 말과 1586년 초에 절강(浙江)에 있는 소흥紹興이고,[253] 두 번째는 1587년 초중반, 오늘날 호남(湖南)에 있는 광서廣西의 국경까지 갔다.[254] 그러나 이것들은 실제로

---

249 Cf. NN. 214-215.
250 Cf. N. 219.
251 Cf. N. 232.
252 Cf. 요한 3장 30절.
253 Cf. NN. 280-282, 284, 289.
254 Cf. N. 291.

아무런 성과를 거두지 못했다. 이듬해 11월, 발리냐노는 그를 로마에 보내 교황이 북경에 파견하는 사절단 계획을 확보하고 준비하도록 했다.[255] 그러나 이것도 성공하지 못했고, 기다리는 사이에 처음에는 놀라Nola의 콜레지움에 있다가 살레르노Salerno로 옮겼다. 정확하게 리치가 사망하기 3년 전인 1607년 5월 11일, 그곳에서 그의 날들은 막을 내렸다.[256]

---

255 Cf. NN.303-304.
256 Cf. N.304, 본서 2권, pp.253-254, 주(註) 485-486; p.255, 주(註) 488.

V

리치 신부를 통해 중국에 그리스도교가 최종 도입되다

1. 고향 마체라타에서 마태오 리치의 어린 시절

선구자의 별은 희미해지고 기울기 시작하더니, 마침내 꺼지고, 중국 가톨릭 선교의 진정한 설립자의 별이 나타나 빛나고, 1500년대 중국 상류 사회의 모든 시선을 사로잡았다. 우리는 마태오 리치[257]라는 빛나는

---

[257] **역주_** Matteo Ricci의 한국어 표기는 "마태오 리치"다. 현재 한국의 학계에서는 '마태오'와 '마테오'를 모두 사용하고 있지만, 올바른 표기는 복음사가 '마태오'의 이름을 그대로 써 주는 것이다. 구글이나 위키백과, 국립국어원 등에도 '마테오'로 쓰면서 '세례명'이라고 말하고 있는, 비논리적인 현상을 보게 된다. 천주교 신자 중 마태오라는 세례명을 마테오라고 쓰는 사람은 없다. 리치 신부가 유일하다. 따라서 리치 신부의 이름을 왜 "마태오"라고 써야 하는지 그 이유를 아래와 같이 밝힌다.

1. 마태오 리치 신부의 이름은 세례명이기에 복음사가 마태오가 수호성인이다. 이탈리아 전통에도 아기가 태어나면 주로 성경에 등장하는 인물들의 이름을 선조 때부터 물려받아 사용한다. 리치 신부의 이름도 세례명이고, 가문에서 대를 이어 사용한 복음사가 마태오의 이름이라고 마체라타대학교에서 리치연구소 소장을 지낸 루이지 리치 교수가 여러 차례 증언했다. 따라서 리치 신부의 이름은 복음사가 마태오와 똑같이 표기하는 것이 올바르다.

2. 중국에서 사용한 馬泰奧·里奇라는 이름을 음차하여 '마태오'라고 쓴다고 하는데, 실제 중국에서는 그 이름보다는 利瑪竇라고 쓰는 것이 일반적이다. 중국에서도 잘 쓰지 않는 이름을 한국어 번역에서 중국어 병음에 맞추어 쓴다는 것은, 올바르지도 논리적이지도 않다.

3. 일부 학계에서는 '서학'을 이야기하면서, 리치가 선교사, 사제라는 정체성을 빼고 학자로 보려는 경향이 컸다. 그래서 복음사가의 이름과 다르게 표기하려고 한 측면도 있었던 것으로 보인다. 그러나 그것은 리치 신부가 결코 원하는 바가 아닐 것이다. 그에게 있어 이서(理書)건 기서(器書)건 모든 학문은 복음 선포의 수단이었고, 단 한 순간도 사제며 선교사라는 정체성을 잃은 적이 없었다.

인물과 마주하고 있다. 오랜 문화를 간직한 민족들에게 이상적인 선교사의 모델이 되었고, 그래서 선교지들에서 방대한 사도직의 하늘에 가장 빛나는 별이 되었다.

마르케 지방의 매력적인 마을, 마체라타는 마르케주의 중심도시[258]로 아드리아해에서 해발 300m 이상 되고 로레토Loreto[259]에서 남서쪽으로 25km(혹은 14마일) 떨어져 있다. 북쪽의 포텐자Potenza강과 평행을 이루는 계곡들과 남쪽의 키엔티Chienti강 사이의 쾌적한 언덕에 있는 이 도시가 그의 고향이다. 마체라타성(城)은 서기 408년 헬비아 리치나Helvia Ricina에 의해 파괴된 뒤, 다시 지어 포조(Poggio) 마을과 산 줄리아노(Monte di S. Giuliano)의 산악 마을을 통합하여 1138년 독립된 도시국가를 형성했다. 이 도시의 법적 자치권은 1290년부터 시작되었다. 리치가 태어나기 몇

그러므로 리치 신부의 이름은 "마태오"로 표기해야 한다고 본다. 천주교 신자들이 가장 많이 쓰는 마태오라는 이름이 리치 신부의 이름이기 때문이다.

이와 더불어 그동안 이탈리아 학계에서 논란이 되었던 다른 선교사들의 이름도 살펴보면, 미켈레 루지에리(Ruggieri / Ruggiero)와 알렉산드로 발리냐노(Valignano / Valignani), 니콜로 론고바르디(Nicolò Longobardi / Longobardo)가 있다. 성(姓)이 단수냐 복수냐로 논란이 많았다. 결국 본인들이 예수회 4대 서원서에 서명한 대로 쓰기로 했다. 그러니까 루지에리[참조:『리치 원전』N.205], 발리냐노[참조:『리치 원전』N.776 이하], 론고바르도[참조:『리치 원전』N.499]가 맞는 것이다. 이름에서도 논란이 되었던 Longobardo, Alfonso 등은 이들이 이탈리아 사람들인 만큼, 이탈리아 현지에서 부르는 이름으로, 비록 소리가 사람에 따라서 '롱고바르도' 혹은 '알롱소'라고 해도, 표기할 때는 '론고바르도', '알폰소'라고 하는 게 맞다.

258 **역주_** 마체라타는 인구로 볼 때, 마르케주에서 안코나(Ancona), 아스콜리 피체노(Ascoli Piceno), 페르모(Fermo)에 이어 4번째에 해당하지만, 행정의 중심지로 도청소재지가 있다.

259 **역주_** 흔히 로레토 성모 성지(Santuario di Loreto)로 유명한 지방이다. 마르케주 신앙의 중심지며, 그 일대의 신앙 분위기는 마태오 리치의 어린 시절 신앙심에도 영향을 크게 미쳤다. 이 책에서도 고향을 생각하면서 자주 회상되는 성지로 등장한다.

년 전인 1543년, 바오로 3세는 이 도시에 일반 학문연구기관으로 대학의 설립을 승인했다. 오늘날 마체라타에는 약 28,000명의 주민이 있지만, 리치 시대에는 절반도 되지 않았고, 1617년에는 13,889명이었다.[260]

리치 가문은 시대순으로 봤을 때 마체라타에서 세 번째 귀족 가문에 해당하는데, 1287년 6월 25일, 모날두스 야코비 리치Monaldus Iacobi Ricci라는 사람이 귀족의 작위를 받으면서 시작되었다. 이것은 1373년, 1560년과 1563년에도 거듭 확인되었다. 1654년부터 리치가(家)는 베키오성(Castel Vecchio)의 후작이라는 칭호를 얻기도 했다. 가문의 문장은 붉은색 바탕에 파란색 고슴도치가 그려진 것이다.

마태오 리치는 마체라타의 이런 훌륭한 가문에서, 1552년 10월 6일에 태어났다. 성 프란치스코 하비에르가 상천도에서 사망하기 두 달이 채 안 되는 시점이다. 부친은 조반니 바티스타Giovanni Battista로 약사였고, 모친은 조반나 안졸렐리Giovanna Angiolelli로 좋은 집안의 귀부인이었다. 마태오Matteo는 아들 아홉, 딸 네 명이 있는 대가족의 맏이였던 걸로 추정된다. 남동생 중 하나는 [마체라타] 대성당의 참사회원이 되기도 했다.

리치는 시에나 출신의 사제 니콜로 벤치베니Niccolò Bencivegni의 지도하에 공부를 시작했고, 그에 대해 1599년에도 리치는 "그분은 사랑으로 우리를 가르쳤고 연약하고 위험한 나이의 우리가 있는 곳에서 함께 길을 걸었습니다"[261]라고 회상했다. 그분께 "진심으로" 기도를 청했고, 1608

---

260 **역주_** 여기서 '오늘날'이라는 표현은 1942-1949년을 말한다는 점을 기억하기를 바란다. 현재 2021년 7월 31일 기준, 마체라타의 인구는 40,575명을 헤아린다. https://demo.istat.it/

261 Cf. N.1549.

년까지도 그분의 소식을 궁금해했다.[262] 벤치베니는 1559년 예수회에 입회했고, 어린 마태오는 첫 교사와 헤어져 1561년 5월, 예수회가 마체라타에 콜레지움을 열 때까지 집에서 [혼자] 공부한 걸로 추정된다. 우리의 리치는 이 콜레지움의 "첫 학생 중 한 명"이었고, 거기서 인문학과 수사학에서 동료들보다 월등했다. 특히 덕행과 하느님의 일에 있어서 어린이[마태오]는 빠른 성장을 보였고, 내면에서는 벌써 수도 성소의 첫 싹이 트는 걸 느끼기 시작했다. 그는 [프란체스코] 카푸친 수도회와 예수회에 끌리기 시작했다.[263]

2. 성 안드레아에서의 부르심과 수련기

[부친] 조반니 바티스타 씨는 "교황령과 이탈리아의 여러 영주 아래 도시의 통감"으로 있었고,[264] 아들을 위해 전혀 다른 계획을 세우고 있었다. 그래서 리치가 16살이던 1578년에 영향력 있는 추기경들의 도움을 받아 교황궁에서 고관으로 일할 준비차 로마대학교로 가서 법학을 공부하라고 보냈다. 그가 로마에 있는 예수회 학교에 다니지는 않았지만, 젊은 마태오는 자주 예수회 신부한테 가서 고해성사를 보고 그들과 대화를 나누었다. 그리고 성모영보 수도회의 초기 인물 중 한 사람으로 등록했다. 고향에서 이미 성소의 싹이 트기 시작한 상태였기에, 좋은 환경을 만나자 자연스럽게 꽃을 피웠다. 1571년 8월 15일, 거의 열아홉 살이 되었을 때, 그는 몇 가지 낡은 옷과 라틴어로 적힌 세 권의 소책자를 품에 안

---

262 Cf. NN.1426, 1803.
263 Cf. De Ursis, p.11.
264 Cf. De Ursis, p.11.

고 퀴리날레(Quirinale) 언덕으로 가서 성 안드레아 수련소의 문을 두드렸다. 그곳은 4년 전에 젊은 박사 알렉산드로 발리냐노Alessandro Valignano도 두드렸고, [리치가 들어온] 이듬해에는 또 다른 박사로 나중에 미켈레Michele로 개명하는 폼필료 루지에리Pompilio Ruggieri도 두드릴 문이었다. 들어온 당일, 그는 수도회에서 제시한 첫 서류를 작성했다. 이것은 지금까지 우리 [수도원 자료실]한테 보존되어 있다.

"예수회의 모든 정관과 규칙과 생활 방식을 준수하고, 예수회에서 판단하는 능력과 소임에 이의를 제기하지 않으며, 무엇이든 명령하는 것에 순명할 것을 다짐합니다."[265]

그의 부친은 아들을 수련소에서 빼내려고 마체라타에서 출발하여 로마로 향했다. 그러나 마체라타에서 남동쪽으로 18km 떨어진 톨렌티노Tolentino에 도착했을 때, 열이 심하게 올라 [도저히 여행을 계속할 수가 없어] 집으로 발길을 돌려야 했다. 하느님의 뜻을 거역하지 않는 게 좋겠다고 판단했다. 아버지는 아들에게 이 소식을 편지로 전했고, 여기에 용기를 얻어 젊은 리치는 파비오 데 파비Fabio de' Fabj 신부의 지도하에서 더욱 힘차게 수련기를 보냈다. 이듬해 1월 초, 그는 다른 수련자들과 함께 가장 낮은 일인 집안 봉사를 하라고 '서원의 집'으로 파견되었고, 그곳에서 1572년 5월 25일 수도 서원을 했다.

---

265 Cf. Tacchi Venturi S. I., *L'apostolato del P. Matteo Ricci d.C.d.G. in Cina secondo i suoi scritti inediti*, Roma, 1910, p.5, N.1; *I Grandi Missionari*, prima serie, Roma, 1939, pp.130-131.

3. 로마 콜레지움에서의 지적·학문적 양성

1572년 9월 17일, 피렌체Firenze로 추정되는 토스카나의 한 콜레지움에 잠시 있다가,[266] 로마 콜레지움으로 와서 포르투갈과 인도로 떠날 때까지 공부했다. 로마 콜레지움의 총장은 처음에는 빈첸조 본니Vincenzo Bonni 신부였는데, 나중에 루도비코 마셀리Ludovico Maselli 신부로 바뀌었다. 학장은 자코모 레데스마Giacomo Ledesma 신부, 수사학 교수로 마르티노 데 포르나리Martino De Fornari 신부와 오라치오 토르셀리니Orazio Torsellini 신부가 있었고, 철학에서 논리학은 로렌조 로마노Lorenzo Romano 신부, 물리학은 안토니오 리시Antonio Lisi 신부, 형이상학은 자코모 크로치(Giacomo Croci)[또는 크로체(Croce)] 신부, 수학은 그 유명한 크리스토퍼 클라비우스Christophorus Clavius 신부가 맡고 있었다.[267] 이곳에 있는 5년 동안, 그는 훗날 중국에서 매우 유용하게 활용할 과학 분야의 학문을 견고하게 기초부터 다졌다.

4. 해외 선교를 위해 떠나다

1576년 12월 8일 이전, 인도선교부 총무로 있던 포르투갈인 마르티노 다 실바Martino da Silva 신부가 로마에 왔다. 현장에서 활동하던 선교사의 방문은 학생 중 해외선교에 헌신하기를 갈망하는 사람의 마음에 불을 붙이는 계기가 되었다. 그[리치]의 이름은 다 실바가 총장에게 제출한 [선교 지원자] 명단에 있었던 걸로 짐작된다. 명단은 다 실바가 인도로 데려가

---

266 그가 중국의 다른 도시들과 한 번 이상 비교했던 도시는 그가 그곳을 알고 있었다는 걸 입증한다. Cf. NN.1047, 1227, 1399, 1456, 1528.
267 Cf. N.969; Cf. N.262, 본서 2권, p.178, 주(註) 290.

고 싶은 사람의 이름을 적은 것이다. 1577년 5월 18일, 교황 그레고리오 13세에게 축복을 청한 뒤, 로마를 영원히 떠나 [고향] 마체라타를 거치지도 않고, 곧장 제노바로 가서 포르투갈로 향했다. 포르투갈 선교 관할지(padroado)로 가는 경우, 모든 선교사는 국적에 상관없이 포르투갈을 경유해야 했다. [그해에 인도로 가는] 배가 떠난 뒤에 도착했기 때문에 포르투갈어를 배우기 위해 코임브라로 갔다. 1578년 3월 24일, 드디어 에두아르도 데 산데Eduardo de Sande 신부와 미켈레 루지에리Michele Ruggieri 신부와 다른 11명의 선교사는 리스본을 떠나 고아로 향했다. 고아에는 그해 9월 13일에 도착했다.

5. 고아에서 마카오까지

고아에서 신학 1학년 과정을 마치고, 1579-1580년, 고아에서 잠시, 몇 개월간 인문학을 가르쳤고, 코친에서는 한 학기를 가르쳤다. 그리고 아마도 코친에서 1580년 7월 25일 사제로 서품받고, 다음 날 첫 미사를 봉헌한 것으로 보인다. 고아로 돌아와서 1580년부터 1582년까지 신학 2학년, 3학년 과정을 마쳤다.[268] 1582년 4월 15일경, 그는 인도 관구장 로드리고 비첸테Rodrigo Vicente 신부를 통해 중국선교를 위해 루지에리와 함께 마카오로 가서 준비하라는 발리냐노의 명령을 받았다. 준비기간은 매우 짧았다. 11일 후인 4월 26일에 그는 파시오Pasio와 예수회 화가 조반니 니콜라오(Giovanni Nicolao)[더 정확하게는 놀라(Nola) 출신의 콜라(Cola)로 부

---

268 그의 3학년 과정에 대한 어떤 정보도 나는 찾지 못했다. 당시에 흔히 있었던 것처럼, 하지 않았을 수도 있다.

름] 및 일본으로 가는 여러 사람과 함께 고아에서 출발했다. 항해 중에 폭풍우를 만나 매우 힘들었다. 리치는 너무도 힘들어 마지막 순간이 얼마 남지 않았다고 느낄 정도였다.[269] 하여튼 그들은 1582년 8월 7일, 마카오에 도착했다.[270]

6. 약속한 땅으로 들어가다

마침내 "하느님의 자비"가 "가엾은 왕국에 눈을 돌리고, 강력한 손으로 거룩한 복음의 설교자들에게 닫혀 있던 문을 열게 하여, 그곳에 그리스도교 신앙의 씨앗을 뿌릴 수 있게 하신 때"[271]에 조경肇慶의 통감 왕반王泮이 "예수회 사제들을 자기 관저로 불러 [자기가 있는 조경에] 수도원과 성당을 짓도록 허락하였다."[272] 광동廣東과 광서廣西, 두 성을 다스리는 총독의 심복이 동행하여 광주廣州를 어려움 없이 통과하여, 루지에리와 리치 신부는 1583년 9월 10일, 조경肇慶에 무사히 도착했다.[273] 그들이 그곳에 구축한 가톨릭 선교는 지금까지도 이어지고 있다.

통감의 관저에 도착하자, 통감은 그들에게 "[그대들은] 누구며, 어디에서 왔으며, 무엇을 원하느냐"고 물었다. 통역자, 필립보 멘데스[274]로 추정되는 사람의 입을 통해 "우리는 하늘의 주인[天帝], 곧 천주님을 섬기는 수도자로 멀리 서방 끝에서 3-4년 걸려서[275] 왔습니다.[276] 중국 정부에

---

269 Cf. N.216, 본서 2권, p.98, 주(註) 100.
270 Cf. N.2064.
271 Cf. N.230.
272 Cf. N.229.
273 Cf. N.232.
274 Cf. N.232, 본서 2권, p.125, 주(註) 170; N.219, 본서 2권, p.103, 주(註) 114.
275 Cf. N.234, 본서 2권, p.128, 주(註) 181.

대한 좋은 소문을 듣고 왔습니다. 우리가 바라는 것은 마카오의 시장(market)이나 그런 유사한 장소에서 조금 떨어진 곳에 수도원과 성당을 지을 수 있도록 허락해 주시면 그곳에서 죽는 날까지 살며 천주님을 섬기겠습니다. 이것을 위해 힘을 써 주시고 도와주시기를 간절히 청합니다. 저희는 어떤 피해도 드리지 않을 것이고, 평생 생계와 의복도 직접 후원을 받아 해결할 것입니다."[277] 왕반王泮은 좋게 생각하여 이를 받아들였고, 1585년 5월, 근대 시기, 중국 최초의 수도원과 성당이 완공되었다. 1585년 11월 10일, 리치가 로마 콜레지움의 예전 총장 루도비코 마셀리Ludovico Maselli 신부에게 전한 완공 소식은 다음과 같다. "저희는 작지만 아주 좋은 집을 지었습니다. 위층에 방이 4개 있고, 중간에는 한 개만 있습니다. 앞에는 복도(loggia)가 있고, 그 양쪽에 안뜰이 하나씩 있으며, 아래층에는 다른 방 외에 소박한 소성당이 하나 있습니다."[278] 제단에는 성화를 하나 걸었는데, 처음에는 동정녀 마리아 성화를, 후에는 구세주 성화를 걸었다. 성화는 관리, 문인 학자, 일반 백성과 승려들까지 호기심을 갖게 했고, 그들은 소성당으로 와서 성화를 보며 "우리[유럽]의 회화 기술"만 칭송한 것이 아니라,[279] 그[성화] 앞에 엎드려 "큰 존경의 표시로 머리를 땅에 대고 절했다."[280]

---

276 Cf. N.234, 본서 2권, p.129, 주(註) 182.
277 Cf. N.234.
278 Cf. N.1116.
279 Cf. N.41.
280 Cf. NN.245, 247.

7. 중국인들에게 유럽과 세계를 발견하게 하다

처음 접촉은 당연히 천천히 신중하게 할 수밖에 없었다. 신부들은 아직 서툴고 빈약한 말보다는 유덕한 그들의 생활의 모범으로 더 많은 설교를 했다. 많은 사람이 낯선 얼굴을 보려고 했다. 그들에게 멀리 서양에서 온 사람들은 커다란 구경거리였다. 지금도 외국인 선교사들은 해안 도시에서 벗어나 중국 내륙으로 들어가면 그들의 얼굴, 옷, 특히 수염에 얼마나 많은 중국인이 호기심을 갖는지, 경험을 통해 잘 알고 있다. 1583년 9월, 그 먼 땅에서는 무슨 일이 있었을까? 그리고 뒤이어 조경肇慶 시에서는 어떤 일이 일어났을까? 여기에 대해 리치는 이렇게 쓰고 있다.

"중국에서는 한 번도 보지 못한 엄청난 새로운 소식에 사람들이 앞다투어 몰려왔다. 외국인 신부들을 보기 위해 오는 사람들로 그곳은 붐볐고, 관리들조차 들어올 수가 없었다."[281]

호기심 많은 사람은 앞다투어 와서 ─조경에서는 모두 호기심에서─ 유럽인의 얼굴을 보려고 했고, 신부들이 서양에서 가져온 물건들을 보여 주기 시작하자, 오는 사람은 더 늘었다. 베네치아의 프리즘에 대해, 특히 중국인들은 바로 '값을 매길 수 없는 보석[無價之寶]'이라고 했고,[282] 엄청난 반향을 불러일으켰다. 프리즘들은 이탈리아에서는 "7-8푼 정도밖에 하지 않는"[283]데, 중국에서는 2스쿠디,[284] 20두카토,[285] 심지어 500스쿠디[286]까지, 엄청난 가치에 달했다. 특히 몇몇 고관에게, 일부 통감에게,

---

281 Cf. N.239.
282 Cf. N.240.
283 Cf. N.307.
284 Cf. N.307.
285 Cf. N.241.

혹은 몇 명의 총독에게, 심지어 몇몇 황족에게 선물하고자 할 때 이 프리즘 중 하나를 주는 것보다, 더 나은 선물을 달리 생각할 수가 없었다.[287] 1601년 황제에게도 두 개를 선물했다.[288]

프리즘에 이어 서양의 그림들도 모든 사람을 놀라게 했다. 로마의 성모 마리아 대성당의 동정녀 성화, 아기와 성 요한이 있는 성모 성화와 구세주 성화, 성인들의 상본 등은 로마에서 보냈거나, 스페인에서 펠리페 국왕이 보냈거나, 일본에서 보내 준 것들이었다. 중국인들은 원근법에 대해 전혀 몰랐고, 한마디로 넋을 잃었다. 색이 너무도 선명해서 인물들이 살아 움직이는 것 같다는 말을 반복해서 했다.[289]

유럽의 책들도 중국의 책들과 매우 달라 문인 학자들의 관심을 끌었다. 책은 금욕적·종교적인 책들이나 철학, 신학, 물리학 또는 수학, 교회법 등에 관한 것이었는데, 어떤 건 멋있게 제본되기도 했고 금장식을 한 것도 있었다. 중국인들은 읽을 수가 없어 닫힌 책이나 다를 바가 없는데도, "외견상 인쇄의 섬세함에 모두 놀라 막연하게나마 중요한 내용이 담긴 책이라고 생각했다. 우리 서방에서는 이런 것들을 잘 만드는 편이다. 서방 국가들[290]에서는 책에 관한 한 크게 발전했지만, 중국은 물론 다른 모든 국가가 이런 사실을 모르고 있었다. 그러다 보니 중국과 같이 문자에서 자기네가 세계에서 으뜸이라고 생각하는 곳이 있는 것이다."[291]

---

286 Cf. N.530.
287 Cf. NN.219, 325, 448, 475, 480, 505, 513, 549, 575.
288 Cf. N.592.
289 Cf. D'Elia², pp.18-47.
290 이탈리아다. Cf. 본서, pp.206-211.
291 Cf. N.252.

책들 가운데는 "우주형상학과 건축학"에 관한 것들도 있어 신부들은 자연스레 [학문을 통한 진실의 전달자가 되었다.] "전 세계의 많은 국가와 지역을 보았고, 유럽과 유럽 바깥 지역의 아름답고 유명한 도시들을 보았다. 거기에는 궁전 같은 큰 건물과 탑, 극장, 다리와 신전들이 모두 있었다."[292] 1604년 어느 날, 금장식으로 제본한 안트베르펜(Antwerpen)의 다국어 성경 8권이 북경에 도착했다. 리치는 8월 15일 대축일까지 기다렸고, 그날 많은 사람이 그것을 보기 위해 몰려왔다. 장엄하게 미사를 드린 후, 성당에 마련된 별도의 탁자에 책을 올리고, "망토와 겉옷"으로 덮었다. 엄숙하게 향을 피우고, 그 앞에서 중국식으로 절을 하게 했는데, "모든 사람이 크게 기뻐하며" 따랐다.[293]

사람들을 매료시킨 또 다른 하나는 해시계와 크고 작은 시계들이었는데, 바퀴가 달린 것, 태엽이 있는 것, 모래시계 등이 있고, 매시간마다 소리가 나거나 15분마다 소리가 나는 것도 있었다. 중국인들은 그 앞에서 놀라움을 금치 못했고, 이름을 자명종自鳴鐘[294]이라고 했다. 가장 큰 호감을 끌었고, 가장 정교하게 만든 최고의 시계는 결국 일부 고관들의 손으로 넘어갔다.[295] 황제에게도 두 개를 선물했는데, 하나는 "매우 아름답고 정교하게 새겨 도금까지 한" 작은 것으로 탁상 위에 올리는 것이고, 다른 하나는 큰 것으로 역시 멋지게 제작한 네 개의 기둥을 박은 "나무 상자"에 넣었는데, 15분마다 "매우 크고 아름다운 중국 글자"로 표시되어 있고

---

292 Cf. N.310.
293 Cf. N.1624.
294 Cf. NN.320, 532.
295 Cf. NN.219, 263, 459, 490, 491, 503, 506.

"독수리 부리로 시간을 가리키도록 했다."[296] 태감들이 천진성天津城에서 리치를 붙잡고 시간을 차일피일 미루자 황제가 절차에 상관없이 리치를 직접 도성으로 부른 것은 바로 이 시계들 때문이었다. 실제로 "어느 날 황제가 혼자 앉아 있다가 한 태소에서 언급한 '어떤 외국인들이 자명종을 바치려고 합니다'라는 말이 생각나서, '왜 그 자명종은 아직도 내게 안 가져오는가?'라고 물었다고 한다." 그 바람에 리치와 동료는 [황제의] 부름을 받아 북경으로 서둘러야 했고, 1601년 1월, 당당하게 입성했다.[297] 북경에만 입성한 게 아니라 황궁까지 들어갔고, 이후 시계를 맞추러 자주 들어갔으며, 그곳에서 4명의 황실 수학자들을 가르치기까지 했는데,[298] [이것이 하나의 전통이 되어] 이후에도 그랬다.[299]

중국인들은 자기네 단조로운 삶에 오랫동안 고립되어 있어,[300] 세상의 경계가 대부분 중국과 마주하고 있다고 생각하고, 자신을 천하天下, 곧 모든 나라가 하늘을 우두머리로 두고 자기네 발아래 있다고 믿었다. 리치가 수도원에서 공개한 세계지도는 그의 추종자들 사이에서 엄청난 관심을 불러일으켰다. 처음부터 그들은 세계지도와 비슷한 것을 중국어판으로 만들어 달라고 간청했고, 리치는 그렇게 해 주었다. 이후 리치는 계속해서 판을 거듭하며 작품의 완성도를 높였고, 1608년 초, 결국 만력萬曆 황제까지 갖고 싶어 할 정도가 되었다. 작품[세계지도]은 종종 중국의 관리들이 직접 재인쇄할 정도였고, 도저히 이해할 수 없을 만큼 큰 반향

Cf. N.572.

297 Cf. N.590.

298 Cf. N.594.

299 **역주**_ 선교사들이 황실의 수학 분야를 담당했다는 말이다.

300 Cf. D'Elia¹, p.133.

을 일으켰다. 중국인들이 세계와 지리에 관해 알고 있던 모든 지식을 근본적으로 쇄신해야 했다. 이것은 비碑[301]에서 그들[네스토리우스 선교사들]이 그[중국]의 존재를 한 번도 의심하지 않았고, 그토록 크고 방대한 왕국을 드러내고자 한 이유를 설명해 준다.[302]

8. 동양 학계에 둘러싸인 서양 지식인

중국인들에게, 동양 학자들 한복판으로 온 서양의 학자로 자기를 소개한 리치의 발상은 기발했다. 다른 한편, 만일 그가 오만한 스승으로 그들에게 자신을 소개했다면, 상대방은 아무것도 모르는 학생으로 간주되어 모욕과 수치를 느꼈을 것이고, 리치는 그들의 눈앞에서 바로 퇴장당했을 것이다. 자기네가 학문을 독점하고 있다고 믿고 있는 순진한 학자들에게[303] 리치는 말이 아니라, 그들이 아직 연구하지 않았고, 리치가 전해 줄 수 있는 무언가가 있다는 걸 느끼게 해 주었다. 학문을 통해 리치는 자기를 드러냈고, 그로 인해 그 역시 우수한 사람이라는 걸 깨닫게 해 줌으로써 사도[리치]의 마음 안에 있는 오롯한, 종교적인 토양을 닦을 수가 있었다. 1600년경 "중국의 수학에 기초가 부족하다"라는 걸 아는 한림원翰林院의 한 학자가 "신부에 대한 명성을 듣고" "그의 제자가 되기를 간청했다." [리치는 그가 바라는 것처럼 그가 있는 지역으로 갈 수 없다고 하자] 우선 "재능이 출중한" 제자를 한 명 보내 유럽의 수학을 공부하도록 했다. 제자는 그리스도인이 아니었지만 리치에게 다른 걱정은 하지 말라고 조언

---

301 **역주_** 대진경교유행비를 일컫는다.
302 Cf. D'Elia[1], pp.31, 149-151, 161-168.
303 어디까지나 중국 문학에 한정해서다.

했다. 오로지 수학만 가르치다 보면 중국의 복음화라는 참된 목적을 이루게 될 거라고 했다.

"그리고 그는 우리의 의도가 우상 종파들의 거짓을 근절하고, 복되신 그리스도의 진리의 씨앗을 뿌리러 온 것임을 알아차리고 신부에게 이렇게 말했다. '우상들의 사설邪說은 반박할 필요조차 없습니다. 오로지 수학만 가르치면 됩니다.'"[304]

실제로 이 방법이 옳았다는 게 증명되었다. "이 물건들과 우리의 과학과 신부들에 대해 말하며 자기네 것보다 훨씬 깊이가 있다고 했다. 모든 사람이 점차 우리나라[이탈리아 혹은 서구 전체]를 인식하기 시작했고, 지금까지 중국 밖에 있는 모든 외국을 야만 국가라고 생각했으며, 그들 국가에서는 아무것도 사들일 게 없다고 생각한 것과는 크게 다르게 우리의 학자와 백성들에 대해 알게 되었다."[305]

이런 학문적인 대화는 후에 복음 전파의 길을 닦는 게 되었고, 그것은 우선 선교사들의 거룩한 생활을 통해서, 그다음에 그들의 말을 통해서, 그리고 끝으로 그들이 쓴 책을 통해서 이루어졌다. "이런 [학문적인] 기회를 이용하여 신부들은 우리 그리스도교의 신앙에 대해 말하기 시작했다. 그러나 성인成人들이라 쉽게 개종하지는 않았지만, 성교회의 진리와 성덕에 대해 크게 칭송하며 신부들의 인품을 통해, 또 그들과 관계를 맺으면서 그것들을 본다고 하였다."[306]

---

304 Cf. N.540.
305 Cf. N.310.
306 Cf. N.311.

9. 첫 번째 영세자들과 첫 번째 결실

첫 개인 세례는 1583년 말 혹은 1584년 초에 한 가난한 병자에게 준 것인데, 의사들이 가망 없다고 진단하자 모든 사람, 심지어 그의 가족들까지 환자를 버린 상태였다. 신부들은 그의 상황에 관심을 가졌고, 그는 "이렇게 사랑 실천을 가르치는 종교라면 참된 것[종교]이 아닐 수 없다"라고 생각하여 세례를 받아들였다.[307] 1584년 11월 21일에는 신부들의 중국어 선생 두 사람에게 두 번에 걸쳐 장엄하게 세례식을 거행했는데, 한 사람은 바오로고, 다른 한 사람은 조경肇慶의 젊은 상인으로 요한이라고 했다.[308] 1585년, 교우들의 수는 19-20명이었고, 이듬해인 1586년에는 여기서 17명이 더 늘었다.[309] 이 모든 사람으로 인해 "대축일에는 성당이 사람들로 가득 찼고, 축제와 미사가 거행되었다." 그동안 신부들은 비교인들을 대상으로 설교했다.[310] 어떤 노인과 병든 한 어린이도 멀리 절강성浙江省의 소흥紹興시에서 와서 1586년에 세례를 받았다.[311] 이듬해에 루지에리는 "몇 명의 교우와 많은 교리교사"를 데리고 광서廣西와 호광湖廣의 경계에 있는 백수白水로 떠났다.[312] 1589년, 아마도 4-5월쯤, 조경肇慶에서는 다시 18명이 세례를 받았는데, 그중에는 "존경받는 몇몇 여성들"이 있어, 처음으로 중국인 여성이 교회의 태중에 받아들여졌다.[313] 그 외에도 질병으로 죽음이 임박한 "많은 어린이"에게 세례를 주었다.[314]

---

307 Cf. N.251.
308 Cf. N.274.
309 Cf. N.288, 본서 2권, p.223, 주(註) 394.
310 Cf. NN.288, 313.
311 Cf. N.284, 본서 2권, p.215, 주(註) 381-382.
312 Cf. N.5358.
313 Cf. N.313.

1583년 9월 10일부터 1589년 8월 초까지, 모두 70-80명이 세례를 받았고, 거기에 죽음을 앞둔 아기들도 있었다.

"그때까지 조경 수도원에서 (선교활동을) 한 결과는 80명이 넘지 않는 사람들에게 세례를 준 것입니다."[315]

겉모습만 보는 일부 사람들은 아마도 6년 동안의 활동치고는 결과가 너무 적다고 말할 수 있을 것이다. 그러나 리치는 [여기에] 만족하는 것만이 아니라 주님을 찬양하기까지 했다. 그 뒤 10년이 지난 후에도 여전히 그리스도인의 수는 미미한 증가세를 보였고, 그에게 대규모 개종에 관한 소식을 묻는 유럽의 일부 친구들에게 그는 조용히 이렇게 대답했다.

"우리가 다른 선교지에서 이 정도 활동을 했더라면 놀라운 결과를 보여 주었을 것입니다. 그러나 우리가 중국에 있는 시간은 추수나 파종할 때가 아니라, 거친 숲을 헤치고, 그 안에 있는 사나운 독사들과 싸우는 ['개간'의] 시간입니다. 다른 사람이 와서 주님의 은총으로, 그리스도인 개종자와 신심 깊은 사람들을 기록할 때가 올 것입니다. 존경하올 신부님, 그때를 위해선 지금 우리가 하는 일이 필요합니다. 우리가 [지금] 주어진 일을 사랑으로 하면, 그들은 우리를 크게 신뢰할 것입니다."[316]

10. 관리와 문인 학자들과의 관계

다른 한편, 발리냐노도 개종은 매우 천천히 하라고 당부했다. 너무 많은 시선을 끌지 않기 위해 초기에는 신중할 것을 권고했다. 그리하여 리

---

314 Cf. N.315.
315 Cf. N.1184; N.328, 본서 2권, p.289, 주(註) 588.
316 Cf. N.1553.

치의 진정성 있는 방법이 당시에 이미 윤곽이 잡혔다. 백성을 버리지 않는 것, 모든 힘과 에너지를 사회 지도층에 집중하는 것이었다. 중국에서 사회 지도층은 관리와 문인 학자들이었고,[317] 조경肇慶은 광동廣東과 광서廣西의 총독이 거주하는 곳이었다. 그래서 많은 관리가 업무차 유입되거나 승진하여, 명절이나 총독의 생일이면 방문차 반드시 와야 하는 도시였다. 게다가 "신부들에 대한 좋은 평판과 수도원에서 가지고 있는 물건들에 대한 소문이 자자했고, 모두 그것을 보고 싶어 했다", 아니, 한 번도 구경하지 못한 것들을 보려고, "그들 중 많은 사람이 신부들의 숙소를 먼저 들르고 그다음에 총독을 만나러 가곤 했다."[318] 주강珠江에 뜬 배들로 통행이 어려운 것처럼, 선교사들의 거주지 앞 도로는 관리들의 가마로 지나다닐 수가 없었다. 선교사들의 집은 종일 유명인사들로 북적거렸다.

"이로써 신부들에 대한 유명세와 좋은 향기는 사방으로 퍼졌다. 단순히 두 성[광동(廣東)과 광서(廣西)]에만 국한된 것이 아니라 중국 전역으로 퍼져 나간 것이다. 찾아오는 모든 사람이 다른 지역에서 온 관리들이었기 때문이다."

결론적으로, "시작치고는 적지 않은 결실이고 요청이었다. 신부들이 다른 모든 지역에서도 설교할 수 있다는 것을 의미하기 때문이다."[319] 병비도兵備道와 주사主事, 안찰사按察使와 총독이 리치를 만나러 왔다. 그중에는

---

317 문화가 깊은 나라에서 [할 수 있는] 최선의 사도적 방법에 관해서는 필자(파스콸레 델리야)의 연구를 보라. *Quandonam omnes gentes ad Christum adducentur?* in *Liber annalis anno 1940 ineunte* della Pontificia Università Gregoriana, Roma, 1940, pp.61-78.
318 Cf. N.310.
319 Cf. N.312.

조경肇慶에서 가장 위대한 학자의 아들 구태소瞿太素라는 사람을 수학 분야의 제자로 삼았고, 구태소는 리치의 덕德과 학문의 열광적인 팬이 되었으며, 중국의 대도시들에서 복음을 선포하게 함으로써 우리 선교사의 길을 닦았다.[320]

11. 리치의 유럽식 수도원이 총독의 탐욕을 자극하다

리치가 처음부터 자신의 길을 모두 찾지 못했다고 한들, 누가 놀라겠는가? 앞서 다른 데서 필자가 언급한 바 있는 것처럼, 발리냐노의 위대한 지침은[321] 성 바오로 사도의 단순하고 숭고한 계획이기도 했다. "모든 사람에게 자기를 온전히 내어놓는 것"이다. 그러니까 중국인을 위해 중국인이 되는 것이다. 이런 계획을 실천하기 위해 우리의 신앙선교사는 부단하고 성실하게 노력했다. 그래서 처음에는 승려의 복장으로, 후에는 문인 학자의 옷으로 입었고, 음식은 항상 중국 음식을 먹었으며, 당연히 언어도 중국인 학자와 관리들의 언어를 사용했다. 그러나 건축에서 실수하는 바람에, 그 대가를 톡톡히 치르고 수정하는 방법을 배웠다. 중국의 일반적인 풍습과 달리, 조경肇慶의 수도원을 2층으로 올리고 유럽식으로 복도를 만든 것이다.

"집은 작지만 모두 유럽식으로 지었다. 위층에는 사제들이 기거하는 공간으로 유럽식 유리창을 내고, 아래층에는 [공용 공간으로] 중국 풍습에 맞게 집을 지었다. 강변 위에 지었기 때문에 강물과 각종 배와 산들, 그리고 숲들의 풍광이 좋아서 사람들은 도시에서 이런 장소는 적어도 하나

---

320 Cf. N.359, 본서 2권, p.335, 주(註) 97.
321 Cf. *I Grandi Missionari*, 1940, pp.130-140.

쯤 있으면 좋겠다고 생각했다."[322]

1585년 11월 24일부터 리치가 쓴 편지에는 "유럽 스타일의 작품"이었기 때문에 "이 땅에서는 놀라운 것 중 하나"로 간주되었다고 적고 있다.[323] 따라서 새로 온 총독이 1589년, 첫눈에 이 건물에 반해서, 집에 든 비용 600스쿠디가 아니라, 겨우 60스쿠디라는 말도 안 되는 배상금을 주고 신부들을 내쫓았다는 사실에 놀랄 사람은 아무도 없을 것이다.[324] 그리하여 바오로 사도와 함께 바닷가까지 동행한 밀레토Mileto 교우들의 가슴 아픈 장면이 주강 기슭에서 이루어졌다.[325]

"이런 상황에서 신부들이 느낀 가장 큰 아픔은 그들이 흘린 많은 땀으로 이룩한 그리스도인들과 헤어지는 것이었다. 신자들은 슬픈 소식을 듣고 수도원으로 달려와 통곡을 하고 소리 지르며 울었다. 마치 친아버지의 죽음을 눈앞에서 보는 것 같았다. 목자 없이 이제부터 누가 [그들에게] 신앙을 가르쳐 주고 성사를 줄지 막막했다."[326]

몇 년 후, 리치는 자신의 과거 수련기 때 스승에게 쓴 편지에서 이렇게 토로했다. "존경하는 신부님, 생각해 보십시오. 그 몇 안 되는 교우를 얻기 위해 수년간 갖은 고생을 했는데 하루아침에 잃었습니다. 그들은 고아처럼 우리 집으로 와서 울었습니다."[327]

---

322 리치는 "오, 유럽의 작품이여, 오, 이 땅의 놀라운 것 중 하나여"(N.1132)라고 말하기까지 했다.
323 Cf. N.1132.
324 Cf. N.324.
325 Cf. 사도행전, 20장 17-38절.
326 Cf. N.328.
327 Cf. N.1192.

12. 조경에서 쫓겨나 소주로 피신하다

조경肇慶에서 쫓겨난 리치는 이 기회에 계속해서 중국 내륙으로 진출하려고 했다. 실제로 그는 8월 26일, 같은 광동廣東성의 북쪽에 있는 소주韶州시로 들어갔다. 그곳은 조경肇慶의 두 배에 달하는 큰 도시였고,[328] 주민도 2만에서 2만 5천 정도 되었다.[329] 리치는 이곳에 새로운 시지프스,[330] 곧 두 번째 수도원과 두 번째 성당을 지었다. 더는 유럽 양식이 아니라 중국 양식으로 지었다.[331]

13. 주요 인사들의 세례와 관계

이곳에서도 머지않아 이름난 고관들로 북적였다. 그 지역과 인근 지역의 관리들이 [수도원을] 방문했는데, 그들은 "한마음으로 신부들에게 큰 존경심을 보였고, 그들을 보호해 주고 필요한 물건들을 조달해 주었다."[332] 조경肇慶의 관리들과 그들의 자녀들이 찾아오기도 했고, 심지어 리치를 쫓아낸 총독의 아들까지 찾아왔다.[333] 또 다른 지인들은 리치를 며칠간 인근의 영덕英德[334]과 남웅南雄[335]시로 초대했고, 남웅에서 리치가

---

328 Cf. N.1155.
329 Cf. N.340.
330 Cf. N.331.
331 Cf. N.350, 본서 2권, p.318, 주(註) 79. "유럽식으로 집을 높이 짓게 되면 관료들이 우리 집으로 몰려와서 매일 어울려 연회를 여는 기회가 된다고 하여 중국의 모든 사찰 양식에 맞추어 짓기로 했다. 그래서 거의 모든 것을 중국식으로 단층으로 짓고, 성당은 신자들이 늘어날 걸 생각해서 가장 크고 좋게 지었다"(N.356).
332 Cf. NN.367-368.
333 Cf. N.373.
334 Cf. NN.368-372.
335 Cf. N.399.

뿌린 복음의 씨앗은 열 명에게 세례를 주는 것으로 나타났다.[336] 영덕英德에서는 지현知縣의 나이 든 부친에게 세례를 주었고,[337] 남웅南雄에서는 리치가 지나갈 때, "도로에 많은 사람이 몰려들어 도저히 걸어갈 수가 없어 가마를 타고 가야 했다. 종일 기다려도 지나갈 수 있는 다른 방법이 없었기 때문이다. 이것은 또한 그를 보호하는 방법이기도 했다. 많은 사람이 (가마의) 커튼을 걷어 젖히거나 집까지 그를 쫓아와 가마에서 내리는 모습을 보려고 했다."[338]

1592년, 소주韶州에서 11-12명이 그리스도인으로 개종했고, 남웅南雄에서도 앞서 말했듯이, 열 명이 넘게 세례를 받았다.[339] 여기서도 결실이 풍부한 건 아니지만, 신부들이 중국 문인 학자들의 관심을 점차 더 받고 있었던 것은 사실이었다.

14. 질병과 첫 두 번의 장례

그러나 도시[환경]가 건강에는 그다지 좋지 못했다. "매년 10월부터 12월까지 인구의 3분의 1, 혹은 4분의 1이 학질에 걸렸고, 그중 많은 사람이 죽었다. 나머지 사람들도 대부분 기력이 없고 창백한 모습으로 살고 있었다."[340]

리치와 동료 데 알메이다de Almeida는 곧 슬픈 경험을 해야 했다. 1589년 10월, 그곳에 도착하자마자 두 사람이 중병에 걸린 것이다. "하느님

---

336 Cf. N.402.
337 Cf. NN.368-371.
338 Cf. N.400.
339 Cf. N.403, 본서 2권, p.377, 주(註) 223.
340 Cf. N.346.

께서 원하신다고 생각하고 이미 죽을 준비까지 하며, 그 집에 사는 다른 사람들을 그분의 자비에 맡겼다. 그러자 어떠한 조치도 하지 않았는데 그들의 건강이 회복되었다."[341]

그러나 위험은 연기된 것뿐이었다. 데 알메이다가 1591년 10월 17일에 사망하고,[342] 그해 12월, 그를 대신해서 왔던 프란체스코 데 페트리스 Francesco De Petris 신부가 이번에는 1593년 11월 5일에 사망한 것이다.[343] 연이어 당한 이런 깊은 고통을 리치는 오랜 동료이자 같은 고향 사람인 한 친구에게 털어놓았다.

"유일한 동반자며 안식처였던 프란체스코 드 페트리스Francesco De Petris 신부가 작년에 세상을 떠나고, 저는 다시 이교도의 세계에 네 번째로 혼자 남게 되었습니다. 그 바람에 처음 두 동료[루지에리와 파시오]는 별다른 이유로 다른 곳으로 떠나고[이탈리아와 일본], 다른 두 동료[데 알메이다와 데 페트리스]는 2년간 연이어 세상을 떠나고 말았습니다."[344]

15. 여러 가지 어려움과 그리스도인의 용서

이 두 가지 상실감에 더해 다소 무례하고 속 좁은 백성에게서 오는 또 다른 어려움이 닥쳤다.[345] 1591년 초 어느 날, 못된 사람들이 신부들의 수도원에 돌을 던지기 시작한 것이다.[346] 또 다른 날인, 이듬해 7월 어느

---

341 Cf. N.349.
342 Cf. N.385.
343 Cf. N.418.
344 Cf. N.1278.
345 Cf. N.429.
346 Cf. N.377.

밤에는 무기를 들고 물건을 훔치러 들어온 한 무리 도둑 떼의 습격을 받기도 했다. 데 페트리스와 몇몇 하인은 상처를 입었고, 리치는 창문에서 뛰어내리다 발목을 삐었다.[347] 두 가지 경우 모두 "성교회의 가르침에 대해 그 도시의 주민들이 냉소적이었던" 것을 리치가 복음적인 가르침을 실천으로 보여 줌으로써 흔들어 놓는 계기가 되었다.[348] 신부들은 용서만 해 준 게 아니라, 그들의 잘못을 중재까지 해 주었기 때문이다. "그리스도교의 가르침이 무엇인지를 그 사람들에게 알려 주고자, 부당한 것에 대해 보복하지 않은 것만이 아니라, 악惡에 대해 더욱 선善으로 대한다"라는 가르침을 행동으로 보여 주었다.[349] 실제로 관리들은 이런 그리스도교의 가르침에 크게 감동하고 칭찬을 아끼지 않았고,[350] 그중 한 사람은 신부들에게 "애정과 호감을 느끼고 환대해 주었다."[351]

16. 리치가 광동에서 나와 남경에 도착하다

발리냐노가 리치에게 준 지침은 모든 기회를 이용하여 중국 내륙으로 점점 더 깊이 두 수도에까지 진출하라는 것이었다.[352] 선교사[리치는 선교를 더욱 안정적으로 하기 위해 거주지를 늘리고자 하는 동시에, "공기는 나쁘고 사람들의 건강도 나쁜 소주의 집을 변모시키는 데"[353]도 마음을 썼다. 또, 지난 10년간의 경험으로 깨달은바, 그때까지 사용하던 승려

347 Cf. N.4045. 치료에도 불구하고, 그의 발목 탈구는 평생 남아 있었다.
348 Cf. N.376.
349 Cf. NN.381-382, 406, 415.
350 Cf. N.407.
351 Cf. NN.417, 428.
352 Cf. N.429, 본서 2권, p.413, 주(註) 310.
353 Cf. NN.429, 1293.

의 이름과 복장을 바꾸는 게 시급하다고 판단했다. 이에 남경南京과 북경北京으로 가는 한 고관의 통행을 기회로 [선교사는 광동에서 나와 생활양식을 바꾸어] 1595년 4월 8일, 북쪽으로 가는 여행길에 합류했다. 이 고관에게는 지적 장애자 아들이 하나 있었는데, 이교도들이 리치의 덕을 칭송하듯이 그도 리치를 존경했고, 이에 조경肇慶의 한 관리가 지적 장애인의 아버지에게 아들의 회복을 위해 선교사에게 의지하라고 조언했다. 마태오 신부는 그를 치료하려면 시간이 필요한데, 그가 떠나야 하므로 자신이 동행할 수 있게 해 달라고 요청했다. 그래서 리치는 1595년 4월 18일, 이 고관[대인(大人)]과 함께 그의 보호 아래 여행하게 되었다.

여행자들은 "자두 고개", 매령梅嶺을 넘어, 공강贛江을 거슬러, 남안南安과 감주贛州시市를 경유했다. 배를 타고 가는 동안 선교사는 자주 고관의 배에 올라 그와 대화하며 이성적으로 생각하게 했다. "유럽의 풍습, 그리스도교의 율법, 유럽의 학문 등 여러 가지 것들에 관해서 많은 이야기를 나누었다."

대인은 신부와의 이런 대화를 매우 좋아했고, 자주 신부를 점심 식사에 초대했다.[354] 그러나 감주甘州와 만안萬安 사이, 특별히 힘든 구간에서 리치의 배가 거친 물살에 전복되어 동승자는 사망하고 수영을 할 줄 모르는 그도 곧 죽을 거로 생각했지만, 밧줄과 부판에 매달려 위험에서 벗어날 수 있었다.[355] 이에 겁을 먹은 관리는 유럽인 동행자를 소주로 돌려보내려고 했지만, 리치는 프리즘 하나를 선물로 주고 그의 마음을 다독

---

354 Cf. N.439.
355 Cf. N.445.

여 남경南京까지 여행을 이어 갔다.

17. 남경에 세 번째 수도원을 마련하다

그리하여 파양호鄱陽湖와 남강南康시를 지나, 여산呂山 인근을 돌아, 양자강陽子江을 따라 길게 내려와 드디어 1595년 5월 31일, 남경에 도착했다.[356] 우리의 선교사는 도착 즉시 친구와 지인들을 찾아 나섰다. 그는 모든 사람에게 남경에 관한 좋은 소식을 너무 많이 들어서 오래전부터 이곳 '남부의 수도南京'로 와서 생生을 마무리하고 싶었다고 말했다. 신상의 안전을 위해 그는 현재 '황실 의전 담당관'으로 와 있던 자신의 오랜 친구를 만나러 갔다. 그러나 그는 외국인을 수도에 오게 하는 데 도움을 주었다는 비난을 받을까 두려워했고, 가능한 한 빨리 남경을 떠나라고 명령했다. 사실 당시 중국은 일본과 전쟁 중이었고,[357] 당시 중국인은 이탈리아인을 일본인으로 간주하여 간첩으로 의심받을 수 있는 상황이었다.[358] 더 나쁜 상황을 피하고자, 리치는 뒤로 물러나 강서江西의 중심도시 남창南昌까지 돌아가기로 했다. 1595년 6월 28일 그곳으로 들어가서,[359] 이듬해에 세 번째 수도원이 될 집을 매입했다.[360]

18. 그곳에서 주요 인사들과의 긴밀한 관계

"매우 이상한 사람이 그 도시에 왔다는 소문은 삽시간에 퍼졌다."[361]

---

356 Cf. N.453.
357 **역주**_ 임진왜란 말기라, 중국(명)은 조선과 연합하여 일본을 상대로 전쟁하고 있었다.
358 Cf. NN.460-461.
359 Cf. NN.462, 464.
360 Cf. N.492.

그들[선교사들]은 중국인과의 관계에서 외적으로 위엄을 지키는 일이 얼마나 중요한지를 알았고, 그래서 자신을 '서방의 문인 학자[도인(道人)]'[362]라고 부르는 것뿐 아니라, 비단옷에 가마 없이는 도시를 돌아다니지도 않았다.[363] 점차 그 도시의 주요 학자들과 총독의 주치의와 친분과 우정을 쌓기 시작했다. 총독의 주치의와 성(省)[강서]의 총독[364]은 선교사가 남창南昌에 정착하기를 바란다[365]는 소문에 자신의 귀를 의심했다. 존경받던 어떤 학자 어른은 리치에게 개종에서 멀리 있지 않다는 인상을 주었다.[366] 말인즉슨 "남창의 모든 관리"와 친분을 맺었다는 말이다.[367]

리치는 그 도시에 살고 있던 두 명의 황족과도 긴밀하게 유대관계를 형성했는데, 낙안왕樂安王과 건안왕建安王이 그들이었다. 특히 건안왕은 "신부에게 더욱 애정을 보였고, 깊은 우정과 배려를 아끼지 않았다."[368] 우리의 선교사는 그들에게 해시계와 시계, 지구본, 구체, 프리즘, 성화聖畵, 각종 지도 등 여러 가지 선물을 했다.[369] 건안왕의 요청으로, 1595년 11월쯤 리치는 우리[유럽]의 철학자와 성인들이 '우정'에 관해[『교우론(交友論)』] 언급한 것들을 모아 중국어로 번역했는데, "지금까지도 중국인들을 놀라게 하며,"[370] 같은 중국 안에서 여러 성에서 여러 차례[371] "모든

---

361 Cf. N.466.
362 Cf. N.431, 본서 2권, p.415, 주(註) 313.
363 Cf. N.466. [사회적으로] 존경하는 사람들은 교통수단 없이 다니지 않았다.
364 Cf. NN.474-475.
365 Cf. N.466.
366 Cf. N.484, 본서 2권, p.473, 주(註) 509. N.1472.
367 Cf. N.476.
368 Cf. N.480.
369 Cf. NN.467, 478-481, 483.
370 Cf. NN.482, 1558.

문인 학자들의 찬사를 받으며"[372] 출판과 재판을 거듭했다.

19. 놀라운 기억술

리치가 남창南昌에 있는 동안, 그의 놀라운 기억력을 드러내는 사건이 발생했는데, 모든 사람이 크게 칭송했다. 중국인들이기에 더욱 그럴 수밖에 없었다. 수천, 수만 개의 글자 혹은 기호를 암기해야 하고, 획이 하나만 바뀌어도 의미가 완전히 달라지기 때문이다. 1595년 8월 29일 이전, 도시의 수재[학사]들과 식사하는 자리가 있었는데,[373] 거기서 리치는 연관성이 없는 400-500개의 글자를 쓰게 한 다음, 한 번만 읽고, 그것을 순서대로, 거꾸로 뒤에서부터 그대로 반복하여 모든 회중을 놀라게 했다.[374]

군중 사이에 있던 학생들은 당연히 이런 비범한 사람을 칭송했고, 즉시 자기들에게도 그 비법을 가르쳐 달라고 간청했다. 그해 11월 이전, 리치는 [이것에 관한] 첫 수업을 했다.[375] 총독은 이 수업에 자기 아들 셋을 보냈고, 1595년 말쯤 아니면 이듬해 초순쯤에, 아이들을 위해 "(서국)기법[(西國)記法]"이라는 소책자를 중국어로 번역했다. 이 책은 리치가 학창 시절, 예수회원이며 함께 공부하던 렐료 파시오네이Lelio Passionei를 위해 만들어 준 기억술(local memory)에 관한 소책자로, 중국에 오면서 가지고 온 것이다.[376] 사본들이 나온 것은 1625년 이후다.[377]

---

371 Cf. N.706.
372 Cf. N.482.
373 Cf. N.1357.
374 Cf. N.469; N.469, 본서 2권, p.455, 주(註) 462.
375 Cf. N.1479.

20. 달력 수정을 위해 북경으로 향하다

이런 모든 것에서도 우리의 선교사는 발리냐노의 지침을 놓친 적이 없다. 즉, "특히 북경의 황궁으로 들어가 황제를 알현하라고 당부한 점이다. 선교사들의 지위를 황제가 인정해 주지 않는 한 결코 안전할 수 없기 때문이다."[378] 이런 지침은 1597년 8월에 다시 내려졌거나 반복되었다. 이에 따라 리치는 바로 수도로 가는 길을 도와줄 사람을 찾기 시작했다.[379] 섭리에 따라, 몇 년 전, 리치는 중국의 달력 편찬을 담당하는 예부상서禮部尙書와 친분을 맺은 적이 있었다. 현재의 달력은 오래전부터 오류가 있어 수정이 필요했다. 우리 선교사의 수학적 지식은 모두가 주목한 바 있었다. 상서는 그 점을 떠올렸고, 리치를 북경으로 데리고 가 달력을 수정하도록 일을 맡길 참이었다.

그래서 1598년 6월 25일, 리치는 양성하고 있던 중국인 수사 한 명과 또 다른 예수회 입회를 앞둔 중국인 [예비 수사] 한 명을 동행자로 선발하여 남창南昌을 떠나 남경南京과 북경北京으로 향했다.[380] 당시는 조선의 요청으로 [중국이] 일본과 한창 전쟁 중이었다. '남부의 수도'에는 사방에서 간첩이 목격되었다. 따라서 외국인을 받아들일 때가 아니었다. 모든 여관은 "복장이나 인상이 의심스러운 사람", 곧 혐의가 있는 사람의 접객을 금했다.[381] 그 바람에 우리의 여행자는 7월 초순의 엄청난 무더위 속에

---

376 Cf. N.1529.
377 Cf. N.490, 본서 2권, p.485, 주(註) 534.
378 Cf. N.501.
379 Cf. N.503.
380 Cf. N.506.
381 Cf. N.507.

서 종일 따가운 햇빛에 노출된 배에 머물러야 했다. 이렇게 큰 도시에서 집에 그들을 맞이해 줄 사람을 아무도 찾지 못했기 때문이다.[382] 상서도 상황이 좋지 않은 것을 보고 선교사를 남창南昌으로 돌려보낼 생각을 했다.[383] 그러나 그는 서방에서 온 선물을 너무 많이 받았기 때문에, 무엇보다도 훌륭한 시계를 받았기 때문에 자기가 나서서 선교사를 가라고 할 수가 없었다.

21. 북경에서 남경으로 되돌아오다

여행은 대운하를 따라 계속되었고, 1598년 9월 7일, 리치는 그토록 그리던 '북부의 수도', 북경北京의 성문에 도착했다. 그러나 중국-일본의 전쟁으로 남경에서 겪었던 난관 못지않게 간첩 혐의로 의심받는 건 여기도 마찬가지였다. 리치의 친구 관리들이나 리치를 이곳으로 안내한 상서의 친구들은 "매우 잔인하여", "작은 일로도 자주 곤장을 때리고 죽이기까지 하는" 황제를 두려워했다.[384] 모두 그저 돈이나 챙길 생각만 하는 것 같았다. 우리 선교사가 받은 인상은 고무적이지 않았다.

"북경은 무질서한 바빌론같이 온갖 죄악이 난무했고, 아무도 정의와 자비를 말하는 사람이 없었으며, 그런 상황에서 벗어나기를 바라는 사람도 없었다."[385] 따라서 더 큰 불행을 피하고, 특히 문이 아예 닫히는 걸 피하고자, 리치는 지금 시작하는 것보다는 되돌아가서 나은 시기를 보는

---

382 Cf. N.533.
383 Cf. N.507.
384 Cf. N.525.
385 Cf. N.525.

것이 좋겠다고 판단했다.

11월 5일, 두 달간 기다리고 협상한 끝에 신부는 돌아가기로 했고, 임청臨淸까지는 강으로, 이후에는 운하가 얼어서 육로로 가기로 했다. 잠시 소주蘇州시에 들러 고상하고 성실한 친구 구태소瞿太素를 찾아보려고 했다.[386] 그러나 그는 단양丹陽 근처에 있었고, [리치를] "뜨겁게 환대"했다. 마치 "같은 그리스도교 국가에서 온 우리 친구들도 그렇게는 반기지 못할 정도로" 그를 크게 반겼다.[387] 무엇보다도 구태소는 자신의 침대를 선교사에게 내주고 자기는 맨바닥에서 잤다. 사실 가엾은 여행자는 여행에 지쳐 거의 죽을 지경이었다. "그러나 친구의 극진한 보살핌과 배려로 한 달을 쉬었고, 이전보다 더 건강해져서 돌아왔다."[388]

22. 남경의 관리들 사이에서 크게 환대받다

처음에는 구태소 가족이 있는 소주蘇州에 수도원을 마련하면 그의 아낌없는 도움을 받을 수 있을 거로 생각했다.[389] 그러나 후에 좀 더 고민한 끝에, 그냥 남경南京에 자리를 잡기로 하고, 리치의 절친한 친구 진강鎭江의 지부가 두 여행자에게 내준 관리가 타는 큰 배를 타고 두 사람은 1599년 2월 6일, [남경으로] 들어갔다. 이듬해 9월 16일, 일본 왕 도요토미 히데요시(豊臣秀吉)의 죽음과 그에 따라 1592년부터 조선에서 있은 중국과의 전쟁에 참여했던 일본군의 후퇴로 도시는 온통 기쁨에 차 있었다.

---

386 Cf. N.528.
387 Cf. N.530.
388 Cf. N.530.
389 Cf. N.530.

더는 간첩 혐의에 대한 공포도, 일본인이라는 오해도 받지 않게 되었다. 오히려 사방에서 예부상서의 후원으로 리치가 북경으로 갔다는 소문이 돌았고, 그간 중국-일본의 전쟁이 그를 '북부의 수도'에 머물지 못하게 했다고 설명했다. 모두 서양의 대인이 가져온 프리즘, 시계, 성화 등 유럽의 물건들을 보고 싶어 했다.[390]

구태소는 항상 "입만 열면 신부와 서양의 학문과 물건에 대해 칭송을 아끼지 않았다. 신부의 학문이 아무것도 모르는 모든 중국학자의 눈을 열어 주었고, 그래서 사방에서 그를 찾는다"라고 했다.[391] 그 바람에 많은 문인 학자가 그[리치를 방문했는데, 그중에는 리치를 북경으로 안내했던 예부상서, 형부刑部의 시랑侍郎, 형부상서刑部尙書와 호부상서戶部尙書, 예부시랑禮部侍郎, 국자감國子監의 헌관, 한림원翰林院의 박사와 다른 많은 사람이 있었다.[392] 후에 리치가 남경에 자리를 잡기 위해 집을 찾는다는 소문이 나자 "매일 많은 사람이 와서 여러 가지를 제시하며, 매우 편하다는 둥, 보여 주겠다는 둥 몹시 성가시게 했고"[393] 선교사들은 집을 보러 다녔다. 이로써 하느님의 뜻은 분명해졌고, 리치는 '남부의 수도'에 자리를 잡았다.

23. 서양 학문의 중국 도입

우리 선교사와 함께 서양의 학문이 중국에, 일단 남경에 소개되었다.

---

390 Cf. N.532.
391 Cf. N.533.
392 Cf. N.533.
393 Cf. N.533.

그의 친구인 문인 학자들과 추종자들이 그에게서 발견한 것은, 사실 그렇게 큰 것이 아니었다. 리치도 그것들에 연연해하지 않는다는 걸 보여 주었다.[394] 말하고자 하는 것은 "마태오 신부가 한 일들 가운데 중국의 학자들과 위인들의 존경을 받았던 것은 그들이 한 번도 들어 보지 못했던 우리[유럽]의 학문을 전해 주었기 때문이다."[395] 중국인들은 지구가 둥글다고 하는 걸 처음 들었고, 극極의 존재, 일식[과 월식]의 본질, 네 가지 원소, 별들의 크기, 대륙의 광대함과 수數, 유클리드의 기하학에 대해서도 모두 처음 들었다. 그들은 또 천체관측기(astrolabi), 구체, 지구의와 천구의, 시계, 육분의, 사분의 등을 처음 보았다.

"이 모든 것에 대해 그들은 매우 이상하게 생각했고, 신부가 분명한 논리로 설명하고 그것을 입증하자 대부분 부인하지 못하고, 모두 진리라고 말했다. 이에 짧은 시간에 중국의 모든 학자 사이에서 명성이 퍼지기 시작했다. 그들은 우리와 우리의 땅에 대해 믿음을 갖기 시작했고, 지금까지 중국이 다른 모든 나라를 칭했던 것처럼 더는 '야만野蠻'이라고 표현할 수 없게 되었다."[396]

그리하여 많은 위대하고 이름난 문인 학자들이 와서 "신부를 스승으로 모시고자 찾아와 그의 강의를 듣기 시작했다."[397] 그중에는 수도의 최고 권위자들이 있었는데, 위국의 공작[위국공(魏國公)]을 지낸 서홍기徐弘基, 풍성의 후작[풍성후(豊城侯)] 이환李環, 초횡焦竑과 이탁오李卓吾 같은 최

---

394 Cf. N.56, p.313, 주(註) 176.
395 Cf. N.538.
396 Cf. N.538.
397 Cf. N.539.

고의 문인 학자들이 서양의 대인과 관계를 맺는 영예를 얻었다.[398] 남경의 위대한 불교학자와 한 차례 논쟁도 있었고,[399] 당시 중국의 4대 승려 중 한 명인 삼회三淮와 최고의 논쟁을 하기도 했다.[400]

24. 남경에서의 첫 번째 그리스도인들

학문적인 가르침에서 종교적인 가르침으로 넘어가는 건 당연했다. 사실 승려들이 한 자연 현상에 관한 설명에 대해 리치가 터무니없다는 것을 입증하자, "우리의 학문으로 수학을 배운 많은 사람이 우상[불교]들의 율법과 교리를 비웃었고, 그들의 자연에 관한 이론과 현세의 삶에 대해 모두 엉터리라며 그들이 말하는 내세와 초월적인 것들에 대해서는 신뢰할 수 없다고 말했다."[401] 정확하게 리치가 세속 학문의 가르침을 통해 얻고자 한 것들이었다. 그 덕분에 1599년 말 혹은 1600년 초, 남경에서 첫 그리스도인들의 세례가 있었다. 그들은 "지위가 꽤 높은" 진秦이라는 가문 소속으로 "대단한 저택"에서 살았다. 이 가문은 수대에 걸쳐 남쪽 지역의 성省들에서 북경으로 쌀을 운반할 때 경비를 서는 병참兵站부의 체운소遞運所 총책임을 맡고 있었고, 가문의 수장은 70세의 존경받는 노인으로 바오로라는 이름으로 세례를 받았다. 지휘관인 그의 아들도 마르티노라는 이름으로 세례를 받았다. 그들과 함께 "손자들은 물론 온 집안과 여러 친척까지" 모두 세례를 받았다.[402]

---

398 Cf. NN.547, 550-551, 1558-1559.
399 Cf. NN.556-557.
400 Cf. NN.558-559.
401 Cf. N.540.
402 Cf. N.569.

25. 북경을 향한 순조로운 두 번째 여행

'남부의 수도', 남경에 자리를 잡았다는 것은 대단한 성과가 아닐 수 없었다. 리치는 이제 높고 낮은 모든 문인 학자와 관리들의 환영에 기뻐할 수도 있었다. 그러나 최종 목적지는 황제가 있는 '북부의 수도', 북경이라는 걸 한시도 잊은 적이 없었다. 리치의 첫 북경 여행의 동반자였던 카타네오는 돌아오는 길에 마카오까지 가서 새로 온 선교사 스페인 출신의 판토하와 함께 황제에게 바칠 선물을 가득 싣고 돌아왔다.[403] 남경에서 북쪽으로 재차 여행하는 걸 반대하는 사람은 아무도 없었고, 리치는 천자天子)에게 줄 선물을 마련하기 시작했다. 이어 절친인 남어사南御史 축석림祝石林이 발행해 준 여권과 남경의 고관 친구들이 북경의 권위자들에게 써 준 적지 않은 양의 추천 편지를 가지고, 1600년 5월 19일, 판토하와 중국인 수사 한 명과 함께 대운하 길로 북쪽으로 향했다.[404]

산동山東의 제녕濟寧을 지나면서 승려 시인 이탁오를 만났고, 거기에 관저를 둔 조운총독漕運總督을 사귀기도 했다. 이 두 사람은 남경의 문인 학자들이 그들에게 써 준 황제에게 올리는 상소문에 그다지 만족하지 않고, 더 "좋은 것"을 하나 써 주면서 "필체가 아주 좋은" 사람에게 잘 베껴 쓰게 하라고 주었다. 그러면서 두 사람은 '남부의 수도'에서 가지고 온, 리치의 북경 친구들에게 써 준 추천 편지들은 매우 좋다고 했다.[405] 7월 초순, 우리의 여행자들은 악명 높은 태감 마당馬堂의 손에 떨어졌고, 그는 황제의 은혜를 가로챌 욕심으로 리치가 수도에 들어가지 못하게 갖은

---

403 Cf. N.564.
404 Cf. N.576.
405 Cf. N.579.

방법으로 방해했다. 결국 천자에게 돌아갈 서양의 진기한 물건들에 손을 댔다. 6개월 동안 그는 리치와 리치의 동료들을 괴롭히고 또 괴롭혔다.

26. 북경으로 입성하라는 황제의 부르심

1601년 1월 초에 드디어 만력萬曆 황제는 다음과 같이 적은 공문을 한 통 보냈다. "천진天津의 세관장 마당馬堂이 보고한 내용을 살펴본바, 마태오 리치라는 멀리서 온 야만인이 자신의 나라에서 가지고 와서 바치고자 하는 선물들에 관한 정보를 검토했으니, 마태오가 직접 수도로 와서 선물들을 바칠 것을 명령하노라."

마당은 상관의 명령에 복종해야 했다. 선교사들은 황제가 직접 보낸 사람들의 호위를 받으며 북경으로 향했고, 1601년 1월 24일, 그들은 당당하게 [북경에] 입성했다.[406] 사흘 후에 그들은 황제에게 선물을 진상했는데, 거기에는 최근에 제작한 작은 구세주 성화, 로마의 성모 마리아 대성당에 있는 성모 성화 사본 하나, 아기와 성 요한이 있는 성모 성화, 판版에 금박을 입힌 성무일도서, 십자가와 여러 색상의 보석으로 장식된 유물함, 오르텔리우스의 『세계의 무대(*Theatrum Orbis*)』 사본, 4개의 시계와 그중 2개는 모래시계, 프리즘 두 개, 클라비쳄발로, 복음서(?), 코뿔소의 뿔, 거울과 병, 여러 색상의 리본, 두꺼운 직물과 옷감 한 필, 은화 등이 있었다.[407]

선물은 황궁에서 큰 반향을 일으켰다. 특히 황제는 유럽 회화의 선명

---

406 Cf. N.592.
407 Cf. N.592.

한 색감과 원근법을 크게 칭송했다.[408] 동시에 리치는 천자에게 상소문을 한 통 올리며 요청하기를, 자신은 수도자라 독신이기 때문에 조정에 요청하는 것은 아무것도 없고, 다만 천문학, 지리학, 계산과 수학을 공부했기에 그것들을 폐하를 위해 사용할 수 있으면 더없이 기쁘겠다고 했다. 황제는 고개를 끄덕였고, 리치는 북경에 최종 거주할 수 있게 되었으며, 그와 그의 동료들은 황궁에서 공금으로 생활비를 받으며 머물 수 있게 되었다. 마침내 선교는 견고한 토대 위에 세워졌고, 이제 남은 것은 그것을 점차 발전시키는 것뿐이었다.

27. 북경 사회의 엘리트 계층과 형성된 긴밀한 관계

북경에서도 다른 곳에서와 마찬가지로, 리치의 최고 절친들은 고관대작과 유명한 문인 학자들이었다. 그는 "조정대신들 중 최고 높은 관리"인 행정 감찰어사監察御史 조진여曹眞予, 대학사大學士 심일관沈一貫과 바로 우정을 형성했고,[409] 병부兵部, 예부禮部, 이부吏部의 주요 관리들,[410] 예부의 두 시랑侍郞,[411] "황제와 황후의 많은 친척", "많은 총관[總兵]과 여러 주요 인사들"과도 우정을 나누었다.[412]

"약간의 지위라도 있는 사람이라면 신부와 만나 대화하고, 또 신부가 자기네 집을 방문하는 걸 영광으로 생각"할 정도였고, 그와 식사하는 것을 영광으로 생각했다. "따라서 많은 주요 인사들이 신부를 매우 자주 연

---

[408] Cf. N.593.
[409] Cf. N.618.
[410] Cf. N.619.
[411] Cf. N.620.
[412] Cf. N.623.

회에 초대했고, 거절할 수 없게 항상 상석에 앉도록 했다." 이런 초대는 너무도 자주 있어서, 때로는 하루에 두세 집에서 초대받기도 했다. 그해 [1601년]만 해도 마태오 신부가 점심에 초대받은 횟수가 중국의 다른 지역에서 17년간 체류하면서 초대받은 것보다 많았다고 했다.[413] 이런 모든 높은 인사 중에서 특히 리치에게 진심으로 남다른 우정을 보여 준 두 사람이 있었다. 바로 풍응경馮應京 박사와 문인 학자 이지조李之藻였다.[414] 여기에 1604년 이후, 훗날 대학사大學士가 될 유명한 서광계徐光啟 박사가 추가될 것이다.[415]

28. 북경에서 이룩한 놀라운 사도직

풍응경은 세례를 받기 전에 사망했다. 그에 대해 리치는 이렇게 적었다. "그가 우리에게 한 좋은 일과 성교회와 성교회를 따르고자 한 그를 하느님께서 도와주시고 살펴주시기를 바란다. 내가 그에게 세례를 인정하기에 [주님께서] 그의 영혼을 구원해 주시기를 바란다."[416]

그러나 이지조李之藻와 서광계徐光啟는 각기 1610년 2-3월에 레오라는 이름으로, 1603년 1월에 바오로라는 이름으로 세례를 받았고, 두 사람은 17세기 초, 중국 그리스도교의 가장 큰 두 대표자가 되었다. 리치는 그들을 일컬어 중국 교회의 기둥이라고 했다. 그들은 단지 그리스도인 문인 학자만이 아니었다. 신부들은 그들이 매일 중국의 고관들을 대상으로 얼

---

413 Cf. N.623.
414 Cf. NN.624-632.
415 Cf. NN.680-682.
416 Cf. N.627.

마나 큰 공신력을 얻는지를 보았고, "이런 모든 기회를 이용하여 우리의 거룩한 가톨릭 신앙에 관해 설교하고 알리기 시작했다."

그리고 성공은 그리 오래 걸리지 않았다. 왜냐하면 "많은 학자와 유지들이 그들의 가르침에 귀를 기울이고 따르고자" 했기 때문이다.[417] 그중에는 황제의 동서, 태의원원사太醫院院使의 아들 둘, 어떤 상서의 친척, 형부상서刑部尚書의 손주, 유명한 화가, 여러 지역에서 통감을 지낸 한 박사,[418] 참모參謀와 금의위錦衣衛 등이었다.[419] 리치의 사도직은 너무도 성공적이어서, 그의 북경 체류 초기에 예부에서 황제가 서명한, 불교를 강하게 공격하는 법령을 공표할 정도였다. 이를 위한 상소문은 너무도 아름답게 잘 작성되어 "몇몇 그리스도인이 쓴 것으로 생각할 정도였다. 결국 황제는 불교를 신봉하는 조정 대신들이라면 관복 입는 것을 부끄러워해야 한다며, 승려들이 있는 광야로 가는 것이 좋겠다고 했다."[420] 유명한 4명의 승려 가운데 2명이 한 사람은 고문을 당했고, 다른 한 사람은 유배 갔다. 이 사건으로 불교의 권위는 크게 추락했고, 모든 것이 그리스도교가 북경에 입성하던 시기에 일어났다.[421]

리치의 눈에 이것은 너무도 성공적이어서 기적처럼 여겨졌다. 1605년 5월, 그는 이렇게 적었다. "현재 중국에는 유럽인 사제 13명과 중국인 수사 4명이 두 도성[남경과 북경]과 다른 두 중요한 도시[소주와 남창]에서 자유롭게 많은 그리스도인을 배출하고 있고, 이 나라 고관대작들의 총애를

---

417 Cf. N.689.
418 Cf. NN.690-692.
419 Cf. N.693.
420 Cf. N.636.
421 Cf. NN.637-640.

받고 있습니다. 우리가 보기에 중국의 양식을 아는 어떤 사람들이 낯선 사람들과 함께 있는 것처럼 느껴지고, 이 일 외에는 다른 생각을 하지도 말하지도 않는 우리가 너무도 놀라워 지극히 높은 분의 강한 손이 기적을 일으킨 것 같습니다."[422]

3년 후에도 그는 "이런 우리의 상태가 기적처럼 느껴집니다"라고 했고, 그것은 단지 북경에서 사는 것만이 아니라, 그들이 확실하게 누리고 있는 권위를 말했다.[423] 발리냐노도 리치의 성공을 총장에게 알리며, 선교가 기적처럼 이루어지고 있고, 앞서 언급한[424] 사실들을 이야기하며, 백 년으로도 도달할 수 없었을 일을 도착한 지 몇 년 만에 이루었다고 전했다.

29. 첫 번째 중국학자와 그들의 많은 중국작품

리치가 언어로 직접 일을 하거나 엘리트 계층을 대상으로 특별한 방식으로 학문적인 가르침을 통해 간접적으로 일을 한 것은 [그리스도교의] 가르침을 지속하기 위해서였다. 문자가 이 나라에서 얼마나 크게 존중받는지를 잘 알았던 그는 지식 외에 다른 형태의 품위 있는 행위는 존재하지 않기에, 리치는 곧 중국에서 책을 통해 할 수 있는 일이 많다는 걸 깨달았다. 방언이 다양하지만, 문어文語는 하나였고, 그것은 주변 국가들인 일본, 조선, 안남 등에서도 알아듣는다는 것이다. 그래서 그는 예외 없는 열정으로 이 일에 집중했고, 그것은 성공적이었으며, 불모지인 언어 공

---

422 Cf. N.1631.
423 Cf. NN.1826, 1876, 1910. 미래는 더 나아질 거라고 기대했다. Cf. NN.1802, 1880.
424 Cf. 본서, p.139 주(註) 230.

부에 매진했다고 할 수 있다. 요컨대 그는 중국인들도 놀랄 정도로 그 언어의 대가가 되었다.

"마태오 신부는 다른 사람들보다 먼저 시작했고, 스승과 책들에 대해서뿐 아니라, 그들의 책을 오랫동안 읽고 그것을 우리에게 가르칠 만큼 유창했다. 그는 또 책을 쓰기 시작했다. 하느님의 은총으로 그가 이룩한 성과에 대해 중국의 문인들은 찬사를 아끼지 않았다. 어떤 외국인도 이런 일을 해내는 것을 보지 못했기 때문이다. 그들이 보기에 아무것도 배울 것이 없는 나라에서 왔는데, 그들이 참고하고 주목할 만한 가치가 있는 게 되었다. 이제 그들은 하나같이 그를 도울 좋은 방법을 찾으려고 했다."[425]

리치의 문학 활동에 관해 어느 정도 정보를 줄 수 있는 장이 있겠지만, 여기서 간단히 언급할 수 있어서 다행이다. 1583년 9월 조경肇慶에 도착하여, 이듬해 10월에 "세계지도[산해여지전도(山海與地全圖)]" 초판본을 인쇄하라고 주었다.[426] 1589년 이전에 그는 문인 학자들과 나눈 그리스도교 신앙에 관해 함축한 교리적인 대화 내용을 중국어로 작성하기 시작했고,[427] 루지에리와 함께 첫 유럽어-중국어 사전[428]을 저술했다. 이 둘은 지금까지 미간행 작품으로 남아 있다. 거의 같은 시기에 리치는 그레고리안 달력을 중국어로 번역하고 음력으로 조정하여 사본을 교우들에게 나누어 주었다.[429] 이것은 1608년경 함축하여, 1625년에 트리고가 『추

---

425 Cf. N.704.
426 Cf. N.262.
427 Cf. *Civiltà Cattolica*, 1935, II, pp.40-53.
428 Cf. N.526.
429 Cf. NN.330, 655, 666, 1579.

정력년첨례일단推定歷年瞻禮日單』[430]으로 인쇄했다.

1591년과 1594년 사이, 리치는 데 알메이다de Almeida 신부와 데 페트리스De Petris 신부에게 지속적으로 중국어를 가르치며,『사서四書』에 관한 라틴어 해설을 썼는데, 지금까지도 나무랄 데가 없는 작품이나 거의 확실히 미간행된 걸로 알고 있다.[431] 처음 책으로 출판되어 나온 것은 우정에 관해 쓴,『교우론交友論』으로 1595년 말에 나왔다.[432] 3년 후인 1598년 11월, 리치와 카타네오는 중국인 수사 세바스티아노 종명인鍾鳴仁 페르난데즈의 도움으로, 작성한 사전의 음표와 음조를 소개하는 방법을 찾았다.[433] 1600년 5월 19일 이전, 남경에 도착하여 두 번째 판 "세계지도[『산해여지전도(山海輿地全圖)』]"를 인쇄했다.[434]

거의 비슷한 시기에『사원행론四元行論』을 집필하여 출판했다.[435]『서금곡의팔장西琴曲意八章』은 1601년 2월경에 나왔다.[436] 1602년에 분명하게, 1603년은 추측건대, 세 번째, 네 번째 판 "세계지도[만국여지전도(萬國輿地全圖)]"가 각각 여섯 폭, 여덟 폭짜리로 나왔다.[437] 유명한 호교론적인 작품,『천주실의天主實義』는 1603년에 출판되었다.[438] 1605년 초에는『천주교요天主教要』가 새로운 판으로 소개되었다.[439] 문인 학자들 사이에서

---

430   Cf. N.328, 본서 2권, p.290, 주(註) 591. N.1855.

431   Cf. N.527.

432   Cf. N.482.

433   Cf. N.526.

434   Cf. N.544.

435   Cf. N.538.

436   Cf. N.601.

437   Cf. D'Elia[1], pp.63-70.

438   Cf. N.708.

439   Cf. N.708.

큰 반향을 일으킨 수덕修德 성격의 소책자『이십오언二十五言』은 1605년
에 초에 나왔다.[440]『기하원본幾何原本』 상(上) 6권은 1607년에 인쇄되었
다.[441] 황제 판[442] "세계지도"는 1608년 초에 나왔다.[443] 같은 시기에 역
시 수덕 성격의『기인십편畸人十篇』도 나왔다.[444] 1608년 말과 1609년 내
내, 그리고 1610년 일부에 걸쳐서 본서『그리스도교의 중국 진출기
(Storia dell'Introduzione del Cristianesimo in Cina)』가 집필되었다.[445] 그가
제자들에게 가르쳐서, 그들에 의해 발간되어 나온 그 밖의 책들은 리치
의 사망을 전후로 빛을 보았다. 『혼개통헌도설渾蓋通憲圖說』,[446]『동문산
지同文算指』,『환용교의圜容較義』가 그것이고, 이 중 마지막 두 권[『동문산지
(同文算指)』와『환용교의(圜容較義)』]은 1614년에 출판되었다.

30. 초창기 중국의 예수회원들

리치는 한편으로는 출판물을 통해 자신의 가르침을 지속시키는 것에
대해 생각하면서, 다른 한편으로는 현지인 성직자를 통해 미래 중국 교
회의 기초를 다지는 데도 주력했다. 리치가 조경肇慶에 정착한 지 겨우 6
년이 되었고, 중국 내륙에는 80여 명의 세례자밖에 나오지 않은 시점인
데, 벌써 발리냐노는 1589년 10월 10일 자 편지에서 총장에게 4명의 중

---

440 Cf. N.707.

441 Cf. N.772.

442 **역주_** 황제가 요청하여 나온 것으로 이전의 것을 모두 수정하여 완성도가 가장 높은
     판으로, 흔히 "황제 판(L'edizione imperiale)"이라고 한다. Cf. NN.888-893.

443 Cf. D'Elia[1], pp.84-93.

444 Cf. NN.711, 1801.

445 Cf. 본서『그리스도교의 중국 진출기』서언.

446 Cf. NN.1799, 1817, 1867; R. Biblioteca Casanatense di Roma, ms. 2132.

국인 —물론 마카오 출신이다— 을 수도회에 입회할 수 있도록 허락해 달라고 했다. 두 사람은 이미 준비가 되어 있었는데, 몇 년째 예수회 수도원들에서 준비해 왔기 때문이다. 그렇게 첫 중국인 예수회원 두 사람이 탄생했다. 이는 근대 시기에 탄생한 첫 번째 두 명의 중국인 수도자기도 했다. 그들의 수련기는 1591년 1월 1일에 시작되었고, 중국에 첫 [예수회] 수도원이 세워진 지 7년이 조금 넘은 시점이었다. 1592년 11월 12일, 이 두 수련자의 스승인 리치는 자신의 예전 수련기 때 스승인 파비오 데 파비Fabio de' Fabj 신부에게 이 일을 이렇게 알렸다:

"중국 국적의 두 젊은이가 예수회에 입회했습니다. 두 사람은 그리스도인들 사이에서 나고 자란 사람들로 우리에게 큰 도움이 됩니다. 올 연말이 되면 수련기 2년차가 끝납니다. 2년간 두 사람은 라틴어와 중국어 [하루 서너 차례 수업][447] 공부에 열중했습니다. 이는 최대한 빨리, 이 땅에서의 활동에 투입하기 위해서입니다."[448]

다른 데서 알게 된바, 이 두 명의 최초의 중국 예수회원 중 한 명은 라틴어 공부와 함께 사제직을 염두에 둔 소小품[449]을 받았다.

시간이 지나면서 다른 많은 사람이 이 두 사람에 더해졌다. 1605년 5월 9일, 리치는 다음과 같이 편지에 적었다. "이제 중국에는 [외국인] 사제

---

447 Cf. N.1203.
448 Cf. N.1196.
449 Cf. N.785; **역주_** 소품계들(Gli ordini minori) 또는 네 가지 소품(小品, 하위 성직품)으로 알려진 가톨릭 성직자 교계의 한 부분으로, 사제직을 제외한 전례 예식을 돕는 여러 가지 교회 활동을 포괄한다. 성체분배직, 독서직, 구마직, 시종직 등으로, 라틴 교회에서는 1973년 1월 1일, 바오로 6세 교종에 의해 폐지되었다. 과거 리치 시절에는 성품성사[사제] 후보자에게만 유보된 직무이기도 했다.

13명과 중국인 수사 4명이 있습니다."⁴⁵⁰ 같은 해 7월 26일, 그는 언급한 4명 외에도 다른 2명의 젊은이가 입회할 예정이라고 말한다. "저는 두 명의 중국인 젊은이를 예수회에 받으려고 합니다. 그들은 오랫동안 이 집[북경 수도원]에서 형제처럼 지내며 고무적인 좋은 일로 우리를 많이 도와주었습니다."⁴⁵¹

3년 후인, 1608년 3월 8일, 첫 두 명 중 한 명이 1606년 3월 31일 광주에서 일찍 사망하자,⁴⁵² 리치는 예수회 총장에게 이렇게 편지했다. "비록 … 프란체스코 마르티네스 수사님이 사망했지만, 올해 저희는 다른 4명 중국인의 예수회 입회를 허락하려고 합니다. 물론 중국 내륙 출신이 아니라, 마카오에서 왔고, 부모가 그리스도인이고 그리스도인 환경에서 나고 자란 사람들입니다."⁴⁵³

그리고 같은 해 8월 22일, 다시 반복해서 "저희는 이제 4곳 수도회에 [외국인] 사제 13명과 4명의 수사가 있고, 거기에 올해 입회한 4명의 다른 수련자가 더 있어 8명이 되었습니다. 거기에 네다섯 명의 젊은이가 우리 집에서 공부하고 있는데 수사처럼 우리를 많이 도와줍니다." 즉 예수회 입회 후보자로 있다는 말이다.⁴⁵⁴ 이것은 이미 사망한 사람은 계산하지 않은 것이다. 1610년 11월 23일 니콜로 론고바르도Nicolò Longobardo 신부가 쓴 보고서에 의하면, 리치가 사망한 해에 외국인 신부의 수는 8명으로 줄었고, 약 2,500명의 교우들을 "8명의 유럽인 사제와 8명의 중국인

---

450 Cf. N.1572.
451 Cf. N.1700.
452 Cf. N.788.
453 Cf. N.1810. 이 중 한 명은 철학 과정을 마쳤다(N.1890).
454 Cf. N.1853.

수사"가 돌보고 있다고 했다.[455] 게다가 네 곳의 수도원에는 각기 서너 명의 젊은이가 예수회 입회를 준비하고 있었다. 이 중국인 중 아무도 사제가 되지는 못했지만, 화가 예일성倪一誠 야고보를 제외하고는[456] 모두 각자의 운명이 있었다. 그들이 사제가 되지 못했던 것은 그때까지 그들에게 사제직을 허락하지 말라는 로마의 명령이 있었기 때문이다.

실제로, 필자는 아콰비바가 1606년 12월 12일 자, 이미 고인이 된 발리냐노에게 쓴 편지에서 일본인들에게는 사제 서품을 허락하면서 중국인들에게는 금지하는 대목을 발견했다. 이유는 개종한 지 얼마 되지 않았기 때문이라는 것이다.[457] 그러나 드물지 않게 확인할 수 있듯이, 현지인 성직자 교계를 세우려는 리치의 노력과 발리냐노의 의도는 계속해서 있었고, 그들은 27년(1583-1610년)이라는 짧은 기간에 오늘날에도 이루지 못할 정도로, 전체 선교사 수의 절반을 현지인 수도자가 차지하게 할 만큼 큰 성공을 거두었다.[458]

31. 귀하고 거룩한 죽음

리치의 [선교] 사업은 이제 견고한 토대 위에 올려진 것 같았다. 바람과

---

455 Cf. Tacchi Venturi, II, p.488.

456 Cf. NN.687, 1753.

457 "일부 중국인과 일본인 형제들을 사제로 만들자는 제안에 대한 요지와 어려움과 관련하여, 제 생각에는 중국인은 당분간 이 직위에 선출되어서는 안 된다고 봅니다. 이유는 아직 신앙이 깊지 않아서 신학교 등에서 더 넓은 경험을 쌓은 후에 취해도 되기 때문입니다"(ARSI, Jap.-Sin., 3, f.24, N.48).

458 필자의 논문을 보라. È proprio vero che non ci sono tracce di clero indigeno nei primi cinquanta anni delle missioni cinesi? in Il Pensiero Missionario, Roma, 1936, pp.16-29.

폭풍이 분명히 불어닥칠 것이고, 무서운 태풍도 오겠지만, 건물은 더는 무너지지 않을 것이다. 그러니까 일꾼은 이제 물러가 끝없는 수고에 대한 보상을 받으러 가도 되었다.

리치가 매일 하던 것 중에 1610년 사순절에 하나가 더 추가되었는데, 그것이 그를 치명적으로 이끌었다. 약 5천 명의 관리가 조정에 업무 보고차 수도로 몰려왔고, 또 다른 5천 명의 학생도 진사[박사] 시험을 치르기 위해 [북경으로] 왔다. 관리는 물론 학생들은 리치를 알았거나, 그의 책을 감탄하며 읽었거나 적어도 그에 관해 크게 칭송하는 걸 들었다. 따라서 많은 사람이 북경에 온 기회를 이용하여 이 뛰어난 사람을 보러 온 이유가 설명된다. 세련되고 관대한 그는 모든 사람을 받아들였을 뿐만 아니라, 고관들의 방문에 답방문까지 했다. 이 모든 방문을 받았건, 했건, 그것은 모두 선교사가 철저하게 지켰던 사순절 기간에 있었고, 몸을 사릴 줄 몰랐던 일꾼은 이미 기진한 상태에서 남은 기운마저 완전히 빼는 결과를 초래했다.

5월 3일, 그는 방문객을 맞이하고 돌아와 너무 지쳐서 자리에 들며, 조용히 다시는 일어나지 못할 수도 있다고 선언했다. 데 우르시스De Ursis 신부에게 자신의 방으로 와 달라고 했고, 그는 솔직하게 고백성사를 보았다. "이런 고통스러운 삶을 끝내고 내 하느님을 향유하러 가는 것이 최선인지, 이런 선교의 상태를 신부와 수사들에게 남기는 고통이 최선인지 자문하게 됩니다"라고, 리치의 사망 열흘 후에 데 우르시스는 회상했다.[459]

---

459 Cf. Tacchi Venturi, II, p.484.

그리고 또 며칠 뒤, "제가 여러분에게 문을 열어 두고 가지만, 거기에
는 또 다른 위험과 수고가 여러분을 기다리고 있을 것입니다"라고 말했
다.[460] 착하고 충성스러운 종의 날은 끝이 났다. 리치는 1610년 5월 11
일, 화요일 저녁, 57세로 사망했다. 중국에 있은 지 28년이 조금 안 되었
다.[461] 설립자의 죽음도 그의 [선교] 사업을 정착시키는 데 도움이 될 것
이다. 황제가 그와 그의 동료들에게 ─중국 역사상 유일한 영예가 될─
묏자리를 주려고 준비했기 때문이다. 그의 제국에 있어도 된다는 승인이
나 거의 다를 바가 없기 때문이다.[462]

32. 성덕의 향기

[리치가] 선종하자마자, 유럽에서와 마찬가지로 중국에서도 그의 영웅
적인 성덕에 관해 말하기 시작했다.

북경 수도원의 원장으로 있던 데 우르시스는 직접 눈으로 목격한 것을
말하기 시작했는데, 리치의 시신이 얼굴에는 미소를 띠고, 낯빛이 살아
있어 죽은 것으로 보이지 않아서 참석한 중국인들이 크게 위로를 받으
며, 탄복하며 외치기를, "성인이로다! 참으로 큰 성인이로다!"[463]라고 했
다고 한다. 문상 온 거의 모든 사람이 이를 감지하고 칭송했다.[464] 그리
고 바로 그 시기에 교우들은 유문휘游文輝 페레이라 수사에게 [리치의] 초
상화를 그려 달라고 했다(그림[Tavola] I).

---

460   Cf. N.962.
461   Cf. N.963.
462   Cf. NN.971-1000.
463   Cf. N.178, p.450, 주(註) 565.
464   De Ursis, p.59.

데 우르시스 신부는 말한다. 5월 8일 토요일 저녁에 리치가 불러 갔더니 최종 고백성사를 달라고 하더라는 것이다. "그분은 총고백에 가까운 성사를 보았고, 제 일생 이보다 더 큰 위로와 기쁨을 느끼지 못했습니다. 이유는 선하신 어른의 충만한 내적 기쁨과 무결함, 생활의 거룩함, 양심의 순수함, 주님의 뜻에 순응함과 같은 많은 [좋은] 것을 보았기 때문입니다."[465]

리치의 마지막 영적 아들인 이지조李之藻 레오 박사도 데 우르시스와 똑같은 증언을 하며, 고인의 성덕을 전적으로 확신했다. 실제로 좋은 관을 [즉시] 마련할 수가 없었고, 그사이에 그가 자신의 영적 아버지께 정말 좋은 관을 선물하고 싶어 일꾼들에게 이렇게 말했다: "신부님의 몸에서 악취가 날까 두려워 서두르지는 마십시오. 확신하건대, 관을 살 때까지 그런 분은 몸에서 악취가 나지 않습니다."

데 우르시스는 놀라며, 덧붙이기를 "정말로 그렇게 된 것처럼 보였다. 사실, 관을 마련하여 마무리할 때까지 이틀 낮, 이틀 밤이 지났고, 날씨는 매우 더웠지만, 그분의 얼굴은 너무도 신선했고 낯빛도 살아 있는 사람 같았다. 모든 교우가 그렇게 보았고, 많은 사람이 신부[리치]에 관해 [이지조가] 예견한 것과 똑같다고 했다."[466]

1611년 10월 7일, 리치의 예전 동료였다가, 발리냐노의 후임으로 순찰사로 와서 그의 장상이 된 프란체스코 파시오Francesco Pasio 신부는 마태오 신부의 열렬한 지지자며 마체라타 사람인 지롤라모 코스타Girolamo

---

465 De Ursis, p.54.
466 De Ursis, p.58.

Costa 신부에게 이렇게 편지했다.

"우리 주님께서는 오랫동안 중국에 있은 착한 마태오 리치 신부를 천국으로 부르셨습니다. 그분은 거룩하고 신중하며, 인내로서 하느님의 율법과 예수회에 큰 신뢰를 얻게 했고, 울창한 이교의 숲에 다른 신부들이 지나갈 수 있도록 길을 열어 주었습니다."[467]

그해 같은 달 19일, 고인의 비서이자 동료인 라자로 카타네오Lazzaro Cattaneo 신부[468]는 리치의 오래전 수련기 때 스승인 파비오 데 파비Fabio de' Fabj 신부에게 쓴 편지에서 리치에 관해 이렇게 말했다. "그분은 성인처럼, 살아온 것처럼 선종했습니다." 그런 다음, 그분은 병이 들면서부터 "자신의 시간이 이미 도래했음을 알고 있었습니다"라고 했다. 그의 병세는 8일간 이어졌고, 개인적인 모든 것을 정리하라고 명했다고 증언했다. 나아가 고인은 자신의 구원을 확신했다고도 했다.

"이미 끝이 다가왔음을 보고, 두려워하기는커녕, 오히려 몹시 기뻐하며 둘 중 어느 걸 골라야 할지 모르겠다고 했습니다. 현세에서 영혼들을 돌보며 주님께 더 봉사해야 할지, 아니면 확신하고 있는 것처럼 하느님을 보기 위해 더 나은 곳으로 가야 할지 말입니다. 그러면서 자기가 죽은 후에는 주님께서 우리의 이 포도밭을 돌봐 주실 거라고도 했습니다."

마지막으로 그는 "자기의 죽음이 주님의 면전에서 있을 수 있도록, 소중한 기회를 주님께서 보여 주셨다"며, 그 증거로 "자신이 이 나라에서 하느님의 영광을 위해 수고했기 때문에, 우리 주 하느님께서는 이승에서

---

467 Archivio della Pontificia Università Gregoriana, T. 292, p.214.
468 Cf. N.426, 본서 2권, p.403, 주(註) 295.

계속 그를 영광스럽게 해 주셨다"라고 했다. 그것은 황제가 그와 그의 동료들을 위해 묏자리를 내어 주고, 선교사들에게 중국의 달력을 수정할 임무를 맡기는 것으로 입증되었다.[469]

사망한 지 얼마 지나지 않아, 리치는 같은 고향 사람이며 예수회 동료이기도 한 줄리오 만치넬리Giulio Mancinelli 신부가 있는 나폴리에 나타났다. 만치넬리 신부는 리치를 보고 따라서 예수회에 들어온 사람이었다. "마태오 신부가 나타나 그에게 여러 날 동안 선명하고 확실한 비전을 보여 주었다. 그 바람에 그는 리치가 어떤 상태에 있는지, 얼마나 멀리 떨어진 나라에 있는지 전혀 생각하지 않고, 마치 바로 앞에 있는 것처럼 그를 보았다. 리치는 그에게 자기 죽음에 대해 말했고, 수고에 대한 보상이 너무도 크다고 했다."[470]

이후 하느님 종의 생애를 통해 이미 시복 절차가 진행되었고, 그의 글들, 그중에서도 『자서전(Autobiografia)』을 들여다보게 한다. 『자서전』은 국립나폴리도서관에 소장되어 있는데,[471] 타키 벤투리Tacchi Venturi 신부가 한 페이지를 잘 알려진 잡지 『가톨릭 문명(Civiltà Cattolica)』[472]에 게재하기도 했다. 리치의 선종을 기억하며, 만치넬리 신부는 그의 성덕을 이렇게 칭송했다.

"그는 16세를 전후로 예수회에 입회하던 그때의 깨끗하고 순수한 삶을 살았기에 복된 자들의 명단에 들 수 있을 것이다. 그의 겸손함과 진정

---

469 Cf. *ARSI, Jap.-Sin.*, 15, f.82r-v.
470 Cf. Cellesi, *Vita del s. d. D. P. Giulio Mancinelli d. C. d. C.*, Roma, 1668, pp.535-536.
471 Cod. XI, A, 65, ff.63v-64r.
472 Anno 1901, III, p.382.

성에서 기대할 수 있는 상태 그대로 변함없이 살았다. … 그의 선종은 이곳 나폴리에서도 몇 개월 지나지 않아서, 아니 바로 그때 알았다. 그러나 먼저 그가 내게 여러 날에 걸쳐 나타나 효과적으로, 확실하게 알려 주었다. 어딘지 처음에는 그의 편지를 보지 않으면 기억도 나지 않는 나라[중국]에서 말이다."

포르투갈인 예수회원 지롤라모 로드리게즈Girolamo Rodriguez 통사通師, 즉, 통역사는 1616년 1월 22일 자 같은 편지에서 전례 논쟁에 관한 좋지 않은 문제를 제기하며 리치를 맹렬하게 반대했던 자신이 리치의 책들을 수정하겠다고까지 했다. 거기에는 리치의 삶과 죽음의 모든 것이 담겨 있기도 하다.[473] 1651년, 리촐리Riccioli는 우리의 "성인은 살아온 것처럼, 거룩하게 선종했다"라고 했다.[474] 1655년경 마르티니Martini는 가비아니(Gabiani)의 보고서를 인용하여, 리치는 유럽에서만 널리 알려진 것이 아니라, 중국인들 사이에서도 가르침과 성덕으로 무한한 명성을 얻고 있다고 말했다. "그분은 유럽뿐 아니라 중국에서도 성덕과 가르침으로 큰 명성을 얻었다."[475] 1663년 바르톨리는 그에 대해 "모든 면에서 거룩하고 어떤 놀라운 것보다도 더 큰 지식을 가진 사람"이라고 했다.[476]

---

473 "마태오 리치(Matheus Rixio) 신부님은 중국 전역에서, 살아서 해 왔던 것처럼, 죽어서도 성인으로 생각할 정도로 좋은 기억을 남겼습니다. 그분은 이 나라의 사도라고 할 수 있습니다." 그리고 같은 편지의 다른 곳에서도 확인할 수 있다. "이런 놀라운 결실은 영혼들을 통해서 거두어들여졌고, 그중 많은 부분이 선하신 마태오 신부님이 남긴 성덕의 위대한 명성에 있습니다. 그분의 성덕에 대해 듣지 못했다는 사람은 아무도 없습니다. 그분은 죽어서도 살아서와 마찬가지로 활동하고 있습니다. 이곳에서 선교사로 40년 이상의 제 경험은 그들[중국인들] 안에서 그것을 본다는 것입니다"(ARSI, Jap.-Sin., 16, ff.284v, 285v).

474 Cf. N.262, 본서 2권, p.182, 주(註).

475 Cf. Gabiani, *Ritus Ecclesiae Sinicae*, pp.7-8.

시간이 지나면서, 이런 "성덕에 대한 명성"을 이야기하는 것은 줄어들고, 가슴 아픈 전례 논쟁이 등장하면서, 비록 일부에선 절대적인 공정함이 남아 있어도, 마음들이 심하게 흔들렸다. 그리고 당시에도 이후에도 리치의 성덕을 지지하는 증거는 부족하지 않았고, 그들이 가장 기대하지 않던 곳에서도 그의 성덕에 관한 증거는 있었다. 몬시뇰 매그로Mons. Maigrot[477]의 문제 제기 이후, 예수회를 상대로 교황에게 올린 "청원서 (libellus supplex)"에는 이렇게 제목이 적혀 있었다. "중국에서 27년을 살고, 이번 세기[1600] 10년에 사망한 마태오 리치 건."[478] 매그로의 청원이 있고 난 뒤, 전례 논쟁에 관한 투표를 해야 했던 네 명의 인사 중 한 사람으로, 개혁파 작은형제회 전前 총관구장이었던 카를로 프란체스코 바레세Carlo Francesco Varese 신부는 리치에게 하비에르와 같은 예언자적인 정신을 부여했다.[479] 1704년, 그의 선종 1세기가 지난 뒤였다. 그 시대가 지나고 이런 종류의 찬사들은 더 드물게 나오곤 했고, 그것은 그리 놀랄 일이 아니다. 전례 논쟁은 계속해서 날카롭게 제기되었고, 18세기 중반 내

---

476 Bartoli[1], I, c.70, p.1 23.
477 **역주_** 매그로(Monsignor Carlo Maigrot)는 파리외방전교회 중국 책임자며 복건성의 주교로 예수회의 적응주의 선교 정책과 상반된 입장으로 전례 논쟁에 불을 붙인 인물이다. 김혜경, 『예수회의 적응주의 선교, 역사와 의미』, 서강대학교출판부, 2012, pp.279-289 참조.
478 Cf. R. Biblioteca Casanatense di Roma, ms. N.2089, f.64v.
479 "예언자적인 비전이 부족한 것처럼 보여도, 우리가 믿는다면, 성 프란치스코 하비에르와 같은 정신에 따라 교회의 권위로서 마태오 리치 신부님을 그 지역[중국] 선교의 설립자로 선포해야 합니다; 반대자건 장애물이건, 그 지역에서 신앙 선포를 저해하는 모든 것을 온 세상에 알리신 분입니다"(Archivio di Stato di Parma, fondo farnesiano, carteggio estero, Cina e Giappone, 1620-1720). Cf. *Dictionnaire de Théologie Catholique*, art. Chinois, cl. 2374.

내 처음에는 위선적으로, 나중에는 예수회를 공격하는 전쟁이 되어, 결국 1773년, 예수회는 완전히 해산되기에 이르렀다. 이것[리치의 시복 절차]이 깊은 침묵을 설명하는 충분한 이유다. 19세기 중반에도 파리외방전교회의 유명한 몬시뇰 루케(J. F. O. Luquet)는 이렇게 정의했다: "이렇듯이 [예수회의] 성공적인 선교사들 가운데서 발견되는 리치 신부는 가장 거룩한 사람 중 한 사람인 동시에 예수회의 가장 유능한 선교사 중 한 사람으로 간주할 수 있습니다."[480]

그러므로 리치가 중국과 유럽에서 성덕에 대한 큰 명성을 남긴 건 사실이고, 교회가 유익하다고 생각하면, 언젠가는 확실한 권위로 그것을 인정하게 될 것이다.

---

[480] "Parmi ces heureux missionnaires [jésuites] se trouvait le P. Ricci, qu'on peut regarder comme un des plus saints et en même temps un des plus habiles missionnaires de la Compagnie de Jésus"(*Lettres à Mgr. l'Evêque de Langres sur la Congrégation des Missions Etrangères*, 1842, p.105).

VI

『리치 원전』들의 발표

1. 동서양의 연결고리

모든 선교사의 사명과 마찬가지로, 리치의 사명 역시 가장 아름답고 완전한 모델 중 하나가 되었고, 모두 잘 아는 바와 같이, 그의 선교는 본성상 순수한 영적인 선교였다. 그는 중국인들에게 예수 그리스도의 복음을 선포해야 했고, 그의 복음 선포는 그가 직접 열두 사도와 그 후계자들에게 임무를 부여하는 것이었다.

리치의 사명은 구체적으로 영적 분야에 남아 있으면서도 거의 바라지도 찾지도 않았던 것처럼, 조국祖國에 최고로 유익한 인물이 되었다. 즉, 그의 생애와 가르침을 통해, 그가 태어나고 학식과 덕목으로 양성 받은 조국을 칭송하고 사랑하게 만든 것이다.

리치의 가장 큰 공헌은 오랫동안 외국인들에게 닫혀 있던 중국이라는 방대한 왕국을 복음과 세계를 향해 개방하도록 했다는 점이다. 그[리치]가 입국하기 전에 중국에 어떤 외국인도 들어가지 않았다거나 중국인 중 아무도 16세기 이전에는 외국으로 나가지 않았다는 건 과장된 것이다. 필자가 연구한 것 중에도 리치가 도착하기 전에 중국이 다른 세계와 접촉한 사례를 간략하게 정리한 적이 있다.[481] 그러나 이런 접촉도 항상 빈

---

481 Cf. D'Elia[1], pp.123-134.

약했고 중국은 여전히 고립되어 있었다. 한편 1368년경 프란체스코회의 선교가 끝난 때부터,[482] 또 다른 1443년 중국인 이슬람교도 정화鄭和 혹은 마화馬和라는 사람이 여행을 마치고 중국으로 귀환[483]한 뒤부터는 전혀 아닌 건 아니지만, 더욱 드물었다. 간혹 선교로, 가끔 중국에 조공을 바치거나 인접 국가에서 사절단을 실제로 혹은 대신해서 보내는 게 전부였다. 북쪽에는 만리장성, 서쪽에는 높은 산들, 남쪽과 동쪽은 바다가 어느쪽으로도 넘어오지 못하게 거대한 벨트를 형성하고 있었다. 당시 중국인들에게 세계는 정말 천하天下, 곧 모든 것이 [그들의] 하늘 아래에 있었다. 이보다 더 중국의 고립을 가리키는 말은 없을 것이다.

다른 많은 사람이 리치에 앞서 문턱을 넘으려고 했지만, 다소 오랜 시간이 지난 후에야 광주 근처에만 겨우 지나가거나, 인근 해안의 다른 항구에 접근한 뒤 되돌아가곤 했다. 마태오 리치Matteo Ricci는 그들에 비해 운이 좋았다고 할 수 있는데, 위대한 알레산드로 발리냐노Alessandro Valignano의 지원과 지지를 받았고, 초창기에 그를 위해 길을 닦고 준비한 동료며 같은 나라 사람인 미켈레 루지에리Michele Ruggieri의 협력이 있었기에, 문턱을 넘기만 한 것이 아니라 광주와 해안을 방문할 수 있었다. 그리고 시간이 지나면서, 중국의 대륙 깊숙이 들어갔고, 남쪽에서 북쪽까지 길게 온 나라를 통째로 관통하며 제국의 수도 북경에, 종국에는 황궁에까지 들어갈 수 있었다. 여행만 한 것이 아니라, 가는 곳마다 수도원을 세웠는데, 자신은 물론 동료들이 자리를 잡고 거주할 수 있게 했고, 더는

---

482 Cf. 본서, p.106.
483 Cf. *TP*, 1933, pp.237-452: 1935, pp.274-314: 1938-1939, pp.341-412.

혐오의 대상으로서 외국인이 아니라 거의 동족으로 대우받았다.[484] 그렇게 상류 사회에 진입하여 [많은 사람이] 찾는 인물이 되었고, 사망했을 때는 황제로부터 부활을 기다리며 편히 쉴 수 있는 묫자리를 직접 하사받았다.

사실상, 서로를 무시하는 두 세계를 접한 후, 리치는 상호 이해의 연결고리 역할을 했다. 중국인들은 아메리카에 대해 한 번도 들어 본 적이 없었고, 아프리카 동쪽 해안을 제외하고는 알지 못했으며, 아시아조차 매우 잘못 알고 있었다. 대진大秦이라는 이름으로 알려진 동지중해와 복림福菻으로 변형된 로마에 대한 막연한 개념이 있었어도,[485] 그들은 유럽에 대해, 유럽의 관습과 학문, 종교에 대해 전혀 또는 거의 알지 못했다. 리치는 그들의 호기심을 자극함으로써 이 모든 걸 드러냈다. 다른 한편, 동아시아 국가에 관해 마르코 폴로의『동방견문록』[486]에서 소개한 개념에만 머무르고 있는 유럽인들에게 리치는 그들이 전혀 모르던 이곳의 문명, 역사, 왕국과 풍습을 알려 주었다. 그런 점에서 그는 동방과 서방을 연결한 진정한 고리였다. 바로 거기에 그의 일차적이고 독점적인 공헌이 있다. 가톨릭교회, 이탈리아와 중국, 온 세계는 이 점을 영원히 인정하고, 앞으로도 인정해야 할 것이다.

---

484 Cf. D'Elia[1], p.80. [중국의] 관리들은 리치를 그들과 같은 "고향 사람"(N.312)으로, "이미 중국의 사람으로"(N.491), 그러니까 "중국에서는 이미 외국인이 아닌"(N.536) 인물이 되었다. Cf. N.1703.
485 Cf. D'Elia[1], pp.130-131.
486 **역주_** 이탈리아어로는 밀리오네(Milione)라고 하는데, 이는 '허풍'이라는 뜻이다. 실제로 과장이 많고, 허풍이 많아, 같은 시대에 살았던 단테 알리기에레는『신곡』에서 철저하게 침묵함으로써 외면하였다.

2. 리치의 이탈리아다움

특별히 이탈리아와 관련하여, 이미 언급한 바 있듯이, 그는 간접적으로 거의 반동적으로, 이탈리아를 알리고 사랑하고 존경하도록 하는 데 크게 이바지했다.

3. 중국어의 첫 번째 로마자 표기는 이탈리아어 음성학과 서법 (書法)을 토대로 하다

분명히 전부 다 그렇다고 말할 수는 없지만, 우리의 선교사[리치]가 일부 달리 설명할 수 없을 것 같은 부분만 제외하고는, 청중에게 이탈리아어를 알린 건 사실이다.[487] 분명한 것은 그가 루지에리와 함께 이탈리아어 음성에 기초하여 중국어를 처음 [서양어로] 음성화했고 "로마자로 표기"한 고안자라는 것이다. 1610년, 그가 죽기 1년 전에 대부분 쓴 『그리스도교의 중국 진출기』에는 이름과 사물을 거의 이탈리아어로 표기[음성화]하고 있다.

중국 체류 초창기 시절인 1583년부터 1589년 사이에 쓴 "유럽어-중국어 사전"에도 모든 단어를 우선 이탈리아어로 로마자화했다. 이탈리아에서 먼저 외면당하지만, 그렇다고 이것이 덜 소중한 건 아니다. 이후에

---

487 한 번 이상 리치는 중국인들을 위해 쓴 작품에서 "우리의 문자로", 즉 라틴어나 이탈리아어에서 음역한 것에 관해 이야기한다. 예컨대 우정에 관해서 쓴 『교우론(交友論)』(N.482)과 같은 것이다. 그러나 그가 중국인들에게 준 것은 그들의 호기심과 관심을 불러일으키기 위해서고, 간단한 중국어 설명을 덧붙인 이탈리아어로 쓴 문장도 같은 이유 때문이다. 실제로 그도 말한다. "모든 신부가 거둔 성과는 중국인들이 원하기만 하면 부채와 같은 여러 가지 소품들에 다양한 형식의 도덕적 경구들을 써 주었다는 것이다. 우리의 언어와 문자로 쓰고 중국어로 설명해 주었다. 그러면 그들은 그것을 집에 소중히 보관하며 후손들에게 유산으로 물려주었다"(N.570).

도 미간행된 이 사전이 처음부터 사용되었더라면, 또 리치의 글[이 사전]
이 1614년부터 고문 서고에 묻힌 채로 남아 있지 않고 로마로 가져왔을
때 바로 인쇄되었더라면, 거기에 더해 그의 서신들도, 저 유명한 타키 벤
투리Tacchi Venturi 신부가 1911-1913년에 처음 세상에 소개할 때까지 기다
리지 않고 선교 초기에 바로 인쇄되었더라면, 최소한 이탈리아인 선교사
들은 물론, 아마 다른 [지역에서 파견된] 선교사들도 이탈리아어가 아닌 언
어로 로마자화한 우리 시대까지 기다리지 않아도 되었을 것이다. 그들은
리치가 이미 시작한 걸 계속해서 완성하며 따랐을 것이다. 이탈리아가
자기보다 훨씬 뒤에 중국에 온 외국인들의 손으로 만든 걸 베끼는 굴욕
대신에, 자신의 음성 표기 시스템을 오히려 그들에게 제공했을 것이다.

우리의 선구자는 글에서 [중국에] 도착한 이후 계속해서 자신이 밝힌
"우리 땅"에 대한 전혀 다른 생각을 하게 한다. 리치에게 이 땅은 서구
(l'Occidente)가 될 수도 있고, 유럽(l'Europa) 일반이 될 수도 있는데, 모두
허용될 수 있는 문제다. 물론 당연히, 이런 표현에서 가장 앞자리에 놓을
수 있는 곳은 리치가 중국을 향해 떠난, 고국 이탈리아, 자신의 땅일 것
이다. 인도로 떠나기 전, 유럽에서 보낸 시간은 25년이었고, 코임브라에
서 보낸 10개월을 제외하고는 모두 이탈리아에서 살았다. 그러므로 유
럽이라고 해도, 실제로 그가 알았던 것은 이탈리아 외에는 없었다고 해
도 과언이 아니다.

4. 외국인들을 향한 중국인의 본능적 적대 감정

무엇보다도 중국인들이 외국인을 향해 갖고 있던 사고방식을 염두에
둘 필요가 있다. 실제로 그들은 외국인을 무시하거나 "조공을 바치러 오

는 사람들 외에는 [외국인과] 전혀 관계를 맺지 않고 있었기 때문에 뒤틀리고 왜곡된" 정보만 갖고 있었다. [그들은] 외국인을 근본적으로 경멸했는데, 이유는 "짐승보다 조금 나은 사람"으로 생각했기 때문이다. 그래서 ―최근까지도― "오랑캐, 이夷"나 "야만인, 번番", 아니면 "마귀, 귀鬼"[488]라는 말로 표현했다. 조선(Corea), 일본과 같은 조공 국가의 사절단들한테까지, 민망할 정도로 대우했다. 오는 길에서부터 그들을 포위하여 북경에 도착한 다음에는 소위 여관[사이관]이라고 하는 곳에 가두는데, 그곳은 "[방은] 사람이 머무는 곳이라기보다는 양(짐승)들을 위한 우리처럼 보였다. 문도, 의자도, 책상도, 침대도 없다."[489]

사절들은 누구와도 대화할 수 없고, 보이지 않는 황제의 빈 용상에 절하러 가는 것도 안 되고,[490] 고국으로 돌아갈 때는 아무것도 볼 수 없게 한다. 모든 용무는 "직급이 낮은 관리 한 사람"을 통해서만 봐야 하고, 사절단은 그 사람 앞에서도 무릎을 꿇고 말해야 한다.[491] 그래서 "내가 보기에 그들은 세상의 모든 지식은 중국에 있다고 생각하고, 외국인들은 모두 무지하거나 미개하다고 생각하는 것 같다." 중국인들은 "외국 서적들을 통해서는 아무것도 알고 싶어 하지 않는다."[492] 덜 유쾌한 이런 상황을 마무리하기 위해 덧붙이자면, 리치 시대의 중국인들은 "이 외국과 저 외국을 구분하지 못하고" 그래서 "모든 외국인을 같은 왕국 혹은 서로 별반 차이 없는 나라에서 온 것으로 간주"[493]했다. 미숙한 유럽인들이 중

---

488 Cf. N.166.
489 Cf. N.605.
490 Cf. N.130.
491 Cf. N.167.
492 Cf. N.166.

국인, 일본인, 한국인, 만주인을 구분하지 못하는 것처럼 말이다.

5. 리치가 이탈리아의 가톨릭을 알리다

리치가 활동한 환경은 보다시피 외국인을 대놓고 경멸하고 적대하던 곳이었다. 그러나 그가 도착한 이후, 리치 자신에게는 물론 외국인을 향한 오만과 편견을 버리게 했을 뿐만 아니라, "그의 땅[이탈리아]"에 대한 존중과 존경, 감탄의 감정까지 일게 했다. 그는 중요한 두 가지를 알렸는데 [하나는] 로마가톨릭이고, [다른 하나는] 이탈리아와 거기에 있는 그리스도교 재단들이었다.

거기에는 병원, 고아원, 경건한 산들[성지들], 자비의 형제회, 여러 수도회와 자기가 소속된 예수회, 축일을 거룩하게 보내고 하느님의 신비에 봉헌하는 주일 예배, 도움이 필요한 사람들을 위한 그리스도인의 사랑, 신앙과 좋은 풍습의 전통, 언론의 질타, 잃어버린 물건을 되찾아 주는 관습, 일부일처제와 그리스도인의 결혼, 추기경과 "거룩한 가톨릭교회의 수장이며 세습되지 않는, 어려서부터 독신으로 하느님만을 섬겨 온 덕德과 지知를 갖춘 인품 있는 어른 중에서 선출되는"[494] 교황이 포함된다. 고관들과 내적인 대화를 할 때, 리치는 종종 "우리나라", 곧 이탈리아에 대해 언급하곤 했다.[495] 그곳에서 가져온 호기심을 끄는 물건이나 예술품 가운데 로마 성 루카의 성모 성화와 성 로렌조 성화 등은 황제에게 선물하기도 했는데,[496] 최고의 인상을 주었다.

---

493 Cf. N.524.
494 Cf. N.570.
495 Cf. NN.434, 439, 492, 512, 578.

6. 이탈리아가 더는 야만인의 땅이 아니다

결과는 즉시 생각을 바꾸게 했다는 것이다.[497] 리치를 칭송하던 중국인들은 이탈리아를 더는 야만 국가가 아니라 매우 수준 높은 문명국이고, 중국보다 더 우수한 국가로 인식하게 했고, 그만큼 최고의 칭송과 존경심을 드러냈다. 1599-1600년, 리치가 남경에 있을 때, 이탈리아의 학문을 입증하는 책과 기구들을 자신의 추종자들에게 보여 준 적이 있었다. 거기에는 직접 제작한 세계지도 두 번째 판과 여러 물리학 기구들인 천체관측기, 지구地球, 천구, 해시계, 사분의, 육분의 등이 있었다.

이런 기구들을 보여 주면서 당연히 충분한 설명도 덧붙였다. "대부분 부인하지 못하고, 모두 진리라고 했다." 리치를 통해 당연히 그의 고국으로 넘어가, 그에 대한 존경은 다른[고국] 것에 대한 존경으로 이어졌다. "그들은 우리와 우리의 땅에 대해 믿음을 갖기 시작했고, 지금까지 중국이 다른 모든 나라를 칭했던 것처럼 더는 '야만野蠻)'이라고 표현하지 못했다."[498]

과학 서적들은 이 나라 학자들에게 큰 인상을 주었다. "모든 사람이 점차 우리나라를 인식하며, 지금까지 중국 밖에 있는 모든 외국을 야만 국가라고 생각했고, 그들 국가에서는 아무것도 얻을 것이 없다고 생각한 것과는 크게 다르게 우리의 학자와 백성들에 대해 알게 되었다."[499]

그들이 이 책들을 이해하지는 못해도, 그들의 눈에 이탈리아의 우수성

---

496 Cf. NN.361, 479, 497, 578.
497 Cf. 본서, pp.157-161.
498 Cf. N.538.
499 Cf. N.310.

이, 중국보다 더 우수하다는 걸 느끼게 해 준 것이다.

"사람들은 그 책들을 읽을 줄도 모르고, 또 그 안에 어떤 내용이 있는지도 모르지만, 외견상 인쇄의 섬세함에 모두 놀라 막연하게나마 중요한 내용이 담긴 책이라고 생각했다. 우리 서방에서는 이런 것들을 잘 만드는 편이다. 서방 국가들에서는 책에 관한 한 크게 발전했지만, 중국은 물론 다른 모든 국가는 이 사실을 모르고 있었다. 그러다 보니 중국과 같이 문자에 있어 자기네가 세계에서 으뜸이라고 생각하는 곳이 있는 것이다."[500]

1599년 5월 말과 6월 초순쯤, 남경에 있는 사람들로도 넘쳐나는데 먼 데서까지 와서 신부들이 황제에게 선물하려는 물건들을 보려고 했다. 신부들은 물론 집안사람들 누구도 버틸 수가 없었다. 그들은 신부들을 보고 동정하며 "용서해 달라고 말했다. 중국에서는 귀하고 한 번도 들어 보지 못한 물건을 보러 오지 않을 수가 없다는 것이다. 그들은 모두 우리의 땅과 신부들에 대해 칭찬을 아끼지 않았다."[501]

중국의 정사正史에는 중국인이 외국 국가에 대해 들은 걸 어떤 식으로든 보고하는 장章이 하나씩은 항상 있었다. [그러나] 리치에 이르기까지 유럽과 이탈리아에 관해서는 전혀 없었고, 명사明史에서 처음 이탈리아에 대해 말하는 대목이 있는데, 유럽과 거의 같게 보고 있었다. 정확하게 리치와 그의 동료들, 곧 데 우르시스, 론고바르도, 삼비아시와 알레니는 물론 슈렉, 디아즈, 샬, 판토하 등을 통해 얻은 실마리들이다. 이 역사서

---

500 Cf. N.252. N.899도 보라.
501 Cf. N.563.

에 등장하는 이탈리아인들은 "이 나라[이탈리아]에서 동방으로 온 사람들은 대부분 지성인이고 통찰력 있는 사람들이다. 그들은 오로지 자기네 종교를 설파하러 왔을 뿐 돈이나 이익을 찾으러 온 게 아니다. 그들이 출판한 책들은 대부분 중국인이 모르는 내용이다. 이런 이유로 예외적인 걸 찾아 나선 사람들은 모두 그들을 존경했고, 문인 학자들은 그들의 교리를 인정하며 그들의 문체에 최고의 찬사를 보냈다. 바로 그들의 종교가 빨리 발전한 이유다."[502]

7. 중국인들 사이에서 리치의 기억술

리치가 중국에 남긴 기억술은 그리스도인들뿐 아니라 이교도들까지 오랫동안 창백하게 만들었고, 그를 위대하게 만든 것으로 그 분야에서는 유일한 것이었다. 중국과 중국인을 진심으로 깊이 사랑했고, 그들과 함께 살았으며, 그들을 위해 희생한 한 인간의 기억이다. 중국인들은 자기들을 진심으로 사랑하는 외국인이 많지 않다는 걸 잘 알고 있었다. 그러나 [몇 안 되는] 그런 사람 중에서 리마두利瑪竇[503]를 가장 앞자리에 놓는 데는 그만한 이유가 있다. 더욱이 중국에서 이탈리아의 행동은 다른 강대국의 행동과 달랐다. 이탈리아는 중국을 향해 어떠한 영토 찬탈도, 굴욕을 가한 적도 없었다. 바로 리치의 빛이 순수하고 부드럽고 매력적인 이유다. 중국인의 눈에는 그의 영광을 더럽힐 만한 것이 하나도 없었다.

1936년, 한 중국인 작가는 리치의 "세계지도"와 관련하여, 그[리치]에

---

502 Cf. D'Elia[1], N.421.
503 리치의 중국명.

관해 말하기를, "당시에 리치가 중국에 미친 엄청난 영향을 인정하지 않을 수 없습니다. 그를 알았던 당시의 가톨릭 신자들, 문인 학자들과 관리들, 심지어 황제까지 모두 그의 지리학적 지식과 세계지도에 관한 놀라운 뉴스를 직·간접적으로 들었습니다. 그 덕분에 그들은 세계에 대한 지리학적 지식을 발전시켰고, 다른 이웃 민족들과의 관계에서 중국이 세상에 대해 가지고 있던 견해가 조금은 수정되었습니다."[504] 1939년 다른 저서에서도, "리치는 아마도 중국의 역사와 문학에서 확실하고 영속적인 위치를 획득한, 현재까지 유일한 가톨릭 선교사일 것입니다. 그를 언급하지 않은 현대의 백과사전이나 중국 역사책은 거의 찾아볼 수 없습니다."[505]

8. 위대한 마체라타인의 놀라운 이미지

지금까지 언급한 것으로도, 마태오 리치의 위대함과 고귀함, 그리고 숭고한 이미지를 부각하기에 충분하다. 그는 진정한 중국의 현대 가톨릭 선교의 위대한 설립자이며, 어떤 의미에서는 이 거대한 나라의 위대한 발견자이며, 그 자격으로 그는 의심할 여지 없이 이탈리아의 가장 위대한 아들 중 한 명이자 해외에서 가장 빛나는 이탈리아 사람 중 한 사람이 되었다. 분열을 모르는 그는 학문적이고 종교적인 업적으로, 자신의 거룩한 생활로, 하느님에게서 멀리 떨어진 세상 한복판에서 지칠 줄 모르는 노력과 희생으로, 중국에 이탈리아, 유럽, 세계를 알리고 감탄하게 했

---

504 Cf. Iùcom, pp.64b-65a.
505 Cf. *CCS*, 1939, p.331.

다. 다시 말해서, 그의 영광은 그것으로도 충분하다.

9. 리치 작품들(Opere Ricciane)의 과거 판본들

하지만 그것만으로는 그의 영광이 충분하지 않다. 무의식적으로 그는 스스로 자서전의 작가가 되었다.

이하 자세히 언급하겠지만, 그는 1582년 중국에 처음 도착한 때부터 사망하기 한해 전인 1609년까지, 일어난 모든 일을 자기 손으로 기록했다. 매우 가치 있는 역사적인 작업이었다. 이탈리아어로 기록한 리치의 필사본은 1614년 그의 동료며 벨기에 사람인 니콜로 트리고가 로마로 가져왔고, 그것을 라틴어로 번역했다. 1615년, 리치의 작품 라틴어판이 트리고를 저자로 출판되었다. 리치의 필사본이 눈앞에서 사라진 셈이다. 트리고의 라틴어판은 보기 드물게 성공했고, 프랑스어, 독일어, 스페인어로 번역되었으며, 이탈리아어로도 번역되었다. 3세기 동안 트리고의 라틴어와 다른 속어 버전이 빛을 보았다.

1909년 여름, 필자의 동료 타키 벤투리Tacchi Venturi 신부가 리치의 잊힌 필사본을 다시 찾았고, 더 뒤에서 말하겠지만,[506] 국가 명예 위원회에서 위대한 마체라타인에게 드리는 헌정판으로 1911년에 서문, 주註와 이미지를 넣어 『마태오 리치의 역사적 작품(*Opere Storiche del p. Matteo Ricci S. I.*)』이라는 제목으로, 두 권으로 출판했다. 제1권은 「중국 해설서(I Commentarj della Cina)」[벤투리 신부는 리치의 역사서를 이렇게 부르고 싶어 했다]이고, 제2권은 1913년에 나왔는데, 유명한 사도[마태오 리치]가 중국에

---

506 Cf. 본서, pp. 232-234.

서 유럽에 보낸「서간집(Lettere)」이다. 이 두 권은 트리고를 영원히 가리고 리치를 되살림으로써, 중국과 유럽에서 다양하고 중요한 리치 연구의 출발점이 되는 데 기여했다.

10. 발견된 새로운 많은 문헌

그렇다고 해서 타키 벤투리 신부의 판이 최종판이 될 수는 없었다. 왜냐하면 중국 자료를 사용할 방법이 없었고, 리치의 텍스트를 통해 많은 것들이 조명되었기 때문이다. 그래서 필자는 첫 번째 발행인의 권고에 따라, 이 격차를 메우기 시작했다. 타키 벤투리 신부는 주요 장상들과 협의하여, 1934년 중국에 있던 나를 로마로 불러내 500부에 한정해서 내놨던 구판[507]이 이미 소진하여 '새 판'을 준비해야 한다고 했다.

이렇게 새 판을 준비하는 동안 다행스럽게도 초판에서 사용하지 않은 유럽의 문헌들을 포함한 많은 중요한 자료가 발견되었다. 이런 모든 방대한 자료들의 발견은 원래 계획을 근본적으로 수정하도록 했다. 두 권으로 하는 대신 여러 권의 크고 밀도 있는 책을 생각하게 했다. 다른 한편, 이 책은 사적인 성격이 아니라, 확실하게 국가 차원에서 추진하는 것으로 했다. 이탈리아는 공식적으로 자신의 이 위대한 아들을 기리기로 했다.

11. 이탈리아의 새로운 영적인 기류

섭리에 의한 이탈리아의 영적 기류는 하느님과 인간의 선한 의지 덕분

---

507 **역주_** 역자는 이것을 "타키 벤투리 신부 판"이라고 부르고, 바로 뒤이어 언급되는 '새 판', 즉 이 번역서를 "파스콸레 델리야 신부 판"이라고 부르고자 한다.

에 최근 몇 년간 근본적인 데서부터 변화를 가져왔다. 라테라노 조약은 "거룩한 제단 앞에서, 그리고 시민 단체에서 시작된 조용한 여명과 영혼들의 형제적 결합으로써 그리스도의 평화가 이탈리아에 회복된 것을 기뻐하며"라고 썼고, 비오 12세 교종은 자신의 첫 번째 회칙에서 고결한 이 말을 인용했다.[508]

약 60년 동안 지속된 [가톨릭] 교회와 [이탈리아] 국가 간의 아픈 싸움은 "이렇게 영광스럽고 명예로운 이탈리아의 훌륭한 아들들이 이룩한 업적에 소모적인 걸림돌이 됩니다."[509] 그러나 다행히 이탈리아의 궁정 퀴리날레에서 라테라노 조약 10주년이 저물기 전에, 여전히 같은 교종敎宗 앞에서, "테베레의 파도가 혼탁한 과거를 쓸어 티레네 해의 소용돌이에 묻고, 해안에 심은 올리브 가지에서 꽃이 피게 했다"라고 했습니다.[510]

12. 『리치 원전(*Fonti Ricciane*)』의 국립 판

이탈리아가 교회와 화해한 이런 새로운 기류에 필자는 이 [역사서]를 헌정하고 싶었고, 이런 바람이 가능하게 되었다. 국가의 최고 권력은 필자의 제안을 매우 호의적으로 환영했고, "리치 원전(Fonti Ricciane)"들을 모두 출판하도록 했다. 출판은 이탈리아의 지성을 대표하는 왕립학술원 후원으로, 이탈리아와 아마 유럽에서 가장 큰 국립 인쇄소(State Printing Institute)에서 국립 판(Edizione Nazionale)으로 발행하는 명예를 안겨 주었다. 결국 이탈리아는 비할 데 없이 훌륭한 자기 아들에게 최고의 영예

---

508 Cf. *Acta Apostolicae Sedis*, 1939, p.458.
509 Cf. *Acta Apostolicae Sedis*, 1939, p.704.
510 Cf. *Acta Apostolicae Sedis*, 1940, pp.21-22.

를 헌정한 셈이다.

　오늘날, 리치라는 한 인물과 작품에 관한 관심이 더욱 절실하고 외부적으로도 증대되고 있는 시점에서, 선교 일반은 물론 특히 중국선교에 관한 모든 것이 눈에 띄게 쇄신되고 있는 현실에서, 1579년에서 1615년으로 거슬러 올라가는 모든 역사적 사실에 관한 비판적이고 과학적인 출판물을 진행하면서 학자, 중국학자, 동양학자, 선교학자, 역사학자 등의 자료들을 최대한 활용한 것에 감사드리지 않을 수 없다. 유럽은 물론 중국 자료들에 따라 행해진 풍부한 해설은 이 위대한 마체라타인의 업적에 더욱 큰 빛을 선사할 것이고, 그의 정체성인 사제와 과학자, 가톨릭과 오리엔탈리스트, 이탈리아인과 중국인을 조화롭게 통합할 것이다.

[그림 4] 「리치 원전」 초판 표지

FONTI RICCIANE

DOCUMENTI ORIGINALI
CONCERNENTI MATTEO RICCI
E LA STORIA DELLE PRIME RELAZIONI
TRA L'EUROPA E LA CINA

(1579–1615)

EDITI E COMMENTATI DA

PASQUALE M. D'ELIA S. I.

PROFESSORE DI SINOLOGIA
NELLA PONTIFICIA UNIVERSITÀ GREGORIANA
E NELLA UNIVERSITÀ DEGLI STUDI DI ROMA

SOTTO IL PATROCINIO DELLA

ACCADEMIA NAZIONALE DEI LINCEI

『그리스도교의 중국 진출기』서문

1. 작품 구성의 원전, 시기와 장소

마태오 리치Matteo Ricci가 중국이라는 방대한 대륙 안에 발을 디딘 지 벌써 25년이 지났다. 그동안 남쪽에서 북쪽까지 거대한 왕국을 모두 거쳤다. 1609년 2월 17일, 그가 북경에서 예수회 총장 비서로 포르투갈 관련 업무를 담당하며 로마에 거주하던 조반니 알바레즈Giovanni Alvarez 신부 앞으로 보낸 편지에서 자신의 선교 활동에 대해 이렇게 말한다.

"지난해 말, 무슨 일인지는 모르지만 제 머리에 든 생각은 이 왕국에 들어온 초창기 사람 중 저만 혼자 여기에 남았고,[511] 초기에 무슨 일이 있었는지 알려는 사람도 없었습니다. 그래서 명에 따라 일어났던 모든 걸 기록하는 게 좋다고 생각했습니다. 특히 제 손을 거쳐 간 일들이 실제

---

[511] 그의 초창기 동료 중에는 미켈레 루지에리(Michele Ruggieri S. I.) 신부가 있었다. 1607년에 이미 [이탈리아 남부] 살레르노(Salerno)에서 사망했다. 1588년 말, 순찰사 알렉산드로 발리냐노(Alessandro Valignano S. I.)의 명에 따라 로마(Roma)로 가서 북경 파견 교황대사를 촉구하고 준비하라고 했다. Cf. NN.303-304. 그 외 초창기 동료들로 데 알메이다(de Almeida S. I.) 신부(N.385)와 데 페트리스(De Petris S. I.) 신부(N.418)가 있었는데, 각기 1591년 10월 17일과 1593년 11월 5일에 사망했다. 프란체스코 파시오(Francesco Pasio S. I.) 신부는 루지에리의 초창기 동료였는데, 1583년 7월 14일에 중국을 완전히 떠나 일본으로 갔다(N.220).

일어난 일과 매우 다르게 기록될 수 있다는 점에서 더 그렇습니다. 그래서 저는 이 점에 있어, 그 분야[선교 활동]에 큰 기쁨이 될 걸로 생각되는 보고서를 작성하기 시작했습니다. 인도로 가는 배가 출발할 때, 기록한 일부 중요한 부분이라도 마쳐서 바로 로마의 총장 신부님께 보내, 보실 수 있게 했으면 좋겠습니다만, 일이 많아 제가 그렇게 할 수 있을지 의문입니다."[512]

이 "역사서"의 서문으로, 제1책 제1장에서, 저자는 후학들이 초기에 "우리[예수회]와 그리스도교가 이 방대한 중국이라는 왕국에 어떻게 진출하게 되었는지" 아는 즐거움을 잃지 않게 하려고, 그래서 그는 "이와 관련하여 처음부터 주목했던 것에 더 주의를 기울여 그것들을 수집하여 순서대로 정리"[513]했다. 모든 것이 실제로 그를 통해 이루어졌거나 적어도 그의 동료들로부터 직접 모든 정확한 정보를 입수한 것들이다. 따라서 우리는 리치가 사도 생활을 시작할 때부터 자신에게 일어난 가장 중요한 일을 날마다 기록해 두었다는 것, 1608년 말, 자연스럽게[514] 자신의 역사

---

512 Cf. N.1924.
513 Cf. N.3. 데 우르시스(De Ursis) 신부가 1610년 9월 2일 자, 포르투갈 담당 비서 마스카렌하스(A. Mascarenhas) 신부에게 보낸 편지에는 리치가 선교의 초기부터 매일 역사적인 메모[일지]를 해 왔다고 분명히 전한다. "너무도 선하신 신부님"을 잃은 소식을 전한 뒤에, 그는 "신부님이 돌아가신 뒤 저희는 그분이 직접 기록한 몇 가지 글을 발견했습니다. 거기에는 이[중국] 선교에 관한 초기부터 하루하루가 모두 적혀 있었습니다. 그래서 그것들을 잘 정리하는 게 좋겠다고 생각했습니다. 거기에 신부님의 생애에 관한 다른 것들과 그분의 선종과 관련한 것을 추가하여 총장 신부님께 보냅니다. 여기에 보내는 것은 마카오와 인도로 보낸 것이 잘 간 것 같아 포르투갈로 보냅니다. 이탈리아어 보고서를 많이 기대했지만, 시간이 너무 없어서 그것은 불가능했습니다. 이번에는 신부님께서 저를 용서해 주시기 바랍니다"(ARSI, Jap.-Sin., 14, f.347). 데 우르시스는 이 메모들로 1611년에 보고서를 작성했고, 그것이 리치의 첫 번째 간략한 전기였다. 1910년에야 겨우 로마에서 출판되었다.

적 회고록을 쓰기 위해 이 기록들을 정리하기 시작했다는 걸 알 수 있다. 그리고 1609년 말, 마카오에서 인도로 출발하기로 한 배편에 이미 잘 편집한 일부를 로마에 보내려고 했지만, 잘 안 되었다.

이 텍스트에 리치의 "역사서"에서 추출한 다른 귀중한 자료들을 추가하여 이것이 편집된 장소와 시간을 알려 주는 데 도움을 준다.

여기 제1책 제1장에서 그는 "우리는 이미 30년가량 이 왕국에서 살고 있고, 유력 인사들을 통해 대표적인 행정구역들을 방문했으며, 중국의 대표 인사들과 저명한 행정관들과 문인들과 더불어 주요 두 도시[남경(南京)과 북경(北京)]를 계속해서 오가며, 그들의 언어로 말하고 그들의 전례와 관습들을 배웠다. 그리고 가장 중요한 것은 우리의 손에 그들의 책이 밤낮으로 들려 있다는 것이다."[515] 제1책 제6장에서 그는 "1607년에 있었던 조정 업무 보고와 심사에서는 4천 명의 관리들이 처벌을 받았다"[516]라고 전한다. 그러나 제1책 제5장에서 벌써 확실한 정보를 가지고 "지난 석사 시험이 1609년에 있었으므로 다음 시험은 1612년에 있을 것이다"[517]라고 말한다.

---

514 로마에 있던 장상들이 개입하여 문의한 것은 [중국] 선교에 관한 『역사서』가 아니라, 그 책, 제1책에서 언급하는 것들에 관한 것이었다. 실제로 1609년 3월 12일, 알폰소 바뇨니(Alfonso Vagnoni) 신부는 포르투갈의 코레아(G. Correa) 신부의 초청으로 이미 부분적으로 퍼프렸다고 이야기한다. "이 나라[중국]의 지방(省), 도시, 소득, 정부, 종과 및 관습에 관한 광범위한 정보가 있고", 리치로부터 받았다는 한 통의 편지에 "로마의 명령에 따라 저는 『중국에서 예수회의 진출과 발전(Entrada e progresso da Companhia neste reino)』에 관련한 몇 가지 다른 비슷한 작업을 하고 있습니다"(ARSI, Jap.-Sin., 14, f.326r)라고 적혀 있었다고 전한다.

515 Cf. N.3.

516 Cf. N.114.

517 Cf. N.66.

자신의 작품으로 1608년 초에 발간될『기인십편畸人十篇』에 대해 제5책 제2장에서 말한 다음, 이렇게 덧붙인다. "이듬해에도 벌써 두 번이나 두 명의 중국인 문인들에 의해 재인쇄 되었다. 한 번은 남경에서 다른 한 번은 강서江西에서다."[518] 제5책 제3장에서는 진치원秦致遠 마르티노가 1604년 5월 진사에 급제한 뒤 몇 개월 지나지 않아 "절강浙江성의 좋은 자리로 발령이 났고, 6년 후[그러니까 1610년이 아니면 최소한 1609년]에는 강서江西의 주도主都 최고 자리로 승진했다"[519]라고 말한다. 계속해서 제5책 제16장은 남창南昌에서 있은 1609년 성탄절에 관해 말하는데,[520] 논리적으로 1610년 2월 이전에 작성했다고 할 수가 없다. 여전히 제5책 제17장은 리치의 마지막 필사본으로, 1609년의 성탄절에 대해 말하는데,[521] 이지조李之藻는 아직도 세례받지 않은 걸로 추정된다.[522] 1610년 1월이나 2월 초에 받았을 것이다.

작성한 장소와 관련하여, 다음과 같은 점에 주목해 볼 수 있다. 먹(mui, 煤, 석탄)은 "북방지역에서는 부엌과 화로에 주로 이 연료를 쓴다."[523] 제1책 제9장에서 리치는 연단술에 대해 말하면서 "내가 알기론 이곳 [북경의] 조정에도 관리건 태감이건, 아니면 부자들까지 여기에 관심이 없는 사람은 없다"[524]라고 쓴다. 자신의 세계지도와 관련하여,[525] 주목한 것은 "신

---

518 Cf. N.711.
519 Cf. N.713.
520 Cf. N.886.
521 Cf. N.907.
522 Cf. N.895. N.632도 보라. 그는 1610년 2-3월에 세례를 받았다.
523 Cf. N.25.
524 Cf. N.169. N.717도 보라.
525 Cf. 본서, pp.187-190.

부[리치]는 계속해서 매년 가는 곳마다, 황궁이건 중국의 다른 지역이건, 어디를 가건 항상 이 작업을 이어갔다"[526]라는 점이다.

이 모든 텍스트를 통해 "역사서(본서)"는 확실히 북경에서 1607년 이후에 작성했음을 유추할 수 있고, 오히려, 제1책의 앞장들은 1608년 이후에 썼다는 걸 확신할 수 있다. 제5책 제2장과 3장은 1609년 초 이전에 작성할 수 없었을 것이다. 제4책 제15장은 1610년 2-3월 이전, 이지조 레오가 세례받았을 때 편집했다.[527] 마찬가지로, 제5책 제16-17장은 1609년 성탄과 이지조의 세례 사이에 작성했다. 다른 한편, 리치가 1610년 5월 11일에 사망한 것에 주목하면, 저자가 "죽기 며칠 전에도 자기 죽음 외에는 거의 빠뜨린 것이 없게 하려고"[528] 여전히 작업을 하고 있었다는 바르톨리의 견해를 어렵지 않게 인정하게 된다.

2. 리치의 필사본을 로마로 가지고 오다

[리치가] 사망한 몇 개월 뒤, 1610년 11월 23일, 망자를 대신하여 선교의 총책임자가 된 니콜로 론고바르도Nicolò Longobardo 신부는 소주韶州에서 총장 아콰비바에게 이렇게 알렸다. "좋으신 마태오 리치 신부님이 이 [중국] 선교에 대해 처음부터 지금까지의 역사(Historia)를 기록해서 총장 신부님에 보내 달라고 하셨습니다. 인도로 가는 배가 떠나기 전에 북경에 오기를 바랍니다."[529]

---

526   Cf. N.263. NN.887-907도 보라.
527   Cf. N.632.
528   Cf. Bartoli[1], c.70, p.123.
529   Cf. Tacchi Venturi, II, p.492.

2년 뒤, 1612년 11월 21일, 론고바르도는 총장 아콰비바에게 이렇게 편지했다. "리치 신부님은 자기가 사망할 때까지 이곳 그리스도교에 대해 역사서를 작성하여 남겨 두셨는데, 후에 빠진 많은 것을 첨가하여[530] 다섯 책으로 완성했습니다. 이것들은 대리인 신부님을 통해 총장 신부님께 보내질 것이며, 흔적을 남기기 위해 베껴 쓴 사본 하나[531]를 여기에 둡니다. 이것은 모든 사람에게 감사하지 않을 수 없는 아름답고 무엇보다 진실한 것[기록]입니다. 좋으신 신부님[리치]은 임종하시며 "총장 신부님이 이 '역사서'를 보시기 전에는 아무에게도 보여 주지 말라고 간곡히 당부하셨습니다. 자기의 일들을 말해야 했기 때문에 수줍어서 그렇게 하라고 한 것 같습니다. 그러나 원하셨다고 해도 총장 신부님의 손에 가기 전까지는 다른 사람에게 전하지 않을 것입니다."[532]

이 날짜에 대리인을 로마에 보내기로 이미 결정했고, 그가 벨기에 사람 예수회의 니콜라 트리고(Nicola Trigault S. I.)였다.[533] 그는 리치가 사

---

530 여기서 말하는 "빠진 많은 것들"에 대한 의미는 광의의 개념이다. 그렇지 않으면 과장되거나 거짓이 된다. "많은 것"이란 포르투갈어본 제4-5책의 4장 반과 라틴어본 제5책의 마지막 두 장이다. 더욱이 이 마지막 두 장은 리치의 사망과 매장에 관한 것으로, 분명 리치의 글과는 무관하다.

531 따라서 이탈리아어 원본을 로마에 보내기 전에 포르투갈어로 번역하게 했고, 후에 보고서의 모델로 삼기 위해 중국에 두었다는 것이다. 번역을 포르투갈어로 했다는 것은 "독자 인사말"에서 트리고가 확실히 전한다. "리치 신부님의 의도는 유럽에 두는 것이었습니다. 그런 사람의 기념비적인 작품이 긴 여행에 분실되지 않고 먼 길에서 만나게 될 많은 위험을 고려하여 선교지에서 사용하는 언어와 일치하지 않는 이탈리아어보다는 포르투갈어로 번역하는 것이 좋겠다고 생각했습니다." 후에 중국에 두었다는 이 포르투갈어 사본은 어디로 갔는지, 지금까지 알 수가 없다.

532 Cf. *ARSI, Jap.-Sin.*, 15, f.196.

533 그는 1577년 3월 3일, [프랑스 북부] 두에(Douai)에서 태어나 1594년 11월 9일, [벨기에] 투르네(Tournai)에서 예수회에 입회했다. 7년간 학업, 곧 신학 공부와 수련기를 마치고 선교사 파견 조건을 갖추었다. 1606년 8월 포르투갈로 가서 코임브라에서 열 달

망한 뒤, 1610년 중반쯤 마카오에 도착했다. 사실, 같은 편지의 추신에 "총장 신부님께서 받아 보시게 될 다른 편지를 쓰고 이틀 후인 지금, 니콜로 트리고 신부를 대리인으로 파견하기로 했습니다"라고 적었다. 한편 트리고는 1612년 10월 15일에 이미 마카오로 떠났는데, 그것은 "거기

―――

을 지냈다. 1607년 봄, 코임브라에서 출발하여 아마도 그해 가을에 고아에 도착한 걸로 추정된다. 그리고 1610년, 마카오에 도착했다. 같은해 12월 21일에 조경(肇慶)에 도착했고, 이어서 소주(韶州)로 갔다가, 남경(南京)(1611년 3월), 항주(杭州)(1611년 5월), 그리고 북경(北京)에서 다시 남경(南京)(1612년 8월)과 소주(1612년 12월)로 갔다. 그래서 중국어를 공부할 시간이 거의 없었다. 이후 니콜로 론고바르도(Nicolò Longobardo) 원장이 선교 대리인으로 보내는 바람에 1613년 2월 9일경, 마카오에서 로마로 출발했다. 하지만 그런 사실을 부관구장으로 있던 프란체스코 파시오(Francesco Pasio) 신부는 모르고 있었다. 로마에 도착한 것은 1614년 11월 말 또는 12월 초순께였고, 이듬해인 1615년 가을, 스페인에 있을 때, 자신이 라틴어로 번역한 리치의 책과 1610년과 1611년 중국 연감이 출판되었다. 1615년 말에 로마로 돌아가서, 나폴리와 풀리아 지방을 거쳐 다시 로마로 왔다. 1616년 5월 초순, 로마를 아주 떠나 피렌체(Firenze), 파르마(Parma), 만토바(Mantova), 밀라노(Milano), 토리노(Torino)와 리옹(Lyon)을 지나 독일로 들어갔다. 아우크스부르크(Augsburg)에서 며칠을 지내고 난 뒤, 8월 8일 뮌헨(München)으로 갔다가 다시 아우크스부르크로 귀환했다. 그리고 다시 8월 27일 딜링겐(Dillingen)으로 가면서 노이부르크(Neuburg), 잉골슈타트(Ingolstadt), 뷔르츠부르크(Würzburg), 마곤자(Magonza), 프랑크푸르트(Frankfurt), 트리어(Trier), 본(Bonn), 쾰른(Köln)을 거쳤다. 11월에는 벨기에(Belgique)로 입국하여, 12월 16일 브뤼셀(Bruxelles)에 도착했다. 1617년 2월 20일에는 자신의 고향 두에(Douai)에 있었다. 그리고 그해 초여름에 마드리드(Madrid)로 갔지만, 1618년 1월 5일에는 다시 독일의 아우크스부르크에 있었다. 1618년 4월 16일, 드디어 중국으로 가는 배에 올랐고, 10월 4일 고아에 도착했다. 1619년 5월 20일경 다시 배에 올랐다. 1619년 7월 22일, 마카오에 도착했고, 1621년 5월 중국에 다시 들어왔다. 그는 1628년 11월 14일, 항주에서 사망했다. 이 많은 연대기와 지리적인 자료를 제공해 준 에드몬도 라말(Edmondo Lamalle S. I.) 신부께 감사드린다. Edmondo Lamalle S. I., *La propagande du p. Nicolas Trigault en faveur des missions de Chine* in *AHSI*, 1940, pp.49-120, 특히 pp.51-63에서 찾아볼 수 있다. 동시에 아래의 자료도 보기를 권한다. Vaeth, *Johann Adam Schall von Bell*, Colonia, 1933, pp.38, 44, 49, 58, N.22; *Daniele Bartoli e Nicola Trigault* in *Rivista Storica Italiana*, 1938, pp.77-92.

있는 사람들에게 우리 대리인이 로마에 갈 거라고 설득하기 위해서"[534]
였다. 그리고 그는 1613년 2월 7일, 유럽으로 가는 배를 타기 이틀 전에
총장에게 쓴 편지에 이렇게 덧붙였다. "저는 마태오 리치 신부님이 이탈
리아어로 쓴, 초기부터 지금까지의 '중국선교 역사'를 가지고 갑니다."[535]

1613년 5월 14일, 대리인이 떠난 뒤, 론고바르도는 "역사서"가 로마로
갔다고 확신하며 그것이 장상들의 호의를 얻었는지 알고 싶어 했다. "리
치 신부님이 남긴 중국 그리스도교 '역사서'와 함께 이곳 [남웅(南雄)] 수
도원의 연감도 벌써 대리인 신부님과 함께 보냈습니다. 그리고 '역사서'
에 관해, 여기 있는 우리는 그 방식과 양식이 어떻게 받아들여지는지, 혹
은 원하는 게 더 있는지 알고 싶습니다. 모든 사람이 만족할 수 있도록,
우리가 할 수 있는 건 더 할 수 있습니다."[536]

론고바르도가 트리고를 통해 준 정보 가운데 1613년 5월 8일 자[537] 편
지에는 리치의 이탈리아어 텍스트를 라틴어로 번역하는 일이 들어 있었
다. 동의하지 않은 다른 사람과 달리, 원장이 시도하고자 한 것은 대리인
을 로마에 보낸 것은 무엇보다도 리치의 '역사서'에 관한 육성을 통한 설
명과 그 점을 조명할 필요가 있다고 생각했기 때문이다.

"여기에 더해 우리는 너무도 아름답게 완성된 '이 그리스도교의 역사

---

534 Cf. *ARSI, Jap.-Sin.*, 113, f.266 이전.
535 "저는 마태오 리치 신부님이 이탈리아어로 쓴, 초기부터 지금까지의 '중국[선교] 역사
(*Historiam Sinicam*)'를 가지고 갑니다"(*ARSI, Jap.-Sin.*, 15, f.229).
536 Cf. *ARSI, Jap.-Sin.*, 15, f.270.
537 트리고는 2월 9일에 출발한 걸로 추정된다. 7일에 "이틀 후에 마카오에서 출발하여 인
도로 갑니다"라고 썼기 때문이다. 이것은 5월 8일 자로 총장이 받아 본 것이 그가 가져
온 게 아니라 필리핀을 통해 빠른 길로 온 다른 사람을 통해서라는 점을 시사한다. 라
말(Lamalle) 신부는 앞서 언급한 논문에서 이 점에 주목했다. in *AHSI*, 1940, p.57.

서'를 잘 준비했습니다. 이것만으로도 이곳[중국] 선교를 조명하고 자랑
스럽게 여길 수 있을 것입니다. 그러나 만일 이 '역사서'가 줄 수 있는 열
매를 거둘 사람이 아무도 없다면 우리는 이곳 선교를 유지하기 위한 근
본적인 해결책을 찾을 절호의 기회 중 하나를 잃게 될 것입니다. 나중에
말하게 되겠지만, 목적을 위해 이 책을 교황께 바치기를 바라며, 라틴어
번역을 쉽게 하도록 많은 부분을 직접 누군가 육성으로 설명해 줄 필요
가 있어 보입니다."[538]

그리고 더 뒤에서 책에 관해 말할 때, 교황께서 선교지에 선물해 주기
를 바라며, "이 도서가 '중국 그리스도교의 역사'로 교황께 헌정되는 만큼
그분이 그것[도서]들을 준비해 주실 수 있기를 바랍니다. ['역사서'는] 바로
라틴어로 번역하여, 이 선교사업이 소개될 것으로 기대됩니다"[539]라고
덧붙인다.

그러므로 트리고가 로마로 가지고 가서 1614년 11월 혹은 12월 초에
도착했으며, 리치의 친필 서명이 보증하는 그의 초상화(그림 1)뿐 아니
라, 그의 필사본 "예수회와 그리스도교의 중국 진출에 대하여(Della

---

538 "Aiuntava-se que tinhamos prestes a *Historia desta christandade*, cousa mui bella e
acabada, a qual só pode illustrar e acreditar esta empresa; e se com ella não fosse
quem podesse recolher o fruito que pode dar, perderiamos hua das melhores
occasiones pera buscar o total remedio desta missão, *maxime* que pretendo-se de
dedicar ao Summo Pontifice pello fim que despois se dirá, havia mister de quem
declarasse muitas cousas de bocca, falicitando [errore invece di facilitando] a
tradução que se ha de fazer em latim"(*ARSI, Jap.-Sin.*, 113, f.302r). 역주: 텍스트에
서 번역했기 때문에 여기 주(註)에서는 포르투갈어 원문을 그대로 싣는다.
539 "이 도서관은 『중국 그리스도교 역사(Historia da Christandade Sinica)』를 계기로 교
황들께 드리는 만큼, 곧 라틴어로 발간되어 이 선교가 소개될 것입니다"(*ARSI,
Jap.-Sin.*, 113, f.303v).

Entrata della Compagnia di Giesù e Christianità nella Cina)", 즉 예수회에 관한 내용은 물론 그리스도교의 중국 진출 과정을 담은 이 책을 남긴 것이다.

3. 리치의 필사본에 관한 묘사와 그 신빙성

필사본은 지금까지 예수회 로마 고문 서고에 보존되어 있고(*Jap.-Sin.*, 106a) 보존상태도 최상이다. 사본은 부드러운 고동색 가죽으로 제본한 다음, 뒷면에 양피지 조각을 붙여 다음과 같이 문구를 넣었다. 위에는 *Ricci ∥ Hist. ∥ Sinar.* ∥ 아래에는, *P. ∥ Matth. ∥ Ricci ∥ Mss. ∥ Auth.* 그리고 그 위에 언셜체(uncial script)로 *Originale scriptum manu propria p.Riccij* 라고 적었다. 똑같은 필체로 제2책 4장부터 제5책 20장까지의 요약본 목차가 있다. 즉, 리치의 필사본 f.30에서 f.127[540]까지가 유럽의 종이 두 장에 적혀 있는 것이다. 그리고 책 표지와 필사본의 첫 장 사이에 살짝 풀로 붙여 놓았다. 리치의 필사본이 시작하기 전, 첫 장 가까이에 페이지에 포함되지 않은 트리고의 글이 있는데, 내용은 다음과 같다:

"나, 예수회 중국선교 원장 대리인 니콜라스 트리가우티스Nicholas Trigautis는 예수회와 그리스도교의 진출에 관한 이 해설서가 마태오 리치 신부가 오른손으로 쓴 것임을 증언하며, 내가 중국에서 로마로 가지고 왔음을 밝힌다. 그분의 죽음을 통해 나는 다른 여러 사람으로부터 이 임무를 전달받았고, 내가 한 일이란, 하느님을 찬미하는 것뿐이다. 하지만 증언하건대, 나는 이탈리아어 문어체만 이해할 수 있어, 여러분이 이 책에서 발견하는 포르투갈어와 라틴어 텍

---

540 **역주_** 여기서 f는 foglio, 즉 낱장을 가리킨다. 필사본이 제본되지 않은 상태를 연상해 보라.

스트는 내가 연차편지에서 수집하고 선별하여 추가한 것이다.

봉인. 로마, 1615년 2월 26일.

니콜라 트리고(Nicolaus Trigautius).”

그러니까 중국 종이 131장에, 위에서부터 끊이지 않고 앞뒤로 내용이 적혀 있고, 각 종이에는 Ibs[541] Maria라는 문장이 있으며, 뒷면 오른쪽 모퉁이에 쪽 번호가 적혀 있다.

종이는 모두 32×19㎝ 크기이고, 앞뒤에 13㎝ 이상의 길이에 평균 50줄 미만의 선이 그어져 있다. 글씨는 매우 정교하고, 선명하며, 일괄적이다. 지우거나 수정한 부분은 거의 찾아볼 수 없고, 특히 앞부분을 제외하고는 저자가 최대한 몰입하고 있다는 걸 알 수 있다. 간혹 가장자리에 추가된 것도 볼 수 있다. 추가된 부분이 가장 긴 것은 f.73 정도에서 찾아볼 수 있는데, NN.571-572에서 인용했다. f.86 뒷면의 마지막 네 번째 줄에서 f.95의 앞면까지 중국 종이에 쓴 포르투갈어 텍스트(NN.643-673)가 여덟 장 반 정도 끼워져 있는데, 틀림없이 트리고가 썼을 것이다. 리치의 필사본은 f.121 정도에서 끝난다. 즉 제5책 17장이다.[542] f.122의 앞면에서 f.129의 뒷면까지, 여덟 장이 중국 종이에 포르투갈어로 적혀 있는데, 역시 트리고의 것이다(NN.908-955). 그리고 끝으로 중국 종이 두 장이 아무것도 적혀 있지 않은 채 있고, 그 뒤 f.132의 앞면에서 f.155의 뒷면까

---

541 예수의 라틴어 이름을 풀어서 쓴 “인류의 구세주 예수(Iesus, Hominum Salvator)”라는 말의 앞글자만 가져온 것이다. 다른 한편, 그리스어 이름 예수, Ιησοῦς에서 마지막 οῦ ς을 탈락하고, η이라는 글자를 h로 쓴 거라고도 한다.

542 14장부터 장(章)들을 매기는 데 계산상의 오류가 발생한다. 순서대로 14장이라고 써야 할 자리에 리치는 반복해서 13장이라고 적었다. 이후 장들은 한 장씩 뒤로 물러나야 한다. 그러니까 여기선 실제로는 18장이지만 17장이라는 번호가 매겨져 있는 것이다.

지, 유럽 종이에 라틴어로 쓴 24장이 있는데, 여전히 트리고의 것이다 (NN.956-1000). 리치의 것과 마찬가지 길이에 27줄씩 적었다.[543]

전체 작품은 리치가 구분한 다섯 책으로 되어 있다. 흥미로운 것은 f.124에서 볼 수 있는 것으로, f.122a에서 f.129b처럼 다른 곳에서도 볼 수 있듯이 리치는 빈 종이를 두었고, 앞서 주목한 것처럼, 그것은 트리고가 채웠지만, 저자는 위에 제6책이라고 적고 있다는 점이다. "예수회와 그리스도교의 중국 진출기 제6권(*Dell'entrata della Compagnia di Giesù e Christianità della Cina Libro Sesto*)"이라고 말이다. 분명히 트리고가 지웠을 것이다. 물론 이 여섯 번째 책에서 무슨 말을 하려고 했는지, 내용도 전해지는 바가 없다.

4. 리치의 필사본 속에서 트리고가 쓴 부분

이렇듯 앞에서 언급한 대로, 트리고의 외적 증언과 함께 필사본의 내적 검토와 글체의 다양성에도 불구하고, 확신하는바, 작품은 온전히 리치가 직접 작성한 필사본이다. 다만 포르투갈어로 적힌 제4책 17장의 3분의 2와 제18장 전체, 제5책 18-20장, 라틴어로 적힌 제5책 21-22장은 모두 트리고가 작성했다. 라틴어로 적은 두 장은 역시 트리고가 1610년도 연차편지[544](21장)와 1611년도 연차편지(22장)에서 가져온 것으로, 홀

---

543 트리고의 필체는 매우 크고, 리치의 필체는 앞서 봤듯이, 매우 섬세하다. 따라서 트리고의 필체를 리치의 것처럼 축소해서 필사본의 전체 페이지 50여 줄에 넣으면, 리치의 글이 112쪽가량 되고, 트리고의 것이 19쪽 정도가 된다.

544 이 연차편지의 라틴어 서명이 들어간 마지막 줄을 누가 지웠는지는 모르지만, 전체적으로 지워졌기 때문에 가스파레 페레이라(Gaspare Ferreira) 신부가 포르투갈어로 쓴 편지의 원문을 봐야 한다. 트리고가 연차편지에 추가했다는 내용이다. "가스파르 페레

류한 인문학자지만 글과 상관없이 다른 원전으로 돌아갔다.

바르톨리Bartoli는 이 두 개의 장에 든 내용이 리치 사후, 북경 수도원의 원장이 된 [이탈리아] 레체 출신의 사바티노 데 우르시스Sabatino De Ursis 신부의 글에서 가져온 거라고 말한다.[545] 포르투갈어로 쓴 다른 다섯 장章과 마찬가지로, 앞에서 트리고 본인이 증언한 것처럼,[546] 리치에게 보낸 소주의 선교사, 곧 론고바르도가 보낸 보고서로 제4책 17-18장과 제5책 20장을 쓰고, 바뇨니가 보낸 걸로 제5책 18장을, 카타네오가 보낸 걸로 제5책 19장을 썼다. 모두 포르투갈어로 써진 것이고, 트리고는 필사본에 그것들을 첨가만 했을 뿐이다. 그렇게 소주韶州에서, 남경南京에서, 상해上海에서 보낸 보고서들이었고, 약간 손을 봐서 첨가한 것이다. 이 장들이 리치 텍스트의 포르투갈어 번역을 복사한 것이 아니라면 말이다.[547]

그리고 이탈리아인 신부들이 앞서 언급한 다른 모든 선교사와 마찬가지로 리치에게 이탈리아어가 아닌 포르투갈어로 보고했다는 것에 대해 놀라지 말기 바란다. 이탈리아어는 거의 쓰지 않고, 다른 선교사들과 항

이라(Gaspar Ferreira) 신부의 이 연차편지는 총장 신부님의 명령에 따라 포르투갈어로 썼습니다. 그것을 동인도 예수회의 말라바르 관구 코친에서 라틴어로 번역했습니다"(ARSI, Jap.-Sin., 117, f.10).

545 "트리고 입장에서는 마태오 리치 신부의 최후에 일어났던 일과 사망, 그리고 못자리 요청과 무덤에 관해 잘 알지 못한다. 그러나 사바티노 데 우르시스 신부는 그 모든 일의 증인이자 리치가 기록한 많은 공책 사이에서 매일의 사건을 적은 메모들을 찾아낸 사람이다. 그리고 추가하여 완성한 것을 그[북경] 수도원의 신부들에게 주어 검증하도록 했다"(Bartoli¹, II, c.276, p.539). 여기서 바르톨리는 필자가 앞서 본 '서문', N.1에서 말한 내용을 암시하고 있다.

546 "포르투갈어 텍스트는 내가 연차편지에서 수집하고 선별하여 추가한 것이다." Cf. 본 '서문', N.3.

547 Cf. 본서, p.223, 주(註) 531.

상 포르투갈어로 말했고, 이 언어가 그들에게는 더 쉬운 모국어가 되었을 것이다.

5. 트리고의 라틴어 번역

1615년 가을, [독일의] 아우크스부르크(Augsburg)에서 리치의 필사본 라틴어 번역 초판이 다음과 같은 제목으로 출판되었다: *De Christiana Expeditione apud Sinas ab Societate Iesu suscepta, ex p. Matthaei Ricij commentariis Libri V, auctore p. Nicolao Trigautio, Belga.* 이 제목은 뒤이어 나온 라틴어 판본에 그대로 사용했고, 라틴어 판본의 여러 속어 번역본에도 그대로 사용했다.[548] 리치의 이탈리아어 원본과 트리고(Trigault)의 라틴어 번역본 간의 관계에 대해서는 바르톨리[549]와 타키 벤투리Tacchi Venturi[550]가 다룬 바 있다. 나도 다른 곳에서 다루었고,[551] 따라

---

[548] 라틴어 초판은 1615년 초가을, 마지우스 유형으로 아우크스부르크(Augsburg)에서 출판되었다. 다른 판본들은 라틴어판을 토대로, 두 번째 라틴어본이 1616년에, 세 번째 1617년, 네 번째 1623년, 다섯 번째 1684년에 나왔다. 동시에 트리고의 라틴어본은 유럽의 주요 언어로 번역되었는데, 독일어 번역이 1617년, 스페인어가 1621년, 이탈리아어가 1622년에 나왔고, 프랑스어는 세 차례, 초판이 1616년, 두 번째가 1617년, 세 번째가 1618년에 나왔다. 라말(Lamalle) 신부는 *AHSI*, 1940, p.100, n.33에서 미완성 영어 번역도 소개하고 있는데, S. Purchas, *Hakluytus posthumus or Purchas his pilgrimes*, Londra, 1625, I, pp.380-413가 그것이다. Cf. Streit, V, pp.716-717. 1617년 트리고가 이탈리아어판과 관련하여 자신의 라틴어 번역에서 다시 이탈리아어로 번역하는 문제에 아무런 말이 없었다는 게 참 놀랍다. 이탈리아어 번역은 3년 전에 자기가 로마로 가져온 리치의 필사본을 그대로 출판하기만 하면 되는데 말이다: "그들은 [우리의 역사서]가 스페인어, 이탈리아어, 독일어, 영어로 번역되었다고 말한다"(*AHSI*, 1940, p.100).

[549] Bartoli[1], I, c.70, p.123: II, c.276, p.539.

[550] Cf. Tacchi-Venturi, I, pp.XLVII-XLVIII, LIV-LV.

[551] *Daniele Bartoli e Nicola Trigault* in *Rivista Storica Italiana*, 1938, pp.77-85.

서 그것을 다시 다룰 필요는 없을 것 같다.

6. 리치의 원문 텍스트의 첫 번째 출판

그러나 라틴어 번역은 앞서 언급한 것처럼,[552] [리치 서거] 3세기가 지난 뒤, 1911년, 예수회의 피에트로 타키 벤투리(Pietro Tacchi Venturi, S. I.) 신부에 의해 출판된 이탈리아어 원문 텍스트를 대신할 수는 없었다. 그는 서언에서 이렇게 적고 있다.

"저자가 사망한 지 불과 5년 만에 니콜로 트리고Nicolò Trigault 신부의 라틴어 버전이 빛을 본 이후, [리치의 해설서는] 유럽의 주요 언어로 번역되어 판을 거듭하며 많은 사람이 열렬히 찾아 읽고 최고의 찬사를 받았습니다. 학자들은 여전히 원문으로 작업하기를 원했다는 점을 제외하고는 저자의 펜에서 나온 그대로의 작품을 갖고 있다는 것과 그것을 번역하는 또 다른 문제와 함께, 트리고의 라틴어 버전이 원문과 비교하여 눈에 띄게 열등하다는 의구심을 지울 수가 없었습니다. 이런 상황에서 위대한 사람이 사망한 지 300주년[1910년]을 맞이하게 되었고, 저는 저희 수도회의 고문서들 사이에서 그것을 발견하게 되었습니다. 그리고 마체라타에 설립된 위원회에서 불멸의 동향인에게 장엄하게 명예를 주기 위해 주석서를 원문 그대로 출판하는 것보다 더 그를 추모하는 가치 있는 방법은 없을 거라며, 이 책을 소개해 주었습니다."[553]

리치의 주석서가 "다른 사람, 즉, 트리고의 이름으로 빛을 보았다"라며

---

552 Cf. 본서, pp.213-214.
553 Cf. Tacchi-Venturi, I, pp.XXXIV-XXXV.

불평했던 이탈리아인 중국학자 루도비코 노첸티니Ludovico Nocentini의 일부 현명한 말을 인용한 후, 출판사는 자신의 출판물에서 이탈리아가 "거의 잊고 있었던 자기 아들을 향해 계속해서 소홀히"[554] 대하고 있다고 판단했다. 그리하여 1911년 마체라타에서 두꺼운 LXVIII-650[555]쪽짜리 책이 출판되었고, 2년 후에 약간 작은 분량의 또 다른 책이 나왔다.

타키 벤투리 신부가 출판한 것은 제목이 『마태오 리치의 역사적 작품(*Opere Storiche del p. Matteo Ricci S. I.*)』으로 국가 명예 위원회(Comitato per le onoranze nazionali)에서 감수했고, 제노바의 공작 톰마소 디 사보이아(Tommaso di Savoia) 왕실에 헌정되었다. 비록 중국학 전문가는 아니지만, 편집자의 명예를 드높였을 뿐 아니라 리치 텍스트의 훌륭한 판본을 우리에게 전해 주는 한편, 위대한 마체라타인을 망각忘却에서 끌어내고, 그의 삶과 행동에 감탄하게 했다. 원문 텍스트는 폭넓은 서문(Prolegomeni)과 드물지 않은 설명 주註를 넣어 비판적이고 과학적인 중요한 장치로 구성했다. 일반적으로 알려진 오리엔탈리스트들과 특히 중국학자들은 마침내 리치의 텍스트를 갖게 되었다며 기뻐했다. 이후, 트리고의 라틴어 번역본은 일부 후대 작가들을 제외하고는[556] 완전히 뒤로 제쳐지지는 않았지만, 최종 제본하여 부차적인 장소에 보관되었다.

타키 벤투리 신부의 이 출판물은 지난 4반세기 동안 중국과 중국 밖에서 있었던 리치 연구들에 대한 광범위하고 결정적인 하나의 쇄신 작품이

---

554 Cf. Tacchi-Venturi, I, p.LV.
555 **역주_** 앞의 라틴어 68쪽은 "전체 개요" 부분이고, 본문은 650쪽 되는 분량을 의미하는 걸로 보인다.
556 이와 관련하여, 일부는 내가 D'Elia[1], p.10, N.1에서 언급했다.

되었다. 지금까지 리마두利瑪竇에 대한 기억을 높이 유지해 온 중국 작가들도 리치의 텍스트에서 중국과 유럽 간 최초의 관계들에 관한 연구에서 비교할 수 없는 원출처를 찾았다. 그리고 리치를 기반으로 동서양의 이런 초창기 접촉을 더 잘 조명하려고 했다.[557] 유럽의 작가들은 리치의 글을 바탕으로 당시 중국 사회를 회상해 보고자 했다.

7. 리치 텍스트의 본 판본

그러나 ―명백했고, 그렇지 않으면 다른 게 있을 수가 없는― 앞서 말한 출판작은 상당한 부분에서 중국학적인 측면을 배제하고 있었다. 리치는 텍스트에서 장소, 사건, 인물 등을 언급했고, [그것들은] 중국 자료들에 관한 연구 없이는 이해할 수 없었기에 언급한 판본에서는 아예 참조하지 않고 말았다. 리치 텍스트의 독자들은 [분량이] 적지도 않고, 덜 중요하지도 않은 이 모든 희미한 부분들에 대해 명확히 해 주기를 바라며 계속해서 괴로워했다. 예를 들어, 리치가 만났던 가장 흥미로운 인물들의 경우가 그렇다. 그들은 종종 기억은 하지만, 언제나 이탈리아어 발음으로 읽고, 그러다 보니 여전히 불확실하고 불안정했다. 거기에 더해 그들은 성姓과 호呼로만 소개되지 않고, 저자는 때로 성姓만 부르기도 했다. 성姓과 호呼를 쓸 때도 어떤 글자로 쓰는 사람인지 자문하게 하고, 그래서 그 인물을 찾으러 중국 연감(Annali cinesi)으로 가야 했다. 이 모든 것은 방대

―――

557 중국 잡지 중복판, 우공(禹貢)[*The Chinese Historical Geography Semimonthly Magazine*], vol. V, NN.3-4, 1936, 4월 11일 자에는 200페이지가 넘게 통째로 우리의 "세계지도"에 대해 말하고 있다. 리치에 관한 다른 연구들도 중국과 유럽의 잡지에 계속해서 게재되었고, 이는 위대하고 품격 있는 학자 선교사가 얼마나 [현지인] 학자들의 관심을 끌었는지를 증명한다.

한 중국 문헌에서 인내와 긴 시간의 연구가 있어야 가능한 일이었다. 그것만 해결되어도 리치 텍스트의 가치는 최상이 될 수 있고, 그것만으로도 리치와 그가 3세기 훨씬 전에 [특정] 역사의 현장에서 이룩한 놀라운 업적의 기본 틀을 제공할 수가 있다.

이에 현대 중국학의 요청에 따라 리치 작품에 관한 두 번째 판본과 관련한 생각이 싹을 틔웠고, 시간이 흐르면서, 나 역시 초판에 제공되지 않은 정말 인상적인 리치의 유럽 자료들을 발견하게 되었다. 따라서 새로 발견된 이런 자료들과 리치의 텍스트에 많은 빛을 비추어 주는 중국 자료들로 더 새롭고 완성된 판이 만들어졌다. 기존에 출판된 해설서와 서간집의 텍스트뿐 아니라, 다른 모든 미간행 텍스트 및 지금은 넘어선 과거의 기준으로 간행된 텍스트들까지 포괄하고 있다. 가장 크게 중시한 것과 그 외, 이미 착수한 역사적인 작업은 초판에서 귀하게 활용한 것을 [다시 사용하도록] 허락하지 않았다. 따라서 본 판본은 기초부터 완전히 새로 마련하여 대중에게 공개되는 것이다.

8. 작품의 제목: 역사서인가, 해설서인가?

독자들은 작품의 제목이 이전 판과 새 판이 다르다는 걸 알았을 것이다. 초판의 제목은『중국에 관한 해설서』였다. 제목이 아마 독자에게 율리우스 카이사르의 고전 작품을 연상케 하는 이점이 있었을 것이다. 그러나 이런 제목은 리치가 자신의 작품에서 말한 것이 아니고, 트리고만 리치의 필사본에 자신의 주를 첨가하고 라틴어로 번역하면서 "해설서"라고 말했을 뿐이다. 반면에 다른 사람들, 데 우르시스, 론고바르도, 심지어 트리고도 다른 곳에서는,[558] 더욱이 리치 역시[559] 항상 "역사서"라고 말했다. 내가 보기에 "해설서"라는 이름은 너무 일반적이고 모호하기에 "역사서"라고 대체하는 게 유효해 보인다. 리치는 자신의 작품에 이렇게 제목을 달았다: "예수회와 그리스도교의 중국 입국에 대해(*Dell'entrata della Compagnia di Giesù e Christianità della Cina*)", 달리 말해서, "예수회와 그리스도교의 중국 진출에 대해(*Dell'Introduzione in Cina sia della Compagnia di Gesù sia del Cristianesimo*)" 또는 더 간결하게 "예수회를 통한 그리스도교의 중국 진출에 대해(*Dell'Introduzione del Cristianesimo in Cina per mezzo della Compagnia di Gesù*)"였다. 그러나 책 제목에 맞게 간결하게 가장 핵심적인 단어만 넣으라는 조언이 있었다. 그래서 만들어진 제목이 "그리스도교의 중국 진출의 역사(*Storia dell'Introduzione del Cristianesimo in Cina*)"[560]가 되었다.

솔직히, 리치가 제시한 제목 없이 작품의 내용만 본다면, 나는 망설이지 않고, 이 "역사서"를 "리치의 자서전(Autobiografia del Ricci)"이라고 했을 것이다. 실제로 그의 인생에서 가장 중요한 시기와 관련 있는 것이기 때문이다. 즉, 1582년부터 1610년까지, 그가 마카오에 도착해서부터 사망할 때까지의 시기가 담겨 있는 것이다. 모든 일이 그를 둘러싸고 있거나 그가 시작하고 발전시키고 조직한 일과 관련이 있다. 그러나 나는 저자가 쓴 제목이 문자 그대로는 아니더라도, 적어도 의미 면에서 우리 시

---

558   1610년과 1611년도 연차편지에서 그는 *Historia universae rei christianae*(*ARSI, Jap.-Sin.*, 117, f.1hr)와 *Historia de universa re christiana*(*ARSI, Jap.-Sin.*, 113, f.184r)에 대해 언급하고 있다; N.991에서도 말한다.

559   Cf. N.680.

560   **역주_** 이하 역자는 이 책의 제목을 간단히 "그리스도교의 중국 진출기"로 표기하기로 한다.

대의 독자들에게 충분히 꾸밈없이 보존되고 후대에 전달되어야 한다고
생각한다. 그래서 나는 본서와 같이 제목을 부여하는 바이다.

9. 두 권으로 된 "역사서"

당연히 이 전체 "역사"를 독자의 편의를 위해 한 권의 책으로 출판하는
게 바람직했을 것이다. 그러나 방대한 해설과 이 책에 처음 제시하는 엄
청난 양의 원전 출처들로 인해 그것은 불가능했다. 그러다 보니 나는 모
든 자료를 연도까지는 아니더라도, 최소한 중요도와 크기에 있어서 크게
두 부분으로 나누어 배치했다. 리치의 모든 작품이 남경南京과 북경北京,
두 수도로 진입하는 데 역점을 두고, 나머지는 이 목적을 위해 준비하는
것이었기 때문에, 가장 자연스러워 보였던 두 부분을 확실하게 하는 게
좋겠다고 생각했다.

그래서 남경 이전과 이후로 나누었다. 제1부[제1권]가 마카오에서 남창
南昌까지이고, 제2부[제2권]가 남경과 북경에 관해 쓴 이유다. 제2부에서
리치는 매우 적절하게 여행자 베네데토 데 고이스Benedetto de Goes에 관해
3개의 장章을 추가하기도 했다. 진정하고 유일한 저자로서 리치와 더불
어 트리고Trigault 역시 앞서 설립한 다른 세 개 수도원에 관한 소식을 전
해 줌으로써 이 작품을 완성하고자 했다. 마지막 저자[트리고]는 계속해
서 위대한 개척자의 고귀한 죽음과 명예로운 안장에 관한 소식도 전해
주고 싶었을 것이다.

10. 본 판본에서 기준으로 삼은 것들

이 판에서 내가 따라야 한다고 생각했던 기준에 대해 말할 차례다. 우

선 리치의 모든 필사본은 내게 그의 수기手記에 관한 글자 하나, 하나를 확인하는 것부터 시작했다. 이것은 나에게 이전의 것을 더 정확하게 해독할 수 있게 해 주었다. 따라서 이 판본이 과거의 것에서 벗어나는 부분이 드물지 않다는 것, 특히 중국어 음성의 경우, 이전에는 나름의 이유로 생략 혹은 혼동되었던 단어나 문장을 구성하는 어떤 것, 또는 특정 구절이 과거와는 전혀 다르게 제시되곤 한다. 리치의 텍스트에서는 저자가 중국어 단어를 하나도 쓰지 않았지만, [이 양장본에서는] 중국어 단어의 경우 대괄호[ ]로 표기했다. 여기저기, 아주 드물게, 나는 항상 대괄호[ ] 안에 텍스트에서 발견되지 않은 의미전달에 필요한 일부 단어를 추가했다.[561]

텍스트는 다음과 같은 명백한 점들로 인해 분명 리치의 것이다. 매우 불명확하고 자의적이라는 점, 텍스트의 소문자와 대문자에서 똑같은 결함이 발견된다는 점 등은 [어디서] 가져올 수 있는 게 아니다. 그래서 나도 필요에 따라서 그것들을 합치거나 분리하려고 애쓰지 않았다. 예컨대 텍스트에 있는 단어들은 "a gli" 대신에 "agli", "de gli" 대신에 "degli", "conciossiacosa che" 대신에 "conciossiacosacchè" 등처럼 항상 합쳐져 있거나 분리된 게 아니다. 다른 한편, 리치의 어휘들이 문법적으로 오류가 많아도 여전히 이해할 수 있다면 나는 그것을 굳이 수정하지 않았다. 이렇게 내가 문법적으로 올바르지 않은 말이라도 존중한 것들은 "sopre [위, sopra]", "camino[여정, cammino]", "chiesia[성당/교회, chiesa]", "Giesù

---

561 **역주_** 역자도 마찬가지로 문장의 이해를 돕기 위해 생략된 대명사, 특정 단어나 설명구를 대괄호 [ ] 안에 추가했다.

[예수, Gesù]" 등과 같은 말이다.

그러나 리치의 말이 오해를 불러올 수도 있는 경우에는 본문에서 정정했고, 그때마다 주註를 달았다. 만약 저자가 같은 단어를 일정하지 않게 쓰는 경우, 가령 *Lincitao*와 *Linsitao*처럼, 나는 원고의 진행에 따라 둘 중 하나만 텍스트에 넣기도 했다.

11. 이탈리아어 기록에 대한 리치의 어려움

"그리스도교의 중국 진출기(*Storia dell'Introduzione del Cristianesimo in Cina*)"는 분명 이탈리아어로 썼지만, 1600년대 초, 이탈리아에서 멀리 떨어진 북경에서, 좋은 어떤 문장가의 도움 없이 쓴 것이다. 이탈리아에서 태어난 저자라고 해도 거의 30년 이상을 떠나 있었고, 그 사이에 포르투갈어, 스페인어, 중국어로 말했고, 이탈리아어는 매우 드물게 사용했다. 이런 점들이 적지 않은 리치 텍스트의 문법과 문장의 결함과 오류들을 설명해 준다.

리치는 모국어로 말하는 데, 특히 쓰는 데, 점점 더 큰 어려움을 겪었고, 시간이 지나면서 자기가 가장 많이 사용하던 세 언어 중 하나로 쓰는 걸 선호했는데, 거기에는 매우 어려운 중국어도 포함된다. 본인이 직접 한 번도 아니고, 여러 번 호소한 바 있다. 그의 서신은 이 부분에 관해 많은 말을 하고 있다. 1583년, 이탈리아를 떠난 지 6년이 지난 때부터 그는 "벌써 쓰는 것과 말하는 것을 잊었습니다"[562]라고 말한다. 그리고 1585년에는 "여기선 언어들이 많이 뒤섞여 있습니다. 그래서 제가 이탈리아

---

562 N.1051.

어로 글을 쓰면서도 그게 독일어인지[563] 아니면 다른 언어인지[564]도 모르겠습니다." 1594년, 9년 후에 그는 이탈리아어보다 스페인어로 표현하는 게 더 쉽다고 고백한다.

비록 선교사들 사이에서 일반적으로 사용하던 언어는 스페인어가 아니라 포르투갈어였지만, 그는 스페인어가 더 쉽다고 했다. "매년 우리는 이 지역의 장상들에게 스페인어로 [보고서를] 씁니다. 이제 저는 [스페인어로] 말하기가 훨씬 쉬워졌습니다. 이탈리아어로 총장 신부님께 편지를 잘 쓰기가 어렵습니다."[565]

1595년에는 솔직하게, 차라리 다른 어떤 언어든, 그것으로 편지하는 게 이탈리아어보다는 낫다고 말하기도 한다. "이탈리아어로 글을 쓸 겨를이 없습니다. … 제가 드리는 이 작은 보고서만으로 주님께서는 흡족해하시기를 바랍니다. 왜냐하면 제게 시간이 없고, 가능한 건 밤 시간밖에 없습니다. 그리고 그 시간에도 사오일 안에 18통 혹은 20통의 답장을 써야 합니다. 어제는 여러 언어로 어떤 건, 6장, 8장 등, 하나는 12장짜리 답장을 썼습니다."[566]

그리고 같은 해에 총장에게도 "매년 하던 것처럼, 풍습을 보존하고 순명[서약]을 완수하기 위해 저도 총장님께 보고서를 [계속해서] 쓸 것입니다. … 이탈리아어로 쓰겠지만, 이탈리아를 떠난 지 벌써 20년이 지나 말한다는 게 항상 순례자가 된 기분이고 언어도 이상해져 크게 기대할 수

---

563 그가 모르는 언어다.
564 N.1120.
565 N.1287.
566 N.1377.

가 없습니다."[567] 1596년에는 자신의 모국어로 [편지를] 쓰는 것을 부끄럽게 여기기까지 하는 듯하다. "이탈리아어에 마음을 두는 것으론 충분하지 않습니다. 이것은 지금 사용하고 있는 낯선 언어[중국어]보다 더 이상하게 보입니다."[568] 후에 이탈리아어로 편지를 써야 할 경우, 이탈리아 친구들의 편지를 다시 읽으며 기억을 되살리곤 했다. 1605년, 선종하기 5년 전에 "저는 [코스타] 신부님의 편지들을 다시 찾아 읽으며, 이탈리아어를 어느 정도 되새겼습니다."[569] 같은 해에 그는 조심스럽게, "이곳에 새로 온 사람치고, 누가 30년 동안 한 번도 말하지 않은 언어[이탈리아어]로 낯선 편지를 하라고 하겠습니까? 차라리 중국어나 포르투갈어 혹은 스페인어로 쓰는 게 더 쉬울 것입니다. 다행히 모국어를 되새겨 줄 많은 이탈리아인이 중국에 있다는 게 제게는 큰 위로가 됩니다."[570]

이렇게 그는 특히 니콜로 론고바르도Nicolò Longobardo 신부를 "이 지역에서 훌륭한 일꾼이자 유창한 저술가"[571]라고 했고, 알폰소 바뇨니Alfonso Vagnoni 신부[572]도 그렇게 표현했다. 실제로 1606년 8월 15일, 총장에게 쓴 편지에서 "그곳[로마]에서는 이탈리아어로 적힌 이 아홉 통의 편지에 대해서 알고 싶어 할 것이기에, 니콜라오 론고바르디Nicolao Longobardi 신부가 유창하게 해결할 것임을 알지만, 제가 알폰소 바뇨니Alfonso Vagnoni 신부에게 다시 당부하겠습니다"[573]라고 썼다.

567 N.1427.
568 N.1486.
569 N.1603.
570 N.1697.
571 N.1572.
572 N.1697.
573 N.1712.

그러므로 리치의 텍스트에서 그 시대에 있을 수 있고, 그럴 수밖에 없었을 뿐 아니라, [쌀을 묘사하는] "gran riso(大米)"와 같은 "중국어 표현 (sinicismi)"과 함께 포르투갈어 표현(portoghesismi)과 스페인어 표현 (spagnuolismi)까지,[574] 사실적이고 나름의 불일치와 부정확함을 발견하는 것에 놀라지 말기 바란다.

12. 리치의 이탈리아어 오류

우선 일치와 일관성이 부족하다. *Ruggieri*[루지에리]를 *Ruggiero*, *Rugerio*, *Rogerio*라고 하고, *Cattaneo*[카타네오]를 많은 경우에 *Cataneo* 라고 쓴다. *Guam*[왕(王)]과 *Guan*, *Ciam*[장(張)]과 *Cian*, *Chiutaisu*[구태소 (瞿太素)]와 유기음으로 *Chiuthaisu*, 이탈리아어로도 *Chiuthaiso*, *Lincitao* 와 *Linsitao*, *Lincino*와 *Linsino*, *Tienzin*[천진위(天津衞)]와 *Tienzino*, *Pimpitao*[병비도(兵備道)]와 *Pinpitao*, *eclipse*와 *eclisse*, *innanzi*와 *inanzi*, *Capitanio*와 *Capitano*, *macomettani*와 *maomettani*, *insegne* 를 *insigne*와 *insignie*로, *osciani*와 간혹 *osciami*로, *horiuolo, horiolo* 와 *horologio*, *forastiero*와 *forestiere*, *braciere*를 *brasciere*와 *brasciero*로, *incomodità*와 *incommodità* 등이다.[575]

어떤 말은 자음을 이렇게 적기도 한다: *buffali*를 *buffari*, *avorio*를 *avolio*, *polizze*를 *polise*, *scudo*를 *scuto*, *potere*를 *podere*, *corridore*

---

574 **역주**_ sinicismi, portoghesismi, spagnuolismi 등은 리치가 본문에서 즐겨 사용하는 전형적인 표현이다. 델리야 신부는 리치의 표현대로 여기서 말하고 있다.

575 **역주**_ 이 문단과 이하 문단에서는 문맥에 따라서 달리 번역되는 것들은 굳이 번역하지 않기로 한다. 번역문에서는 필요하다고 생각되는 단어만 괄호로 원문을 표기했고, 번역은 표준어를 따랐다.

와 *corridoretto*를 *corritore*와 *corritoretto*, *nominatola*를 *nomidadola*, *contrada*를 *contrata*, *quadro*를 *quatro*, *soddisfatto*를 *sotisfatto*, *padrone*를 *patrone*, *grida*와 *gridare*를 *grita*와 *gritare*, *colpi*를 *golpi*, *livree*를 *libree*로 적는다. 다른 한편, 모음을 바꾸기도 한다: *Malucco*, *cortisie*, *guadognare*, *deto*(*dito*), *conseguiscano*, *prisiedono*, *condennati*, *como*(*come*), *becchieri*, *cirimonie*, *passotempo*, *vencitore*, *giucar*, *depende*, *remedio*, *piatosi*, *caristia*, *conseglio*, *conseglieri*, *particulare*, *serà*, *feceva*, *deveva*, *rimese*, *portughese portoghese*, *custume*, *customata*, *distorbato*, *palefrenieri*, *spidire*, *soperintendenza*, *soperintendenti*, *soperstitioni*, *vidri*(*vetri*), *collatarale*, *dirittamente*, *resoluto*, *dimandato*, *culpa*, *comesse*(*commise*), *lattacinij*, *suffitto*, *distritto*, *capirioni*, *apreno*, *gravicembolo*, *nissuno*, *custar*, *fusse*, *sopre* (*sopra*), *soprevennero*, *oltra*(*oltre*), *contra*(*contro*), *conforma*, *venesse*, *potessiro*.

모음 *I*는 Evangelio, chiesia, stanzie, scieglie, priegando, brieve, siede(sede)에서 필요 없이 들어가는가 하면, 들어가야 할 *tavolero*에서 는 빠져 있다.

모음 *e*는 si를 se라고 하는 것처럼, 드물지 않게 *i*를 대신해서 사용하 기도 한다: *partirsi* 대신에 *partirse*, 마찬가지로 *congratularse*, *sostentarse* 등. 때로는 반대로 *e* 자리에 *i*를 쓰기도 한다: *forsi*, *esserveni*, *avvieni*, *se* 대신에 *si* 등과 같이 말이다.

uo와 o 소리는 서로 바꾸어 쓰기도 한다: *poco*와 *solo*를 *puoco*와 *suolo*로, *suono*, *suolo*, *buon*을 *sono*, *solo*, *bon*으로 쓴다. 마찬가지로

due 를 *doi* 와 *duoi* 로, *ambedue* 를 *ambedoi, suoi* 를 *sui* 로 쓴다.

복수 *ii* 나 *î* 로 끝나는 것은 대부분 ij로 쓰기도 한다. 예컨대, *offitij,*
tempij 등이다. 어떤 복수 *i* 는 *e*로 잘못 쓰기도 한다. *mogli* 를 *moglie,*
cinesi 를 *cinese* 로, 반면에 *e*로 끝나는 것을 *i* 로 잘못 쓰기도 한다:
biade 를 *biadi, feste* 를 *festi, tante* 를 *tanti* 로 말이다. 또 다른 복수 *ci*에
는 된소리 *chi* 로 바꾸어서 *pubblichi, tropichi, lachi* 처럼 쓰기도 한다.

h 는 *righa, charità, luogho, qualchuno, christiani, christianità,*
barcha 와 *barca* 에서처럼 단어의 중간에서 필요 없이 사용되기도 하고,
라틴어처럼 *hora, hoggi, huomo, habitatori, herede heredità, honori,*
hebbe, hebbero, haveva, havevano, havete inhumanità 처럼 단어의
앞에 놓기도 한다. 이렇게 단어의 앞에 *h*를 쓰는 건 *ire*를 *hire, un*을
hun, *è* 를 *hè* 처럼 라틴어가 아닌 것에도 쓰곤 한다.

piuttosto, affatto, frattanto, giacchè, sicchè acciochè perciocchè
sebbene 와 같은 단어들은 통상 두 단어로 쓰기도 하고, *a fatto, se bene*
등과 같이 자음을 중복해서 쓰지 않는다. 생략부호(apostrophe)와 이중 *ll*
을 잘못 사용하는 곳은 상당히 많다. 예컨대, *al ordine, al altro, dal*
avere, nel anniversario, nel horto, quel anno 등이다.

zio 또는 *zzio, zia* 와 *zzia* 는 통상 *tio, ttio* 와 그와 유사한 것으로 대체
되는데, 가령 *iurisdittione, otiosi, affettionò, gratia* 등이다. 한편
negocio 와 같은 것도 있다.

진짜 라틴어계 단어들은 *instrumenti, audientia, subditi, doctrina,*
doctori, practico, secte, obstacoli, equinoctiale, et 와 *e* 다. 스페인어
계열에는 *engannare, embriacare, embasciata, inbasciata, intrare,*

impire, tien 을 *ten* 으로, 더 좋게는 *ha, andando* 를 *indo* 로 쓴다.

어떤 숫자는 형태에서 결함을 보이기도 한다: *settenta, quarenta, trinta, vintequatro, vinte, quindeci* 처럼 말이다. 특정 동명사에도 주목할 필요가 있다: *fingindo, uscindo, restituindo, unindo, consignindo, finindo, cuprindo, coprindo, udindo, odindo.* 일부 분사도 있는데, 가령, *patuto, riceuto, conceputa, avuti* 와 *avuto* 를 *auti* 와 *hauto* 로 쓰는 것이다. *argentaria, galantaria, galontaria* 와 같은 단어는 검색해야 하고, *exercitano excedere, escesso, excitata exccentrici* 는 잘못 사용하고 있다. 특히 다음과 같은 형태의 조건법도 호기심을 끈다: *restarebbono, restarebbero, restarebbe, pagarebbono, maravigliarebbono, ritornarebbe, averebbono, mandarebbe, potrebbono, lanciarebbono, resisterebboro, mancarebboro, ritrovarebbe.*

리치의 상상력이 가장 많이 발휘되는 곳은, 스페인어, 포르투갈어와 혼동하여 자음을 이중으로, 또는 단순하게 사용하고 있다는 것이다. 예컨대 이중 자음을 써야 하는 자리에 저자는 단순 자음으로 만족하는 경우는 *profundeza, legi, elegere, elegono, aviso, avisò, avisato, publico* (간혹 *pubblico*), *magiore* (드물게 *maggiore*) *abassa, acompagnare, inginochiati, irrichiscono, arivare, quatordici, machina, machinare, camino, cammino, caminare, incaminato, amazzare, acendono, sodetto, nesun, provedere, provedimento, ucello, comercio, inganatori, fiachissimo, febre, matina, battizarono, trafico, alegrezza, ralegrò, mole molle, mezo, somersa, incomodità incommodità* 등이다. 반대로 많은 경우에, 단순 자음으로 써야 하는 걸 이중 자음으로 쓰

기도 한다: *essercita, essercito, essercitio, essecutata, essorcismo, essame, essequie, doppo, baccili, suppremi, preggiano, seppolcro, robbe, finittima, raggione, nobbili, corteggiani, globbi, pilotto, veddero, communicatione, communicare, accommodata, incommodità, commandano, commandato, racommandano, esaggerano, dirrà, sarrebbe, darrebbe, farremo, farrebbe, farrebbono* 등이다.

13. 리치 텍스트의 역사적 가치

이러한 언어상의 오류와 그 외 유사한 비문법적인 요소에도 불구하고, 리치의 텍스트는 문학적인 형식에서가 아니라[576] 역사적인 방면에서 적지 않은 흥미를 준다. 매우 세심하게, 자신이 확신하는 것만 이야기하려는 충실한 증언은 모든 페이지에서 울림을 준다. 논의의 여지가 없는 이런 진술함에 더해, 그에게 객관적으로 매우 영광스러웠던 일들을 말할 때 눈에 띄는 소박한 면이 서술된 부분에서 리치의 이 책[역사서]을 역사적으로 더욱 중요한 문서로 만든다. 진실하고 정확하고 겸손한 저자의 참된 자화상이 되어 주는 것이다. 그런 점에서, 리치 글의 역사적 가치는 엄청나다고 주저 없이 말할 수 있다.

리치는 성실하고 세심한 역사학자다. 그가 우리에게 들려주는 것들은 실제로 일어난 일이었고, 그것을 말하는 것이다. 어디서건 매우 드물게,

---

576 바로 이 점 때문에, 나는 리치가 주저하는 부분과 그가 자신의 텍스트에 직접 수정한 부분을 지적하는 게 적절하지 않다고 생각했다. 물론 이것은 상대적으로 매우 드물다.

일부 정확하지 않은 부분이 있는 건 저자의 기억력이 부족하기도 하고, 인간의 나약함에 의한 혼동 때문이기도 하다. 나는 그의 편지와 동료들의 편지를 확인하여 이런 극히 일부의 부정확한 것을 모두 바로잡았고, 매번 그것을 의식한 것들은 출처를 밝혔다.

리치가 진실하다는 증거는 중국 문헌들에서 찾을 수 있다. 중국 문헌은 분명히 그와 전혀 상관없이 작성되었고 우리 선구자가 하는 말에 합치하는지 전혀 관심이 없다. 이것들은 예컨대, 관리들의 이름, 그들의 관직, 당시의 일반적인 역사적 사실에서 충분히 식별할 수 있다는 것이다. 이 모든 경우에서 중국 문헌들과의 일치가 놀랍다. 역사적 사실에 대한 확실한 증거라고 하겠다.

리치의 기록에 대한 완전한 확신을 주는 또 다른 요소는 저자의 의도가, 앞서 보았듯이, 수신자가 로마에 있는 수도회의 총장이었고, 우리[수도회]는 그들[중국 선교사들]의 꾸밈없는 객관적인 내용을 그대로 보여 주고 싶었다는 것이다. 그리고 그[리치]가 무모한 거짓말을 하고 싶어 하지 않는 사람으로 중국 전역에서 유명인사가 되었고,[577] 그의 인품으로 봐서 우리 역시 추론할 수 있는 것은, 그가 총장을 속일 수 없다는 것이다. 그러므로 리치의 텍스트를 읽는 모든 독자는 바르톨리(Bartoli)의 말처럼, 리치가 "역사학자로서", "그 왕국[중국]에서 기억해야 할 것들을 찾는 데 매우 정확했고, 묘사하는 데도 매우 충실했다"[578]라는 결론을 인정해야 할 것이다.

---

577 Cf. N.485.
578 Bartoli², I, c.69, p.123.

1책

서언: 중국과 중국인

✠

제1장

이 책을 쓰게 된 동기와 집필 방식에 대해

───────◦◦◦───────

○ 리치가 하느님께 감사드리기 위해 자신의 역사적 기억을 펼치다
○ 기록 방식: 단순함, 간략함, 직접적인 경험
○ 중국과 중국인들에 관한 간략한 선행연구의 필요성

1. 리치가 하느님께 감사드리기 위해 자신의 역사적 기억을 펼치다

많은 경우, 세상에서 일어나는 위대한 사업이나 작품에 대해, 후대 사람들은 대부분 그것이 어디에서부터 시작되었는지를 알지 못할 때가 많다. 때때로 그 원인을 연구해 본 결과, 다음과 같은 결론에 도달했다. 훗날 위대한 일로 성장하는 어떤 일도 그 발생 초기에는 아주 작고 미미하여 그 가능성을 전혀 예측하지 못한 채 가끔은 엉뚱한 곳에서 찾을 때가 있다는 것이다. 그것은 관련자조차 잘 관찰하고 기록하지 않았기 때문이고, 처음부터 경험한 사람들마저 당시에는 별로 중요하게 생각지 않았던 일이라 힘들여 기억할 필요를 느끼지 못했기 때문이다.

이런 점에서 우리[1]가 중국이라는 이 방대한 왕국에 입국하여, 우리 수도회와 그리스도교의 진출에 대해 기록되지 않은 것에 초점을 맞추어,

───◦◦◦───

내가 이 대륙에 들어와 처음부터 관심을 가졌던 것들을 잘 알려진 순서대로 정리하여 기록하고자 한다. 대부분 내가 직접 경험한 것이어서 매우 정확하다고 할 수 있다. 스승 예수께서 하신 것처럼, 작은 씨앗이 싹을 틔워 성장하고, 거기서 선*이 수확되어 당신의 거룩한 가톨릭교회에 받아들여졌다면 마땅히 하느님께 감사드려야 할 것이다. 하느님께서는 근세기에 들어 멀리 있던 백성들 사이에서 이룩한 당신의 위대하고 놀라운 일들을 이야기하는 걸 좋아하실 것이다. 만약 하느님께서 그것을 허락하지 않으셨다면 이토록 성공적인 결과는 이루지 못했을 것이며, 이 책에서 읽게 될 증거도 남아 있지 않았을 것이다. (그 증거란) 우리 예수회가 중국이라는 나라의 개방을 위해, 그리고 너무도 거친 숲을 개척하기 위해 얼마나 수고하고 공을 들였는지, 그 덕에 얼마나 값진 희망을 품게 되었는지에 관한 것이다.

2. 기록 방식: 단순함, 간략함, 직접적인 경험

그러므로 영혼들을 가톨릭 신앙으로 인도하고 개종시키는 일은 온전히 하느님의 사업이라는 점에는 의심할 여지가 없다. 따라서 별다른 미사여구를 사용하는 것은 필요하지 않을 것이다. 왜냐하면 순수하게 제시된 단순한 진리야말로 신앙에 귀 기울이게 하는 내용이고, 가장 기꺼워하고 좋아할 만한 것이기 때문이다. 이 글을 통해 나는 우리의 동료들과

---

1   **역주_** 전형적인 이탈리아식 표현이다. 한국인이 '우리'라는 공동체를 중시하는 것처럼, 이탈리아인들 역시 중시하는 풍습이 있다. 리치는 이 책에서 이 표현을 상당히 자주, 많이 쓴다. '우리의 성교회[그리스도교]', '우리 수도회[예수회]'라고 쓰는가 하면, 특정 교우를 가리킬 때도, '우리의 바오로 박사[서광계]', '우리의 레오 박사[이지조]' 이렇게 표현하고 있다.

우리 자신이 해마다 혹은 특별한 기회를 통해 보고해 온 편지에서 언급한 내용을 다시 한번 기록하고자 한다. 다만 나는 여기에서 모든 걸 다 언급할 의도도 없고, 내 뒤를 이어 다른 형제들이 길게 언급하고 다루게 될 것들에 대해서도 말하고 싶지는 않다.

3. 중국과 중국인들에 관한 간략한 선행연구의 필요성

중국에 관한 대부분의 것들은 우리의 것과 매우 다르고, 이것은 우리 유럽인들에게 근본적인 자료의 필요성을 느끼게 해 준다. 중국의 위치, 풍습, 법률, 중국에 관한 다양한 많은 것들을 명확히 할 필요가 있다. 특히 우리 유럽의 국가들과 다른 점들을 기록함으로써 우리의 중국 진출의 의도가 더 분명해지고, 너무 빗나가지 않는 선에서 그들에게 그리스도교를 전하는 명분을 찾으려는 것이다.

(이런 맥락에서) 내가 알기로 많은 종류의 책이 이미 유럽으로 갔지만, 우리를 통해 또다시 중국에 대해 알게 되는 것을 아무도 싫어하지 않으리라 생각한다. 우리는 이미 30년가량[2] 이 왕국에서 살고 있고, 유력 인

---

2   첫 장(章)은 리치의 업적에 대한 기원을 가리키는 중요한 이정표가 된다. 리치가 마카오에 도착한 것은 1582년 8월 7일이고, 조경(肇慶)에 도착한 것이 1583년 9월 10일이며, 그래서 1608년 말, 이 역사서를 집필하기 시작하는 때는 이미 중국에서 거의 30년을 산 이후라고 할 수 있다. Cf. N.66, 114, 632. 그리고 자신을 지칭할 때 복수 표현을 사용하는 것은 1579년 7월 20일경 마카오에 도착한 동료 미카엘레 루지에리 신부와 계속해서 함께했기 때문이다. Cf. N.205. 나머지는 본서 제1책, 제5장에서 언급하고 있는바, 1609년에 이 책을 썼다. Cf. N.66.
     그러나 제1책은 초고치고는 매우 완성도가 높은 것이어서 1602년 이전에 이미 리치가 집필을 시작한 것으로 보인다. 왜냐하면 이 장들에서 다루고 있는 많은 부분이 거의 마지막에 해당되는 것들에서 찾아볼 수 있고, 1602년 3월 9일 판토하가 쓴 편지의 두 번째 부분에 있는 약어들과 같은 내용이기 때문이다. 확실한 것은 판토하는 리치에

사들을 통해 대표적인 행정구역들을 방문했으며, 중국의 대표 인사들과 저명한 행정관들, 문인들과 더불어 두 중심도시[3]를 지속적으로 오가며, 그들의 언어로 말하고 그들의 전례와 관습들을 배웠다. 그리고 가장 중요한 것은 우리의 손에 그들의 책이 밤낮으로 들려 있었다는 것이다. 중국에서는 다른 어떤 것도 책보다 더 인정받지 못하고, 우리처럼 모든 것에 대해 정보가 정확하지 않을 때는 다른 사람의 입을 통해 모든 것을 얻을 수 있어야 한다.

여기에서 간략하게 언급한 것들은 이어지는 제1책[4]의 장章들에서 더 자세히 기록할 것이다. 누군가 여기에서 다루고 있는 것들을 확대해서 사용하고 싶다면, 각 장을 권위 있는 한 권의 책으로 완성할 수도 있을 것이다.

의해 움직였지, 혼자 자의적으로 어떤 일을 한 것이 아니라는 점이다. 왜냐하면 판토하는 이 편지를 쓰기 2년 전에는 중국에 들어오지 않았다.

3   북경(北京)과 남경(南京)이다.

4   제1책에서 리치의 기본적인 목적은 중국의 풍습들을 알리는 데 있다. 특히 "유럽의 것들과 다른 것들에 대해서"(N.120) 말이다. Cf. N.37, 49, 50.

제2장

중국의 명칭, 국토의 크기와 위치에 대해

○ 유럽인들이 붙인 중국의 다양한 명칭
○ 중국인들에 의한 중국의 다양한 명칭과 사용연도
○ 중국의 지리적 위치와 크기
○ 1579년 인구조사에 따른 도시와 인구
○ 국경을 이루는 네 곳의 자연 성벽과 인공 성채

4. 유럽인들이 붙인 중국의 다양한 명칭

동방의 끝에 있는 이 왕국은 일찍이 여러 이름으로 유럽인들에게 알려져 있었다. 가장 오래된 프톨레마이오스 시절에는 시나Sina[5]였고, 이후 타메를라노[6] 시절에는 더 뒤에서[7] 더욱 상세히 설명하게 될 마르코 폴

---

5 $\Sigma \hat{\iota} \nu \alpha \tau$. Tolomeo, I 17, 5; VI 16, 1. 2: VII 2, 1. 7. 19: 3, 1. 5: 5, 2: VIII 24, 2. Cf. Pauly, 2, III, cl. 219. **역주_** 클라우디우스 프톨레마이오스(Claudius Ptolemaeus, 기원전 138-180)는 자신이 쓴 천문학 서적 『알마게스트(*Almagest*)』의 여러 곳에서 시나이(Sinai)라는 이름을 사용하고 있다.

6 타메를라노(Tamerlano, 1336-1405)의 원래 이름은 테무르 랑(Temür Lengo o Lenk), 즉 "절름발이" 테무르[Temür lo "zoppo"]라는 뜻이다. Cf. N.77, p.335, 주(註) 225. **역주_** 오늘날 유럽어로는 바를라스(Tīmūr Barlas, 1336-1405), 또는 테무르 랑(Temur-i lang)은 투르키스탄의 회교도 수장으로서 페르시아, 메소포타미아, 인도, 아나톨리아

로**8**가 전한 '카타이[契丹]'**9**라고 불렸다. 그러나 가장 잘 알려진 '차이나'**10**

___

지역을 포괄하는 거대한 제국을 형성하였다. 그는 중국 정복을 준비하던 중에 사망했다.

7   Cf. N.523.

8   [베네치아 출신의] 마르코 폴로(Marco Polo, 1254-1324)는 1275-1292년에 중국에서 살았다. 『원사(元史)』에서 그는 파울로 박라(博囉)라고 부르며, 추밀부사(樞密副使)라는 칭호를 부여하고 있다. Cf. *Storia degli Iüen* 원사(元史), c.205, f.3b. **역주_** 그는 퉁구스어로 중국을 키탄(Qitan) 혹은 키타이(Kitai), 곧 '카타이(Catai)'라는 이름을 사용했다.

9   프란체스코 수도회의 피안 디 카르피네(Giovanni da Pian di Carpine, OFM, 1190?-1252)(마조네 출신)는 1247년에 이미 '카타이' 혹은 "키타이(Kytai)의 땅(제국)"에 대해서 말했다. Cf. *SF*, I, pp.55, 57-58. 같은 수도회의 또 다른 수사 기욤 드 뤼브룩(Guillaume de Rubrouck)도 1255년에 '카타이'에 대해서 분명히 밝힌 바가 있다. 그는 고대의 '세레스'('비단'이라는 뜻)인들이 사는 나라를 카타이와 같은 나라로 본 것이다[cfr. N.4, 주(註)]. 예컨대 "거대한 카타이를 고대인들은 세레스라고 불렀다. 비단을 만들던 민족이 바로 카타이국에 사는 사람들이다. 그래서 그 민족을 일컬어 세레스라고도 부른 것이다"(*SF*, I, p.236). 그러나 이 말을 대중적으로 사용하는 데 공헌한 사람이 마르코 폴로였다. Cf. Yule-Cordier, *MP*, II, *Indice, Cathay*.

   '카타이'라는 말의 기원은 정확히 타타르족이 부르던 '키탄(契丹, 거란)'에서 유래한다. 퉁구스 혹은 과거 몽골에 속했던 타타르족은 기원전 4세기 중반부터 중국 역사에 등장하기 시작하는데, 만주 남서부와 몽골 남동부에서 주로 살았다. Cf. Chavannes¹, p.11, N.4; *TP*, 1939-1940, pp.10-28, 49-54. 당(唐)나라 말기에 타타르족은 북부지역 전체로 확산했고, 947년에는 훗날 북경이라고 부르게 되는 도시까지 장악하기에 이르렀다. 그들은 자신을 고향 땅에 흐르던 요(遼)강의 이름을 따서 요 왕조라고 하였다. 그 영향은 현재 중국의 도시 하북(河北, Hopeh)성(省)과 산서(山西, Shansi)성(省)까지 이르고, 동쪽으로는 만주까지 서쪽으로는 투루판(Turfan)에까지 이른다. 이 왕국은 1123년 금(金)나라에 의해 망했고, 타타르족은 서쪽으로 이주하여 투르키스탄을 세우고, 투르키스탄의 북동쪽에 서요(西遼)를 세워 합랄걸탑(合剌乞塔), 곧 '검은 키타이'라고 하였다. 리치(N.827)와 리치 이전의 루브룩도 이 점을 상기하고 있다. '키탄'의 역사서인 『거란국지(契丹國志, *La Storia dei Cchitan*)』는 13세기 말에 쓰였다. Cf. *TP*, 1939-1940, pp.2, 4-5.

   카라키타이들의 야율대석[**역주_** 耶律大石, 1087-1143, 중앙아시아에 있던 서요(西遼, 1124-1211)를 건국하여 1124-1243까지 통치했다]은 1126년에 갈아한(葛兒汗) 혹은 국아하천(鞠兒可汗, 튀르키예어로는 원래 '왕'이라는 뜻이다(Cf. N.523). 이 용어를 인용하여 첫 사제인 '칸(Gian, Khan)' 곧 가한(可汗)을 언급하고 있다. 가한이 통치하던 수도는 탈라스(Talas) 계곡으로서 호사알이내(虎思斡耳朶)라고 불렀다. 카라키타이 왕국이 망한 후 '칸'이라는 이름은 13세기 케레이트(Kereit)들의 왕을 지칭하여 겹

라는 이름은 포르투갈 사람들에 의해서였는데, 그들은 길고 험한 해상

열(怯列), 객열극열(客烈克烈), 역(亦, 몽골과 카라키타이 튀르크족들이 1007년경에 네스토리우스의 그리스도교로 개종할 당시)이라는 말로 사용하였다(Cf. Gibert, p.435). 왕한, 곧 王罕, 王汗이라고 부르기도 하였다. 그 후 '칸'은 몽골족 내만(乃蠻)의 왕을 일컫다가 나중에 옹구트족 왕고(汪古) 혹은 타타르족을 지칭하기도 하였다. 1294년에 프란체스코 수도회의 몬테코르비노(Giovanni da Montecorvino)에게 세례를 받은 옹구트족의 활리길새闊里吉思, 고리기스(Kuoligis), 조르조 왕자ㅣ 천자의 칭호도 '칸'이었다.

　키탄족들이 중국 북쪽 지역을 점령하면서 나중에 그들의 이름이 온 중국으로 퍼져 나갔다. 중세에 들어와서 그들은 중앙아시아를 통해 아라비아, 페르시아, 러시아와 관계를 맺었으며 마르코 폴로와도 인연이 있었던 걸로 보인다. 13세기, 중국 북쪽 지방에는 '키타이'라는 말이 흔했고, 그것이 온 중국으로 확산한 것으로 추정된다. 지금도 러시아에서는 중국을 키타이(Kitai)이라고 부르고, 몽골에서는 키탄(Kitan)이라고 하며, 페르시아어와 그리스어에서도 어느 정도 이 형태를 유지하고 있다.

　'치나(Cina)'와 '카타이(Cataio)'가 같다고 보는 학자들은 아부 파라그(Gregorio Abū l-Farag, †1043)(Cf. Assemani, *Bibliotheca Orientalis*, Roma, 1728, Ⅲ, *Pars secunda*, pp.CCCCLXX, CCCCLXXⅢ), 뤼브룩(1247)이 있었고, 그것을 과학적으로 규명한 사람이 1595년에 마태오 리치다(NN.1518, 1829, 1843, 1849). 그리고 뒤이어 그것을 재확인한 것이 1598년(NN.523, 1829), 1602년(N.607), 1605년(N.1694)이었다. 특히 1608년의 것은 인도에서 중국으로 육로로 들어온 베네딕토 데 고이스(Benedetto de Goes)의 여행으로 다시금 확인을 거친 것이다(NN.1833, 1843, 1849, 1897). Cf. *CCS*, 1935, pp.396-399, 401; *EL*, XXIII, pp.661, 674; *TP*, 1912, p.730; Gibert, pp.453-458.

10　중국학을 연구하는 학자들은 차이나(Cina)라는 이름의 기원을 기원전 8-3세기까지 북서쪽에 있었던 진(秦)나라로 본다. 시황제(始皇帝, 기원전 221-209)가 중국을 통일하고 진 왕조를 건설할 때다. 진나라는 기원전 4세기 중반까지 중앙아시아 일대의 유목민족이었던 훈족들 사이에서 잘 알려져 있었고, 그들과 전쟁을 치르기도 하였다. 어원학적으로 '진'을 '친(Qin)'이라고 발음하면서 '치나(Cina, 이탈리아어로는 지금도 이렇게 발음한다_역주)'가 된 걸로 본다. 그러나 1584년 리치(N.1067)와 1591년경 루지에리는 차이나(Cina)가 다른 흥미로운 이유에서 나온 말이라는 의견을 내놓았다. 바로 중국인의 형식주의적인 태도에서 오는 것으로서(N.127), 중국어로 '청청(請請, ZinZin)'(N.5173), 곧 '청컨대, 부디'라는 의미에서 유래했다는 것이다.

　기원전 300년경에도 '치나(Cina)'라는 이름은 산스크리트에 등장한다. Cf. Henning, I, pp.169-170. 그 후, '진의 거처'라는 뜻으로 '찌나 스타나(Cina-sthāna)'라고 부르게 되었다. 서양 학자들 가운데 에라토스테네(Eratostene, 기원전 276/272?-179)는 중국어로 쩬(Zzin)이라는 말과 유사한 '신(θίν)'이라는 말을 사용하였다. 이는 시황제 시절

탐험을 통해 중국의 최남단인 광동성廣東省, Canton[11]에 도착하여 교역을

___

에 인도인들이 부른 이름이다. 소그디아나어로 중국을 '친스탄(Cynstãn)', 곧 '치나인들이 사는 나라'라고 불렀다. Cf. TP, 1913, p.428. 에리트레이(Periplus Maris Erythraei)는 서기 80-89년경 '시나(θίνα)'에 대해서 동아시아에 있는 거대한 도시라고 언급하고 있다. Cf. Pauly, 2, VI, cl. 281; 2, III, cl. 219; Hennig, I, pp.321-328. 서기 150년경, 프톨레마이오스의 『미지의 땅(Terra Incognita)』에도 '시나이(Σίναί)'들과 세리키(Σηρική)의 원주민들이 살고 있다고 하였다. 발렌스(Vettius Valens)는 서기 161-180년경에 친니(Σκίνη)에 대해서 말하고 있다. 같은 시기인 2세기 로마제국도 치나(Cina)를 찐(Zzin, 秦)으로 언급하였다. 중국어로 된 텍스트들 가운데 현존하는 가장 오래된 자료라고 할 수 있는 서기 308년의 산스크리트에는 중국(Cina)을 진(秦)으로 번역하고 있다. 그러나 한무제별국명기(漢武帝別國冥記)가 정말 곽헌(郭憲)의 작품이라면 그 역사는 서기 1세기 초까지 거슬러 올라갈 수 있을 것이다. Cf. Ciamscimlam(Chang Hsing-Lang), I, B, pp.11-12. 진(秦)이라는 명칭은 308년보다 훨씬 이전에 나타나는데, 대방편불보사경(大方便佛報思經)의 목록에 한(漢, 서기 25-220)나라에 앞서 있었던 나라로 기록되어 있다. Cf. Pelliot in BEFEO, 1904, p.149.

서기 158년경 중앙아시아에서 발견된 류평국(劉平國)의 중국어 비문에도 중국인들을 '찐의 사람들'이라고 칭하고 있다. 사마천(司馬遷, 기원전 145?-86?)도 사기(史記)에서 중국인을 '찐의 사람들(秦人)'이라고 부르고 있다. 기원전 83년에 쓴 한나라 이전의 역사서인 전한서(前漢書)에서도 같은 기록이 나온다. 후한서(後漢書)에서는 "로마제국[거대한 진(秦)]의 사람들도 중국인들처럼 고귀하고 품위 있게 보이려고 한다. 그래서 '거대한 진'이라고 부른다. 其民指長大平正, 有類中國, 故謂之秦"이라고 기록되어 있다. 이 텍스트를 두고는 의견이 분분한데, 가령 "대진국인(大秦國人)", 즉 '서방 제국의 사람들'이라는 뜻이라는 둥 "중진국인(中秦國人)", 즉 '중국인들'이라는 둥 하는 의견이 그것이다. Cf. Ciamscimlam, I, B, p.21; TP, 1923, p.119.

5세기, 아르메니아인 코레네(Mosè di Corene)는 '드제네스탄(Dgenestan)'이라고 하였다. 이는 페르시아어로 '시나(Cina)인들이 사는 나라'라는 뜻의 시니스탄(Cīnīstãn)에서 유래한 말이다. 이란어로 접미사 "stãn"은 '장소(대지)' 혹은 '나라(땅)'라는 뜻이다. 예를 들면 아프가니스탄(Afganistan, '아프간의 땅'이라는 뜻 _역주), 터키스탄, 카자키스탄 등이 그것이다. 그러나 시간이 흐르면서 접미사 "stãn(斯坦)"은 단(旦)으로 압축되고 진(秦)은 동음의 진(震)으로 사용하면서 중국을 가리켜 진단(震旦)이라고 부르게 되었다. 5세기 이후에 나오는 불교와 관련한 책에는 '진' 발음을 '지나' 곧 支那, 脂那, 指那, 至那라고 적고 있다. Cf. Ciamscimlam, II, pp.573-576. 7세기 중반쯤에 이르러 중국을 '마하지나(摩訶至那)', '마하지나스탄(摩訶震旦)'이라고 불렀다. 여기에서 '마하'는 '거대하다'는 뜻이다. 서안에 있는 781년의 대진경교유행중국비에도 '시니스탄(Sinisthan)'과 '시니아(Sinia)'로 기록되어 있다. Cf. Havret, III, pp.60, 61. 1073년 북쪽 지방에서 '신(Sin)'이라는 말이 나오고, 남쪽 지방에서 '마신(Māsīn)'이라는 말이

시작했다. 이탈리아인과 다른 유럽 국가의 사람이 차이나China[12]라고 부른 것은 스페인어 발음과 표기가 와전된 것으로서, 스페인 방언이나 일부 글자가 라틴어 발음을 따르지 않았기 때문이다. 주목할 만한 것은 지금 우리가 알고 있는 이 모든 이름이 '거대하다'를 뜻한다는 점으로서,[13]

나온 직후가 되는 11세기쯤에는 '쉬나(Scina)'라는 말도 등장하였다. 1298년 마르코 폴로도 '신(Chin, Cin)', 즉 만지(Manzi) 바다에 대해 말한 바 있다. Cf. Yule-Cordier, *MP*, II, p.264. 1502년 말 칸티노의 평면구형도에서도 '신스(Chins)들의 땅'에 대해서 말하고 있다. Cf. Cortesão, I, p.150. 1508년 마뉴엘 왕의 편지에서도 신스(Chijns)에 대해 말하고 있고, 1516년 바르보사(Barbosa)도 시나(China)에 대해서 말하고 있다. 리치에 의하면 포르투갈인들은(N.5) 중국을 시아메시(Siamesi)라고 부르기도 했는데, 이는 그들이 거점으로 두었던 인도의 시암(Siam)과 발음이 비슷했기 때문이다. Cf. *TP*, 1907, pp.181, 556: 1912, pp.719-742: 1913, pp.427-428: 1914, pp.402-403: 1923, pp.119-120; *BEFEO*, 1904, pp.143-149: 1913, N.7, pp.33-35; HJ, pp.197-198; Pauly, 2, III, cl. 219; *BCP*, 1935, pp.517-520; Franke[1], III, pp.364-367.

11   첫 유럽인으로 [광동성에 있는] 타마오(Tamão)섬 ―즉, 퇸문, 둔문(屯門), 포르투갈인들이 말하는 '교역의 섬'은 광주를 흐르는 강 하구에 있는 동문오(東門澳) 어귀 냉정(冷汀)섬과 같은 섬― 에 도착한 사람은 1513년 여름 아니면 가을로, 포르투갈 출신의 알바레즈(Giorgio Alvarez)였다. 이탈리아 사람 페레스트렐로(Raffaele Perestrello)가 도착하기 2년 전이다. Cf. *SPT*, pp.32-46. 두 명의 이탈리아인 여행자는 코르살리(Andrea Corsali)와 다 엠폴리(Giovanni da Empoli, 1483-1518)였다. 코르살리는 데 메디치(Giuliano dei Medici)에게 1516년 1월 6일 자로 보낸 편지(1516년 피렌체에서 발간)로, 다 엠폴리는 인도의 코친에서 1515년 11월 15일 자로 보낸 편지로 알려졌다. 이들이 광동성에 도착한 것은 1514년이 아니라 1513년이다. 그들이 당시 말라카의 총독 데 브리토(Rodrigo de Brito)로부터 자주 받았던 편지에 대해 1514년 1월 6일 자로 보낸 답장에서 다음과 같이 쓰고 있기 때문이다. "말라카에서 날마다 중국으로 들어간 포르투갈 배를 기다리고 있습니다. 작년에 4명의 동료와 함께 들어가기로 했습니다." Cf. E. Zechlin, *Die Ankunft der Portugiesen in China in Forschungen und Fortschritte*, Berlino, 1938 (XVI), pp.196-198과 in *Historische Zeitschrift*, Berlino, 1937, Band 157, pp.503-516; Ramusio, I, ff.180,181. 데 바로스(De Barros, *Da Asia*, Lisbona, 1777, dec. III, parte II, lib. VI, c, 2, pp.20-21)도 이 점에 대해 간단히 언급하고 있다. Cf. *SPT*, pp.35-37; *TP*, 1934, pp.61-62. 둔문(屯門, Tamão)에 관해서는 다음을 보라. Braga, *The Tamão of the Portuguese pioneers in T'ien Hsia monthy*, Shanghai, 1939(VIII), pp.420-432.

12   지금도 이탈리아인들 중에는 중국을 Cina라고 쓰지 않고 China라고 쓰는 사람이 있다.

마르코 폴로가 '광대한 카타이'라고 부른 것은 이 땅이 그의 눈에 놀랍도록 크게 보였기 때문이다.

이 땅은 '히포파지Hyppofagi'[14]들의 왕국이라고도 하는데, 이는 '말고기를 먹는 사람들의 나라'라는 뜻이다. 지금 우리가 소고기를 먹는 것처럼 그들은 말고기를 먹고 있었기 때문이다. 이곳은 또 '비단Serica'[15]의 나라

---

13 형용사 '거대하다'라는 말을 중국어로는 대(大)라고 하는데, 이는 대명(大明) 혹은 대중화(大中華) 등과 같은 의미로 쓴다.

14 프톨레마이오스는 볼가강 상류(V 8, 10), 티베트, 몽골(VI 15), 이란 남부(페르시아, VI 4) 지역에 사는 '말고기를 먹는 민족'들을 가리켰다.

15 고대 그리스-로마 세계는 아시아를 세리카(Serica, '비단'이라는 뜻)와 세레스(Seres, 비단 노동자들)가 사는 곳으로 불렀다. 중국어로 '세(se, 絲, 명주실)'라는 글자는 '시르(sir)'라고 발음하기도 하는데, 이는 아직도 한국어 발음 '실(sil)'과 만주어 '시르게(sirghe)'에서 유지되고 있는 듯하다. Cf. Franke¹, III, p.191. 중앙아시아인들에게 알려진 중국의 비단이 그곳을 통해 그리스와 로마까지 중국어 '시르(sir)'라는 이름으로 전해진 것으로 보인다. 그 후, 비단을 제조하는 민족을 세레스(Seres)라고 하고, 그들이 사는 나라를 세리카(Serica)라고 하였으며, 그리스인들은 누에(il baco da seta)[역주_ 견사(絹絲)를 만드는 유충(幼蟲), 번데기를 세리카라고 불렀다. 비단 옷감은 알렉산드로스 대왕의 사령관 네아르코스(Nearchos)도 이미 알고 있었다. Cf. Strabone, XV, 693. 여기에 대해서는 기원전 174년경 그리스의 파우사니아(Pausania, VI, 26, 6)와 로마 고전시대의 작가 베르길리우스(Georg., II, 121), 호라티우스(Od., I, 12, 56: III 29, 27: IV 15, 23), 오비디우스(Am., I 14, 6)도 언급한 바 있다. Cf. Hennig, pp.216- 217. 그러나 비단 매매가 무제(武帝, 기원전 140-87) 이전에는 그리 많지 않았던 것 같다. 무제가 천산(天山) 남쪽으로 길을 내어 중국과 서방을 잇는 통로가 생기면서부터 파르티(Parti)[역주_ 중앙아시아의 고대 국가)와 소그디아나(Sogdiana)(역주_ 중앙아시아의 고대 국가)에 살고 있던 박트리아 사람들을 통해서 시작되었다고 하니 말이다. 무제의 후계자 중 한 사람인 단제(宣帝, 기원전 73-44)가 이번에는 천산 북쪽에 길을 내면서 비단 유통에 힘을 보탰다. Cf. Münsterberg, II, pp.382-406. 로마의 작가 플리니오(Plinio il vecchio)도 세레스(Seres)와 누에에 대해서 알고 있었던 걸로 보인다(Hist. mundi, VI, 20: XI, 26). Cf. Pauly, 2, II, cll. 1678-1682: 2, II, cll. 1724-1727: A. Herrmann, Die alten Seidenstrassen zwischen China und Syrien, Berlino, 1911; Hennig, p.218, n.1. 기원전 4세기 초 아프리카의 시카(Sicca)에서 살고 있던 아르노비우스는 Adversus Nationes Libri VII in Corpus Script. Eccles. Latin (Vienna, 1875, IV, p.57)에서 세라스(Seras)들이 그리스도인으로 개종했다고 보고하고 있다. 비교적 내용이 풍성한 그리

라고도 부른다. 이곳에서는 비단과 연관되어 있지 않은 사람은 아무도 없다고 할 만큼 비단이 풍부하고 어떤 식으로든 비단과 연관되어 있다. 어른이건 아이건, 부자건 가난한 사람이건 모두 비단옷을 입고, 대량의 비단을 근처에 있는 모든 지역으로 수출하며, 거기에 포르투갈 사람들까지 합류하여 그들의 상선에 비단을 즐겨 싣고 시장이 형성되어 있는 인도와 일본으로 간다. 필리핀 군도에 있는 스페인 사람들도 그들의 배에 비단을 싣고 뉴 스페인New Spain, 新西班牙[16]을 향해 떠난다.

내가 중국의 역사서에서 찾은 바에 따르면, 기원전 2636년[17]에 이미 중국에서는 비단 짜는 기술을 보유하고 있었고, 그 후 모든 아시아 지역과 유럽과 아프리카에까지 전파된 것으로 추정된다.[18] 중국의 영토가 광대한 것에 대해 말하고 생각하는 것은 그리 놀랄 일이 아니며, 지금은 4-5개의 거대한 왕국이 하나로 통일된 셈이다.

스라틴 사전에도 세리카(Serica), 치나(Cina) 등 다른 유사한 항목을 찾을 수 있다. Yule-Cordier, *Cathay and the way thither*, Londra, 1915, I, pp.1-57, 183-233.

16 멕시코.

17 중국에서 비단 직조는 전설에 의하면, 고대 중국(기원전 2700년경)의 전설상의 제왕 헌원(軒轅, Huang Di) 황제의 부인 누조(嫘祖, Léi Zǔ), 서릉씨(西陵氏)라고 하는 부인이 비단을 발명해서 여인들에게 누에를 치고 비단실을 뽑는 방법을 가르쳐 주었다고 한다. 이것이 최초의 '비단 직조 기술'이었다.

18 전설에 의하면 한 중국의 공주가 화전(和闐)이라고 하는 곳에서 옷 주름(혹은 모자 주름)에 누에알을 숨겨 들어왔다고 한다. 이렇게 하여 누에가 인도와 페르시아에서 중국으로 들어오게 되었다. 프로코피오(Procopio, *De bello Gothico*, IV, 17)는 550년경 유스티니아누스 황제 시절, 두 명의 비잔틴 수도자가 세일론에서 비잔틴으로 누에를 가지고 왔다고 전한다. 그러나 비산치오(Teofano Di Bisanzio, *Fragmenta Historiae Graecae*, IV, 270)는 두 명의 비잔틴 수도자가 아니라, 어떤 비잔틴 사람 하나라고 말한다. Cf. Chavannes, *Documents sur les T'ou kiue*(*Turcs*) *Occidentaux*, Pietroburgo, 1903, pp.126, 233, N.1; Couling, p.514; Pauly, 2, II, cll. 1727-1728; Münsterberg, II, p.378.

5. 중국인들에 의한 중국의 다양한 명칭과 사용연도

내가 놀라는 것은 이런 여러 이름이 모두 같은 '차이나'를 두고 하는 말이지만, 정작 중국인들은 자신들을 그렇게 불렀다는 사실도 모른 채, 마치 한 번도 들어 보지 못한 것처럼 살고 있다는 사실이다. 중국인들은 이런 명칭들이 어떤 이유에서 붙여졌고, 또 왜 등장했는지조차 전혀 모른다. 그들은 자기네 왕조의 명칭을 오래전부터 여러 이름으로 불러 왔고, 앞으로도 그렇게 부를 것이다. 오랜 관습에 따라 왕조가 바뀌면 왕족이 바뀌고, 새 왕조에서 뽑힌 첫 번째 왕이 부여하는 이름대로 왕국의 이름을 달리 사용해 왔다. 그 이름들은 대부분 거창하면서도 위대한 뜻을 담아 짓곤 하였다.[19]

이렇게 하여 부르게 된 '당唐'[20]은 '끝없이 광활하다'는 뜻이고, '우虞'[21]는 '고요하다'는 뜻이며, '하夏'[22]는 '위대하다'는 뜻이고 '상商'[23]은 '장식하다'는 뜻이다. '주周'[24]는 '완벽하다'는 뜻이고, '한漢'[25]은 '은하수'라는 뜻이

---

19 모든 왕조는 각기 제 이름이 있다. 선사 시대가 끝나고 역사 시대에 들어와서, 기원전 1989?-1912년까지 첫 번째 공화국 시기에 수많은 소왕국을 제외하고도 22개의 왕조를 헤아릴 정도가 되었다.

20 '당(唐)' 왕조는 서기 618-907년까지 289년 동안 유지되었다. 이 시기에 네스토리우스파가 중국에 들어왔고(635년) 서안(西安)(당시에는 장안)에 대진경교유행중국비(大秦景教流行中國碑)를 세웠다(781년).

21 '우(虞)'는 정확하게 왕조의 이름이 아니라, 중국 신화에 나오는 전설상의 성왕 순(舜) 임금(2042?-1989?)을 지칭하는 걸로 추정된다.

22 '하(夏)'는 기원전 1989-1557? 년에 중국을 지배했던 왕조의 이름이다. 이 연대는 중국에서 가장 중요하게 여기는 역사서 『죽서기년(竹書紀年, Bamboo Annals)』에 기록되어 있다. 『죽서기년』은 기원전 5-4세기에 기록된 역사서다.

23 '상(商)'은 기원전 1315년부터라고 하기도 하고, 후에 은(殷, 기원전 1558?-1049?)을 포괄하기도 한다. 『죽서기년』에 따르면 기원전 1523-1027에 중국을 지배했던 왕조라고 한다.

24 '주(周)' 왕조(기원전 1050?-255)는 중국 역사에서 가장 길게 꽃을 피운 왕조다. 주 왕

다. 그 외 시기에 따라서 다양한[26] 많은 이름이 있었다.[27] 1236년[28]부터 주朱씨 가문이 권력을 장악하여 발흥하면서 '밝다'라는 뜻의 '명明'[29]이라고 부르고 있다. 지금의 '명'이라는 이름 앞에는 '크다'라는 뜻의 '대大 자를 붙여 '큰 밝음'이라는 의미로 '대명大明'이라고 부르고 있다.

중국의 주변국 중 일부만 이런 명칭의 변화를 알고 있고 대개는 아직도 여러 이름으로 부르고 있다. 각자 처음 들은 이름으로 그냥 부르고 있는 듯하다. 코친 사람들과 태국 사람들Siamese과 그들에게서 배운 포르투갈 사람들은 중국을 친Cin, 秦[30]이라고 부르고, 일본 사람들은 당唐이라고 부르며, 타타르 사람들은 한漢이라고 부르며, 사라센[31] 사람들은 카타이

25　'한(漢)'은 서한(기원전 206-서기 9)과 동한(기원전 25-기원후 220)으로 나뉜다. **역주_** 중국에서 가장 많은 수의 인구를 가진 민족의 이름이기도 하다. 한(漢) 민족은 지금도 중국에서 가장 널리 분포되어 있다.

26　일부 사료에 따르면 중국인들이 자신을 부르는 칭호로 중원(中原), 화하(華夏), 중하(中夏) 등을 꼽고 있다.

27　이 구절은 거의 말 그대로 카를레티(Carletti)에서 찾아볼 수 있다. 그는 1598년 3월 15일부터 1599년 7월 28일까지 마카오에 있었고, 거기서 리치의 초창기 동료 중 한 사람인 라자로 카타네오(Lazzaro Cattaneo) 신부를 알았다. 그에 따르면 중국을 "여러 이름으로 부르는데, 당[Tham]은 '끝없이 광활하다'는 뜻이고, 우[Riu][Jiu]는 '고요하다'는 뜻이며, 하[Hia]는 '위대하다'이고, 샹[Sciam]은 '장식하다'며, 주[스페인어로 Cheu 혹은 [Ceu]는 '완벽하다'이고, 한[Han]은 '은하수'라는 뜻이다"(p.295).

28　명(明) 왕조가 설립되는 1368년을 저자가 잘못 표기한 것 같다. 리치는 명 왕조의 설립을 너무도 잘 알고 있었기 때문에(N.77) 이것은 단순한 표기의 실수로 보인다.

29　'명 왕조'(1368-1644) 때에 리치가 중국에 들어와 살았다.

30　친(Qin)은 기원전 221년에 중국을 통일한 왕조의 이름이다. 이 왕국은 첫 번째 제국으로서 기원전 206년까지 유지되었다.

31　여기에서 말하는 사라센인들은 터키 사람들로 이슬람교도를 말한다.

契丹**32**라고 부른다.

중국의 책에는 금세기**33**에 부르는 이름 외에도, '중국中國',**34** 곧 '가운데 나라'라는 뜻과 '중화中華',**35** 곧 '가운데 화원花園'이라는 뜻의 두 가지 이름이 있다. 그리고 중국을 지배하는 왕은 '세계의 주인'으로 불렸는데,**36** 이는 중국이 전 우주를 독보적으로 지배하고 있다고 생각하기 때문이다.**37** 우리 중 누군가가 고대(로마) 제국**38**을 중국인들이 자기네 나

---

32   Cf. N.4, 주(註).

33   곧, 현재 통치하고 있는 왕조를 일컫는다.

34   중국이 황하(黃河)의 수원지를 중심으로 국토가 주변의 좁은 지역에 한정되어 있을 때 사방은 야만족들에게 둘러싸여 있었다. 그래서 야만족들에게 둘러싸인 좁은 '가운데 있는 나라'라는 뜻으로 '중국(中國)'이라는 이름이 생겨났다고 한다. 그러나 1695년 8월 4일-1696년 3월 6일까지 마카오에 머물렀던 제멜리-카레리(Gemelli-Careri)는 "알다시피 중국이 세계의 중심이라는 뜻의 '가운데 왕국(中國)'이라는 이름은 중국의 첫 번째 왕이 하남(河南) 안에 지은 궁전이 당시 왕국의 한복판에 있었기 때문이다. 중국인들은 무엇보다도 이 점을 중요하게 여겼다"(pp.210-211)라고 설명하고 있다. 한편 펠리옷(Pelliot) 교수는 또 다른 의견을 내놓았는데, 불교의 영향 아래에 있던 서기 천년도 이전에는 인도, 특히 오늘날의 비하르주가 되는 마가다 왕국과 관련하여 '가운데 왕국(中國)'이라는 이름을 자주 사용했다고 한다. 마가다 왕국은 벵갈라만에서 가까운 곳으로서 (북인도의) 마디야데사(Madhyadesa, '중국'이라는 뜻)에 있었던 곳으로, 인도의 브라만과 불교 서적에 자주 등장하는 지명이라는 것이다. Cf. *TP*, 1922, p.406, N.2: 1931, p.507; Bimala Churn Law, *Geography of Early Buddhism*, Londra, 1932, pp.XX, 9, 68.

35   '중앙의 꽃'이라고도 한다. 중국의 하(夏) 왕조 시절(기원전 1989-1557?)에는 황하강 북쪽과 남쪽 너머까지는 영토가 확장되지 않았고, 사방이 그들이 말하는 '야만족'들로 둘러싸여 있었다. 그래서 "가운데 꽃(中華)"이나 "중앙평원(中原)" 혹은 왕조의 이름을 따서 "번성하는 하(華夏)"라고 불렸다. 그러다가 영토가 황하강 너머로 확장하자 온 중국의 영토에 이 이름을 붙여 사용하였다. 현재 중국 공화국은 "중화민국(中華民國)"이라는 이름으로 사용하고 있다. Cf. Zzeiuen, h.i.

36   『예기(禮記)』의 한 구절에 대한 명백한 암시다(Couvreur, *Li Ki*, I, p.84, N.30). "하늘 궁창 아래 있는 모든 것을 다스리는 자를 하늘의 아들[양재]이라 일컫느니라. 君天下爲天子."

37   중국인에게 중국과 세계는 천하(天下)이고 [눈에 띄는 모든 것은] 하늘 [궁창] 아래 있다." Cf. N.80, p.338, 주(註) 232.

38   고대 로마인들에게, "로마는 세상의 우두머리다(Roma est orbis caput)"(Ovidio, 5,

라를 두고 부르는 것처럼 부른다면 매우 이상하게 생각할 것이다.

6. 중국의 지리적 위치와 크기

중국의 위치와 크기는 남부 해남海南, Hainan섬의 북위 19° 선에서 북부 타타르 지역과 경계를 이루는 장성長城이 있는 북위 42° 선까지 올라간다. 동부 지역은 복도福島, Fortunate Islands에서 동경 112°에 있는 운남云南성에서 동경 131°에 걸쳐 있다. 이 지역은 거의 정사각형 모양의 지형을 이루지만 길이보다 폭이 약간 넓다.[39] 그리고 대부분 지역이 온난한 기후

———

fast., 95), "로마는 지상의 수도다(Roma terrarum caput)"(Plinio, Nat., 3, 38); 그들이 한 호구조사는 "온 세상(universus orbis)"을 대상으로 한 것이다(루카 2장 1절). Cf. *Thesaurus linguae latinae*, Lipsia, 1907, III, cl. 426, liN.29-54.

[39] 리치 이전의 서양 사람들은 북경이 대략 50° 북쪽으로 향해 있다고 믿었다. 1583년에 리치는 중국의 책들과 자신이 접한 정보에 따라 중국은 22°와 47°(혹은 48°) 사이의 북쪽에 있다고 발리냐노에게 보고했다: *MHSI, MX*, I, p.159; Cf. *Ibid.*, p.198, N.1; 리치가 1583년 6월 5일 마카오에서 본 일식과 1583년 11월 29일(혹은 1584년 5월 24일) 조경(肇慶)에서 본 두 차례의 일식을 관찰(NN.1067, 1122)한 후에 수정한 새로운 정보였다. 1584년 9월 15일 필리핀의 세관장이었던 로만(Román)에게 쓴 편지에서 리치는 다음과 같이 말하고 있다. "타타르 지역과 중국을 구분하는 북부의 장성(長城)은 대략 북극에서 44(45)° 지점에 있습니다. '대략'이라고 하는 것은 중국은 극(북극, 남극)을 중심으로 지정한 고도를 사용하지도 않고 그들이 세는 날짜 수와 면적의 단위가 우리의 것과 다르기 때문입니다." 동시에 리치는 중국을 카나리아군도(Canarias Islands) (**역주**_ 고대 유럽인들은 경도 측정의 기점으로 카나리아군도를 통과하는 자오선을 0° 로 보았다)에서 경도 120°와 136°(137°) 사이에 두었다(N.1068 참조). 1585년 11월 24일 리치는 중국이 "위도 20°에서 시작하여 45(혹은 50)°에서 끝나고" "경도는 120°에서 시작하여 130°에서 끝나는 걸로 아는데 아직 정확하지는 않습니다"라고 의견을 제시하고 있다(N.1122). 10년 후, 그는 소주(韶州)와 남창(南昌)을 여행하면서 자신과 다른 사람의 견해를 많이 수정했다. 1596년 10월 13일에 쓴 편지에서 리치는 "중국 내륙으로 들어갈수록 햇빛이 많은데 특히 북경 지역이 그렇고, 거기와 비교해 북쪽에는 햇빛이 매우 부족합니다. 어떤 사람은 위도 50°라고 하고 거기에서 도보로 한 달 거리에 있는 남창이 29.5°라고 합니다. 북쪽으로 계속해서 똑바로 쉬지 않고 22마일을 가도 위도 40°를 넘을 수 없다고 합니다"(N.1495)라고 썼다.

라 매로이섬에서 로마에 이르는 모든 기후를 포괄하는 것처럼 다양한 기후 분포를 하고 있다.[40] 거기에서는 세상의 모든 다른 왕국들을 내려다

중국에 관한 이런 말들과 달리 리치의 가장 유력한 세계지도 두 번째 판 "산해여지전도"(남경, 1600)에서 리치는 중국을 북위 15°에서 42° 사이에 두고 있다(델리야 판, 그림 XV-XVI bc g). 북부 지역에서 중앙 지역 사이에, 중앙 지역에서 북부 지역 사이에 있는 많은 중요한 도시들을 지리학적으로 고정시키고(델리야, pp.156-157; N.521), 1601년 6월 15일과 12월 9일에 있었던 월식처럼 여러 차례에 걸쳐 일·월식을 관찰한 뒤 그것을 반영하여 제작한 리치의 세 번째 판 세계지도(북경, 1602)는 남부의 해남(海南)섬을 17°에 최북단의 만리장성을 42°에 두었다(델리야 판, 그림 XV-XVI Bg De). 『중국 정보(Informazione della Cina)』에서 루지에리는 1602년 3월 9일 북경에서 판토하가 쓴 편지의 추신으로 "중국은 대개 더운 지역이 많은데, 기온이 최저 17°(혹은 18°)에서 최고 42°까지 있습니다"라고 적고 있다. 그는 판토하(Pantoja[1])가 정리한 『중국 정보』의 제18장 전체 내용 중 중국에 관해 서양 학자들이 기록한 두 가지 오류에 대해 말하고 있다. "한 가지는 북경이 위도 50°라고 하는데 사실은 40°밖에 안 되고, 대단히 성능이 좋은 천체관측기구(아스트롤라베)로 두 번씩 관측한 결과 북경에서 도보로 3일(혹은 그보다 약간 적게) 정도 떨어진 지역이 2도가량 더 높습니다. 유럽에도 잘 알려진 장성이 중국에서 최고 북쪽 지역에 있는데 42° 지점입니다"(NN.3125-3126). Cf. D'Elia[1], pp.157-159; ARSI, Jap.-Sin., 101, II, f.283 r. 1608-1609년, 이 역사서를 서술하면서, 리치는 중국을 북위 19°-42°로 한정하고 있다. 이것을 통해 리치는 서양 지리학자들의 오류를 바로잡고 중국의 고유한 위도와 경도를 밝혔다.

40 고대인들은 『천체(Sfera)』의 저자 요한 헐리우드(Johannes Hollywood)(Cf. D'Elia[1], p.174, N.1)의 견해에 따라 세계를 7개의 지역으로 구분하였다. 『천체』에서 땅은 극높이에 따라 여러 개의 위도로 나뉘었고, (매로이와 로마가 포함되는) 이 지역들을 온화한 기후지대라고 하였다. 리치도 1602년의 "만국여지전도"에서 지도의 타원을 둘러싸고 있는 두 개의 영역에 이 지역을 포함시켰다(D'Elia[1], 그림판 I-II, VII-VIII, III-IV, IX-X, XXI-XXII, XXV-XXVI, XXIII-XXIV, XIX-XX). 리치는 스승 클라비우스를 통해 In Sphaeram Johannis de Sacro Bosco를 접했는데, 이 책은 1597년도에 나온 것으로 추정된다(pp.569-580). 이 책에서 클라비우스는 헐리우드 박사의 의견을 피력하면서 이 지역의 기후에 대해서 다음과 같이 정의하였다. "두 지역 안에 들어오는 평평한 모든 영역은 시간에 따라서 많은 일수가 낮이 길거나 약간 감소하는 정도의 온화한 기후다"(p.567).

모든 기후는 지리적으로 한쪽 지역과 다른 한쪽 지역 사이에 있는 중앙의 평행 지대에서 나타나는 온도를 말한다. 여기에서 한쪽 지역에서 나타나는 기후의 평행 지대가 나일강 유역에 있는 누비아의 고대도시 매로이[지금의 수단 내 청나일과 아트바라(Atbara)강 사이에 있었다고, 다른 지역에서 나타나는 기후가 로마시로 보면 된다. 매

볼 수 있다. 최근의 일부 작가들이 표현한 것에 비해서 중국의 영토가 그렇게까지 크지 않다고 하더라도 영토의 3분의 1이 북위 53°까지 펼쳐져 있어 결코 작다고도 할 수 없다. 이것은 우리가 여러 지역을 방문하여 직접 다니면서 측정한 것이고, 천문학자들이 사용하는 아스트롤라베와 다양한 기구들을 이용하여 여러 차례에 걸쳐 '일그러짐(일·월식)'을 관측한 결과이며, 그것을 중국인들의 달력을 통해 확인한 바에 따른 것이기도 하다. 그것을 통해 정확한 초승과 보름을 계산했고, 특별히 지금까지 나온 우주학 관련 다양한 서적들을 통해 중국의 도시와 지역 및 경계 묘사도 정확하게 하였다.[41]

7. 1579년 인구조사에 따른 도시와 인구

이 광활한 영토에는 거의 사람이 살지 않거나, 사막이거나, 아니면 인구가 적은 도시들로 이루어졌다고 생각하는 사람이 있을 것 같다. 그래서 이 장의 마지막에서는 1579년에 발간된 어떤 책에서 중국을 묘사한 것을 인용해 보기로 하겠다. 이것은 오랜 구전을 우리의 언어로 표현한 것[42]에 불과하다. "중국에는 두 개의 직례성直隷省이 있는데, 북경(北直

―――

로이와 로마를 말한 이유는 이 지역 사이에 있는 기온이 대부분의 중국 기온에 해당하기 때문이다. 헐리우드도 "매로이 지역은 평균 낮 시간이 13시간 정도 되고 기온은 16도를 웃돈다. 그리고 거기에서부터 광범위하게… 수평 지대가 20도를 웃돌고 … 위도상 다섯 번째 막대기에 해당하는 로마가 평균 낮 시간이 15시간이고 기온은 최고 41도까지 오른다. … 그러나 이 지역도 광범위하여 … 어떤 지역에서는 … 43도까지 오르는 곳도 있다"(Clavius, *In Sphaeram*, pp.271-272)고 말하고 있다.
결국 리치가 말하고 있는 중국 기온은 이미 선대 학자들이 언급했던 것으로서, 20° 45′에서 43° 00′ 사이에 있다는 것이다.

41 이 자료들은 특별히 통지(通志), 부지(府志), 현지(縣志) 연감에 있다. 이 연감들은 행정구역별로 분류한 여러 형태의 지방행정실록이라고 할 수 있다.

隷)⁴³과 남경(南直隷)이 그것이고, 그 밖에 13개의 성省이 더 있다. 15개의
크고 작은 (각기 거대한 왕국이라고 할 만한) 성⁴⁴에는 158개의 부[府: 소규모
행정구역으로 그중에는 큰 구역도 있지만, 대개는 토지와 성(城)이 딸린 12-15개
의 작은 도시를 포함하고 있다]가 있다. 부府에는 247개의 주(州: 대도시로서
규모에 따라 중요도가 달라지는데, 현보다는 높고 부보다는 낮다)와 1,152개의
현(縣: 일반적인 도시)⁴⁵이 있다.⁴⁶ 현재 중국에는 납세자 기준의 성인 인

---

42 리치는 아마 1579년에 발간된 《광여도(廣輿圖)》를 두고 하는 말인 것 같다. 광여도는
    13세기 말 몽골에서 처음 제작된 것으로 추정되는 중요한 중국 지도다. 그 후 명대에
    들어와서 확대되어 중국 지도의 전형이 되었다. 17세기 중반까지 가장 잘 알려진 중국
    지도라고 할 수 있다. 광여도는 주사본(朱思本, 1273-1340?)에 의해 전해진 것으로서
    1311-1320년에 그가 황하강을 탐험하면서 느낀 인상적인 부분이 삽입되어 있고, 이후
    나홍선(羅洪先, 1504-1564)이 1554년경에 수정하여 다시 제작한 것을 1566년경 항주
    (杭州)에서 인쇄하였다. 그리고 1579년에 다시 중각(重刻)되었는데, 이것을 리치가 인
    용한 걸로 보인다. Cf. 『동방학보(東方學報)』, *Journal of Oriental Studies*, Tokyo,
    1938년 1월, N.8, pp.103-152; *TP*, 1936, pp.311-312. 피렌체 중앙 도서관에는 《광여
    고(廣輿考)》라는 중국 지도 제2판이 소장되어 있는데(ms. CI., XIII, cod. I e cod. 2),
    서문에는 1595년 11월이 萬曆二十三年乙未冬十月로, 新安星源庠生步丘汪作舟라는
    서명이 적혀 있다. 지도는 Baldelli, *Il Milione di Marco Polo*, Firenze, 1827,
    pp.CIX-CXX II와 Moule, *Journal of the Royal Asiatic Society*, 1919, pp.393-395에서
    도 《광여도(廣輿圖)》로 언급하고 있다. Cf. D'Elia¹, N.112.
43 북경(北京)의 北이라는 글자를 리치는 왜 계속해서 '베(Pe)'가 아니라, '바(Pa)'로 기록
    하는지 알 수가 없다. NN.227, 523 참조. 또 왜 "Peiching"의 이탈리아식 표기에서
    Pacchino의 가운데 c를 쌍으로 표기하고, 남경의 Nanchino는 하나로 표기하는지 알
    수가 없다. N.196.
44 여기에는 북경[北直隷], 남경[南直隷][Cf. N.102, 주(註)를 보라], 산동(山東), 산서(山
    西), 섬서(陝西), 하남(河南), 호광(湖廣), 강서(江西), 복건(福建), 절강(浙江), 귀주(貴
    州), 사천(四川), 운남(雲南), 광서(廣西), 광동(廣東) 등이다.
45 도시는 부(府), 주(州), 현(縣)으로 구분된다. N.130을 보라.
46 여기에서 리치가 언급하고 있는 중국의 도시들은 1480년에 이미 알려진 것을 포르투
    갈인 피레라(Amaro Pirera)가 1562년에 재차 언급한 것이다. 피레라는 중국에서 14년
    간 감옥살이를 했고, 1562년 12월 10일 자, 고아에서 쓴 편지를 가고(Baldassarre
    Gago) 신부가 보관했다가 자신의 『중국 정보(*Informazione della Cina*)』에 실었다

구가 58,550,801명이다. 여기에는 비슷한 숫자의 여성과 아동들, 미성년자들, 백만이 넘는 병사들은 포함되어 있지 않다. 또 요동遼東[47]과 같은 일부 반행정 지역이 있고, 어떤 지역은 병사들만 있는가 하면, 어떤 곳은 황족皇族, 태감(내시)과 그 밖에 세금을 면제받는 남성들만 있기도 하다.[48] 중국에 조공을 바치는 나라들은 크게 서쪽에 53개 나라, 남쪽에 55개 나라, 북쪽에 3개 나라다. 그러나 현재 이 모든 국가가 조공을 바치러 오는 것은 아니다. 그 나라 중에는 조공 의무를 지키기 위해 중국에 오지만 진공進貢하는 것보다 훨씬 더 많은 것을 중국에서 가지고 가는 나라도 있어, 중국의 조정에서는 납공納貢 여부에 대해서 크게 신경을 쓰지 않는다.

8. 국경을 이루는 네 곳의 자연 성벽과 인공 성채

중국의 광활한 영토와 명성名聲은 자연조건과 기술의 발전으로 국토방위가 잘 이루어지고 있기 때문이다. 남부 지역과 그 일대는 주변을 둘러

(*ARSI, Jap.-Sin.*, 4, ff.296r-298v 포르투갈어; ff.306r-310v 이탈리아어). 1579년 발리냐노는 약 160개의 부(附), 240개의 주(州), 1,120개의 현(縣)을 기록했는데(*ARSI, Goa*, 7, I, f.30v), 리치가 센 것과 별 차이가 없다. Cf. *MHSI*, MX, I, pp.160-161. 1595년의 《광여고(廣興考)》에도 159개의 부(附), 234개의 주(州), 1,114개의 현(縣)이 표시되어 있다.

47 만주에 있는 요동(遼東) 땅을 말한다.

48 카를레티(Carletti, p.293)가 확인한 이 날짜에 의하면, 16세기 말 중국의 인구가 약 1억 9천만을 헤아리고 있었다고 보도하고 있다. 그중 세금을 내지 않는 여성이 9천만, 20세 이하 미성년자가 최소한 3천만, 카를레티(p.297)가 말하는 병사가 수백만을 헤아리고, 황족이 6만 이상이 되며(N.165), 태감이 적어도 10만, 비장관, 가난한 사람, 유생, 학사, 박사 등 황하강 상류에 사는 사람들이 2천만이고 선사(불교의 선사들만, N.187)가 2-3백만이었다. 이 숫자는 제멜리-카레리(Gemelli-Careri)가 1695년에 확인한 것이기도 한데, 이는 당시 중국에서 활동하고 있던 선교사들의 정보에 따라 징세 대상 남성들의 수인 59,788,364에서 유추하여 전체 인구가 1억 9천 5백만으로 본 것과도 일치한다. 한편 다른 정보에서는 2억 정도까지 보는 곳도 있다.

싼 바다가 있고, 북부의 험준한 산들은 수백 마일에 걸쳐 세워진 장성長城이 있어 적敵인 타타르족의 침입을 막아 주며,[49] 서북쪽에는 광활한 사막沙漠이 있어 페르시아인들의 방패막이 되어 주고 있다. 특히 이 사막에서는 아무도 살 수가 없고 통행조차 혼자서는 할 수 없어 여럿이 함께 가야 한다.[50] 그리고 더 남쪽은 모두 산악지대로서 중국인들이 거의 신경을 쓰지도, 두려워하지도 않는 작은 나라들과 국경을 이루고 있다.

---

[49] '만리(萬里)에 걸쳐 세워진 만리장성(萬里長城)'은 진(秦)의 시황제(始皇帝)가 기원전 214년에 건설하였다. 그는 기원전 3세기 초부터 있던 몇 개의 성벽을 이어 동경 120°에서 100°의 감숙(甘肅省)에서 만주와 해안에 이르는 전체 약 2,500km, 만리(萬里)에 걸쳐 5-10m 높이로 세웠다. 성벽 건설에는 10년 동안 30만 명의 병사들과 범죄자들이 동원되었다. 성벽은 1464-1487년에 한 번 손을 보았다. Cf. Couling, p.218. 유명한 중국학자 샤반네스(Chavannes)는 이 거대한 성벽의 기원과 관련하여 많은 역사적 고찰을 한 바 있다. 시황제 이전에 있었던 작은 성벽들에 관한 여러 가지 자료를 검토하고 다음과 같은 결론을 내렸다. "이 거대한 성벽은 시황제의 작품으로서 기존의 작은 성벽들을 이어 만들었다. 진의 시황제가 이것을 세우기 시작한 것은 기원전 214년으로 외부의 침략을 막기 위해 만 리에 걸쳐 세웠다. 성벽은 강소성(江蘇省)에서 동쪽의 리옹 해안에 이른다. 起臨洮至遼東萬餘里, Sse-Ma Ts'ien, chap.CX, f.2a. 1595년에 리치는 이 거대한 성벽의 길이가 이탈리아식으로 '400마일'이나 된다며 놀라워했다. N.1381 참조.

[50] Cf. N.171. 고비(사막)를 중국어로 정확하게 '사막', 즉 '광활한 모래땅'이라고 한다. 여기에서 페르시아인들에 대해 언급하는 것은 어떤 의미에서는 놀라운 일이 아닐 수 없다. 왜냐하면 리치의 1602년 "만국여지전도"에도 페르시아는 고비사막 너머에 있는 먼 곳으로 간주되고 있기 때문이다. 사마르칸다[역주_ 사마르칸트. 현재 우즈베키스탄의 수도이며 중앙아시아에서 가장 오래된 도시라고 알려져 있음]만 아주 멀리 떨어져 있는 지역이 아니라고 밝히고 있다. Cf. D'Elia[1], 그림 I-II De b, XIX-XX E f, XV-XVI Bc e. 그러나 다른 곳에서 리치는 "서쪽 지방에서 가까운 페르시아"(N.171)에 관해 언급하면서 "이 거대한 카세이 왕국은 페르시아 북쪽에 있다"(N.523)라고 말함으로써 기존의 유럽인들이 알고 있는 바를 인용하는 듯하다. 이전에 루지에리도 『중국 정보』에서 "아라비아 지도에도 중국이 몽골과 그 밖의 나라들과 국경을 이루는 지역에는 거대한 모래 바다가 있다"라고 말한 바가 있다(ARSI, Jap.-Sin., 101, II, f.283v).

제3장

중국에서 생산되는 것들에 대해

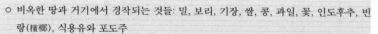

- ○ 비옥한 땅과 거기에서 경작되는 것들: 밀, 보리, 기장, 쌀, 콩, 과일, 꽃, 인도후추, 빈 랑(檳榔), 식용유와 포도주
- ○ 육류
- ○ 말(馬), 물고기, 호랑이, 곰, 늑대, 여우, 코끼리
- ○ 마, 면, 비단, 벨벳, 삼, 모, 카펫, 가죽
- ○ 놋쇠, 철, 금, 은, 동(전): 화폐
- ○ 유럽으로 수출한 사기(砂器)의 대량생산과 판매. 유리
- ○ 식물: 오크(떡갈나무, 참나무), 히말라야삼목, 대나무, 석탄
- ○ 약용식물: 대황, 사향, 성목, 살사
- ○ 바다 소금, 우물 소금, 저수지 소금; 설탕, 꿀, 그리고 세 종류의 밀랍
- ○ 다양한 종류의 종이: 유럽의 종이와 다른 점
- ○ 보석, 루비, 진주; 색깔; 사향, 향수; 역청
- ○ 중국과 일본의 여러 종류의 차(茶)와 다양성, 준비 과정 및 마시는 방법
- ○ 마카오의 포르투갈인들이 초로네(ciorone)라고 부른 유약의 여러 가지 사용법
- ○ 향신료: 계피, 생강, 후추, 정향유(丁香油), 두관(荳蔲), 알로에, 의남향(椅楠香) 등
- ○ 화약과 폭죽의 원료 초석칼륨

9. 비옥한 땅과 거기에서 경작되는 것들: 밀, 보리, 기장, 쌀, 콩, 과일, 꽃, 인도후추, 빈랑(檳榔), 식용유와 포도주

이렇게 크고 방대한 땅은 우리 유럽과 같이 동서로만이 아니라, 남북

으로도 다른 어디에서도 찾아볼 수 없는 다양한 많은 것을 생산하고 있다. 그만큼 기후가 다양해서 한쪽에서는 춥고, 다른 쪽에서는 덥고, 또 다른 쪽에서는 온화한 이런 여러 가지 기후조건들로 인해 생산되는 것들이 다양한 것이다. 『우주형상지(誌)』[51]에는 모든 주州와 지방에서 생산되는 것들을 방대하게 기록하고 있는데, 그것을 여기에 나열하자면 너무 길 것이다.

여기에서는 모든 기록자가 언급하고 있는 것으로서 식량, 의복, 예절과 그 외 인간의 삶[52]에 필요한 모든 것 가운데 식食에 해당하는 것만 언급하기로 하겠다. 말하자면 유럽에서도 알 만한 것들에 대해서만 말하기로 하겠다. 농작물과 식량은 풍족하다. 여기에는 밀, 보리, 기장(黍稷, Panicum miliaceum), 수수와 그 밖의 많은 것이 있다. 그러나 중국인들의 식량에서 가장 보편적인 것은 쌀(大米)[53]인데, 이는 우리에게 가장 보편적이고 풍족한 빵과 같은 것이다. 그 외 콩과식물에는 특별히 완두콩이 있다. 이것은 동물의 사료용으로도 재배되고 있다. 이런 식량들은 많은 지방에서 생산되고 일 년에 두세 번씩 수확하기도 한다. 이 사람들의 근면성과 토지의 비옥함, 생산물의 풍족함은 생활을 윤택하게 해 주는 요인으로 보인다.

---

51 지방에서 발간되는 연감으로서 통지(通志)는 물론, 지방 장관의 명에 따라 기록한 부지(府志), 관할 구역에 따라 기록된 현지(縣志)를 포괄한다. Cf. N.6.
52 중국에서 생산되는 것들에 대해서는 리치와 별도로 발리냐노도 간략하게 기록하고 있다. MHSI, MX, I, pp.162-164.
53 "쌀은 주식으로 중국 땅에서 나는 빵과 같은 것이다"(N.339). Cf. N.129. 리치는 '쌀'이라고 하는 말 앞에 '대(大)'라는 글자를 붙여서 사용하고 있는데, 이것은 중국식 표현으로, 소미(小米)에 해당하는 기장과 구분하려는 의도로 보인다.

10.

열매와 관련해서는 아몬드와 올리브를 제외하고는 부족한 것이 아무 것도 없고, (오히려) 우리 고장(유럽)에는 없는 다른 많은 것들이 있다.[54] 가령 광동廣東[55]과 그 외 남부 지역에는 (열대과일) 리치荔枝, litchi[56]와 용안 龍眼[57]처럼 대단히 달고 맛있는 과일이 있고, 인도 야자와 감(Diospyros kaki),[58] 그리고 파초芭蕉, Musa basjoo[59]가 있다. 가시가 많은 탱자는 이곳 외에 세계 어느 곳에서도 볼 수가 없다.

마찬가지로 밭에서 나는 것 중 우리(유럽인들)보다 이곳 백성들 사이에 서 가장 많이 쓰는 것들은 연중 내내 생산된다.

11.

꽃들도 부족하지 않으나, 사람들은 좋은 향기보다는 눈에 보이는 외적 인 아름다움을 더 중요시한다. 그래서 그들은 화초와 같은 꽃에서 향료 를 추출할 줄을 모른다. 남부 지방에서 제일 큰 4개 도시[60]에는 베텔 잎

54　Cf. N.1331.
55　광동성(廣東省)의 중심 도시가 광주(廣州)다.
56　리치(Litchi), '여지(荔枝)'는 무환자나무과의 상록수 열매로 중국의 체리라고 할 수 있다. 붉고 통통한 것이 체리와 같지만, 속에는 큰 씨가 들어 있다. 과육이 달고 시원하며 상큼하다. 카를레티가 묘사한 걸 보라. Carletti, pp.328-329와 이미지는 Gemelli-Careri, p.392에 있다.
57　용안(longyan)은 '용의 눈'이라는 뜻으로 피타야(pitaya) 혹은 용과(dragon fruit)라고 도 불린다. 일년생 혹은 다년생 열대 식물의 열매이다. 프랑스 사람들은 '리치 용안 (litchi longanier)'이라고 부른다. cf. *Larouses du XX siècle, litch*. 이미지는 Gemelli-Careri, p.392에서 보라.
58　시자(柿子) 혹은 Diospyros kaki는 흔히 그냥 감(Kaki)이라고 부른다. 형태는 토마토 를 연상케 한다.
59　인도 무화과 열매로 중국식 바나나의 일종이다.

(蔞葉)[61]과 빈랑檳榔, Areca catechu[62]이 있어 인도에서처럼 종일 씹는다. 그
들은 남녀 할 것 없이 생석회에 섞어 이 맛을 즐기며, 따뜻한 성질의 것
으로 위에 좋다고 한다.[63]

12.

올리브기름은 없으나 우리와 마찬가지로 살아 있는 맛을 내는 것이 있
다. 가장 기본적이고 좋은 것은 참기름[64]인데 어느 지역에서건, 많은 양
이 생산된다.

---

60 운남, 광서, 광동, 복건이다.

61 아시아 남부와 동인도제도에서 널리 재배되는 것으로 후추과에 속하는 덩굴식물의 일
   종이다. 베텔(빈랑) 혹은 베트레(말레이어로 그냥 '잎'이라는 뜻)이다. 빈랑(檳榔) 나무
   (Areca catechu)는 말레이시아가 원산지인 야자나무의 일종이다. Cf. Dalgado, I,
   p.121.

62 빈랑은 (말레이어 아데카 adecca를 포르투갈어로도 거의 그대로 아다카 adacca,
   areca라는 이름으로 부른다. Cf. Dalgado, I, p.51) 동남아시아, 동아프리카 등 열대지
   방의 일부에서 자라는 종려나무의 일종이다. 그중에서 가장 잘 알려진 빈랑나무
   (Areca catechu)는 키가 10-17m가 되고 커다란 잎은 짙은 녹색을 띠며 열매는 빈랑자
   라 하여 약용으로 사용한다. 빈랑자의 크기는 달걀만 하고 색은 오렌지색을 띠며 일
   년에 한 번 무르익는다. 빈랑자의 껍질은 긁어서 빈랑, 석회, 향신료 등과 섞어서 사용
   하기도 하고, 익기 전의 열매를 여러 아시아 민족들은 습관적으로 씹는다. Cf. *EI*, IV,
   p.149. 빈랑은 인도차이나에서 중국으로 들여온 것으로 중국어로 빈랑(檳榔, pinlam)
   은 말레이어 피낭(pinang)과 유사한 형태를 띤다. Cf. Pelliot in *TP*, 1931, p.444.

63 베텔 잎(蔞葉)이건 빈랑(檳榔, Areca catechu)이건 씹고 싶어 하는 사람들은 껌을 만들
   어 사용하였다. 껌은 베텔 잎에 생석회와 빈랑자를 약간 넣어 잘 섞어 준 다음, 카다멈
   (cardamom)이나 장목향 또는 사향으로 향을 더해 만든다. 베텔의 기능은 통상 흥분
   되는 느낌을 준다. Cf. *EI*, VI, p.824; Penzer, *The Ocean of story*, VIII, London, 1927,
   pp.237-319.

64 참깨 기름을 뜻하는 용어 제르젤리노(gergellino)는 이탈리아어가 아니라 포르투갈어
   에서 유래한 말이다. 리치는 피렌체 사람들이 참깨를 가리키던 주졸리나(giuggiolina)
   혹은 주졸레나(giuggiolena)로 쓰고 있다. Cf. Tommaseo, *Dizionario della lingua
   italiana*.

13.

포도주는 우리와 비교해 매우 적지만, 그들은 이 점에 대해 불편해하지 않고 만족하고 있다. 중국 땅에서는 포도가 적게 나고[65] 당도도 떨어져 포도주를 만들지 못하지만, 대신에 그들은 쌀로 술을 빚고 다른 여러 재료로도 술을 빚어 그 종류가 아주 많다.[66] 그들은 이런 것들에 충분히 만족하고 있다. 왜냐하면 그 맛이 우수하고, 포도주처럼 일상적으로 마시지 않기 때문이다.[67]

14. 육류

가장 많이 쓰는 고기는 돼지고기다. 그러나 다른 육류들도 부족하지 않다.[68] 황소,[69] 물소, 양, 사슴, 닭, 오리와 거위, 말과 노새, 그리고 다른 모든 육류처럼 사용하는 개고기가 있다. 일부 지역에서는 미신 때문에, 혹은 농사일에 피해를 주지 않기 위해 황소나 물소는 잡지 않는다.

65　로크힐(Rockhill, *The Journey of William of Rubruck to the Eastern part of the Word*, Londra, 1900, p.199, N.2)에 따르면 중국인들이 포도 재배를 시작한 것은, 기원전 2세기부터였다고 한다. 이후 13-14세기까지 포도주를 만들지는 않았던 것 같다. Cf. *TP*, 1908, pp.360-362, N.2. 중국에서 포도나무라는 글자를 가장 먼저 쓴 것은 기원전 117년 이전으로 추정되는데, '포타오[pú táo](蒲陶)'라는 말이다. Cf. *TP*, 1920-1921, p.144, N.4; *BEFEO*, 1914, I, p.13, N.1. 리치는 남창에서 1595년에 포도를 발견했고(N.1331), 중국의 포도주에 대해서 말하기를 "체르보사 지방의 것에 속하나 강하지는 않습니다"(N.129)라고 하면서 "이 왕국에서 가장 좋은 포도주는 소주(蘇州)의 것입니다"(N.529)라고 했다.

66　Cf. NN.128-129. 카를레티(Carletti)는 카타네오 신부로부터 약간의 술을 받았는데, "60여 가지 이상의 재료"(p.333)로 만들었다고 했다. 이것은 브랜디나 소주(燒酒)인 것 같다.

67　리치의 시절에 알코올 중독은 매우 흔했던 것으로, 여기에 관해서는 N.163을 보라.

68　중국의 동물 잡지 *The China Year Book*, Tientsin, 1926, pp.76-90을 보라.

69　Cf. N.1331.

게다가 어디에서건 사슴, 산토끼, 날짐승 등 모든 종류의 동물을 사냥할 수 있으며, 이들의 가격도 저렴하다.

그러고 보면 우리가 식용으로 사용하는 동물들과 비슷하다고 할 수 있다.

15. 말(馬), 물고기, 호랑이, 곰, 늑대, 여우, 코끼리

말[70]을 비롯하여 탈 수 있는 동물들은 우리 눈에 멋있게 보이지 않으면 충분히 많은 값을 받을 수가 없어 마차 가격도 저렴하다.

중국인들은 말을 길들일 줄 모른다. 그래서 필요한 모든 말들을 거세한다. 수많은 전쟁을 위해 말들을 준비하지만, 타타르족의 말발굽 소리만 들어도 도망간다. 그래서 중국의 말은 전쟁에는 부적격할 뿐 아니라, 말에 발굽을 달지 않아 자갈밭을 오랫동안 걸을 수조차 없다.

---

70 기원전 1세기 한 무제(武帝)가 페르가나(Fergana, 지금의 우즈베키스탄 동남부에 있는 도시)에서 좋은 말들을 중국으로 끌고 왔다. 헬레니즘 시대의 동전에는 한나라의 대표적인 것들을 묘사한 것이 있었는데, 거기에는 특별히 경주마들이 있었다. 그리스와 헬레니즘의 대표적인 것들은 동전과 함께 중국으로 유입되었는데, 외교, 무역, 군사 등의 잦은 교류를 통해 2세기 이후부터 중국이 헬레니즘 세계와 접촉하고 있었다는 걸 의미한다. 이것은 중국에서 보는 새로운 품종의 말이 자연에서 온 것이 아니라 헬레니즘 문화권에서 왔다는 것을 말해 준다고 하겠다. Cf. W. Perceval Yetts, *The Horse, A Factor in Early Chinese History in Eurasia Septemptrionalis Antiqua*, IX, Helsinki, 1933, pp.231-255. 기원전 9-10세기 이전, 말은 시베리아 남서쪽과 몽골을 거쳐 중국으로 유입되었고, 중국어로 마(馬)라는 말도 몽골의 '모린'이라는 말과 비슷하다. 기원전 수 세기 전에도 중국인들은 말에 멍에를 씌워 이동 수단으로 이용했다고 한다. Cf. W. C. White, *Tomb Tile Picture of Ancient China*, Toronto.

16.

이곳에는 강이 사방에 있다. 거의 모든 지역을 물길로 갈 수 있다. 이들 강은 자연적으로 생긴 것도 있고 인공 혹은 산업용으로 만들어진 것도 있다.[71] 그래서 중국에는 엄청난 배들이 있어 교역과 여행의 수단이 되고, 그것은 우리의 한 작가[72]가 말한 것처럼 '많은 사람이 땅에서 사는 것처럼 물 위에서 살기도 한다'라고 말하기도 하나 그것은 사실이 아니다. 다만 그것이 사실인 것처럼 중국인들은 이들 강을 따라 여행하는 것처럼 보인다.

이곳에는 생선도 대단히 많다. 남쪽 지방의 두 곳에서 나는 바다 생선뿐 아니라, 많은 호수와 강에서 나는 것도 많은데, 특히 두 개의 강은 바다로 흘러 들어가는 길목에 있어 그 길이와 폭이 엄청나게 크다. 수많은 종류의 생선이 있고, 우리처럼 물고기를 잡아 팔기도 하고 먹기도 한다. 일 년 내내 생선이 떨어지는 날이 없다.

17.

야생동물로 사자[73]는 없고 호랑이와 곰, 늑대, 여우는 많다. 코끼리는 북경에만 있고 여러 전담 인력이 관리하고 있다. 외국에서 들어온 것으

---

71 **역주_** 수량 조절과 물을 이용한 공학 기술은 중국 제국을 하나로 만드는 바탕이 되었다. 물은 군대를 빠르게 이동시키고, 왕실에 곡물을 제공하는 이동 수단이며, 집약농업의 관개를 가능하게 했다.

72 유일하게 마태오 리치가 암시하는 사람으로 추정해 볼 수 있는 인물은 마르코 폴로다. 이런 비슷한 내용을 중세 중국선교에 참여했던 프란체스코 수사들의 기록에서는 찾아볼 수 없기 때문이다.

73 살아 있는 사자가 중국에 들어온 것은 서기 87년이다. Cf. *TP*, 1907, p.177: 1922, p.434.

로, 오락용으로만 이용할 뿐이다. 다른 지역에서는 찾아볼 수 없다.[74]

18. 마, 면, 비단, 벨벳, 삼, 모, 카펫, 가죽

중국에는 아마亞麻[75]가 없다. 그래서 중국인들이 가장 많이 해 입는 옷은 면으로 된 것이다.[76] 면도 400년 이전에는 중국에 없었다고 한다. 내가 보기에 현재 중국에서는 목화 생산량이 매우 많아 어디서나 목화를 볼 수 있고, 전 세계의 수요를 충당할 수 있을 정도라고 할 수 있다.

19.

목화 다음으로는 명주실(絲)이다. 이것 역시 유럽보다도 많은 것 같다.[77] 가는 곳마다 가득 차 있는 것을 목격하게 된다. 중국인들은 공단을 조각내어 그것을 이어 붙여서 무늬를 넣기도 하고 요즘은 벨벳을 만들기도 한다.[78] 모두 우리 서방에서 만드는 것과 똑같지만, 가격은 우리와 비

---

74 다섯 마리의 코끼리가 북경 궁궐에 있었고, 이들을 위해 건물을 별도로 마련해 줄 정도였다고 한다.

75 『명사고(明史稿)』의 수기본 초판은 이탈리아어로 아마 식물[이낙초(利諾草)]에서 유래한 말로 책을 불렀다. Cf. Ciaṁueihoa[장유화(張維華)], p.225.

76 "무명옷"에 관한 역사적인 기록이 처음 등장하는 것은 5세기 노면(纑綿)이라고 부른 기록에서부터였다. 처음에 터키에서 들어온 면은 백(帛) 혹은 백첩(帛氎)이라는 이름으로 불렸다. 670년 면의 이름은 고패(古貝) 혹은 길패(吉貝)라고 했는데, 이는 말레이시아어의 카파스(kapas)와 산스크리트어 카르파사(karpāsa)에서 유래한 것이다. 그러나 이런 단편적인 정보들은 무명옷이 외국에서 중국으로 들어왔다는 사실만 분명하게 전하고 있다. (목화) 씨앗이 중국에 전해진 건 1000년경 오늘날의 신장위구르자치구의 화전(和闐)에서 들어와 북서 지방에서 재배를 시작하였다. 누에와 마를 재배하던 사람들과는 달리 처음부터 원(元, 1280-1367)의 보호 아래 목화는 중국에서 광범위하게 재배되었다. 리치는 이 점을 이야기하고 있다. Cf. Bretschneider, Botanicon Sinicum, in *JNCBRAS*, New Series, XXV, N.1.

77 즉, 중국인들은 유럽인들보다 훨씬 많은 양의 비단을 가지고 있는 것 같다는 말이다.

교해 서너 배는 저렴하다.

20.

이곳에는 마麻와 기타 여러 가지 옷감을 만들 수 있는 많은 풀이 있어 특별히 여름철 옷을 만드는 데 사용한다.

21.

한편 양젖으로 치즈를 만들지는 않고, 약간의 우유만 소젖에서 얻는다. 양털은 많이 생산하여 우리(선교사들)에게도 주지만 모직 포를 만들 줄은 모른다. 중국인들은 우리의 모직 포를 매우 좋아해서 가격이 비싸다. 그들은 또 양털로 많은 이부자리와 모전毛氈을 만들고 평민들의 모자도 만든다. 양털로 만든 이부자리 위에서 잠을 자고 우리의 카펫처럼 쓰기로 하며 예물로도 사용한다. 이렇게 쓰는 것은 주로 북쪽 지방에서인데 우리처럼 위도가 높지는 않지만, 우리보다 더 춥거나 비슷하기 때문이다. 자세한 이유는 알 수 없지만[79] 호수와 큰 강물은 잘 언다.[80] 이런

---

78 1592년 11월 12일, 리치는 "몇 해 전부터 이곳 사람들도 벨벳 만드는 법을 배워 제법 잘합니다"(N.1212)라고 적고 있다. Cf. N.138.

79 중국의 기후는 계절풍의 영향을 받는 몬순기후다. 겨울철(11월에서 4월까지)에는 차고 건조한 바람이 아시아 내륙에서 태평양으로 불고, 여름철(4월부터 11월까지)에는 태평양에서 아시아 내륙으로 습한 비바람이 분다. 정기적인 태풍이 여름철 몬순기후를 흔들어 놓는다. 이런 편차가 생기는 이유에 대해 리치는 알 수 없다고 말하고 있다. 그는 그 이유를 알고자 몽골의 드넓은 고원 지대를 방문하기도 했다. 더운 공기는 자연히 고원 지대로 향하고 차가운 공기는 아래로 내려온다. 중국에서 가장 높은 몽골 고원 지대의 겨울은 중국을 얼어붙게 만들고, 북쪽에 찬 공기를 형성한다. 반면에 여름은 태양열에 달궈진 몽골의 모래가 중국에 더운 열기를 형성하지만, 강과 바다가 이를 식혀 주어 남쪽에서 불어오는 '남풍'이라고 부르는 바람을 형성한다. Cf. Richard²,

추위를 막기 위해서 그들은 질 좋은 여우 가죽과 같은 여러 동물의 가죽을 잘 활용한다.

22. 놋쇠, 철, 금, 은, 동(전): 화폐

모든 종류의 금속이 하나도 예외 없이 서방과 똑같이 존재한다.[81] 황동黃銅 외에도 백동白銅[82]이 있어 은처럼 취급되고 황동과 같은 값어치를 지닌다.

그러나 주철鑄鐵[83]은 서방과 비교하여 훨씬 많은 물건을 만드는 데 사용된다. 솥, 세숫대야, 주전자, 깊은 냄비, 종, 박격포, 철책, 가마솥, 대포, 투구, 망치 등으로 가격은 매우 저렴하다.

---

pp.14-15; Coching Chu(Chu Kocheng), *Climatic Province of China in Memoirs of the Institute of Meteorology*, Nanchino, 1929; Idem, *Climatic factors in China in Journal of the Geographical Society of China*, 1935, marzo I-8; *EI*, X, p.264. 1580년 8월, 발리냐노는 마지막 보고서 *Sumario de las cosas que pertenecen a la Provincia de la India Oriental y al govierno della*를 써서 총장 메르쿠리아노(Mercuriano)에게 보냈다. 거기서 마지막 장인 제40장은 "De las mociones desta provincia"라는 소제목으로 모두 몬순[기후]에 대해 말하고 있다. Cf. *ARSI, Goa*, 6, ff.58v-59v.

80 중국은 유럽과 같은 위도 선상에 있으나 유럽과 비교해 매우 춥다. 가령 북경의 경우, 위도상으로는 이탈리아의 오트란토(39o 50′ N)에 자리하고 있으나 평균 기온은 아일랜드의 더블린(53o 21′ N)과 같다. 더 강조할 만한 것은 유럽과 중국의 겨울 기온 차인데, 특히 중국의 북쪽 지방은 시베리아의 고기압권에 들어가 추위가 극심하다. 북경의 1월 평균 기온이 영하 4도인데, 영하 5도를 기록하는 라트비아 공화국의 수도 리가(Riga)와 거의 같은 수준이다. 천진(Tianjin, 天津)은 수은주가 겨울에는 영하 20도까지 내려가고 여름에는 38도까지 오른다. 반면에 광주(Guangzhou, Canton, 廣州)는 0도 이하로 내려가는 때가 드물고 36-38도까지 오른다. 중국의 주요 도시들의 연중 최고 기온과 최저기온을 알고 싶으면 *The China Year Book*, 1938, pp.19-20을 보면 된다.

81 중국의 금속에 관해서는 Couling, pp.367-372를 보라.

82 동(銅)과 아연(zinc)과 니켈(nichel)을 혼합한 것으로서 은(銀)과 비슷하다. 융합이 어렵다. 특별히 운남 지역에서 많이 나온다.

83 용해철[철을 녹인 것]은 생철(生鐵) 혹은 무쇠(銑鐵)라고도 불렀다.

금金은 매우 높은 가치를 지니지만, 서방보다 그 양이 매우 적다.[84]

은銀은 중국인들의 공식 화폐지만 경화를 주조하지는 않는다. 그래서 물건을 살 때마다 은의 무게를 달아서 계산한다. 은의 모양이 다양하고 계속해서 가짜가 나오기 때문에 매우 번거롭다. 그래서 왕실 조폐국에서 만든 놋쇠 화폐를 쓰는 곳도 있다.[85]

부잣집에서는 금과 은으로 만든 그릇들이 많지만, 우리 서방보다는 적다. 여성들의 머리 장식에 많이 쓰고 있다.

23. 유럽으로 수출한 사기(砂器)의 대량생산과 판매. 유리

식탁 위에서 가장 많이 쓰는 그릇들은 포르투갈 사람들이 말하는 소위 '포슬린(자기)'[86]이라고 하는 제품이다. 세상에서 가장 순수하고 아름다

---

84 중국의 금광과 은광에 대해서는 N.560을 보라.

85 동전(銅錢)과 동화를 중국에서 사용하기 시작한 것은 기원전 수 세기 전부터라고 한다. 은의 무게를 달아서 사용한 것은 아랍 상인들이었고 달러($)는 유럽의 상인들이 썼다: Cfr. Dyer Ball, pp.167-169. 동전은 오늘날에도 사용하고 있다. 로마의 라테라노 선교 박물관에는 고대에서부터 20세기 초까지 중국 동전들이 상당히 수집되어 있다.

86 '포슬린(자기)'이라는 말은 동방의 바다에서 나는 조개, 콘카 베네레(concha venerae)에서 유래했다고도 하고, 중국의 자기가 조개껍데기의 색과 광채를 지니고 있어 '포슬린'이라고 부르기도 한다고 하였다. 마르코 폴로는 강서(江西)성의 요주부(饒州府, Raozhou, 리치는 Jaochow로 표기) 지역에서 나는 포슬린의 특수한 기술에 대해 언급한 바 있다: Cfr. *Il Milione*, ed. a cura di L. F. Benedetto, Firenze 1928, capitoli CXIX e CLV II, p.160. 마르코 폴로와 동시대인이었던 페르시아의 시인 사디(Saʿdī, 페르시아어, سعدی, 1193-1291)는 자신의 저서 『굴리스탄(*Gulistān*, 페르시아어 گلستان, Golestān, 'The Rose Garden')』에서 베네치아 출신의 여행자 마르코 폴로를 언급하며 당시의 국제무역에 대해 말하고 있다. 중국의 포슬린이 럼(Rūm)이라고 불리는 소아시아와 비잔틴 일대로까지 수출되고 있다는 것이다. 확실히 7-8세기에는 중국에서 포슬린이 생산되고 있었고, 어쩌면 이미 3세기부터 시작되었을지도 모르겠다. 최근(20세기 초)에 중앙아시아 지역에서 8세기, 11세기의 중국 동전과 함께 포슬린 조각이 발견되고 있다. 적어도 9세기까지는 중국의 포슬린이 일찌감치 카이로와 비잔틴과 베네

운 물건이다. 그중 가장 섬세한 것은 강서江西[87] 지역에서 만드는 것으로, 그곳의 흙이 도자기 만들기에 좋기 때문이다. 그곳에서 만든 제품은 중국 전역은 물론 다른 왕국들을 거쳐 유럽에까지 수출된다.[88] 표면이 깨끗하고 아름다워 식탁에서 최고로 선호 받고, 뜨겁고 끓는 것을 올려도 금이 가거나 깨지지 않는다.

지금은 유리도 만들지만, 우리의 것에는 한참 못 미친다.[89]

치아를 거쳐 서방으로 들어오면서 무슬림 세계에서는 최고의 대접을 받기도 했다. 10-13세기에 중국의 포슬린 산업은 더욱 전성기를 맞았고, 그 덕분에 유럽 수출도 성황을 이루었다. 지금도 베네치아의 성 마르코 대성당 보물실에는 1250년경에 만든 중국의 그릇이 보관되어 있다. 그 밖에도 15-16세기 것으로 보이는 중요한 유물은 드레스다(Dresda)의 포슬린 컬렉션, 옥스퍼드의 뉴칼리지, 베를린과 카셀 박물관, 런던 빅토리아 앤 알버트 박물관에 소장되어 있다. 중국에서 중국어로 포슬린이라는 말의 문학적 기원에 관해서는 Pelliot, *Notes sur l'histoire de la céramique chinoise* in *TP*, 1923, pp.1-54를 보라. 그리고 중국의 포슬린 역사에 관해서는 Münsterberg, II, pp.270-338; A. L. Hetherington, *Chinese Ceramic Glazes*, 1937; Heyd, pp.1242-1245를 보라.

87 강서(江西)다. 리치는 Chiansino로 표기하고, 델리야는 Kiangsi로 표기하고 있다.

88 리치에 따르면, 강서 지역 남창(南昌) 북동쪽에 있는 요주(饒州)는 "포슬린을 만드는 곳"이고, 그곳에서 "중국 전역과 전 세계로 보급"되고 있다고 말한다(N.1442). 그러나 포슬린 산업으로 정말 유명한 곳은 요주 북동쪽에 있는 경덕진(景德鎭, Jingdezhen, 리치는 Kingtehchen으로 표기)이고, 요주는 거기서 만든 제품을 파는 곳이다. Cf. Martini, *Novus atlas*, p.86 seg. 경덕진과 포슬린 산업에 관한 정보는 후에 덴트레콜레스(Francesco Saverio d'Entrecolles, S.I., 1662-1741) 신부가 쓴 두 통의 편지에서 잘 엿볼 수가 있다. 1712년 9월 1일과 1722년 1월 25일 자 편지다. 앞선 편지는 *Lettres Edifiantes*, Parigi 1877은 물론 *Mèmoires de Trévoux*, 1717년 1월호와 *Journal des Savants*, 1717년 10월호에서 볼 수 있다. Cf. Stanislas Jullien, *L'histoire de la fabrication de la porcelaine chinoise, accompagnée de notes et d'Additions par* Salvétet, Parigi, 1855; A. D. Brankston, *Early Ming Wares of Chingtechen*, Peiping, 1938.

89 유리는 110년경, 특히 [이집트] 알렉산드리아에서 중국으로 들어갔다. 그러나 유리산업은 4세기 말에도 육로로 산서까지, 해로로 남경까지 도달하지는 못했다. Cf. Münsterberg, II, pp.447-475. 벽류리(璧流離)라는 말은 터키어-페르시아어로 bilūr,

24. 식물: 오크(떡갈나무, 참나무), 히말라야삼목, 대나무, 석탄

왕궁을 포함한 거의 모든 건축물은 나무로 지었다. 바다와 강과 호수의 수많은 배와 선박들도 나무로 만들어, 앞서 말한 것처럼,[90] 중국에 나무가 얼마나 많은지를 짐작하게 한다. 나무의 종류는 우리의 것과 거의 차이가 없다.

참나무는 보지 못했다. 그러나 철수鐵樹[91]라고 부르는 나무를 봤는데, 재질이 단단하고 썩지 않아 참나무보다 우수한 것으로 평가받는다.

이곳에는 히말라야 삼목도 있는데, 내가 보기에 이것은 시신을 넣는 관을 만드는 데만 쓰는 것 같다. 중국에서 관은 매우 중시하는 것으로,[92] 어떤 것은 관 하나에 1,000스쿠도[93]에 달하기도 한다.

또 이곳에는 포르투갈 사람들이 대나무(竹)라고 부르는 야생의 갈대도 있는데,[94] 단단하기가 쇠와 같다. 굵은 것은 두 손으로 잡을 수 없을 정

---

billūr, ﻮﻟﻮ 이고, 몽골어로 bolor라고 하는데, 서기 1세기까지 사용했고, 파리(玻璃)(Cf. sphaṭika[스파슈가] = prācrit의 수정 암석)이라는 말은 서기 543년에 편찬한 고야왕(顧野王, 519-581)의 『옥편(玉篇)』에 처음 나온다. Cf. *TP*, 1912, p.481. 8세기에는 벽류리(碧琉璃)(Cf. *TP*, 1912, pp.443, 458)라는 이름으로 나왔고, 741년에는 파리(頗梨)라는 이름으로 등장하기도 했다. Cf. Chavannes, *Notes additionnelles sur les Tou-kiue occidentaux* in *TP*, 1904, estratto p.66.

90   Cf. N.16.
91   여기에는 세 가지 종류가 있는데, 그중 하나가 소철(Cycas revoluta)이고 다른 하나가 주초(朱蕉, Cordyline Jacquin II, zhūjiāo)이다. Cf. Zzeiüen h.l.; Giles, *A Chinese-English Dictionary*, 1912, h.l.
92   Cf. NN.133, 392.
93   **역주**_ 1600년대 유럽에서 통용되던 금화나 은화. 1스투도는 보통 금화 1개의 가치를 지닌다. 가에타노 도니제티의 오페라 《사랑의 묘약》 참조. 중국에서는 대개 은화 1개로 통용되었다.
94   대나무를 일컫는 '밤부(bambù)'라는 말은 16세기(1578) 이전에는 없던 말이다. 카나리아어로 반부(*bănbŭ, bombu*) 또는 더 정확하게 반뷰(*baŋ wu*)라는 말은 이 갈대가 타면서 내는 소리라고도 하고, 말라카어로 사맘부(*samambu*), 즉 '말라카(Malacca)의

도다. 속은 비어 있어도 대와 마디로 구분되어 기둥[95]으로 쓸 수 있고, 무기의 손잡이나 바구니, 그리고 모두 나열할 수 없을 정도로 다양한 생필품들을 만들어 쓸 수도 있다. 그러나 대나무가 모든 지역에서 나는 것은 아니다. 남부 지역에서 자라고, 그곳에서 모든 지역으로 운반된다.

25.

연료로는 우리처럼 야생목, 숯, 목탄, 볏짚만 쓰는 것이 아니라, 역청 혹은 탄산석회도 쓰고 있는데, 중국인들은 그것을 먹(煤, mui, 석탄)[96]이라고 부른다. 연기가 없어 연료로 쓰기에 아주 좋고, 북부지역에서 생산되는 것을 최고로 꼽는다. 이것[석탄]은 많은 광산에서 채굴되고, 그 양도 끝없이 있어 좋은 가격으로 판매된다. 북방 지역에서는 부엌과 화로에 주로 이 연료를 쓴다.[97]

26. 약용식물: 대황, 사향, 성목, 살사

중국에서 나는 의약품 중에는 다른 곳에서는 전혀 찾아볼 수 없는 것도 있다. 특히 대황大黃[98]과 사향麝香[99]이 그것이다. 사라센인들은 싼값에

———

갈대'라는 뜻이기도 하다. Cf. *HJ*, pp.54-55. 그러나 달가도(Dalgado)는 마라타 말로 밤부(*bămbŭ*)는 그냥 '식물'이라는 뜻이라고 고집한다(I, p.87). 중국에서 대나무의 활용도는 대단히 높다. 그래서 '필요한 곳에, 필요하지 않은 것은 없다'라는 말을 하는 편이 더 쉬울 것이다. Cf. Dyer Ball, pp.59-63.

95   작은 기둥 말이다.

96   석탄 혹은 먹(煤)이다. 1595년 리치는 길안(吉安, Kian)과 강서의 남창 지역 사이에서 엄청난 양의 석탄을 보았다. Cf. N.1324, 1448.

97   이 말은 현재 이 역사서가 북경에서 집필되는 시점을 말해 주는 단서가 된다.

98   대황은 중국에서 아주 오래전부터 알려진 식물이다. 특히 감숙(甘肅)과 사천(四川)에서 많이 자란다. Cf. N.1210. 1601년 북경에서 대황은 한 근, 즉 16온스에 "두 볼로니

가지고 가서 다른 세계에 비싼 가격에 팔곤 했다. 대황은 한 근에 은화 2전[100]이고 사향은 한 근에 6 혹은 7두카토[101] 한다.

이곳에는 성목聖木[102]이라고 하는 것도 있고, 사막에는 살사라고 하는 백합과의 식물이 있다. 이 식물은 어디에서나 잘 자라 채취하기 위해 땅을 팔 필요도 없다.

27. 바다 소금, 우물 소금, 저수지 소금; 설탕, 꿀, 그리고 세 종류의 밀랍

소금은 모두 바다에서만 채취하지 않는다. 바다에서 멀리 떨어진 지역들에서도 물이 있어 소금을 쉽게 채취한다.[103] 그래서 모든 지역에서

니 혹은 바이오키도 하지 않는다"라고 했다(N.606; Pantoja¹, p.614). 그러나 리치에 의하면 현재 감숙성에서만 그것을 살 수 있다고 했다. Cf. N.1836. 대황은 16세기에 육로와 해로로 서방에 전해졌다. Cf. Heyd, pp.1226-1228.

99 사향은 향이 짙어 오래전에는 향료로 사용했다. 사향노루 수컷의 향낭(사향주머니)을 말려 향료와 약재로 쓰는 것이다. 티벳과 청해호(靑海湖, Kuku-nōr) 일대와 감숙에서 많이 나온다. Cf. Heyd, pp.1201-1204. 1608년 이슬람 상인들은 감숙의 숙주(肅州)에서 중국식 1파운드[한 근에 5 내지 6스쿠드에 구매했다. Cf. N.1836.

100 바이오코는 화폐단위로 볼로니노라고도 한다. Cf. EI, V, p.882. 1602년 3월 9일, 판토하(Pantoja¹)는 북경에서 대황을 "한 근에 10마라베디[역주_ 당시에 통용되던 스페인 돈]"(p.603)에 샀다고 했다. [역주_ 여기서 보다 명확히 하기 위해 덧붙이자면, "볼로니니(bolognini)"는 중세에서 르네상스 시대에 유통되었던 볼로냐의 은화 또는 금화 단위고, 바이오키(baiocchi)는 19세기까지 통용되던 로마 교황청 돈이다.]

101 베네치아의 금화 단위. 두카토의 권위로 만들어진 돈으로 처음에는 1두카토가 2리라 8전이었으나 1472년에 6리라 4전에 거래되었다. Cf. EI, XIII, p.244 b: XXIII, p.641.

102 선진 시대에 저술된 것으로 추정하는 중국 최초의 지리서『산해경(山海經)』주석에서는 이것을 먹는 사람은 지(智)와 성(聖)을 갖춘 사람이 된다고 했다. 성목은 유창목이라고도 부르며 발한제, 이뇨제, 혈액의 정화제로 활용해 왔다. 특별히 매독 치료제에 효과가 있다고 믿었다. Cfr. Tommaseo, Dizionario della lingua italiana, alle voci legno, guajaco.

103 우물 소금(鹽井)과 저수지 소금(鹽池)은 염원(鹽源) 변경 지역에 있는 사천, 염풍(鹽

소금은 풍성하다. 게다가 모두 식용할 수 있고 쓰이는 양이 많아 왕실 수입의 대부분이 소금길로 들어오는 소금에 의존한다. 중국의 거상들은 소금 상인들이다.[104]

28.

중국인들은 꿀보다는 설탕을 더 많이 사용한다. 꿀과 설탕을 모두 사용하기 때문에 생산량도 충분하다.[105]

29.

밀랍은 벌집에서 나온 것[106] 말고도 외관이 깔끔하고 흰 것이 있는데, 나무에 기생해서 사는 해충이 만든 것으로 초를 만드는 데만 사용한다. 이것으로 초를 만들면 더 단단하고 발산하는 빛이 더 강하며, 끈적거리지도 않는다(白蠟).[107] 또 다른 초는 나무 열매로 만드는 것이 있는데, 흰

豊)과 염흥(鹽興) 지역에 있는 운남, 해현(解縣) 인근에 있는 산서, 그리고 현재 염지(鹽池) 근처에 있는 감숙(甘肅, Kansu)에서 찾아볼 수 있다.

104 소금세는 기원전 2000년 전부터 매기기 시작한 것으로 추정된다. 서기 7세기, 18개의 소금 호수와 640개의 소금 우물이 왕실 재정의 통제하에 있었고, 그때부터 이미 소금 매매는 시작되었다. 11-12세기에 이르러 왕실 재정부에서 매년 발급하는 염인(鹽引)이 있어야 소금 거래를 할 수 있었다. 인증서에는 거래량과 채취 장소까지 구체적으로 명시하였다.

105 Cf. Couling, pp.529-530.

106 1602년 판토하는 이렇게 적고 있다. "이곳 북경에서 우리가 사는 밀랍은 양이 많고 질이 아주 좋습니다. 제대에서 사용하기 위해 1리브르로 1리터를 삽니다. 여기서 우리 [화폐] 리브르는 가장 가치가 높아서 1리브르는 은화 16두카토에 해당합니다"(Pantoja[1], p.614).

107 백납(白蠟)은 물푸레나무나 쥐똥나무에 기생해서 사는 벌레다. Cf. Couling, p.594; Williams, *China*, pp.103-104.

색은 백랍만 못하지 않으나 빛은 그에 훨씬 못 미친다(柏油).[108]

30. 다양한 종류의 종이: 유럽의 종이와 다른 점

이곳에서도 종이의 사용은 매우 광범위하다. 책을 만들고 글자를 쓰는 것 외에도 종이로 많은 것들을 한다. 하지만 품질은 우리 서방의 종이에 훨씬 못 미쳐[109] 양면에 인쇄하거나 글자를 쓸 수가 없다. 한 면만 쓸 수 있을 뿐이다.[110] 그래서 우리의 종이 한 장은 중국인의 종이 두 장과 같다. 게다가 중국의 종이는 쉽게 찢어지고 오래가지도 못한다.[111] 중국

---

108 이 밀랍은 오구나무(Sapium sebiferum)의 씨로 만든다. Cf. Couling, pp.542a, 594a.
109 북경국립도서관에 소장된 1930년에 재판되어 나온 왕긍당(王肯堂)의 저서[『울강재필진(鬱岡齋筆麈)』, 서문은 1602년에 씀)]에는 리치가 선물로 받은 유럽의 종이 10장을 보고 난 감회와 유럽의 책들에 관해 전해 들은 내용에 놀라움을 금치 못하며 이렇게 적고 있다. "누에고치처럼 희고 얇으면서도 강하다. 양면에 모두 인쇄할 수 있고, 글자에 손상을 주지 않고 명확하게 인쇄가 된다. 잉크는 젖지도 물기를 머금지도 않는다." 당연히 리치에게 어떻게 만든 것이냐고 물으니, 그가 오래된 천으로 만들었다고 대답했다. 余見西域毆邏巴國人利瑪竇出示: 彼中書籍, 其紙白色如繭, 薄而堅, 好兩面皆字, 不相映奪. 贈余十餘番, 受墨不滲, 着水不濡, 甚異之. 問何物所造. 利云. 以故布浸搗爲之. "내가 서역의 유럽인 리마두가 보여 준 것들을 보았다. 그 가운데 서적이 있었는데 종이가 마치 누에고치처럼 희고 얇으면서도 질졌다. 양면에 모두 글자를 써도 서로 비치지 않았다. 내게 10여 가지를 주었다. 먹을 묻히면 스며들지 않고, 물을 묻혀도 젖지 않아서 매우 기이하게 여겼다. 무슨 물건으로 만든 것이냐고 물었더니 리마두가 말하기를 낡은 헝겊을 빨아서 두드려 만들었다고 하였다"(c. 4, f.16a). 리치는 1599년 2월 남경에서 왕긍당의 부친을 알았고, 이후 그와 관계를 유지하며 그의 제자 중 한 사람과 친분을 나누었다고도 했다(N.539). 그들의 전기는 명사(明史), c.221을 보라. Cf. N.539.
110 종이의 발명은 일반적으로 114년에 사망한(**역주:** 공식 기록에는 121년에 사망한 걸로 알려짐) 채륜(蔡倫)에 의해서라고 알려져 있다. 비단이 물가의 기준으로 작용했고, 그래서 비단 조각에 글자를 쓰는 일이 쉬운 것은 아니었다. 이에 채륜은 나무껍질이나 대마(大麻) 혹은 오래된 천 조각, 혹은 그물을 원료로 한 식물섬유의 제지술(製紙術)을 105년에 고안하였다. 후한서(後漢書), c.108, f.2b 참조; Chavannes[1], p.26; Chavannes in *JA*, 1905, gennaio-febbraio, p.(1); Franke[1], III, p.219.

에서 종이 한 장의 크기는 두세 보步의 제곱이고, 면纖으로 만든 종이는 매우 희다.[112]

31. 보석, 루비, 진주; 색깔; 사향, 향수; 역청

다양한 품질과 색상의 대리석,[113] 루비와 진주, 그 외 매우 섬세한 빛깔의 보석류, 향신 나무와 다양한 역청瀝青류 외에도 서방에 알려지지 않은 두세 가지가 더 있다.

32. 중국과 일본의 여러 종류의 차(茶)와 그 준비 과정 및 마시는 방법

그중 하나가 열매를 맺지 못하는 작은 나무의 잎으로 차茶를 만드는 것인데, 이곳에서는 물론 주변 지역에서도 매우 중시하는 물품이다. 중국에서 차를 마시는 풍습은 그리 오래되지 않았다. 왜냐하면 고서에는 차茶라는 단어를 찾아볼 수가 없기 때문이다.[114] 아마 우리의 숲에서도

---

111 중국의 종이로 만든 중국 책은 한쪽 혹은 반대쪽에만 인쇄해야지 양쪽에 모두 할 수는 없다. 그래서 종이는 항상 두 장이 필요했다.

112 여기에서 리치는 아마도 산닥나무(Wikstroemia)로 만든 종이에 대해서 말하려고 하는 것 같다. 이것은 면과 같은 것으로서 겨울에 그사이에 털을 집어넣어 가난한 사람들의 옷으로 활용하기도 했다. Cf. Couling, pp.423b, 602a.

113 특히 조경(肇慶) 주변 지역이 대리석의 생산량이 많았다.

114 중국어로 차(茶)라는 말은 만다린어로 '차(cià)'라고 읽고 복건(福建, Fukien)어로 '테(tè)'라고 읽는다. 이탈리아어로는 두 가지, 차(cià)와 테(tè) 혹은 티(thè)로 표기한다. 그 외 언어 중 차(cià)로 읽는 것은 러시아어, 그리스어, 포르투갈어, 티베트어이고, 테(tè) 혹은 티(thè)로 읽는 것은 프랑스어, 영어, 독일어, 스페인어 등이다. 이것을 위해 잎을 제공하는 나무는 동백나무과에 속한다. 차가 중국 전역으로 확산되기 전에 중부 지역에서 애용되고 있었으나 1000년경에도 중국의 북부 지방에는 도달하지 않았다. 차와 관련한 중국에서 가장 오래된 텍스트는 246-274년에 일어난 사건에 대해 보도하

이런 종류의 나무를 찾을 수 있을 것이다. 잎들은 봄에 채취하여 그늘에서 말린 다음 끓인 물에 달여 마신다. 이곳에서 차를 마시는 것은 매우 일상적인 일로, 중국인들은 이를 매우 즐기며 언제든지 차를 마실 준비가 되어 있다. 차는 소화에 도움이 되고, 항상 따뜻하게, 종일 마신다고 할 수 있다. 그래서 차는 식탁에서만 마시는 것이 아니라, 누군가 그들의 집을 방문하면 매번 제일 먼저 하는 일이 마실 차를 준비하는 것이다. 만약 머무는 시간이 길어지면 서너 차례 차를 내오기도 한다.[115] 차의 종류도 아주 많아서 좋은 것도 있고, 그렇지 못한 것도 있다. 한 매(枚)에 은화 한 개를 쳐주는 것이 있는가 하면, 은화 두세 개를 쳐주는 것도 있다.

일본에서 차는 매우 비싸다. 가장 여린 것은 은화 열 개에서 열두 개까지 하기도 한다. 일본에서 차를 마시는 방법은 중국과 조금 다르다. 일본은 찻잎을 가루 내어 밀가루처럼 만들어 찻잔에 뜨거운 물을 붓고 거기에 티스푼으로 하나 혹은 두 스푼을 넣어 물과 함께 마신다. 중국에서는 뜨거운 물이 담긴 다관茶罐에 찻잎을 15그램(반 온스, 소량이라는 의미) 정도 넣어 물만 마시고 잎은 다관에 그대로 남긴다.

는 내용에 있다. Cf. Franke[1], III, p.232. 그러나 차에 관한 첫 번째 실질적인 기록은 당(唐)나라 때, 문인 육우(陸羽, + 서기 804/805)가 쓴 것으로, 780년에 간행된 『다경(茶經)』이라는 것에서다. 여기에는 차의 기원, 잎을 채취하는 방법, 차를 만드는 과정, 차를 끓이는 법과 마시는 법, 역사와 산지, 다도(茶道)와 다기(茶器) 등이 기록되어 있다. 모두 3권으로 이루어진 이 책은 『당화총서(唐化叢書)』에 포함되어 있다. Cf. Wylie, p.148; E. D. Edwards, *Chinese Prose Literature of the T'ang Period A.D. 618-906*, Londra, 1937, I, pp.182-188. 같은 주제와 제목으로 1605년에 간행된 장겸덕(張謙德)의 책도 있다.

115 Cf. NN.128-129.

33. 마카오의 포르투갈인들이 초로네(ciorone)라고 부른 유약의 여러 가지 사용법

또 다른 물건으로 유약이 있다. 특정 나무의 껍질에서 채취한 역청으로, 나무의 진액처럼 끈적거린다. 포르투갈인들은 초로네[ciorone, 옻, 漆]116라고 부르고, 중국인들은 이것을 탁자, 문, 침대, 나룻배, 집과 모든 목재로 된 것들에 바른다. 다양한 색상으로 인해 바른 면이 반들반들하게 보인다. 그래서 보기에도 좋고 사용하기도 쉽고 내구성도 좋아진다. 중국과 일본의 물건들이 그렇게 예쁘고 광택이 났던 이유는 바로 여기에 있었다. 그래서 모든 나무를 이 유약으로 칠하는 바람에 나무 본래의 색깔은 전혀 찾아볼 수가 없다. 이런 이유로 중국인은 물론 옻을 사용하는 다른 나라의 사람들까지 식탁에서 식탁보를 사용하지 않는다. 모든 식탁에 유약을 발라 거울처럼 보이기 때문이다. 식사 후에는 물로 씻어 내거나 수건으로 닦으면 처음과 같이 반질반질해진다. 탁자의 표면이 상당히 매끄럽고 단단해서 아무것도 들러붙지 않기 때문이다.

이 나무들은 우리 서방의 땅에도 쉽게 옮겨 심을 수 있을 것 같은데, 아직 아무도 이런 훌륭한 일에 관심을 가지는 사람이 없었다.

34.

초로네(옻) 외에도 이곳에는 그것과 비슷한 나무의 열매로 만든 기름

---

116 초로네(Ciorone)라는 말은 포르투갈어 샤로우(charão)에서 온 것으로, 지금도 마카오에서 사용하는 단어로 도료[에나멜]라는 뜻이다. Cf. N.3095. 리치와 루지에리가 쓴 「포르투갈어-중국어 사전」 필사본(*ARSI, Jap.-Sin.*, I. 198, f.161)에는 초로네(ciorone)라는 단어와 함께 간단히 옻(漆)이라고만 적고 있다.

이 있다. 끓어서 사용하면 같은 효과를 얻고, 그래서 유사품도 많다.[117]

35. 향신료: 계피, 생강, 후추, 정향유(丁香油), 두관(荳蔻), 알로에, 의남향(椅楠香) 등

또한 중국 땅에는 모든 종류의 향신료가 있는데, 계피桂와 생강薑[118]의 생산량이 매우 많다. 그 밖에도 후추椒,[119] 정향丁香,[120] 두관荳蔻,[121] 알로에 혹은 여회蘆薈,[122] 의남향椅楠香,[123] 산호珊瑚, 오목烏木, 상아象牙,[124] 진향進香,[125] 소합향蘇合香, 매실梅木[126]이 있고, 그 외 말라카해협 근처에서도

---

117 동수(桐樹, 오동나무) 나무 기름으로 동유(桐油)라고도 부른다. 특별히 하남(河南)과 허베이 지역에서 많이 생산된다. 중국에서는 주택, 선박과 그 외 가사 제품 등을 칠하는 데 방대하게 사용된다.

118 젠지베로(Gengibero, 생강)는 아랍어 진지빌(zingibīl, الزنجبيل)과 포르투갈어 젠지브로(gengibre)로 통용되는데, 산스크리트어 세른다베라(śṛṅgavera)에서 유래했다. 이탈리아어 사전에는 진지보(zingibo), 젠제로(zenzero), 젠조보(gengiovo), 젠제보(gengevo), 젠제로(gengero) 등으로 나온다. 광동의 북-서 지역에서 많이 나고, 특히 조경과 소흥 인근에서 많이 생산된다. Cf. Couling, p.206a.

119 Cf. Heyd, pp.1209-1214.

120 Cf. Heyd, pp.1161-1165. 정향丁香, 못은 정향나무(Eugenia caryophyllata)의 열매가 둥근 머리의 작은 단추[혹은 못]와 닮았다고 해서 붙여진 이름이다.

121 Cf. Heyd, pp.1204-1207.

122 '독수리 나무(영어로는 eagle-wood)'라고도 부르는 알로에(Aloe)는 히브리어를 거쳐 인도어의 한 형태(ahālim, ahālōth)에서 유리했다. Cf. HJ, p.16; Dalgado I, pp.27, 380. 같은 식물이 어리면 여회, 고목이면 의남향이라고 부른다. Cf. Bartoli[1], III, c.44, pp.113-114.

123 의남향은 알로에 종류 가운데 독특한 향으로 인해 가장 아름다운 나무에 해당한다. Cf. HJ, p.144. 1589년 11월 13일, 발리냐노는 마카오에서 총장 아콰비바에게 이 나무로 왕관을 만들어 교황께 선물로 보낸 바 있다. Cf. ARSI, Jap.-Sin., II, ff.190-191.

124 Cf. Heyd, pp.1140-1142.

125 아마도 "개장미"거나 아니면 리치와 루지에리의 미간행 「포르투갈어-중국어 사전」(ARSI, Jap.-Sin., I, 198)에서 "로마리아(romario)"라고 부른 것을 번역하면서 진향(進香)이라고 한 것은 아닐까?

많은 향신료가 나온다. 바로 이곳에서 바다를 통해 우리 서방으로 운송된다. 이곳에서는 모든 것이 저렴하고 서방에서처럼 그렇게 진귀하지도 않다.[127]

36. 화약과 폭죽의 원료 초석칼륨

마지막으로 중국에서는 화약火藥을 많이 생산한다.[128] 그러나 전쟁에 쓰는 것은 많지 않다. 중국은 전쟁터에서 총포를 적게 쓰고 대포나 포병도 거의 쓰지 않는다. 화약은 대부분 폭죽을 만들어 연중 축제 때마다 사용하는데, 우리 서방 사람들은 그것을 보고 놀라지 않는 사람이 없다. 폭죽으로 공중에서 꽃도 만들고 과일도 만들고, 호전적인 둥근 불꽃 모양을 연출하기도 한다. 어느 해,[129] 남경에서 신년 초에 한 달간 사용한 폭죽이 우리 서방에서 2년 혹은 3년간 연이어 전쟁에 쓴 양에 달한다고 할 정도였다.

---

126 Cf. Heyd, pp.1191-1192.
127 16세기 초, 정향(나무)의 경우 약 712근이 말루쿠에서는 은화 한두 개에 거래가 되지만, 같은 양이 말라카에서는 은화 10개에서 14개에, 콜카타에서는 금화 50개에서 60개에 거래가 되었고, 알렉산드리아에서는 약 80크루자도스에 거래되고 있었다.
128 화약이 중국에 들어온 것은 5세기 인도로부터다. 중국인들은 755년부터 전쟁 무기로만 사용했고, 그래서 금(金)나라의 왕조 역사를 정리한 『금사(金史)』에는 1232년에 5,000문이 넘는 대포(砲)가 하남(河南)의 귀덕(歸德) 근처 땅속에서 발견되었는데 대략 477년 이전으로 추정된다고 전하고 있다. Cf. *CCS*, 1935, p.738; *TP*, 1922, pp.433-434; N.135.
129 이 일은 1599년 음력 정월 보름 등불축제에서 있었다. 그해에는 양력으로 2월 10일이었다. Cf. N.533.

제4장

이 땅의 예술적 메커니즘에 대해서

37. 중국에서 예술 작품이 부실한 이유

잘 알려진 명확한 정보 덕분에, 우리는 중국의 공예와 산업이 얼마나 발달했는지에 대해서 알고 있다. 앞 장에서 언급한바, 이 왕국의 모든 기술이 매우 조예가 깊다는 것을 쉽게 감지할 수가 있다. 그리고 거기에 드는 재료가 풍성하고 비용도 많이 들지 않기에, 그만큼 기술이 꽃을 피울 수가 있었다. 따라서 이 장에서는 중국과 서방의 공예에서 나타나는 몇 가지 차이점만 언급해 보기로 하겠다.

중국인들은 자신의 것에 있어 절제심이 매우 강하고 검소하여 크게 돈을 쓰지 않는다. 이곳의 장인들은 항상 완벽한 작품을 완성하려고 노력하기보다는 적은 비용과 시간을 들여 될 수 있는 한 싼값에 팔고자 한다. 그러다 보니 종종 많은 것을 모방하고 겉모양만 예쁘게 하는 데 공을 들인다. 내 생각에 이런 점에서는 비싼 가격에 팔고 싶어 물건을 완벽하게 만들려는 우리와 정반대인 것 같다(그들도 그렇다고 인정한다). 이것이 중국의 유명한 장인들조차 행정 관료들에게 제공하는 경우, 물건이 부실한 이유라고 하겠다. 중국의 관료들은 장인들에게 적은 비용을 지불하고 강제로 작업을 하도록 하기 때문이다.

38. 건축과 건물: 토대 없는 지층건축

건축 분야에서는 외관뿐 아니라, 건물의 견고함에 있어 우리 서방의 것에 못 미친다. 나는 우리의 것이든 중국의 것이든 비난하고 싶지 않다. 건물을 지으면서, 중국인들은 그것이 몇 년간 갈 수 있을지를 생각하고 우리는 수천 년을 생각한다. 일반 가옥이나 거대한 왕궁[130]과 그 외 귀족들의 집들은 모두 단층이고 지하에 창고가 없다. 그래서 그들은 우리의 관청이나 사설 건물들이 높이 세워진 걸 믿지도 상상할 수도 없다고 했다. 우리의 집들이 기본적으로 수백 년은 가고, 그중 어떤 건물은 천 년 혹은 이천 년이 지나도 여전히 무너지지 않고 견고하게 있다고 하면 놀

---

130 만력(萬曆) 황제는 "우리의 국왕들이 높은 건물 위에서 산다는 말을 듣고 놀랐다고 한다. 그가 생각하기에 그렇게 높은 곳에 있으면 위험하고 불편할 것이기 때문이다"(N.598).

란다. 우리의 건축물이 이렇게 견고한 것은 높고 튼튼하게 기초를 놓기 때문인데, 때로 그 깊이가 건물의 높이를 넘어서기도 한다. 같은 맥락에서 중국의 건물이 오래가지 못하는 것은 기초공사를 하지 않기 때문으로, 몇 개의 돌을 놓고 땅을 다지는 것이 전부다. 혹여 기초공사를 하더라도 장대나 토목 없이 하는데, 담을 쌓고 탑을 세우는 것과 같은 건축물도 그렇게 한다. 그러다 보니 백 년 혹은 그 이상을 지탱하는 건물이 매우 드물다. 도시의 성벽과 왕궁에 이르기까지 항상 보수공사를 해야 한다. 더욱이 앞에서도 언급했듯이,[131] 그들의 집과 건축물은 대부분 목조 건물이다.[132]

39. 목판인쇄와 연판(鉛版) 기술

그들의 인쇄술은 우리보다 오래되었다. 500년 전에 발명했지만,[133] 우

---

131 Cf. N.24.

132 Cf. Bartoli[1], I, c.46, pp.81-84; Dyer Ball, pp.33-39; Münsterberg, II, pp.1-86.

133 일부 저술가들은 중국에서 인쇄술의 발명이 6세기 도교의 보급으로 민중들 사이에서 부적과 주문(呪文) 요청이 쇄도하면서부터라고 보았다. 실제로 지금까지 발견된 가장 오래된 인쇄물은 8세기로 거슬러 올라가는데 종교적인 어떤 이미지를 인쇄하기 위해서였다. 펠리엇 교수는 말한다(Pelliot, TP, 1938, p.216). "중국에서 인쇄술을 발견한 연도는 밝혀지지 않았다. 왜냐하면 서서히 발전했고, 사용처가 봉인된 곳이었기 때문이다. 따라서 수(隋, 581-618) 왕조 이전에 주문(呪文)을 인쇄했다고 할 수도 있고, 8세기 이전에 증명되지 않은 어떤 걸 인쇄했다고 할 수도 있다." 중국어로 된 책을 송두리째 인쇄한 가장 오래된 것은 돈황(敦煌, Dunhuang)에서 발견된 『금강경(金剛經)』으로 868년으로 거슬러 올라간다. 952년 풍도(馮道, 881-954)는 인쇄술의 발명에 공헌했고, 그것은 고전을 널리 읽히는 데 도움이 되었다. Cf. BD, N.573. 한편 리치를 비롯한 일각에서는 중국의 인쇄술이 기원전으로 거슬러 올라갈 수도 있다고 가정하기도 했다. 그러므로 인쇄술에 있어 중국은 구텐베르크(1397-1468)보다 수 세기, 앞서 있다고 하겠다. 형식에 따른 인쇄 과정은 Dyer-Ball, pp.529-530을 보라. 금속제품이 아닌 것으로 이동형 인쇄가 중국에서 시작된 것은 1041-1049년이다. 금속활자본을 가장 먼저

리 서방의 것과는 사뭇 다르다. 중국의 글자는 매우 많아서 우리의 방식과 같이 사용할 수 없고, 지금도 계속해서 글자를 구성하는 것들을 수집하고 있다.[134] 그들이 가장 많이 쓰는 인쇄 방법은 다음과 같다. 먼저, 배나무나 사과나무를 납작하게 잘라 평평하고 마디가 없는 면이나, 대추나무棗樹판[135] 위에 원하는 글자나 그림을 뒤집어 붙인다. 그런 다음, 매우 조심스럽게 종이를 모두 떼어 내면 목판 위에 글자나 그림의 흔적이 남는다. 그리고 쇠로 된 도구를 사용하여 판에 새겨진 글자의 안과 밖을 파내어 글자와 그림을 부각시킨다. 이런 목판을 이용하여 원하는 만큼 인쇄한다. 우리의 글자보다 훨씬 큰 중국의 글자에서 이것은 매우 쉬운 방법이다. 우리의 책에서 이런 방법을 쓸 수는 없을 것이다.

용이성과 신속성에 있어, 내가 보기에 우리의 인쇄공들이 한 장을 조판하고 교열하는 것과 중국의 판각사들이 판 하나를 자르고 판각하는 시간은 비슷하다. 그래서 책 한 권을 인쇄하는 데 드는 비용이 우리보다 매우 저렴하다. 그들의 방법이 매우 쉬운 것은, 목판이 항상 준비되어 있어 언제든지 원하는 만큼 조금씩 인쇄할 수가 있기 때문이다. 그리고 3-4년 혹은 그보다 많은 시간이 흐른 후에 원하는 대로 수정할 수도 있다. 단어

사용한 건 1324년 고려(高麗)에서 인쇄한 『공자가어(孔子家語)』로 런던의 대영박물관에 소장되어 있다. Cf. Williams, *History*, p.160; ID., *China*, p.372; Carter, *The Invention of Printing in China*, Nuova York, 1931; Münsterberg, II, pp.361-376; Iudson Dalland in *Journal of the Franklin Institute*, vol. CCXII, 1931, pp.209-234; *EI*, XXXIII, p.895. 중국에서 판각 인쇄는 19세기까지 유지되었다.

134 음성 체계의 근원적인 교착은 대부분 모든 중국 글자가 이 두 가지 기본 요소로 구성되어 있다는 데 있다. 비록 약간의 변화가 있어도 다양한 글자들을 통해 이 점을 간파할 수 있다.

135 "대추나무"를 여기서 리치는 giuggiolo[학명: Ziziphus jujuba]라고 쓰지 않고 Giuggiume라고 쓰고 있다.

하나를 바꾸기도 쉽고, 목판을 개조하여 여러 줄을 고치기도 쉽다. 그래서 중국에서는 아주 많은 책이 인쇄되고 개인도 판각 기술이 있으면 집에서 책을 인쇄할 수가 있다. 책 한 권을 판각한 후 인쇄하면 비용이 적게 든다. 우리 수도원에서도 몇 권의 책을 판각했고, 하인들이 우리가 필요한 만큼 인쇄를 해 준다.

40.

또 다른 인쇄술은 돌과 목판에 (직접) 새기는 것으로서, 글자나 비명, 혹은 그림을 새긴 다음 젖은 종이를 그 위에 올려놓고 모전을 덮은 후 두드려 종이에 글자나 그림이 흡수되도록 한다. 그리고 그것이 마르기를 기다렸다가, 가볍고 조심스럽게 종이를 떼어 내면 윗면에 하얗게 글자나 그림이 새겨진다.[136]

41. 중국의 회화, 조각, 종(鐘)의 저급함

중국인들은 회화[137]를 매우 좋아하지만, 그 실력은 우리에 못 미치고, 조각과 주물 혹은 주조 기술은 그보다 더 못하지만, 그들 사이에서는 많

---

136 연판법은 중국에서 매우 보편적이다. 이런 방식으로는 "돌 위에 모든 것을 새겨 종이에 묻히면", "글자와 선이 하얗게 남고 나머지는 까맣게 됩니다"(N.1469항)라고 한다. Cf. Pantoja¹, pp.643-644.
137 공자(기원전 5세기)를 그린 작품들은 그의 초상화를 암시하는 것 같다. 그의 무덤은 기원전 299년에 봉쇄했고, 그때도 많은 그림이 있었다고 한다. 기원전 3세기, 중국인들은 대나무와 비단에 그림을 그렸다. 기원전 3-1세기에 이르러 초상화와 그 밖의 그림들을 쉽게 접할 수가 있었다. Cf. *TP*, 1938-1939, pp.252-255. 우리가 알고 있는 첫 번째 중국인 화가는 정확한 정보는 없지만 서기 3세기 때의 조불홍(曹弗興)이라는 사람으로 추정된다. Cf. *BD*, N.1997.

이 활용되고 있다. 여러 종류의 아치와 동상을 만들고, 돌이나 청동으로 사람과 동물을 만들어 사당에서 우상과 불상으로 쓴다. 우상과 그 외 인위적인 신상 앞에 놓인 종과 거대한 향로도 있다. 내 생각에 그들이 이 분야에 뛰어나지 못한 것은 참고할 만한 다른 나라들과 접촉이 적었거나 전혀 없었기 때문이다. 그들의 섬세함과 손재주는 어떤 민족에도 뒤지지 않는다.[138]

중국인들은 유화를 그릴 줄 모르고, 그림에 음영을 넣을 줄도 모른다. 그래서 그들의 그림은 모두 창백하고 아무런 활력이 없다.[139]

조각은 그 수준이 매우 낮은데, 비율에 대한 다른 규정이 있는지는 모르지만 내가 보기에 눈만 균형이 있다. 거대한 상을 보면 쉽게 눈을 속이는 것 같다. 그런데도 청동상과 같은 규모가 큰 석상을 만든다.[140]

---

138 그러나 오늘날에는 14세기 이탈리아가 중국 회화의 영향을 받아서 새로운 특정 표현 방식과 대표적인 양식을 구축했다는 걸 입증하려는 노력이 이루어지고 있다. 가령 푸지나(I. Pouzyna)는 저서에서 그런 기조를 유지하고 있다. *La Chine, l'Italie, et les débuts de la renaissance(XIII-XIV siècles)*, Parigi, 1935. Cf. *Revue d'Histoire des Missions*, Parigi, 1938, pp.625-634.

139 고기원(顧起元)이 1628년에 편찬한 『객좌췌어(客座贅言)』에 의하면, 회화에 있어 리치가 원근법을 가르쳐 주었다고 적고 있다. 한때 빛을 발하기도 했던 중국의 회화는 1600년경에 이르러 완전히 사양길에 접어들고 있었다. 리치도 1601년에 만력 황제 앞에서 유럽의 인쇄물을 보여 주자, 이렇게 말했다고 한다. "이미지에 있어 우리의 것은 기교를 부릴 줄도, 음영을 표현할 줄 모른다"(N.598).

140 중국에서 조각[작품]의 기원에 관해, 샤반(E. Chavannes) 교수가 내린 결론은 다음과 같다. "석상 예술은 기원전 2세기에 이미 등장하기 시작했다[그러니까 불교와 함께 들어온 게 아니다]. 서기 2세기에 절정에 이르렀고, 산동(山東, Chan-tong) 지방에서는 뛰어난 작품들이 나왔는데 주로 황궁을 장식하거나 부유한 사람들의 무덤을 장식하는 용도로 쓰였다. 물론 그것은 다른 지방에서도 나타났다"(*La sculpture sur pierre en Chine au temps des deux dynasties Han*, Parigi, Leroux, 1893, p.XXIX). Cf. Bartoli[1], I, c.43, pp.78-79. 중국에서의 회화, 조각, 그리고 그 외 예술에 관해서는 다음을 보라. *EI*, X, pp.309-317; Münsterberg, I, II.

42.

종鐘[141]은 모두 나무망치로 치지 쇠망치로 치지는 않는다. 그래서 소리가 우리의 것과 비교할 수조차 없다.

43. 악기, 악곡과 노래; 유럽의 오르간과 쳄발로의 도입

악기들은 여러 종류가 있지만, 오르간이나 쳄발로와 같은 건반악기는 없다. 현악기는 모두 거친 명주실로 만들지 동물의 창자를 이용하여 만들 줄은 모른다. 악기 연주는 우리처럼 합주가 있다. 그러나 악곡은 매우 단조로워 우리처럼 베이스, 엘토, 테너로 나뉘지 않는다. 따라서 그들의 합창을 본 적은 없지만, 자기네 음악에 매우 만족하며, 세상에서 이보다 더 훌륭한 음악은 없다고 생각한다. 하지만 지금까지 우리의 오르간과 그 외 악기들을 보고 몹시 놀라워했다.[142]

44. 여러 종류의 시계와 그것들의 결함; 잘못된 분점 시간

지금까지 중국인들의 시계는 물[143]과 불을 이용한 것으로, 불은 향을 태우는 속도를 재는 방식으로 모두 똑같은 크기로 만들었다. 그 밖에 모

---

141 『여씨춘추(呂氏春秋)』에 따르면, 중국에서 종(鐘)의 기원은 선사시대 황제(黃帝)[**역주_** 황제는 복희 · 신농 · 여화와 함께 중국의 국가 형성과 관련된 신화에 나타나는 삼황오제(三皇五帝) 가운데 하나다] 때로 거슬러 올라간다. 그러나 『시경(詩經)』에는 최초의 종은 기원전 11-10세기를 넘어갈 수 없다고 적고 있다. Cf. *Journal of Oriental Studies*, 『동방학보(東方學報)』, Tokyo, Jan. 1938, N.8, pp.159-191.

142 중국인들이 사용하던 여러 악기에 관해서는 Couling, pp.387-390을 보라. 중국의 음악에 관해서는 *Chinesische Musik*, herausgegeben con Richard Wilhelm, China-Institut, Francoforte [1927]; *EI*, X, pp.317-318을 보라. 잘 알려져다시피, 리치는 1601년에 황제에게 건반악기 또는 클라비쳄발로를 선물했다. NN.599, 601.

143 12세기의 모래시계 경루(更漏)가 아직도 광주[광동성]에 있다.

래를 회전시키는 바퀴 모양의 시계도 있다. 이것들은 하나같이 결함이 매우 많다. 해시계는 주야평분晝夜平分만 있지 해당 지역의 위도에 따라 조정하여 배치하는 것은 모른다.[144]

45. 연극공연, 특히 연회 중에 하는 연극

중국인들은 우리보다 희극戲劇[145]을 훨씬 좋아한다. 그러다 보니 이 분야에서 일을 하는 젊은이들이 매우 많다. 일부는 여러 지역으로 돌아다니고, 일부는 대도시에 머무르며 공공 축제나 사적인 잔치에 불려 나가 큰돈을 받고 공연을 한다. 그러나 이 일을 하는 사람들은 중국에서 가장 천대받고 홀대받는 계층이다. 일부 마에스트로[스승]라고 하는 사람이 어린 사내아이를 여러 명 사서 그들에게 노래와 연기와 춤을 가르쳐 돈을 벌게 한다.

모든 희극은 대부분 연회 중에 해서 사람들은 먹고 마시며 공연을 관람한다. 희극의 소재들은 대부분 역사 속 옛날이야기나 허구적인 것들이고, 아주 드물게 새로운 것도 있다. 배우들은 부르면 와서 무대를 설치하고 연기를 한다. 모든 희극이 똑같이 그렇게 한다. 연회가 시작되면 상석

---

144 더 뒤에서 리치는 더욱 상세히 설명한다. "중국에는 … 주야평분이 있는 해시계 외에는 없다. 그러나 이것도 중국인들은 온 세계를 똑같이 위도 36°에 맞추어 둘 뿐 지역에 따라 조정할 줄을 모른다"(N.480). Cf. NN.1463, 1506. 1595년 10월 28일에도, 중국인들은 "주야평분이 있는 기울어진 시계만 만든다. 세계를 36° 이상도 이하도 아닌, 똑같은 36° 높이가 아니라면 기울지 않습니다"(N.1397)라고 적고 있다. Cf. N.1421. 리치는 농담조로 자신의 과학적 지식, 그중에서도 특히 시계 분야의 지식 덕분에 중국인들 사이에서 톨로메오로 통한다고 했다. Cf. NN.1397, 1421.

145 리치 시대 희극에 관해서는 다음을 보라. *T'ien Hsia Monthly*, Shanghai, 1939(VIII), pp.357-372.

에 앉은 손님에게 책을 내밀어 원하는 희극을 선택하도록 한다. 희극의 종류는 많다. 왜냐하면 연회는 한번 시작하면 8시간에서 10시간 정도 이어지고, 그동안 계속해서 극이 공연되기 때문이다. 대사는 거의 모두 노래로 하고, 약간의 대중적인 말이 들어 있을 뿐이다.[146]

46. 작품의 진위에 필요한 여러 가지 도장

중국인들은 도장을 많이 사용한다.[147] 그들은 편지뿐 아니라 창작과 시詩, 그림과 그 밖의 많은 것에서 도장을 사용한다. 도장에는 저자의 이름, 성, 지위와 직위를 새긴다. 그들은 하나에 만족하지 않고, 때로는 몇 개를 찍기도 하고, 한 개씩 연이어 찍기도 하며, 처음에 찍고 마지막에 찍기도 한다. 도장밥은 초나 다른 비슷한 것으로 만들지만, 항상 빨간색이다. 그래서 (사회적으로) 비중이 있는 사람은 모두 여러 개의 도장이 든 다양한 이름의 크고 작은 상자를 하나씩 가지고 있다. 돌, 나무, 상아, 청동, 산호, 수정, 또 진귀하고 단단한 돌로 만든 각양각색의 도장이 있다.[148] 많은 사람이 이런 다양한 종류의 재료로 도장 파는 일을 한다. 도

---

146 Cf. N.584; Bartoli[1], I, c.34, p.63.

147 중국에서 도장 사용에 관한 첫 번째 언급은 『급총주서(汲冢周書)』에서 찾아볼 수 있다(cf. Wylie, p.29). 일부 학자들은 281년에 발견되었다고도 한다. 『춘추(春秋)』를 해설한 좌전(左傳)에서는 기원전 543년의 역사적 사건에 대해 언급하면서 옥새가 찍힌 임금의 교서(敎書)인 새서(璽書)라는 글자에 대해 말한다. P. Daudin, *Sigillographie Sino-Annamite*, Lione, 1937을 보라.

148 리치는 개인적으로 도장을 대신하여 글자를 이용한 두 개의 서명을 사용하였다 (N.140). 두 개의 서명은 예수회 모노그램 IHS에서 가운데 H 위에 작은 십자가를 그리는데, 하나는 둥글고 작게, 다른 하나는 사각형으로 좀 더 크게 그렸다.

리치는 『산해여지전도』에서 처음에는 사각형으로, 끝에는 둥글게 서명했다. Cf. D'Elia[1], 그림 III, V, XXV. 그러나 교토에 보관된 『산해여지전도』에는 이런 서명이 없

장에 새기는 글자는 일반적인 글자체와 달리, 정방형과 장방형에 맞추어 판다.[149] 도장 기술자 중에 어떤 사람은 실력이 대단히 우수하다고 인정받는 사람이 있고, 큰 명성을 얻기도 한다. 그래서 많은 귀족이 그것을 잘 배우려고 한다. 그들은 도장 파는 것을 예술이라고 생각한다.

47. 중국의 잉크: 먹의 준비와 사용, 필기용 붓

이와 유사한 또 다른 기술로 큰 명성을 얻는 것은 검정[150]을 만드는 일이다. 그들은 우리의 인쇄용 잉크처럼 그을음과 기름으로 먹을 만든다.[151] 중국인들은 서예를 매우 중시하고, 글을 잘 쓰는 사람에 대한 예우가 어디서건 대단하여 그가 어디에 살건 모든 사람으로부터 좋은 대접을 받는다. 따라서 먹도 융숭한 대접을 받는다. 먹은 벼루에 물을 뿌려 갈아서 사용하는데, 벼루는 매우 단단하고 미끈한 돌로 되어 있다. 글자는 펜으로 쓰는 것이 아니라 토끼털로 만든 붓[152]으로 쓴다. 그래서 벼루

다. Cf. D'Elia[1], p.97, 그림 XXVII. 관리들이 도장을 얼마나 자주 쓰는지는 NN.141, 179를 보라.

149 통상 도장에는 오래된 '도장형'인 전(篆)이라고 하는 글자체를 사용한다.

150 잉크다. Cf. NN.67, 141.

151 그을음을 참깨 페이스트로 반죽하여 만든다. 특별히 안휘성(安徽省)에서 많이 난다. 먹을 만드는 공장 중 하나로 가장 오래된 것이 안휘의 휘주(徽州) 먹 제작자 정대약(程大約)이 만든 경주묵(鯨柱墨)이 있다. 정대약은 리치와 친분이 있던 남경의 총독 축석림(祝石林)(N.536)의 도움으로 1605년 말경, 북경으로 리치를 찾아와 자신의 먹에 서양의 글자로 서명을 새겨 넣고자 부탁하였다. 이를 계기로 이듬해인 1606년 1월 9일, 리치는 4장의 성화와 4개의 문장을 중국어와 로마자 포르투갈어로 적어 주었다. 성화는 "파도 위의 성 베드로", "엠마오의 제자들과 함께 있는 예수", "롯의 집 입구에 선 눈먼 남색"가들, "안티과(Antigua)의 성모 마리아"다. 문장은 처음 세 개는 성화를 설명하고, 마지막에는 정대약을 위한 축복의 말을 적었다. 진원(陳垣), 『명말 유럽 예술과 로마자 발음(明末之歐化美術及羅馬字注音)』, D'Elia[2], pp.57-66.

152 전통적으로 필기용 붓은 기원전 3세기에 발명한 걸로 알려졌다. 그 기원에 관한 전설

와 붓을 만드는 장인이 많고, 그들은 그것만 만든다. 가격은 상당히 좋은 편이다. 글을 쓸 때 필요한 이 세 가지에는 다양한 장식과 기교가 더해지고, 글자를 쓰는 것은 대단히 엄숙한 일로 간주한다.

48. 여러 종류의 부채: 부채의 일반적인 용도와 선물용

우리 서방에서는 아직 널리 사용하지 않는 또 하나의 기술이 있는데, 그것은 여름에 더위를 식히는 데 사용하는 부채다.[153] 부채는 어른이건 아이건, 가난한 사람이건 부자건, 남자건 여자건 모든 사람이 사용한다. 내가 보기에 날씨가 덥지 않아도 예의상 손에 부채가 없으면 아무도 거리에 나오지 않는 것 같다.[154]

부채는 수많은 종류와 형태로 만든다. 재질은 대나무, 나무, 흑단(ebony wood), 상아로 만들고, 부챗살은 종이, 비단, 엷은 막, 짚으로 만

은 Wylie, p.XI, N.1.에서 보라.

153 부채(翣)가 중국에서 사용하기 시작한 것은 기원전 10세기부터인데 주례(周禮)와 예기(禮記)에서도 언급하고 있다. 딱딱한 부채는 선(扇) 혹은 삽(箑)이라고 부르는데 그 기원은 적어도 기원전 11세기 중반 무왕(武王) 황제 시기까지 거슬러 올라간다. 그러나 중국 문학은 기원전 4세기 이후부터 부채에 대한 언급이 없다. 시인 소동파(蘇東坡, 1036-1101)는 부채에 대해서 알고 있었던 것처럼 "폈다 접었다" 한다고 표현하고 있다. 1124년 두 명의 고려인이 중국 왕실에 세 개의 "소나무로 만든 부채(松扇)" 상자와 "접부채(摺疊扇)" 두 상자를 진상하였다. 접부채에 대해서 알고는 있었지만 15세기 초까지도 아직 중국에는 확산하지 않았기에 명(明)의 영락(永樂) 황제는 조선에서 가져온 접부채를 보고 매우 좋아하며, 중국의 기술자들에게 유사한 제품을 만들 것을 명했다고 한다. 『봉창속록(蓬窓續錄)』의 저자는 외국도인리마두(外國道人利馬竇)가 일본식(?) 접는 부채 4개를 보내 달라고 했다고 전한다. 그는 부채를 접었을 때, 손가락만 하고 가벼우면서도 예쁘고 단단하며 시원한 공기를 많이 만든다고 적고 있다. Cf. A. Forke, *Fans*, in *MSOS*, 1911(XIV) Supplementary Volume, pp.490-494.

154 유럽에서 별다른 쓸모없이 손에 장갑을 끼고 나오는 사람들처럼, 리치는 그것을 약간 격하시켜 보고 있다.

들며, 형태는 둥근 것, 정방형, 타원형, 장방형 등이 있다. 하지만 가장 보편적인 것은 주요 인사들이 사용하는 것으로 부챗살에 백지나 도금한 종이를 쓴 접이식 부채다. 부채의 양쪽 두 나무막대 사이에는 좋은 경구나 시를 직접 쓰거나 글을 잘 쓰는 서예가들에게 써 달라고 한다.[155] 부채는 사랑과 우정의 징표로 서로에게 주는 가장 좋은 선물 가운데 하나기도 하다. 우리도 누군가 보내 주어서 부채 한 상자를 얻게 되었는데, 필요할 때 다른 사람에게 (선물로) 주려고 한다. 이렇듯 부채를 만드는 사람도 매우 많다. 내가 보기에 중국에서 부채는 우리의 장갑에 해당한다. 중국에서 장갑은 아무도 사용하지 않는다. 부채와 장갑, 이 두 가지 물건은 근본적으로 그 용도가 전혀 다르다. 하나는 겨울에, 다른 하나는 여름에 사용한다. 그러나 예의상 쓰는 액세서리라는 것, 둘 다 손에 들고 다니며 선물하기도 하고 다른 사람과 이야기할 때 손에 들고 있어야 한다는 것은 똑같다.

49. 식탁용 높은 테이블과 의자와 침대

(지금까지) 언급한 몇 가지 것들에 있어서 중국인과 우리가 다르지만,[156] 그 밖의 많은 부분에서 매우 비슷하다. 특히 그들과 우리가 비슷하지만 다른 모든 세계와 다른 게 하나 있는데, 그것은 높은 식탁에서 식사하고, 의자를 사용하며, 침대에서 잔다는 것이다. 다른 나라들[157]은 바

---

155 Cf. NN.551, 570.
156 다른 곳에서 리치는 중국인과 유럽인들의 몇 가지 차이점에 대해 말하고 있다. Cf. NN.109-118.
157 가령 일본이 그랬는데, 지금도 그렇다.

닥에서 먹고 앉으며 잠을 잔다. 중국과 유럽, 두 지역이 아주 멀리 떨어져 있음에도 불구하고, 이 점은 주목할 만하다.

여기서 우리는 여러 가지 기술적인 측면에서 두 지역 사람들이 지닌 공통점이 있다는 것을 알게 된다.

제5장

교양과목, 학문과 중국에서 주는 학위

○ 문어체 중국어의 본질과 글자 수 및 음(音)
○ 오성 체계에 따른 수많은 다의성
○ 중국 전역과 주변국들에까지 확산된 문어체 중국어
○ 중국에서 만다린어(官語)의 보편적 사용과 일본에서 가타카나의 사용
○ 어려운 중국어의 실질적인 이점과 지적 손실 및 문장체계
○ 중국 최고의 도덕 철학자 공자와 그에 대한 예우
○ 수학과 천문학, 점성술
○ 수학과 천문학 관련 두 집단: 중국인 집단과 무슬림인 집단
○ 일식의 본질에 대한 잘못된 생각과 그때의 관습
○ 중국 의사들에 대한 저평가와 그들이 주는 학위의 쓸모없음
○ 오경과 사서에 담긴 공자의 가르침
○ 공자의 가르침을 다룬 문과 시험
○ 공립학교와 대학의 부족, 수많은 개인교사
○ 첫 번째 단계의 문과 시험 통과자와 그에 대한 대우
○ 두 번째 단계의 문과 시험 통과자, 석사
○ 시험 장소, 시험 일자와 그날의 시험 주제
○ 답안지에 대한 익명의 옮겨 적기와 최종 채점
○ 석사의 가치와 효력, 결과의 공표
○ 세 번째 단계의 문과 시험 합격자, 박사. 명부의 첫 자리를 차지하다
○ 새 진사들의 승진과 직위. 계속해서 시험을 치르는 사람들
○ 진사들의 명단과 답안지 공개. 시험을 통해 형성된 관계
○ 덜 주목받는 무과(武科) 시험
○ 문인들의 사회적 영예, 그들이 공부하지 않은 과목까지 채점

50. 문어체 중국어의 본질과 글자 수 및 음(音)

중국의 정치에 대해 말하기에 앞서, 중국에서 부여하는 문장과 학위에 대해 몇 가지 언급하겠다. 이것은 중국의 정치에서 매우 중요한 부분을 차지하고, 세계의 다른 모든 국가와도 현저히 구분되는 부분이기도 하다. 이 나라에서는 철학자들이 왕이라고 말할 수는 없어도, 왕들이 철학자들의 견제를 받는다고는 말할 수 있다.

중국의 글자, 즉 문자에 관해 말하자면 이집트의 상형문자와 유사한 형태를 지닌다고 할 수 있다.[158] 중국어는 구어체와 문어체가 매우 다르다. 그들이 일상적으로 쓰는 구어체로 책을 집필하지는 않는다. 만약 어떤 곳에서 구어문으로 글을 쓴다면, 그것은 그리 중요하지도 비중이 크지도 않는 경우다. 그러면서도 정작 중요한 곳에서는 문어체와 구어체가 같이 쓰이고, 둘 다 단음절이라는 특징을 갖기도 한다. 우리 서방에서 쓰는 것처럼 두 개 혹은 세 개의 복합 음절로 된 것도 많다. 모든 단어는 모음 혹은 자음이라는 구분도, 음절도 나뉘지 않고, 각기 다른 글자를 가진다.[159] 그들에게 하나의 단어는 한 글자이고 한 음절이다. 따라서 중국어에는 말하는 것만큼 글자가 있다. 중국인들은 매우 인위적인 방식으로 이것들을 조합하여 7만 혹은 8만 자가 넘는 글자를 만들지만,[160] 일반적

---

158 이집트의 상형문자가 중국에 알려진 것은 1597년부터다. Cf. N.1535.

159 이것이 중국의 문자다. Cf. N.139.

160 1592년에 리치는 중국 글자가 6만 자(字)라고 믿었으나(N.1183), 1609년에 이르러 7만 혹은 8만 자 정도로 보고 있다. 니콜라 트리고는 1614년 말, *Preces supplices ad Sanctum Patrem de Missa et Officio divino in lingua sinensi doctorum celebrandis*에서 조금 과장하여 중국의 글자는 "10만이 넘는다(fere ad cetum millia numerantur)"라고 적고 있다(*ARSI, Jap.-Sin.*, 143, f.9). 그러나 실제로는 1716년에 발간된 『강희자전(康熙字典)』에 44,449 글자가 있고, 1039년에 완성된 정도(丁度)의 집운(集韻)[송(宋)

으로 사용하는 글자는 1만을 조금 넘는 것에 불과하다. 중국의 글자가 모두 얼마나 되는지는 알 필요도 없고 아는 사람도 없다.

51. 오성 체계에 따른 수많은 다의성

많은 글자가 모양이 달라도 발음이 같고, 제각기 여러 가지 의미를 지닌다. 그래서 중국어는 세상에서 가장 모호한 언어이자 글자로 어떤 식으로도 받아서 적을 수가 없다. 심지어 대화할 때도 상대방이 무슨 말을 하는지 반복해서 물어야 한다. 이것은 배운 사람들과 학자들, 발음이 좋다는 사람들까지 (서로) 계속해서 무슨 말을 했는지 물어보고 어떻게 쓰는지 물어야 한다. 손에 펜을 쥐고 있지 않을 때는 손가락으로 물을 찍어서 쓰거나 공중에 획을 긋기도 하고, 손바닥에 대고 쓰기도 한다. 그래서 쓰는 것이 말하기보다 더 명확하다.

이렇게 언어가 모호한 것은 상당히 미묘한 다섯 개의 악센트 때문이다. 악센트에 따라서 모든 단어와 글자가 구분된다. 우리에게는 단음절이 중국에서는 다섯 개의 방식으로 발음되고 다섯 가지 전혀 다른 의미로 쓰이는 것이다.[161] 내가 보기에 바로 이 점이 오래전부터 이 나라에서 말을 잘하는 것보다 글을 잘 쓰는 것이 중시되어 온 이유라고 생각된다. 그들의 수사학은 온통 어떻게 글을 잘 쓰느냐에 맞추어져 있고, 웅변가는 이소크라테스처럼 문장을 어떻게 구성하느냐에 달린 것 같다. 사람을

의 인종(仁宗) 칙명(勅命)을 받아 찬(撰)한 것이다에는 53,525자가 있으며, 그 외 다른 모든 자전에도 그보다 적은 글자가 수록되어 있다. Cf. Couling, pp.298-301.

161 오성은 수에 따라 구분된다. 첫 번째 악센트, 獅=사자; 두 번째 舌=설; 세 번째 史=역사; 네 번째 士=선비; 다섯 번째 石=돌. 북경어는 4성만 있고, 광주 지역 방언에는 8성까지 있다.

보내 무슨 일을 타협할 때도, 같은 도시에 살고 있어도, 그들은 모두 서면으로 한다.

52. 중국 전역과 주변국들에까지 확산된 문어체 중국어

한 글자가 한 단어를 이루는 이런 문자 방식은 큰 장점이 있어 언어가 매우 다른 국가에서도 같은 글자와 문장과 책을 사용하고 이해할 수 있게 해 준다. 일본, 조선, 코친(베트남)과 유구琉球[162] 등 언어가 매우 달라 서로 말이 통하지 않는 곳에서도 통용되는 것이다. 별도의 언어를 배우지 않고 필기만으로 쉽게 이해할 수 있다. 중국 내에서도 지방에 따라 제각기 방언이 있고, 어떤 곳은 방언이 한 개 이상이 섞여 서로 소통이 되지 않기도 한다. 그러나 문자와 책은 모두 하나로 통용되고 있다.

53. 중국에서 만다린어(官語)의 보편적 사용과 일본에서 가타카나의 사용

이렇게 다양한 언어 가운데 만다린어, 곧 관화官話라고 부르는 것이 있는데,[163] 일종의 표준어로 행정과 법원에서 사용하며, 배우기가 매우 쉬워 많은 지역에서 이것만 사용하기도 한다. 그래서 기녀와 일반 부녀자들까지 이 말을 알며 다른 지역에서 온 어떤 사람과도 대화를 할 수가 있

---

162 명나라 때 유구섬은 지금의 타이완을 가리킨다. Cf. N.231, 본서 2권, p.123, 주(註) 165.
163 관화(官話)는 중국 관료들의 언어로, 당시 중국의 공식 구어다. 리치 당시에 관어는 행정관들만 구어로 사용하거나 만다린이라고 불리는 관료 계급에 진출하기 위해 시험 치르는 사람들이 배우는 언어였다(ARSI, Histor. Soc., 246, p.4). 리치는 바로 이 만다린어를 로마자로 표기하였다.

다.[164]

나는 일본에서는 이 문자 외에도 우리 서방의 알파벳과 비슷한 자기네 고유의 문자[165]를 사용하고 있다는 것을 알았다. 그들은 복잡한 중국 글자를 배울 필요 없이 자기네 언어로 글을 쓴다. 아마 앞에서 언급한 다른 나라들도 그렇게 할 것이다. 그러나 중국은 언급한 방식 외에 다른 것이 없다. 그래서 어릴 적에 이 글자를 배우기 시작해서 늙도록 배운다.

54. 어려운 중국어의 실질적인 이점과 지적 손실 및 문장 체계

이렇게 복잡한 중국의 글자는 이 나라의 학문 발전에 [오히려] 장애가 되어, 그들의 모든 힘을 낭비하게 만들고 인간의 도리와 별개의 다른 행동[양식]에 대해서는 생각할 수 없게 했다. 하지만 글자를 쓰는 방식은 [매우] 아름답고 우아하다. 종종 몇 마디의 짧은 말과 음절이 우리의 장황한

---

164 중국에는 책에서만 사용하는 문어체 언어가 있어 어디서건 민족적인 한계를 넘어 통용된다. 하지만 구어체는 지방에 따라 모두 다르다. 이런 구어체 가운데 하나가 만다린어다. 즉, 법원에서 관료들이 사용한 것이 그 기원이다. 이것이 모든 방언을 지배하고 가장 보편적으로 사용하는 언어로 자리를 잡았다. 리치와 그의 동료들도 만다린어를 배웠다. Cf. N.1183. 조경이나 소주(韶州)에서도 만다린어를 사용했는데, 그곳에서는 세련된 만다린어를 사용하였다. Cf. N.1156.

165 9세기부터 지금까지 사용되고 있는 가타카나(カタカナ)와 히라가나(ひらがな)다. 모두 48개의 기본음과 청음, 20개의 탁음, 5개의 반탁음으로 구성되어 있다. 일본의 작품집은 1000년 이후에 나오기 시작했는데, 가타카나와 중국 문자로 쓰여 있다. 예수회 로마 고문서실에는 첫「일본어 사전」사본이 소장되어 있다(*Jap.-Sin.*, I, 201). 1598년 나가사키에 있던 예수회 일본 콜레지움에서 발간한 것이다. 이 사전에는 처음으로 중국의 글자가 히라가나와 함께 수록되어 있다. 사전은 세 부분(ff. 62, 23, 17)으로 구성되어 있고, 각 부분에는 이탤릭체로 중국의 글자가 오른쪽 혹은 왼쪽에 히라가나로 그 의미와 발음이 적혀 있다. 여기에는 중국과 일본의 관료 명단과 함께 목차도 있다. 또 다른「라틴어-포르투갈어-일본어 사전」은 1595년 2월에 집필을 시작하였다. Cf. *ARSI, Jap.-Sin.*, 12. f.242v.

토론보다 더 명확할 수도 있음을 알게 해 준다.

그들의 책은 우리와는 정반대로 히브리 사람들처럼 오른손으로 위에서 아래로 써 내려간다. 그래서 글자의 행은 우리와 정반대다.

55. 중국 최고의 도덕 철학자 공자와 그에 대한 예우

중국의 학문 가운데 가장 잘 알려진 것은 도덕이다. 그러나 아무도 변증법을 모르기 때문에 과학적이지 않은 방식으로 말하고 쓴다. 직관적인 다양한 견해와 논의로 혼란스럽다. 중국인들에게 가장 위대한 철학자는 공자(孔夫子)다.[166] 그는 기원전 551년에 태어나 70여 년을 비교적 평안하게 살며 이 나라[중국]에서 말과 행동과 글[167]로 제자들을 가르쳤다. 중

———

166 부자(夫子), 곧 '존경하는 스승', 공(孔), 그래서 중국에서는 그를 높여서 공부자(孔夫子)라고 불렸다. 리치는 그의 이름을 처음으로 이탈리아어로 성을 공(孔), 이름은 구(丘), 자는 중니(仲尼)라고 적었다. 그는 기원전 551년(다른 곳에서는 기원전 552년이라고도 함)에 지금의 산동성(山東省) 니산, 당시 노(魯)나라 창평(昌平) 궐리(闕里)에서 태어났다. 부친을 잃은 후 산동의 곡부(曲阜)로 이주해서 살았다. 기원전 533년에 혼인했다가 이혼하고 정계에 진출했다가 물러난 뒤, 학교를 세우자 많은 제자가 몰려왔다. 뒤늦게(40대 말-50대) 노나라의 재판관이 되었으나 왕이 자신의 조언을 받아들이지 않는다는 것을 알고, 기원전 495년 관직에서 물러나 자기의 이상을 펼칠 수 있는 다른 나라를 찾아 노나라를 떠났다. 67세에 고향으로 돌아와 제자들을 가르치며 저술과 편집에 몰두하며 고전의 전통을 보존하는 일에 열중했다. 기원전 479년 73세의 일기로 생을 마쳤다. 그는 기원전 482년에 사망한 부처와 동시대 인물로 소크라테스(기원전 470-400) 이래 가장 위대한 인물로 손꼽힌다. Cf. Amiot, *Vie de Confucius*, in *Mémoires concernant les Chinois*, XII; Biallas, *Konfuzius und sein Kult*, Peking, [1928]; BD, 1043항; Hoang, *Mélanges sur la chronologie chinoise*, Shanghai, 1920, p.281.

167 유교는 『사서(四書)』와 『오경(五經)』을 통해 그 가르침이 전해지고 있다. 공자가 직접 고대 국가들의 305개 서정시를 모아 『시경(詩經)』을 집대성하고, 『서경(書經)』을 발간하며, 기원전 722년에서 484년까지 노(魯)나라 역사 『춘추(春秋)』를 쓰고 수정한 것으로 전해진다. 그의 가르침을 엮은 『논어(論語)』는 제자들이 쓴 것으로 추정된다. 공자는 『역경(易經)』과 『주역(周易)』을 해설하기도 했고, 『예기(禮記)』와 『악경(樂經)』

국 사람이라면 모두 세상에서 가장 위대한 성인으로 바라보고 숭상한다. 실제로 그의 말[168]과 삶의 근본 방식은 서방의 고대 철학자들에 [결코] 뒤지지 않는다. 그래서 [중국에서는] 모름지기 학자라고 하면 공자가 말하고 기록한 것들을 소중하게 생각해야 한다. 지금까지 [중국의] 모든 왕[169]들도 공자를 존경했고,[170] 그가 남긴 가르침의 유산을 소중하게 여겼다. 공자의 후손들도 오랜 세기에 걸쳐 존중받았고, 왕들은 그의 장손들[171]에게 관직과 봉록, 각종 특권을 주었다. 또한 모든 도시에는 학자들이 모이는 학당學官이 있는데, 거기에는 관례로 화려한 공자 사당이 있다. 사당에는 공자의 동상과 신주神主와 봉호封號가 있다. 매월 초하루와 보름, 그리고 매년 4대 명절에는 문인들이 향을 피우고 동물을 잡아 희생 제사를 지냈다. 그러나 아무도 공자를 신神으로 생각하지도 않고, 청원 기도를

(여섯 번째 경전으로 기원전 213년에 화재로 소실되었다)을 수정했다. 이 책들을 통해 지속적으로 공자의 가르침을 설파하였기에 어떤 사람은 공자가 이 책들의 저자라고 말하는 사람도 있다. Cf. Derk Bodde, pp.46-49; Wylie, pp.1-8.

168 Cf. N.1914. 공자는 인간은 선한 본성을 지니고 태어나고, 만약 악하게 되었다면 그의 환경이 그렇게 만들었다고 하였다. 그는 내세에 대해서는 암시하지 않은 것 같다. 그는 인류애, 의무와 정의와 진리에 대해서 많은 가르침을 남겼다. Cf. NN.176-181.

169 리치와 초창기 선교사들은 중국을 언제나 군주정치를 하는 왕국(군주국)으로 보았지, 제국으로 보지 않았다. 그래서 한 번도 제왕(황제)이라는 표현을 쓰지 않았다. **역주_** 이 책에서 리치도 황제라는 표현 대신에 언제나 왕이라는 표현을 쓴다. 간혹 델리야 신부가 황제라는 표현을 쓸 때가 있다.

170 수 세기 동안 많은 사람이 공자에게 부여한 위대한 호칭은 '스승'과 '성인'이라는 것이다. 대표적인 것은 640년에 부여한 선성니부(宣聖尼父), 설교자 공자 '거룩한 아버지'; 태사(太師), 위대한 스승(666년); 문선왕(文宣王), 문자를 전하는 기원자(739년); 대성지성(大成至聖), 완전하고 거룩하신 분(1308년); 지성선사공자(至聖先師孔子), 거룩하신 옛 스승 공자(1530년)가 있다.

171 공자의 직계 후손은 1055년부터 1934년 8월 29일까지 연성공(衍聖公), 곧 '성인의 직계 공(公)'이라는 작위가 주어졌다. 이 작위는 옛 스승의 후손, 완전하고 거룩한 공자, 대성지성선사(大成至聖先師), 태제관(泰祭官)으로 변천되어 왔다.

하지도 않는다.[172] 그래서 공자에게 드리는 제사는 '진정한 (의미의) 희생'[173]이라고 할 수 없다.[174]

56. 수학과 천문학, 점성술

도덕이라는 학문 외에도 중국인들은 천문학[175]과 수학 관련 학문[176]에 대해 관심이 많다. 산술과 기하학 분야도 관심이 많으나, 이 분야는 전혀 체계가 잡혀 있지 않다. 그들은 우리와 다른 별자리를 가지고 있고,[177]

---

172 중국 정부는 종종 분명하게 공자 공경은 문화적인 행사라고 공표해 왔다. 이에 1939년 교황 비오 12세는 이렇게 선포하였다. ① 가톨릭 신자들은 공자의 사당이나 학교에서 공자의 영정이나 위패 앞에서 거행되는 공경 행위에 참석할 수 있다. ② 가톨릭 학교에서도 공자의 영정이나 위패를 안치할 수 있고, 그 앞에서 머리를 숙여 예를 표시할 수 있다. ③ 공적인 예식에서 미신적인 요소가 보이면 (가톨릭 신자) 교사와 학생들은 수동적으로 처신하여 오해를 받지 않도록 한다(*Acta Apostolicae Sedis*, 1940, p.25). Cf. *Civiltà Cattolica*, 1940, I, pp.125-137.

173 **역주_** 여기에서 '진정한 희생'이라는 의미는 '신에게 드리는 정식 제사'라는 뜻이다. 리치는 공자 제사를 일종의 예절이라고 본 것이다.

174 이 마지막 문장 "그래서 이것은 '진정한 희생'이라고 할 수 없다"라는 말은 리치가 쓴 것과는 다른 잉크로 써졌으며, 완전히 지운 흔적이 있는 문장이다. 리치가 다른 문장을 추가하지 않고 이 문장을 그냥 지웠다는 것은 이해가 되지 않는다. 왜냐하면 바로 뒤에서(N.64) 이 부분을 다시 인용하고 있기 때문이다. 또 다른 가능성은 1614년에 이 자료를 이탈리아로 가지고 간 트리고가 지웠거나 다른 그의 동료가 지웠을 가능성이다. 그 외에도 한 가지 가정은 리치의 바로 뒤를 이어 동아시아 예수회 관구장이 된 니콜로 론고바르도가 지웠을 수도 있다. 그는 리치와 몇 가지 점에서 전혀 다른 견해를 가지고 있었기 때문이다. 그는 중국의 관습에 대한 리치의 관용 정책이 우세한 것이 염려되어 1613년 1월 트리고에게 자료를 넘겨주기 전에 이 문장을 지우는 것이 좋겠다고 생각했을 수도 있다. 하지만 이 모든 가정에도 불구하고 어쩌면 리치가 직접 이 문장을 지웠을 가능성도 배제할 수 없다. 왜냐하면 NN.177-178에서 거의 같은 문장이 반복되고 있기 때문이다.

175 점성술을 의미한다.

176 리치가 바라본 중국의 과학에 관해서는 다음을 참조하라. NN.480, 538-543, 1397, 1421, 1463, 1468, 1538.

177 중국인들은 별자리를 28개로 보았다. Giles, *A Chinese-English Dictionary*, 1912,

우리의 천문학자들이 말한 별자리보다 400여 개가 더 된다. 이것은 자주 나타나지 않는 별자리까지 계산에 넣었기 때문이다. 그들은 현상이나 나타나는 것들에 대해서는 관심이 없고, 일식과 월식 그리고 별의 움직임만 계산하기 때문에 오류가 많다.[178]

그들이 가장 주목하는 것은 점占을 치는 것이고,[179] 세상에서 일어나는 모든 일이 별자리와 관계가 있다고 생각한다.

---

pp.26-27 e in Mayers, pp.376-378.

178 고대에서부터 리치 시대까지 중국의 수학에 관해서는 Cf. Mikami, pp.1-98을 참조. 그 외 중국인들의 천문학, 기술, 지리 등에 관한 견해는 NN.1306, 1421, 1468을 보라.

179 점성술(星命)로서, 이것을 처음 시작한 사람들은 『서경(書經)』의 홍절(洪節)에서 영감을 얻었다. Cf. Zottoli, III, pp.416-425.

Della entrata della Compagnia di Giesu e Christianità nella Cina
Libro primo

Della entrata della Compagnia di Giesu e Christianità nella Cina
Libro secondo

57-58. 수학과 천문학 관련 두 집단: 중국인 집단과 무슬림 집단

수학 분야에서 중국인들은 페르시아에서 온 사라센인[무슬림]들의 도움을 받았다. 그러나 페르시아에서 온 사람들은 증명하는 법은 가르치지 않고 도표만을 전수해 주었다. 그것으로 그들은 연력과 일식, 월식 그리고 별들의 움직임을 계산하였다.[180] 나라를 개국한 현 왕조[181]는 아무에게도 수학을 배우지 못하게 했고,[182] 관청의 위임을 받은 사람[183]만 연구할 수 있게 했다. 일반인들이 수학이라는 학문을 이용하여 반역을 저지를까 두려웠기 때문이다. 이런 이유로 황궁 안에서만 수학자들을 불러 지원해 주고,[184] [양성된 수학자] 태감太監들만 궁 밖 활동을 할 수 있게 했다. 시험 결과에 따라 그들에게는 관직과 봉급도 차등 지급했다. 그들은 내부 팀과 외부 팀으로 나뉘어, 내부 팀은 중국의 전통 방식으로 계산을

---

180 7세기 이후 인도의 여러 지역에서 중국의 천문학 연구에 참여하였다. 고타마 싯타르타(Gautama Siddhârtha, 舊曇悉達)는 7세기 말 자신이 만든 구집력(九執曆)에서 지구를 360°로 나누고 각 도를 60′으로 나누었다: Cf. Wylie, p.131; Mikami, pp.58-60. 원나라 사람들은 중국의 북방지역 달력을 사용했다. 그러나 1267년 쿠빌라이 칸은 아라비아에서 온 무슬림 천문학자들이 만든 만년력(萬年曆)을 도입했다. 달력에는 "페르시아에서 온 사라센 수학자"라는 문구가 적혀 있었다. 1276년 쿠빌라이는 중국인 곽수경(郭守敬, 1231-1316)에게 명하여 다시 달력을 만들라고 했고, 그것이 1280년에 완성된 수시력(授時曆)이다: Cf. *Storia degli Iüen*(元史), cc.52-55. 이 달력은 후에 그대로 명(明)의 대통력(大統曆)으로 이어졌다. (중국 조정에서 활동하던) 아랍인 천문학자들은 1645년에 공식적으로 유럽인 천문학자들로 대체되었는데, 그 중심에 예수회의 아담샬 신부(Adam Schall von Bell)가 있었다. cf. N.171.
181 명나라를 개국한 홍무(洪武)를 일컫는다. 1368년에서 1397년까지 통치하였다.
182 리치는 "중국에는 사형제도가 있고, 왕의 허락 없이는 아무도 수학을 배울 수 없다는 법률이 있습니다"라고 적고 있다. 1601년 1월, 리치는 자신의 옛 스승 클라비우스 크리스토포로가 집필한 수학서 7-8권의 대부분을 가지고 있었다. 남경에서부터 북경까지 가지고 왔다. Cf. N.591.
183 '뽑힌' 천문학자들이다.
184 '왕실 내 기숙학교'에 있는 수학자들은 '20-30명이 넘었다'(N.594).

하고, 외부 팀은 페르시아에서 전래된 새로운 방식으로 계산했다. 그런 다음 내·외부 팀이 상호 교차로 비교한 후 수정한다. 각 팀은 각자의 공간 혹은 천문대[185]를 가지고, 별을 관측하기 위해 청동으로 만든 오래된 거대한 관측기기를 갖고 있다. 이곳에는 매일 밤 근무하는 사람이 있어 혜성이 나타나거나 하늘에 새로운 징후가 보이면 다음 날 즉시 왕에게 공식 보고한다. 보고할 때는 자기가 본 것에 대한 의미까지 부여하여 설명한다. 남경의 천문 관측기기는 성안의 산 정상에 설치되었는데, 북경의 것보다 더 정교하다.[186]

59. 일식의 본질에 대한 잘못된 생각과 그때의 관습

일식과 월식은 북경의 흠천감에서 중국 전역에 알린다. 법률상 모든 도시와 지방의 관리와 승려들은 정해진 장소에 모여 일식(혹은 월식)이 일어나는 동안 계속해서 징을 두드리고 절을 하게 되어 있다. 내가 보기에 중국인들은 이 시기에 뱀이 우주 일부를 삼킨다고 두려워하는 것 같다.[187]

---

185 천문관측 사무소라고 불리던 기구는 1368년 이후 지금까지 부르고 있는 사천감(司天監)으로 승격되었다. 이슬람 천문학 사무소도 이 시기에 설치하여 이름을 회회사천감(回回司天監)이라고 불렀다. Cf. *Storia dei Mim*, c.32.

186 1599년, 리치는 남경에서 북극각(北極閣)이라는 언덕에 세워진 네 개의 천체관측기기를 보았다. 이것은 N.543에서 잘 묘사하고 있다. 그런 다음 북경에서 또 다른 기기들을 보고, "같은 방식으로 설치된 것으로 보아 같은 인물이 세운 걸로 추정된다…. 우리(서방)의 수학기기들을 알고 있는 외국인의 처지에서…. 타타르인(몽골인)들이 중국을 지배할 때 만든 것 같다"(N.543). Cf. *Storia degli Iüen*(元史), c.52. 북경의 천문대는 1279년에 설치되었고, 남경의 천문대는 1280년에 설치된 것으로 알려져 있다. Cf. Gaillard, p.218.

187 이런 민간의 신심은 일식(혹은 월식)이 일어나면 용과 같은 거대한 짐승이 태양(혹은

60. 중국 의사들에 대한 저평가와 그들이 주는 학위의 쓸모없음

중국의 의학은 서방의 것과 매우 다른데, [그중 가장 큰 것은] 맥을 짚어 진단하는 것이다. 많은 경우에 좋은 결과가 있기도 하지만 대부분 사용하는 것이 풀의 잎사귀나 뿌리처럼 여러 가지 약초들로 서방의 약초 판매점과 같다.[188] 이런 의술은 학교에서 공식적으로 배우는 것이 아니라 각자 원하는 스승을 찾아가 배운다. 왕실[189]에는 의술 시험이 있고 자격증도 주지만 몹시 어려운 것이 아니라서 자격증이 없는 사람들과 비교할 때 더 중요하게 생각하지도 않는다. 아무도 의료 행위를 금지하지 않기 때문에 원하는 사람이면 누구나 의학 지식이 없는 사람이라도 의료 행위를 할 수가 있다.[190]

분명한 것은 의학처럼 수학도 능력과 자질이 부족한 사람들이 연구한다고 하기에 잘할 수가 없다. 그래서 이 학문에 대한 자부심도 없고 꽃을 피우지도 못했다.

61. 오경과 사서에 담긴 공자의 가르침

중국에서 최고로 간주하는 학문은 도덕과 관련한 것으로서, 이 학문을 해야만 관직에 나갈 수가 있다. 여기에 관한 몇 가지를 더 상세히 설명하겠다. 공자는 4권의 고서古書를 손본 적이 있고, 다섯 번째 책도 그의 손

달)을 삼켜 버리기 때문에 매우 위험하다고 생각한다. 이것은 중국인들이 일식(혹은 월식)이 되면 "(용이) 삼킨 태양(혹은 달)"이라는 뜻의 일월식(日月蝕)이라는 것을 먹는 것으로도 드러난다. Cf. N.1507.
188 Dyer Ball, pp.376-379를 보라. 중국인들이 약용으로 쓰는 '약초'의 종류가 적혀 있다.
189 남경과 북경이다.
190 리치는 중국의 의사들을 두고 "아는 게 전혀 없다"(N.374)라고 말한다.

을 거쳐 나왔다. 이를 통틀어 『오경五經』[191]이라고 부른다. 이들 책에서 다루고 있는 것은 고대 왕들의 통치술이나 그것을 노래한 시詩, 중국의 전례와 예법, 그 외 필요한 경구 등이다. 오경 외에도 서너 명의 저자가 저술한 것을 두서없이 모은 『사서四書』[192]라고 부르는 것이 있다. 중국인

---

191 이것은 역경(易經), 시경(詩經), 서경(書經), 예경(禮經) 그리고 끝으로 공자의 작품인 춘추(春秋)다. Cf. N.55, p.311, 주(註) 167. **역주_** 여기에서 델리야 신부는 예기(禮記)라고 표기하지 않고 예경(禮經)이라고 표기하고 있다. Cf. Zottoli, III; Legge, II; Wylie, pp.1-7; Pelliot, in *TP*, 1918-1919, p.350, N.90.

192 대학(大學), 중용(中庸), 논어(論語), 맹자(孟子)를 일컫는다. 대학은 11개의 장(章)으로 구성되어 있다. 제1장은 공자에 관한 것이고 나머지 열 개의 장은 증삼(曾參, 기원전 505-437)이라는 공자의 제자가 쓴 주석서다. 중용은 기원전 500년경에 태어난 공자의 증손 공급(孔伋)이 쓴 것으로 본다. 본래 예기(禮記)의 제39편을 대학(大學)으로, 제28편을 중용(中庸)으로 보았다. 이것들은 공자의 제자였던 유고(有苦, 기원전 520년에 탄생)와 증삼(曾參)의 제자들이 집대성했다. 맹자(孟子)는 철학자 맹자(기원전 372-289?)가 집필한 것으로 본다. Cf. *BD*, N.1522. Zottoli, II, pp.152-645.

　　이들 사서에 담긴 '여러 가지 도덕 강령'은 비록 '아무 두서가 없어도' 중국 역사가 시작된 이래 지금까지 중국의 지성과 도덕에 대단히 결정적인 영향을 미쳤다. 『대학(大學)』은 자신을 수양하여 완덕으로 나아가는 길을 제시한 것으로, 먼저 중요하다고 생각되는 것들에 주목하고, 신중하게 선(善)을 인식하며, 자신의 오류를 바로잡고, 가정을 다스린 후에 백성을 다스린다고 명시하고 있다. 그런 다음 만방의 평화에 공헌한다는 것이다. 『중용(中庸)』은 공정함의 원칙을 가르치는 것으로서, 인간에게는 인간적 욕심과 도덕적 본성이 함께 내재하여 지혜로운 사람이라도 인간적 욕심이 없을 수 없고 어리석은 사람이라도 도덕적 본성이 없을 수 없는데, 이 두 마음을 다스리는 이치가 중용이라고 한다. 그래서 다른 사람을 관찰할 때도 항상 깨어 먼저 자신을 돌아볼 줄 알아야 한다. 『논어(論語)』는 공자가 제자들의 질문에 대답해 주는 형식으로 되어 있는데, 구성은 단문체다. 『맹자(孟子)』는 누가 편찬을 했는지는 알려지지 않았지만, 위대한 스승 공자의 대화 방식이 가장 잘 보존되어 있다.

　　로마의 빅토리오 에마누엘레 도서관에는 미켈레 루지에리에 의해 제1서가 53-68쪽만 제외하고 1,195(3,314)여 종의 모든 필사본이 소장되어 있다. 한 문서관리자는 제1부의 첫 번째 페이지에 흰 종이로 "미켈레 루지에리 신부 집대성"이라고 적혀 있다고 했다. 가로 26㎝, 세로 19㎝의 크기에 세 부(部)에 세 개로 페이지를 구분하여 정리했다.

　　제1권(1-125쪽)에는 라틴어로 번역한 대학(大學), 중용(中庸), 논어(論語)가 소장되어 있다. 이 부분의 번역은 1591년 11월에 시작하여(1쪽) 1592년 8월 10에 끝난 것(125쪽)으로 기록되어 있다. 제2권(1-31쪽)은 여러 저자의 기록물이 섞여 15개의 장

들은 이것도 매우 자랑스럽게 생각한다.

언급한 아홉 개의 책은 중국 최고의 고전이고,[193] 이것을 토대로 다른
[많은] 책들이 나왔으며, [여기에서] 거의 모든 중국의 문자들을 활용하고
있다.[194]

62. 공자의 가르침을 다룬 문과시험[195]

이 책들은 매우 고상한 도덕적 가르침을 제시하고, [이를 토대로] 옛 왕
들은 법률을 제정했으며, 중국의 문인들은 이를 기초로 학문을 연구했

(章)으로 나뉘어 있다. 1593년(실제로는 1592년) 11월에 시작하여 1592(?)년 11월 20
일에 마쳤다고 적혀 있다. 31쪽에는 이런 문구가 있다. "1592년 11월 20일, 미켈레 루
지에리의 번역서, 저녁기도 중 복되신 동정녀 마리아께 봉헌하다." 제3권(1-151쪽)에
는 맹자(孟子)의 번역본이 각기 두 장(章)씩 일곱 책(冊)으로 엮어 소장되어 있다. 이
번역서도 루지에리가 한 것으로 그는 라틴어 교리서처럼 사용하고자 했으나 인쇄본은
나오지 않았다. 이 책에 대해서 발리냐노는 정반대의 의견을 제기했고, 1596년 12월
16일 총장 신부에게 편지를 보냈다. 편지에서 발리냐노는 "루지에리는 중국 문자와 언
어가 달립니다"라고 말했다. 그 시기에 리치는 더 나은 교리서를 집필하는 것뿐 아니
라 사서(四書)를 번역하고 있었고, 1594년 11월 16일 상당히 진척된 번역본을 발리냐
노에게 보여 준 것으로 밝혀졌다. Cf. N.2701.

　리치가 번역하고 해설한 사서(四書)에 관해서는 N.527에서 자세히 보게 될 것이다.
193　『역경(易經)』은 중국의 전설적인 왕 복희씨(伏羲氏, Fu Hsi)가 편찬한 것으로 그는 기
　　원전 3000년에 통치한 것으로 추정되고,『시경(詩經)』은 중국에서 가장 오래된 시(詩)
　　들을 수록하고 있다.
194　다시 말해서 거의 모든 중국의 글자들이 이 책들을 쓰는 데 활용되었다는 의미다.
195　**역주_** 과거제(科擧制, Imperial examination)라고 불리는 이 시험을 통해 관리를 등용
　　했다. 중국에서는 수나라 때부터 시작되었다. 수(隋)의 문제(文皇帝)는 한나라가 멸망
　　한 이후 400여 년간 계속되었던 남북조 시대의 분립을 무력으로 제압하여 중국을 재
　　통일했고, 새로운 관리를 뽑기 위해 과거를 시행하였다. 과거 제도는 지역별로 세력을
　　떨치고 있던 귀족들을 견제하고 중앙집권을 강화하기 위한 것이었다. 이후 당(唐)대에
　　정기적인 과거가 시행되었고, 송(宋)에 이르러 과거에 의해 관리를 선발하는 것이 보
　　편화되었다. 조선에는 고려시대에 도입되어 조선 말 고종 때까지 시행되었다.

다. 이 책들에 대한 깊은 이해도 적지만 분량도 적어 모두 합쳐도 아리스토텔레스의 작품에 비해 상당히 적은 편이다. 그러나 중국인들은 이 책들에 담긴 경구들을 토대로 수많은 문장을 만들어 즉시 활용한다. 이 책에서 하는 말들을 모든 사람이 실천하기란 너무도 어렵다. 하지만 각 책의 어느 한 구절을 인용하여 유려한 문장을 만들거나 시험장에서처럼 즉각 활용할 수는 있다. 시험에 대비하는 모든 사람은 사서와 오경 중 하나는 반드시 읽고 그 내용을 알아야 한다.[196]

63. 공립학교와 대학의 부족, 수많은 개인교사

중국에는 서방의 일부 저술가들이 말한 것처럼[197] [앞서] 언급한 책들과 문장 구성에 대해 가르치는 공식적인 학교나 대학이 없다. 그래서 각자 교사를 찾고 사례금을 지급한다. 그래서 개인 교사들이 매우 많다. 그 이유는 두 가지인데, 하나는 중국의 글자가 매우 어려워 집단으로 가르치기에 힘들고, 다른 하나는 부자들의 관습상 자식이 하나 혹은 둘밖에 없어 다른 사람들과 섞여 위험한 일을 당하지 않도록 자기 집에서 가르치려고 하기 때문이다.

---

196 "모든 사람이 [오경 중 하나는] 반드시 읽어야 하고 그 안에 담긴 내용을 알아야 한다. 왜냐하면 그것을 읽지 않고는 시험에 응시도 신청도 할 수가 없기 때문이다"(N.1467). 리치는 이 모든 책을 공부했고, 이를 인용하여 중국인들의 찬사를 받았다.
197 알려진바, 프란치스코 하비에르는 신빙성이 적은 한 자료를 인용하여 일본과 마찬가지로 중국도 많은 대학교가 있다고 믿고 있었다. Cf. *MHSI, MX*, pp.597, 598 et N.112, 624, 672-674, 692. 발리냐노도 이 부분을 읽었고, 아마 리치도 1583년에 이것을 참고했던 것 같다. Cf. *Ibid.*, I, p.174. 1598년, 론고바르도 역시 아직 경험이 부족한 탓에 이들과 같은 생각을 했던지 중국의 문과 시험은 유럽의 대학과 같은 곳에서 치른다고 했으나, 잘못된 것이다. Cf. NN.660, 2761. 그러나 판토하(Pantoja¹)는 1602년에 쓴 편지에서 대학과 관련하여, "중국 전역에 [대학은] 없습니다"(p.637)라고 말한다.

64. 첫 번째 단계의 문과 시험 통과자와 그에 대한 대우

시험은 세 차례에 걸쳐 치르고, 누구나 원하면 응시할 수 있다.[198]

첫 번째 단계의 시험은 앞서 언급했듯이,[199] 학당(學官)이라고 부르는 장소가 있는 모든 도시에서 치러진다. 시험관은 왕이 지명한 제학提學이라는 이름의 대학자로 모든 성省에 한 명씩 파견되고,[200] 이 시험에 통과한 사람을 수재秀才라고 한다. 우리의 초급대학에 해당된다.[201] 제학은 자기가 맡은 성省의 모든 도시에서 시험을 감독하고, 정해진 수를 넘지 않는 선에서 20명 혹은 30명에게 학위를 준다. 제학이 어느 도시에 오면 시험에 응시하고자 하는 학생들이 모두 모이고 학위를 받기 위해 모두 시험을 치른다. 그 인원이 때로는 4천 명을 넘을 때도 있다. 가장 먼저 치르는 시험은 이것을 위해 왕이 생활비를 지급하여 학당에 상주하도록 한 4명의 교관이 주재한다. 그다음 시험은 해당 도시와 주변 지역의 교관 주재 시험에서 통과한 200명 정도의 우수한 학생이 제학이 주재하는 시험에 응시한다. 마지막 시험은 20명 혹은 30명의 우수한 사람을 뽑아 수재라는 학위를 주고, 그들이 공부한 학당에 투입한다.

65.

수재들은 그 도시에서 가장 중요한 인사 중 한 사람이 되고, 모든 사람

---

198 시험의 주제들에 관해서는 Stefano Zi, S.I., *Pratique des Examens Littéraires en Chine*, Shanghai, 1894, *Variétés Sinologiques*, 5를 보라. 리치도 1595년(N.1457)과 1597년(NN.1530, 1537-1539)에 있은 시험에 대해 기록한 적이 있다.

199 Cf. N.55.

200 제학(提學)은 제학도(提學道)를 줄인 말로, 명나라 시대 지방 교육관이다. Cf. Beltchenko, N.827.

201 수재는 정확하게는 우리의 학사(學士)에 해당한다.

의 존경을 받는다. 그들은 다른 사람은 입을 수 없는 의복과 모자와 신발을 신는다. 관리를 만나러 어떤 곳을 방문하게 되면 다른 사람에 비해 후한 대접을 받고, 많은 특권을 누린다. 제학이나 학당의 4명의 교관만 특정 사안에 대해 그에게 자문할 수가 있다. 그들은 죄를 지어도 관리들이 쉽게 형을 집행하지 못한다.

제학은 새로운 수재들을 선발하는 것 외에도, 이미 수재가 된 사람들을 검증하여 다섯 등급으로 나누는 일도 한다. 1등급에는 상을 주고 그 이상은 등급이 없는 현 상태를 유지할 수 있도록 한다. 2등급에도 상을 주는데 1등급에 비해 적다. 3등급에는 아무것도 안 준다. 4등급에는 공개적으로 채찍질하고, 5등급에는 수재 자격과 학위를 박탈한다. 이것은 수재들이 계속해서 공부하도록 하기 위함이고, 배운 것을 잊지 않도록 하기 위함이다.

66. 두 번째 단계의 문과 시험 통과자, 석사

두 번째 단계는 거인擧人의 단계로 우리의 석사에 해당된다.[202] 이 시험은 3년에 한 번, 음력 8월에 세 차례[203] 각 성省의 도읍에서 어김없이 치러진다. 우수한 모든 사람을 선발하는 것이 아니라, 왕이 정해 준 수만큼 각 성에서 최고 우수자만 가리는 것이다. 북경과 남경에 할당된 수는 150명이었고, 절강浙江, 강서江西, 복건福建은 95명이었다. 그 외 다른 지역도 선발 인원이 제각기 달랐는데, 그것은 그 지역에 있는 학당 대비 학

---

202 Cf. N.1537.
203 리치는 음력 8월은 대부분 9월에 해당한다고 이 책 N.67에서도 말하고 있다. 즉, 음력 8월 9, 12, 15일에 시험이 치러졌다는 것이다(NN.67, 70, 1542).

자들의 수에 비례하여 결정되기 때문이다.

이 시험에는 수재만 응시할 수 있으나, 수재라고 해도 모두가 응시할 수 있는 것은 아니다. 모든 도시와 학당에서 선발되어 제학 시험을 통과한 사람들로 30명 혹은 40명 정도만 뽑는다. 성省에서 뽑힌 학식이 뛰어난 사람들은 4천 명 정도가 된다. 지난 석사 시험이 1609년에 있었으므로 다음 시험은 1612년에 있을 것이다.[204] 이것은 앞에서도 언급했듯이, 3년에 한 번씩 세 차례에 걸쳐 치러지기 때문이다. 음력 8월은 대개 양력 9월에 해당되고, 북경의 관리들은 왕에게 100명의 대학자를 추천한다. 그중 성마다 2명씩 30명을 선발하여 모든 성의 시험을 주관하고 석사학위를 수여한다. 2명 중 한 명은 한림원翰林院[205]이라고 부르는 왕립학술기관에 소속된 학자 중에서 뽑힌 사람으로 중국 전역에서 가장 훌륭한 학자다. 왕은 미리 날짜를 공표하여 응시자들이 시간에 맞추어 시험장이 있는 성省에 도착할 수 있게 한다. 시험 문제를 낸 사람은 철저히 근신해야 하고 어떤 사람과도 대화해서는 안 된다. 성省에 있는 관리들은 여러 지역에서, 많은 학자를 불러 시험지를 채점하게 하고 궁정에서 온 시험관을 돕게 한다.

———

204 이 시험 날짜가 중요한 것은 이 "역사서[본서]"를 쓴 정확한 날짜를 추정해 볼 수 있기 때문이다. 즉, 1609년 이전에 이 책이 완성된 것은 아니라는 것이다. 1610년 5월 11일 리치가 선종한 이후가 될 가능성이 크다. Cf. NN.114, 632. 그렇지 않으면 일부만 1608년 말경에 썼을 수도 있다. Cf. NN.3, 1924.

205 왕립학술기관을 일컫는 것으로, 738년에 설치되어 학사원(學士院)이라는 이름으로 불리기도 했다. 이곳은 중국 왕조의 역사를 기록하고, 황제들의 칙령을 작성하며, 국가의 중대 사업을 수행하던 곳이다. 한림원의 학자들은 황제의 자문관을 지낸 사람들이다. Cf. NN.100, 714; *TMHT*, c.221; Couling, p.225; Mayers, N.472; Franke¹, III, p.385.

67. 시험 장소, 시험 일자와 그날의 시험 주제

각 성^省에는 시험을 치르기 위해 마련된 매우 큰 공원^{貢院}이라는 건물이 있다. 높은 담으로 둘러싸여 있으며, 안에는 방이 많아 외부와 차단된 채 편안하게 시험관들이 머물고 답안지를 채점할 수가 있다. 건물의 중앙에는 큰 정원이 있고, 거기에는 4천 개가 넘는 밀실 혹은 아주 작은 처소가 있다. 각 방에는 1인용 탁자와 의자가 있다. 방에는 겨우 사람 하나만 들어갈 수 있고, 안에 있으면 다른 사람을 만날 수도 말을 할 수도 없다.

두 명의 시험관이 성에 도착하면 황궁에서 파견된 두 명의 관리와 다른 담당자들이 공원^{貢院}으로 들어온다. 시험 기간 동안 서로 말을 해서는 안 되고, 건물은 봉쇄되며, 각자 자기 방으로 들어가야 한다. 시험 기간 동안 건물 주변은 밤낮으로 경계가 삼엄하다. 건물 안에 있는 사람들은 외부와 어떠한 연락도 할 수 없다. 대화는 물론 서신조차 할 수 없게 철저히 통제한다.

두 번째 단계의 시험은 삼 일간 세 차례에 걸쳐 치러진다. 모두 같은 성^省에서 음력 8월 9일, 12일, 15일에 아침부터 저녁까지 문이 닫힌 채 치러진다.[206] 안에 있는 사람들에게는 전날 미리 준비해 둔 가벼운 음식이 제공된다.

수재들이 시험장에 들어갈 때는 엄중한 주의 속에 어떤 책도 소지해서는 안 된다. 글을 쓰기 위해 두세 자루의 붓과 먹,[207] 벼루와 종이만 가지고 들어갈 수 있다. 검사가 삼엄하여 입고 있는 옷과 붓과 벼루까지 확인

---

206 Cf. NN.66, 70, 1542.
207 잉크에 해당한다. Cf. N.47.

한다. 책이나 글자가 써진 어떤 것이 발견되면 시험장에 들어가지 못하게 할 뿐 아니라 중한 처벌을 받게 된다.

한번 입장하면 문은 닫히고 봉쇄된다. 첫날은 북경의 시험관들이 사서四書에서 뽑은 3항의 문제를 제시한다. 모든 참가자는 각 항의 문제에 따라 세 개의 문장을 완성해야 한다. 이와 별도로 오경五經에서도 4항의 문제를 제시하고 참가자들은 그것도 완성해야 한다. 수재들은 그동안 갈고 닦은 가르침(經)을 최대한 발휘한다.[208] [완성된] 일곱 문장은 내용이 좋아야 하고 (표현이) 아름다워야 한다. 각 문장은 중국의 수사학적인 규범을 준수하는 가운데 500자[209]를 넘어서도 모자라서도 안 된다.

둘째 날에도 수재들이 입장하고 나면 똑같은 방식으로 문이 닫힌다. 여러 가지 역사적 사건들이나 일어날 수 있는 일과 관련한 문제를 제시한다. 응시자들은 해당 사건에 대한 자신의 견해나 왕이 어떻게 해야 하는지 의견을 담아 세 개의 답안지를 작성한다.

셋째 날의 시험은 관청에 도달할 수 있는 [실무적인] 세 가지 소송이 문제로 제시된다. 응시자들은 이 문제에 대한 일종의 판결문을 세 편 작성하여 제출한다.

68. 답안지에 대한 익명의 옮겨 적기와 최종 채점

수재들은 제시된 각 문제를 옮겨 적은 다음 지정된 밀실로 들어간다. 전혀 말을 해서는 안 되는 상태에서 각자 답안지를 작성하기 위해서다.

---

208 Cf. NN.61, 62, 1467.
209 중국 글자로 말이다.

작성한 답안지는 특별 제작된 책자 안에 넣고, 자신의 이름과 부친의 성명, 조부와 증조부의 성명과 본적을 기재한 별도의 봉투와 함께 풀로 밀봉하여 아무도 열어 보지 못하게 한 다음 감독관에게 제출한다. 책자를 받은 감독관은 필사자들에게 넘겨 답안지만 꺼내 붉은 글씨로 별도의 종이에 옮겨 적도록 한다. 그리고 붉은 글씨로 적힌 이 사본만 시험관들에게 넘기고 원본은 감독관의 방에 보관한다. 이것은 채점 위원들이 답안지를 작성한 사람이 누구인지 모르게 하기 위해서고, 누구의 글씨[210]인지 알아보지 못하게 하기 위해서다.

1차 채점 위원들은 모든 답안지를 다 읽고 나쁜 것과 덜 좋은 것을 남기고, 선발할 사람들의 두 배수만큼 답안지를 골라 북경의 두 시험관의 방으로 보낸다. 가령 150명을 선발해야 한다면 잘 쓴 답안지 300개를 고르고, 95명을 선발해야 한다면 190개를 고른다. 그중에서 가장 잘 쓴 답안지를 고른 다음, 모두 순위를 매긴다. 이렇게 순위를 매기는 것은 그에 따른 명예가 달라지기 때문이다. 그런 후에 모든 시험관과 감독관들은 뽑힌 답안지를 원본과 대조해 보고 밀봉된 책자 속에서 이 답안지를 작성한 사람의 이름을 꺼내 공개한다. 합격자 명단은 큰 목판 위에 순위대로 적어 음력 8월 말에 공표한다. 관리들과 이 시험에 통과한 사람의 친척과 친구들은 성대한 축하 행사를 마련해 준다.

69. 석사의 가치와 효력, 결과의 공표

거인 단계는 이전 단계[수재]와 비교해 그 지위가 매우 높고 특권도 많

---

210 글씨체 혹은 필체를 말한다.

으며 존경도 더 받는다. 그리고 의복도 별도로 주어진다. 만약 원하면, 다른 단계의 시험을 치를 필요 없이 높고 중요한 지위를 얻을 수도 있고 전국의 관리가 될 수 있다.

모든 일이 끝나면 북경의 시험관들은 각 단계의 합격자 명단, 모든 문제와 일부 답안지, 특히 해원解元[211]이라고 부르는 장원壯元의 답안지와 함께 시험의 전체 과정을 [정리하여] 책으로 묶는다. 좋은 글씨체로 인쇄하여 온 중국이 합격자들의 이름을 알 수 있도록 한다. 그리고 그것을 왕과 궁궐의 고위 관료들에게 몇 권씩 선사한다.

이 시험에는 다른 성省에서 온 수재들은 들어갈 수 없다. [북경과 남경의] 두 궁정에는 일부 특별한 사람만 들어갈 수 있는데, 그들은 두 학구[궁에 소속된 학당]에서 공부했거나, 나라에 일정한 액수의 돈을 낸 사람에 한해서다.

70. 세 번째 단계의 문과 시험 합격자, 박사. 명부의 첫 자리를 차지하다

세 번째 단계는 진사進士라고 하는데, 우리의 박사에 해당된다.[212] 이 시험도 3년에 한 번, 세 번에 나누어 치러지는데, 항상 석사를 치른 이듬해에 있다. 북경에서만 300명가량 뽑는다. 여기에는 각 성省의 거인들만 응시할 수 있고, 음력 4월,[213] 거인 시험과 같은 날[214]에 같은 형식과 같

---

211 Cf. Mayers[1], N.472.
212 Cf. N.1537; Mayers[1], N.473.
213 대략 4월에서 5월에 해당한다.
214 9일, 12일, 15일이다. Cf. NN.67, 1542.

은 방식으로 치러진다. 이 학위는 매우 중요해서 더욱 신중하게 진행하여 아무런 불미스러운 일이 일어나지 않도록 해야 한다. 시험관들은 고위 인사들로 각로閣老[215]라고 하는 중국의 최고 관료 중 한 사람과 왕이 임명한 몇 명의 관료로 구성되어 있다.[216] 시험이 끝나고 거인 중에서 뽑힌 박사들은 모두 황궁으로 간다. 모든 고위 관료들이 전원 출석하고 왕이 참석한 자리에서 한 번 더 시험을 치른다. 그들은 제시된 주제에 따라 한 가지씩 문장을 완성하고 성적에 따라 직위를 취득한다. 성적은 세 등급으로 나뉘는데, 이는 등급이 매우 중요하기 때문이다. 첫 번째 시험에서 1등을 한 사람은 두 번째 시험에서 최하 3등까지 해도 되지만, 두 번째 시험에서 1등을 한 사람을 장원狀元[217]이라고 하고, 2등을 한 사람은 탐화探花[218]라고 하여 중국에서 가장 뛰어난 등급으로 간주하고, 온 나라에서 고위 직무를 맡고, 또 다른 궁정에서도 언제나[219] 가장 중요한 임무를 맡는다. 나는 우리의 어떤 것과 비교할 수 있을지 모르겠다. 그들은 공작이나 백작과 비슷하다. 그러나 그 직위가 자녀들에게 세습되지는 않는다.

---

215 총리나 내각의 장관이다. Cf. NN.96, 100; Mayers, N.138. 모든 대학사(大學士)는 각로(閣老)이다. Cf. *TP*, 1924, p.364: 1936, p.383.
216 또 다른 한 사람은 한림원(翰林院) 학사다. Cf. N.100.
217 Cf. Mayers, N.474. '최고'에 해당한다.
218 여기에서 리치는 가벼운 실수를 하고 있다. 2등은 방안(榜眼)이라고 부르고 3등을 탐화라고 한다. Cf. Mayers, N.476.
219 '항상 중요한 임무를 맡는다'라는 의미로 리치는 이탈리아어 [sempre] 'va'라는 말 대신에 'anda'라는 포르투갈어 혹은 스페인어 표현을 쓰고 있다.

71. 새 진사들의 승진과 직위. 계속해서 시험을 치르는 사람들

새 진사들에게는 바로 그해에 관복과 모자와 신발이 주어지고, 관료의 장식품들을 착용하고 다닐 수가 있다. 그리고 매우 좋은 직위를 얻는데, 진사 학위가 없는 다른 사람에 비해 먼저 주어진다. 그들은 중국에서 고 관대작으로 대접받고, 과거 그들의 동료였던 사람들은 그들 앞에서 믿기 지 않을 만큼 자신을 낮춘다. 그들은 어디서건 모든 우위를 차지하고, 사 람들은 그들과 대화할 때 매우 공손하게 높은 사람으로 대접한다.

72.

진사가 되지 못한 거인들도 자기가 원하기만 하면 궁정 안이나 밖에서 몇 가지 중요한 직위를 얻을 수 있지만, 어디까지나 진사보다 낮은 계급 이다. 그렇지 않으면 고향으로 돌아가 공부를 더 해서 3년 후에 있을 시 험을 새로 준비한다. 시험은 원하기만 하면 몇 번이고 볼 수 있다. 어떤 사람은 열 번 이상 시험을 치르기도 한다. 계속해서 떨어지면서도 진사 만을 바랄 뿐 말단 관직에는 별 관심이 없는 사람들이다.

73. 진사들의 명단과 답안지 공개. 시험을 통해 형성된 관계

진사 시험과 관련하여, 시험관들은 합격자의 명단과 주요 문장을 담아 한 권의 책으로 편찬하여 전국에 배포한다.

주목할 만한 것은 진사들과 거인들, 그리고 같은 해에 급제한 사람들 은 서로 깊은 우정 관계를 형성한다는 것이다. 친형제처럼 서로를 도와 주고 상대방의 부모를 챙기는 등 죽을 때까지 우정을 나눈다. 시험관들 과도 스승과 제자처럼 매우 긴밀한 관계를 형성하고, 아버지와 아들같이

깊은 존중과 존경으로 서로를 아낀다.[220]

같은 해에 합격한 모든 진사에 대해서, 그가 맡은 직무, 본적, 부모, 평생의 인사이동과 죽을 때까지의 사적을 담아 책으로 낸다. 그것은 매년 한 권씩 나오는데, 그것을 통해 모든 진사의 역사를 볼 수 있다.[221]

74. 덜 주목받는 무과(武科) 시험

거인과 진사 단계는 같은 해에 같은 장소에서 치르는 같은 이름[거인과 진사]의 무관 시험에도 적용된다. 성省에서 치르는 거인 시험과 다른 달에 북경에서 치르는 진사 시험이다. 하지만 중국에서 무예와 전술은 그다지 중시되지 않는다.[222] 그래서 문과 시험에 비해 성대하지도 않고 사람들도 적어 측은한 마음이 들 정도다.

75.

시험은 세 마당으로 나누어 치러진다. 첫째 마당은 말을 타고 달리며 활을 쏘는데, 도로에 세 개의 과녁을 설치하여 모두 아홉 발을 쏘아야 한다. 둘째 마당은 서서 아홉 발을 쏜다. 말을 타고 쏘는 것은 네 발을 맞추고, 서서 쏘는 건 두 발을 맞춰야 셋째 마당에 참가할 수가 있다. 이곳에서는 전술과 관련하여 한 가지 주제를 주고 글도 쓰게 한다. 그런 다음 채점관과 시험관들이 전체 세 마당의 성적을 비교한다. 각 성省은 50명 내외의 무과武科 거인을 선발한다. 무과 진사 시험은 북경에서 치르는데,

---

220 Cf. N.100.
221 진사들의 명단은 『제명비록(提名碑錄)』에서 찾아볼 수 있다.
222 Cf. NN.111, 168, 1523.

열다섯 성에서 온 무과 거인들 가운데 시험을 통해 선발하는 인원은 최종 100명이다. 무과 거인들은 승진이 적다. 무과 진사는 그보다 나아서 돈을 좀 쓰면 괜찮은 관직을 얻을 수도 있다.

76. 문인들의 사회적 영예, 그들이 공부하지 않은 과목까지 채점

문과와 무과의 진사와 거인들은 학위를 크게 써서 대문에 건다. 그들이 획득한 단계는 가문에 큰 영광을 의미하기 때문이다.

더 주목해야 할 것은 각 단계의 시험관과 채점자들의 우두머리가 문관이라는 것만이 아니라, 수학, 의술 및 무과의 [시험관] 우두머리들도 모두 문관이라는 점이다. 문관이 관료들이고, 수학자와 의사, 무관의 지휘관조차 시험장에 들어갈 수 없다. 우리로서는 매우 이상한 일이다. 이것을 통해 중국에서 문관이 차지하는 공신력을 알 수 있다. 중국인들은 문관이라면 모두 올바로 판단할 수 있다고 생각하는 것 같다. 그들이 한 번도 배운 적 없는 것들까지도 말이다.[223]

---

223 Cf. Franke[1], III, p.468, Prüfungsystem; Dyer Ball, pp.226-231. 이런 시험 체계는 세계에서 유일하다. 중국에서는 7세기부터 시작되어 1905년 9월 5일까지 한 번도 폐지된 적이 없었다. 이후 신(新)중국과 함께 서구식 교육이 도입되면서 폐지되었다.

제6장

중국의 정치에 대해서

○ 진(秦)의 시황제, 타메를라노(?)와 명(明)의 홍무(洪武): 계속되는 군주제
○ 황제의 계승자와 혁명 이후 충성심
○ 홍무제의 법률과 황제들의 호칭
○ 대명률에 명시된 황실 혈통과 귀족들의 지위와 특권
○ 관료들의 손에 들린 모든 실권
○ 조정 관리들에게 주는 황제의 특혜
○ 황제의 봉급과 왕국의 총수입
○ 보름에 한 번씩 나오는 관료 리스트
○ 여섯 개의 부(部)에 관한 상세한 묘사와 그 기능
○ 조정 관료들의 숫자, 공헌 및 활동
○ 두 개의 황실 감찰기관 과리(科吏)와 도리(道吏), 그들의 공헌과 용기에 대한 두 가지 사례
○ 황실 학당, 과목과 등급 및 수여 학위
○ 남경에서 북경으로 수도를 이전; 남경의 혜택
○ 도시의 크기와 중요도에 따른 민사와 형사
○ 조정에서 임명한 두 명의 고위 지방관: 도읍에 정주하는 도당(都堂)과 매년 파견되는 찰원(察院)
○ 여러 하급 관리들과 무관들
○ 아홉 품계와 관리들의 낮은 봉급
○ 품계에 따른 모자, 관복, 허리띠, 문양, 양산과 관리들의 이동 수단
○ 중국인과 유럽인의 근본적인 차이
○ 중국인은 정복자가 아니다. 한 번도 인도를 정복한 적이 없다
○ 문관이 모든 것을 지휘하고 전쟁까지 지휘한다. 무기에 대해 몰라도 말이다
○ 모든 사회적 계급의 의미, 복종과 존중

○ 3년마다 바뀌는 직무와 그에 대한 정치적인 이유

○ 3년 혹은 5년마다 진행하는 모든 지방 관리들의 실적 심사, 잘못에 대한 강한 처벌

○ 행정관은 자기 고향에서 일할 수 없지만, 무관은 가능하다. 이런 차이에 대한 이유

○ 조선과 같이 중국에 헌신하는 국가들에게까지 냉소적인 외교 관계

○ 전쟁 중이 아니라면, 중국인들은 결코 무기를 소지하지 않는다

○ 황실 친척들은 북경이 아닌 다른 도시에서 살아야 한다. 그들이 벌을 받는 경우

77. 진(秦)의 시황제, 타메를라노(?)와 명(明)의 홍무(洪武): 계속되는 군주제

이 부분에 관해서는 본서와 관련이 있는 것만 말하고자 한다. 자세히 말하려면 많은 장章을 필요로 할 것이기 때문이다.

중국에서는 일인 군주에 의한 군주제만 지속되어 왔다. 다른 체제는 들어 본 적이 없는 것 같다. 애초에 한 명의 왕 혹은 군주가 있었고, 그에게는 우리의 공작, 후작, 백작처럼 여러 이름의 많은 귀족이 있었다. 그러나 1800년 전부터[224] 개별 상태(stato)들이 사라졌다. 비록 그 이전과 이후에 그들 간에 많은 전쟁이 있었고, 그로 인해 여러 왕국으로 나뉘었지만, 한 번도 이민족의 통치를 중국 전역이 송두리째 받은 적은 없었다.

1206년, 타타르(몽골)에서 온 위대한 장수가 한 명 있었는데, 중국인들은 그를 타메를라노Tamerlano 혹은 그의 계승자로 추정되는 티무르帖木兒

---

224 즉, 진(秦, 기원전 259-210) 왕조의 시황제(始皇帝)부터다. 그는 중국을 통일하고 기원전 221년에 처음으로 황제라는 칭호를 썼고, 자신의 모든 후계자가 시황제 2세, 시황제 3세 등으로 불리기를 원했다. Cf. *BD*, N.1712; Cf. N.80, p.338, 주(註) 233.

라는 사람으로 생각했다. 그는 타타르와 페르시아를 정복했다. [225] 그는 짧은 시간에 중국 전역의 군주가 되었고, 그의 왕조는 1368년까지 이어졌다. 1368년 타타르인의 세력은 약화되었는데, 이유는 중국인들이 외래의 야만인이 통치하는 것을 더는 참지 못하겠다며 각지에서 수많은 장수들의 지휘하에 반란이 일어났기 때문이다.

78.

이 장수들 가운데 가장 뛰어나고 영향력이 큰 사람으로 주朱씨 가문 출신의 홍무洪武가 있었다. 홍무는 '위대한 장수'라는 뜻이다. 그는 본래 가난한 병졸이었는데 힘 있는 많은 사람을 자기 편으로 만들어 (원나라) 왕과 조정 대신들을 모두 몰아내고, 남은 세력들까지 물리친 뒤, 이 군주

---

225 개봉[開封, Kaifeng, 송(宋)의 수도]은 지금의 하남성(河南省)의 애전(艾田) 히브리 발음을 잘못 기재한 것이다. 1605년부터 리치는 원(元)의 타타르 왕조를 설립한 시기와 인물이 1100년(NN.1690, 1694, 1843) 혹은 1206년경 타메를라노라고 혼동하고 있다. 그래서 조심스럽게 '그의 계승자들로 추정되는'이라는 문구를 추가하고 있다. 이는 타메를라노가 중국을 정복하지 않았다는 것과 그의 계승자들이 중국을 정복하는 토대를 마련했다는 걸 리치가 알고 있었다는 뜻이다(N.1694). 타타르인으로 중국을 정복한 사람은 저 위대한 쿠빌라이(1214-1294)로 1260년에 황제가 되었다. 그는 1264-1267년 칸발릭(북경)을 세우고 1271년까지 그곳에서 살았다. 원(元)왕조를 세우고, 1276년에 송(宋)을 정복하여 수도인 항주(杭州)에 입성하였다. 그의 치세 중에 마르코 폴로는 1275-1292년 중국에서 살며 중요한 공직을 수행했다. Cf. *BD*, N.1012. 한편 타메를라노(혹은 테무진, 타멜랑, 절뚝발이 티무르, 1336-1405)는 한 번도 중국을 정벌한 적이 없었다. 그는 1405년 2월 오늘날의 중앙아시아에 있는 오트라르(Otrar, 중세 투르키스탄의 한 도시)에서 사망했기 때문이다. 히브리어 이름을 혼동한 리치는 그의 중국어 저서들에서도 이렇게 기술했고(N.1843), 1206년에 왕좌에 오른 중국명 테무진(鉄木眞)이라고 부른 징기즈칸(Genghis Khan)을 타타르 왕조의 먼 설립자로 보기도 했다. 그러나 테무르(鉄木耳)는 쿠빌라이의 계승자로 1294년에 통치를 시작했다. 이런 여러 복잡한 이름, 타메를라노, 타멜랑, 테무진, 티무르 등에 대해 리치는 모두 테무르 한 사람으로 알고 이해했던 것 같다.

국의 최고 주권자^{E}가 되었다. 지금까지 내려오는 것은 그의 계승자와 권력이고, 국호는 대명大明이라고 부른다.[226]

79. 황제의 계승자와 혁명 이후 충성심

중국에서 왕은 고대에는 두 명 혹은 세 명씩 뽑았고, 왕위도 자기 자손이나 친척보다는 능력 있는 현명한 사람을 골라 그에게 물려주었다.[227] 그러나 이후에는 모든 왕이 자신의 후손에게 왕위를 물려주거나 계승권자를 만들어 왕위를 물려주었다. 많은 경우에 나쁜 왕이 나타나 통치를 잘못하면 백성들이 그것을 견디지 못하고 반란을 일으켰고, 능력 있고 인품 있는 다른 사람을 왕위에 올려 그를 합법적인 왕으로 인정해 주었다. 중국에서 매우 놀라운 것 가운데 하나는 국권을 잃은 전前 왕에 대한 충성심이 대단해서 죽음을 각오하고 새 왕에게는 복종하지 않는다는 것이다.[228] 그래서 중국에는 이런 말이 있다. "열녀는 두 남편을 섬기지 않

---

226 리치 시대에 중국을 통치하고 있던 나라는 명(明) 혹은 대명(大明)이다. 이 왕조의 설립자는 주(朱)씨 성에 이름은 원장(元璋)이고, 자는 국서(國瑞, 1328-1398)다. 그는 호주(濠州) 안후이성 봉양현(鳳陽縣)(현재의 안휘성 봉양현)에서 가난한 농부의 아들로 태어나 황각사(皇覺寺)에서 출가하여 승려가 되었고, 탁발승으로 떠돌아다니며 생계를 유지하다가 1351년 홍건적의 대장 곽자홍(郭子興)의 휘하에 들어가 원나라에 대항하여 싸웠다. 1355년 곽자홍이 죽자 그의 양녀와 결혼한 주원장이 계승자가 되었다. 15년간의 전쟁 끝에, 1368년 스스로 황제라 칭하고, 연호(年號)를 홍무(洪武)라고 하였다. 그가 마련한 시험제도는 1905년까지 시행되었다. 그는 수도를 '남쪽의 수도'라는 뜻을 지닌 남경에 정했다. 화려하게 장식된 그의 무덤은 남경 외곽에서 찾아볼 수 있다. Cf. *BD*, N.483.

227 요(堯)임금(기원전 2145?-2042?)은 아들이 아닌 사위 순(舜)임금(기원전 2042?-1988?)에게 왕위를 물려주었다. 순임금은 자기 아들은 왕이 될 자격이 없다며 자신의 후계자로 우(禹)임금(1989?-1977?)에게 왕위를 물려주어 하(夏)왕조(1989?-1589?)를 세우게 했다. 이들이 리치가 이 책에서 암시하고 있는 왕들이다. Cf. *BD*, NN.1741, 1846, 2426.

고, 충신은 두 임금을 섬기지 않는다."[229]

80. 홍무제의 법률과 황제들의 호칭

중국에는 우리처럼, 로마 제국의 12표법과 같이 국가를 통치하는 데 필요한 오래된 법률이 없다. 한 왕조의 첫 왕이 새로운 법률을 제정하면 그의 계승자들은 무조건 그것을 준수해야만 한다. 한번 정해지고 계승된 법률은 쉽게 바꿀 수가 없다. 따라서 중국에서 지금 시행되고 있는 법률과 제도는 오래된 것이 아니라, 모두 홍무제가 고대의 것에서 필요한 부분을 선택하여 새로 제정한 것이다.[230] 그의 목적은 왕국(중국)이 평화와 안정을 누리고, 왕조가 영원히 지속되는 데 있었다.

중국은 면적이 넓은 데 비해 학자들이 다른 나라에 관해 아는 것이 적다. 그들은 중국의 왕이 항상 모든 세계의 군주라고 생각하고, '하늘의 아들'이라는 뜻으로 천자天子라고 부른다.[231] 중국인들에게 '천天'은 최고

---

228 중국 역사에서 왕조가 바뀔 때마다 있었던 많은 만다린[조정 대신들의 충성심은 찬탈자들에게 복종하는 것보다는 차라리 죽음을 선택하거나 가산과 권력을 잃는 쪽을 선택한다는 것은 잘 알려진 사실이다. 명 왕조가 멸망하던 1644년을 전후로도 이와 같은 사례가 많았다. 그중 눈에 띄는 사람이 그리스도교로 개종한 구식사(瞿式耜, CH'Ü Shih-ssŭ, 1650년 사망)로[Cf. *DB*, pp.1719-1720; *Storia dei Mim*, c.28) 리치와 친분이 깊었던 구태소(瞿太素)의 조카다. Cf. *BD*, N.499; Jäger, *Die letzten Tage des Kü Schi-si* in *Sinica*, VIII(1993), pp.197-207; TP, 1934, pp.99, 110 N.1.

229 중국 속담은 이렇다. 好女不嫁二夫, 好臣不事二君.

230 명 왕조의 설립자는 새로운 형법을 선포하였다. Cf. N.80, p. 338, 주(註) 234.

231 기원전 9세기에 써진 것으로 알려진『시경(詩經)』에는 황제에 대해 이렇게 적고 있다. "하늘이 선하여 나를 아들처럼 대하는구나(昊天其子之)!" 여기에 대해 비지(備旨)[**역주_** '비지'란 요점을 갖추었다는 뜻으로, 14세기 말 명나라 홍무(洪武) 때 학자 등림(鄧林)이 사서삼경의 본문 내용을 더욱 잘 이해할 수 있도록 전거(典據)를 밝혀 기록한 것]에서는 "황제는 하늘의 아들이다"라고 해석하였다. Cf. Couvreur, *Chen King*, p.370; Wieger, *HC*, pp.21-22.

권자의 이름이고, 천자는 우리의 '하느님의 아들'과 같다.[232] 그러나 통상적인 이름은 '황제皇帝'로 '최고 군주'로 불린다.[233] 다른 나라의 왕은 '임금(王)'이라고 부른다.

홍무제는 위대한 사람일 뿐 아니라 현명하고 의로운 사람이었다. 그는 국가의 많은 좋은 법령을 제정했는데, 여기에서는 가장 중요한 몇 가지만 살펴보겠다.[234]

81. 대명률에 명시된 황실 혈통과 귀족들의 지위와 특권

고대 역사를 통해 확연히 볼 수 있는 것은 각 왕조의 멸망은 황제의 친척들이 일으킨 반란이나 그들이 가지고 있던 속국에서 일으킨 반란 때문

---

232 중국의 우주적-종교적 개념에 따르면, 지상의 중심(帝, 황제)에 있는 존재는 천상의 중심(上帝, 최고권자, 하느님)에 있는 존재와 같다. 그래서 제국은 지구와 같고, 마찬가지로 천하(天下)는 우주와 중국을 가리킨다. 따라서 지상의 황제는 지상에서 상제를 대신하는 사람이다. 그래서 황실 내사원은 천부(天部)라고 하고, 통치하는 왕조를 천조(天朝)라고 한다. 황제는 천자(天子)라고 부르고, 천황(天皇) 혹은 천제(天帝)라고도 한다. 유럽인들이 중국에 대해 말할 때도 천제(天帝) 혹은 '천상 공화국'이라는 표현을 한다. Cf. N.5.

233 아마도 주(周) 왕조(기원전 1050?-255)에서부터 제(帝), 곧 황제라는 칭호를 쓰기 시작한 것 같다. 과거에 이 호칭을 사용했던 사람들이 명예를 실추시키는 바람에 중국의 군주는 왕(王)이라는 호칭을 사용하였다. 기원전 4세기경, 봉건 영주들까지 이 호칭을 쓰기 시작했고, 기원전 255년 진(秦) 왕조에 이르러 제(帝)라는 호칭을 사용, 시황제(始皇帝), '제일(第一) 존엄한 자'로 부르기 시작했다. 황제(皇帝)라는 이름은 1912년 중국 공화국 정부가 들어설 때까지 사용하였다. Cf. Couling, p.249.

234 1368년경에 마무리된 홍무제의 법률 첫 번째 시안은 대명령(大明令)이라는 이름으로 공표되었다. 그리고 이어 그것을 해설한 『율령직해(律令直解)』가 나왔다. 1373년에 또 다른 법을 공표했는데『율령헌강(律令憲綱)』이다. 명(明)의 진정한 법률은 30개조 606항으로 명시된『대명률(大明律)』로 1374년에 홍무제(주원장)가 선포하였다. 리치는 1550년도 판을 본 것 같다. Cf. Courant, N.2347; Pelliot, *Notes de bibliographie chinoise in BEFEO*, 1909, p.132.

이었다. 대부분의 권력이 그들의 손안에 있었기 때문이다. 그래서 황제의 친척들은 왕국 내에서 아무런 권력도, 지역을 통치하지도, 병사를 갖지도 못하게 한다.

개국 공신들에게도 그와 그의 후손들을 위해서만 병사들을 거느릴 수 있게 했다. 황제의 자손 모두에게는 규정상 '제후(王)'[235]라는 이름만 주고, 토지는 주지 않았으며, 매년 많은 현금을 받을 수 있게 했다. 모든 조정 대신들도 제후들을 왕처럼 받들지만 아무도 그들의 지배를 받지는 않는다. 제후들의 자녀와 자손들은 아주 먼 조카에 이르기까지 대를 이어 낮은 지위와 직함을 주고 등급에 따라 봉급을 받을 수 있게 했다. 그들은 생계를 위해 노동을 하거나 장사를 하지 않아도 될 만큼 충분한 봉급을 받는다. 친척들 가운데 여성들도 왕실과 얼마나 가까우냐에 따라 등급별로 남편과 함께 충분한 봉급을 받게 했다.[236]

홍무제와 함께 개국을 도운 공신들에게는 후한 봉급뿐 아니라, 공작, 후작, 백작과 같은 공公, 후侯, 백伯이라는 직함을 주고, 각종 특권과 병사까지 주었다. 그러나 모두 황실의 통제를 받도록 했다.[237]

우리에게 없는 한 가지 특권으로 중국에는 장손에게만 주는 것이 있는

---

235 제후(王)는 왕 혹은 절대자라는 뜻이다. 어원적으로는 왕이지만, 찬탈과 관련하면 절대권자라는 의미가 있다.

236 혈통에 관해서는 다음을 참조하라. NN.118, 165, 467, 1345, 1390, 1417, 1473, 1531. 리치 당시에 왕실 혈통에 속한 사람들은 6만 명이 넘었다. Cf. N.165.

237 1587년 산서(山西)의 관리 종화민(鍾化民)은 "그림과 설명으로 한 황제(홍무제)의 가르침(聖論圖解)"을 돌판에 새겼는데, 이는 만주 출신의 황제 중, 특별히 강희(康熙)의 첫 번째 가르침이다. 중국의 백성들을 가르치기 위한 것이다. 홍무제의 가르침은 다음과 같이 번역되었다. Chavannes in *BEFEO*, 1903, pp.549-563. 여기에서 제목은 이렇게 명시되었다. *Les saintes instructions de l'Empereur Hong-Wou (1368-1398) publiées en 1587 et illustrées par Tchong Houa-min.*

데, 잔盞[238]과 같은 것으로 쇠로 만들어 홍무제의 명에 따라 황제를 섬긴 가문의 첫 조상의 공적이 새겨져 있다. 이것을 가진 사람은 죽을죄를 짓 더라도 그것을 황제에게 보이면 세 번까지 용서를 받을 수가 있다. 그러 면 잔 위에 또 그 죄를 매번 새겨 기억하도록 한다. 하지만 반역죄를 저 지르게 되면 자신은 물론 후손들까지 이런 특권을 사용하지 못하고 상실 하게 된다. 이런 직함과 봉급은 황제의 사위와 장인에게도 똑같이 주어 지고, 국가와 조정에 특별한 공을 세운 사람에게도 내려진다.

82. 관료들의 손에 들린 모든 실권

따라서 중국 정부의 모든 권력을 가진 사람은 앞서 언급한[239] 문과 시 험을 통해 진사와 거인으로 선발된 사람들이다. 그들은 관직에 나가기 위해 어떤 특혜나 호의도 필요로 하지 않으며, 관료들과 황제의 호의조 차 필요로 하지 않는다. 모든 것은 문과 시험과 그들이 과거 직무에서 보 여 준 인품, 덕행 및 재능에 달려 있다. 이것은 홍무제의 법령에 따른 것 으로서, 권력을 쥔 사람들이 비양심적인 악행으로 권력과 법을 계속해서 악용하는 것을 막고자 한 데 따른 것이다.

조정 대신들과 무관들은[240] 업무를 주재한다는 의미로 관부官府[241]라 는 이름으로 불린다. 존경의 표시로 '영감'이라는 뜻의 '나리(老爺)' 혹은 '어르신(老爹)'이라고 부르기도 한다. 포르투갈 사람들은 그들을 '만다린'

---

238 큰 항아리, 혹은 기름이나 포도주를 담는 그릇을 말한다.
239 Cf. NN.64-73.
240 문관(文官)이나 무관(武官)들을 일컫는다.
241 우리의 '관리'에 해당한다.

이라고 부르는데, 여기에는 이미 서구식의 지휘, 관리라는 의미가 담겨 있다.[242]

83. 조정 관리들에게 주는 황제의 특혜

앞서 언급한 것처럼 중국의 정치는 군주제지만,[243] 이와 관련하여 앞서 말했고, 여기서도 말할 수 있는 것은 많은 부분에서 공화제를 표방한다는 것이다. 조정에서 하는 모든 일은 공적인 장소에서 황제의 인준이 있어야 한다. 관리들은 황제와 더불어 모두 이렇게 인준하고 논박하는 일에 매진한다. 올라온 안건들은 그것들을 담당하는 관리를 통해 이루어진 것이지, 황제가 결코 직접 제안하는 법은 없다. 이렇게 관리가 누군가를 위해 은혜나 호의를 청하지 않으면 황제는 아무에게도 어떤 호의나 은혜도 베풀지 않는다. 황제에게 개별적으로 문서를 올릴 수 있는 사람은 매우 적다. 모두 전담 부서의 우두머리에 해당하는 관리들을 거쳐야 하기 때문이다.[244] 황제는 자기에게 요청하거나 올라온 문서들에 어떤 행위를 하고자 하면 거기에 "아무개 대신이 이것을 처리하고 내게 보고할 것"[245]이라고 쓰는 것 외에 다른 하는 일이 없다. 예전에 내가 이 부분

---

242 리치는 '만다린'을 포르투갈어의 '만다르(mandar)', '명령하다'라는 뜻에서 온 것으로 이해했다. Cf. *MHSI*, *MX*, I, p.170. Dalgado(Ⅱ, pp.20-22). 그러나 어원학적으로 볼 때 이런 주장을 무산시키는 것으로 산스크리트어와 신-아리아어의 '만트린(mantrin)' 이 있다. 말레이어의 '만타리(mǎntāri)'를 거쳐 중국에 전해진 것으로 보인다. 이것은 '고문관' 또는 '국가의 장관'이라는 뜻이다. 그래서 '만다린'이라는 말은 최소한 1514년 이후부터 중국에서 사용하기 시작한 말이라고 할 수 있다.
243 Cf. N.77.
244 Cf. N.96.
245 양식은 다음과 같다. 着某某大臣查覆.

에 대해 자세히 알아본 적이 있었는데, 확실히 황제는 자기가 좋아하는 사람이 있어도 관리의 요청이 없이는 돈이나 선물은 물론, 직위에 관한 호의나 승진 혜택조차 주는 일이 없었다. 관리들 역시 선행 사례나 관련 법령이 없으면 또한 결코 그런 요청을 하지 않았다.[246]

그렇다고 해서 황제가 조정 대신들과 친척들, 그리고 높은 관직에 있는 몇몇 사람에게 하고 싶은 선물조차 하지 않는다는 뜻은 아니다. 공적 재산이 아닌 황제 개인의 재산으로 대신들에게 자주 선물하는 것도 오랜 관례이자 규범처럼 되어 있기 때문이다.

84. 황제의 봉급과 왕국의 총수입

왕국의 세금과 기타 수입이 연 1억 5천만 냥은 확실히 넘는다.[247] 그러나 황제가 쓰고 싶을 때마다 쓸 수 있도록 궁의 창고로 들어오지 않고, 은자건[248] 쌀이건 국가의 금고와 식량 창고에 모두 저장된다.

국고에서 황제와 황후, 또 그의 자녀들과 친척들, 대신들과 그 외 관리들의 생활비가 지급된다. 황궁의 생활은 호화롭고 사치스럽지만, [황제의 자녀들과 친척들과 대신들 및 관리들은] 법률에서 정한 대로 그 이상도 이하도 지급하지 않는다.

---

246 리치가 이것을 알게 된 것은 1601년 북경에서 직접 경험하며 자주 물음을 제기했기 때문이다. Cf. N.1901.

247 피레라(Amaro Pirera)의 『정보(*Informazione*)』(p.15, N.4)에서는 이렇게 말하고 있다. "광주에서는 매년 소금만 1억 5천만 타이스(tais)가 들어왔는데, 이는 매년 225만 두카토에 해당한다"(*ARSI, Jap.-Sin.*, 4, f.308v). 카를레티(Carletti) 역시 1598-1599년 중국 제국의 총수입이 "매년 1억 5천만 스쿠도를 훨씬 넘는다"(p.294)라고 말한다. 1억 5천만이라는 액수는 1602년에 판토하도 말하고 있다.

248 Cf. N.22.

모든 관리와 병사들과 공무원들의 봉급도 모두 여기[국고]에서 지급되는데, 그 액수가 우리 유럽인들이 생각하는 것보다 훨씬 많다.

황실에 건물을 짓거나 황족들의 집을 짓는 데도 국고에서 지출되고, 그 밖에 공공건물을 짓는 데도 국고에서 지출된다. 전쟁이 터져 군비를 마련하거나 성城과 요새를 짓는 데 드는 비용도 계속해서 나간다. 국고로 들어오는 수입이 매우 많지만, 어떤 해에는 그것도 부족하여 추가세를 더 걷기도 한다.

85. 보름에 한 번씩 나오는 관료 리스트

중국에서 특별한 것은, 문관이건 무관이건 모든 관리는 두 계열로 나뉜다는 것이다.[249] 한 계열은 조정 대신으로 조정에서 일하며 전국을 관리하고, 다른 한 계열은 조정 밖의 지방관이나 특정 지역을 통솔하는 일을 한다. 이들에 관해서는 다섯 혹은 여섯 권의 책으로 보름마다 개정판을 찍어 중국 전역에 배포한다. 책자에는 중국에서 가장 높은 관료들의 직위와 직함, 그의 본적과 현재 맡은 직책이 적혀 있다. 관료들의 숫자가 매우 많은데다 어떤 사람은 사망하고, 어떤 사람은 승진하거나 좌천을 당하고, 또 어떤 사람은 부모가 사망하는 등 계속해서 변동이 생기기 때문에 계속해서 개정 작업을 할 수밖에 없다. 조정에도 계속 공석을 기다리는 사람이 있어 개정 작업을 하지 않을 수가 없는 것이다.

이번 장章에서 나는 가장 일반적인 몇 가지에 관해서만 이야기했는데, 그것은 이 책에서 말하려는 것과 연관이 있기 때문이다. 군사 제도에 관

---

249 Cf. N.82, p.340, 주(註) 240.

해서는 모든 것을 설명하지는 않겠다.

86. 여섯 개의 부(部)에 관한 상세한 묘사와 그 기능

중국의 모든 통치를 뒷받침하는 조정의 내사원은 부部라고 하는 여섯 개의 기구로 되어 있다.[250]

87.

첫째 기구는 '이부吏部'다. '이吏'는 관리라는 뜻으로,[251] 전체 기구 중 가장 크고 높은 부部로 조정 안팎의 모든 관리와 문관들을 배치하여 관장한다.[252] 모든 것은 [문관] 시험 성적에 따라 배치, 관리한다. 낮은 직위에서부터 시작하여 점차 올라가며 계급을 형성하는데, 모두 법률과 규정과 이전 직위에서 이룩한 공적에 따라 진행된다. 그러나 성과가 좋지 않으면 강등 혹은 파면되기도 한다. 분명한 것은 문관이 부部에 들어오면 계속해서 한 계급씩 승진하고 그렇게 나이를 먹어 간다. [그 과정에서] 특별한 이유 없이 관직을 모두 박탈당하는 일은 없다. 하지만 잘못을 저질러 한번 관직을 박탈당하고 나면 다시는 그 자리로 복귀할 수 없고, 그가 살아 있는 한 다른 자리로 갈 수도 없다.

---

250 각 조직은 *TMHT*와 *Storia dei Mim*, c.72에서 매우 상세하게 묘사하고 있다.
251 '이부(吏部)' 혹은 국무성, 혹은 민생사무국은 우리의 내사원에 해당한다. Cf. Gemelli-Careri, pp.239-340; Pantoja[1], p.650.
252 사무국에서는 문관 시험에 따라 인력을 배치한다.

88.

둘째 기구는 '호부戶部'로서,[253] 호구戶口 및 세무를 관리한다. 세금을 거두어들이고 황제와 관료들에게 봉급을 지급하며, 각종 사업과 군비 및 건축비용 등 공금을 사용하는 일을 관장한다.

89.

셋째 기구는 '예부禮部'로 예식과 의례들을 담당한다.[254] 이곳에서는 관청의 제사와 사원, 그리고 승려들을 관리한다. 황제와 황실의 혼례, 당대에 시행되는 의례적인 각종 시험과 학교, 그리고 교관들을 관장하기도 한다. 특정 시기와 때에 황제를 위해 전국에서 하는 축하 의식과 유공자들에게 작위를 주고, 의사와 수학자 및 황제를 섬기는 태감을 뽑는 시험까지 관장한다. 황제에게 조공을 바치러 온 외국의 사절단을 접대하고 답례를 보내며, 속국의 임금들에게 보내는 편지도 관장한다. 중국의 황제는 국내는 물론 국외에 있는 어떤 사람에게도 편지를 쓰는 일이 없다.

90.

넷째 기구는 '병부兵部'로 무관들을 관장한다.[255] 이곳에서는 병사 지휘관들을 배치, 관리하고, 그들이 실수하면 파면하며, 전쟁에서 공을 세우면 승진시키고 상賞을 준다. 무관들이 치르는 시험을 관장하기도 한다.

---

253 호부(戶部)는 우리의 경제부에 해당한다. Cf. Gemelli-Careri, pp.240-241.
254 중국의 예부(禮部) 혹은 의례를 담당하는 부서는 대략 우리의 전례성이나 현대 국가의 교육성 또는 외무성에 해당한다.
255 병부(兵部) 혹은 군부는 우리의 '군사 부(部)'에 해당한다. Cf. Gemelli-Careri, pp.244-245.

91.

다섯째 기구인 공부工部는 건설을 담당한다.[256] 황제와 황족 및 조정 대신들의 집을 관리하고, 공무용 혹은 전쟁용 선박을 제조하며, 다리를 건설하고 도시의 성벽을 쌓는다. 전쟁용 병기와 군사 훈련도 관장한다.

92.

여섯째 기구는 형부刑部로, 우리의 형사법원에 해당한다. 국내의 모든 범죄를 처벌하고, 모든 교도소를 관리한다.[257]

93.

전국에서 일어나는 모든 일은 이 육부六部에서 관장한다. 그래서 모든 성省과 지방에는 중앙에서 파견되어 긴밀하게 연락을 취하고 지휘를 받는 관료들과 공무원들이 있다. 육부의 업무는 대단히 많다.

94.

육부에는 많은 고관이 있다. 상서尚書[258]라고 부르는 각 부의 수장과 두 명의 조수가 있다. 이들을 시랑侍郎[259]이라고 한다. 한 사람은 좌시랑左侍郎, 다른 한 사람은 우시랑右侍郎이다.

---

256 공부(工部)는 우리의 공사(公社)에 해당한다. Cf. Gemelli-Careri, pp.247-248.
257 형부(刑部) 혹은 형사기구는 우리의 법무부에 해당한다. Cf. Gemelli-Careri, pp.245-247.
258 장관에 해당한다.
259 부의 차관이다. 이들은 두 사람으로 좌시랑(左侍郎)은 제1차관이고, 우시랑(右侍郎)은 제2차관이다.

이것이 조정의 기초 사무국이고 최고 대신 기구다.

95.

각부各部에는 속관屬官으로 중국의 성省의 수에 따라 여러 부조部曹로 나 뉜다. 그리고 각 부조에는 업무의 원활한 진행을 위해 많은 관리가 있다. 서기와 사무원, 조정의 업무를 담당하는 직원과 잡부들이 있는 것이다.

96. 조정 관료들의 숫자, 공헌 및 활동

육부 위에는 조정과 중국 전역에서 최고 높은 기구인 각로閣老[260]가 있 다. 서너 명에 많아야 여섯 명이 있다. 그들에게 주어진 특별한 업무는 없지만, 황제의 고문관으로 모든 직위를 감시하기 위해 매일 조정에 출 근한다. 예전에 그들은 황제와 자주 대화를 나누고, [황제 앞에서도] 앉아 서 구두로 업무를 처리했다. 지금의 황제는 사람을 만나러 나오지 않고 종일 자신의 거처에만 있어, 각로들이 궁 안에서 하는 일이란 황제에게 전달할 공문의 초안을 작성하는 일이다. 그러면 황제가 그것을 인준하거 나 물리거나 수정을 요구한다. 황제의 손을 거쳐 내린 결정은 그대로 따 라야 한다.[261]

---

[260] 각로(閣老)는 우리의 국가 고문관이나 사설 고문관에 해당한다. Cf. N.70, nota 55). 그들은 공식 봉급이 1천 스쿠도를 넘지 않았으나, 많은 뇌물로 부(富)를 축적했다. Cf. Carletti, pp.322-323.
[261] Cf. N.83.

97. 두 개의 황실 감찰기관 과리(科吏)와 도리(道吏), 그들의 공헌과 용기에 대한 두 가지 사례

언급한 관리 기구 외에, 우리와 사뭇 다르면서도 몇 가지 점에서 유사하다고 할 수 있는 두 개의 기구가 있다.[262] 하나는 '과리科吏'라고 하는 것이고, 다른 하나는 '도리道吏'라고 하는 것이다. 두 기구에는 각각 60명이 넘는 진사와 지식·품행·덕을 갖춘 우수한 사람들이 있다.[263] 이곳은

---

262 NN.413, 1245를 참조. 대심원(대법원)의 일종으로 5년마다 성(省)들을 방문하여 감사한다.

263 그들의 업무에 대해 리치는 이 책을 쓰면서 보낸 한 통의 편지에서 매우 상세히 적고 있다. Cf. N.1907. '과리(科吏)'에 대해서는 NN.758, 4222도 참조.

카를레티(Carletti) 역시 육부에 관해 언급한 다음, 이렇게 덧붙이고 있다. "그 외 또 다른 부(部)가 하나 더 있는데, 그것은 두 개로 나뉘어 하나는 '과리(科吏)'라고 하고 다른 하나는 '도리(道吏)'라고 한다. 거기에는 각 60명이 넘는 인사들이 있다. … 그들은 중국에서 일어나는 모든 일에 관해 명시하고 그것들의 균형을 유지하는 일을 한다"(pp.321-322). 제멜리-카레리(Gemelli-Careri)(p.259 이하)에 따르면, 도찰원(都察院)은 3년마다 황제가 있는 성(省)만 제외하고 전국의 모든 성으로 14명의 어사(御史)를 보냈다고 한다. 그는 계속해서 "육부의 각 부(部) 안에는 과리(科吏)라고 하는 어사를 위한 거실 또는 방이 하나씩 마련되어 있다. 이들은 부의 모든 공적인 일과 기밀을 감사한다. 만약 거짓이 발각되면 황제에게 보고한다. 어사는 부(部)의 수장과는 별도로 로마 시대의 회계감사나 감찰관에 해당한다"(p.236)라고 말하고 있다. 나아가 "과리(科吏) 부(部)는 앞에서 언급한 육부의 감사를 담당하는데, 그 명칭을 각 부의 이름과 똑같이 쓰고 있다. 가령 '이조'는 조정 대신들을 감사하고, '호조'는 세무 관리를 감사하는 식이다. 이들은 문제를 목격하면 황제에게 직접 알린다. 황제는 3년에 한 번씩 어사를 뽑는다"(Ibid., pp.262-263).

여기에서 리치는 의심의 여지 없이 도찰원(都察院)에 대해 말하며, 육부의 핵심으로서 과리(科吏)와 성(省)의 감사기구로서 도리(道吏)에 대해서 말하고 있는 것 같다. 과리(科吏)에 대해서는 Cf. NN.536, 564, 575, 도리(道吏)에 대해서는 NN.102, 624. N.536에서 리치는 과리(科吏)를 급사중(給事中)이나 잠윤(箴尹)이라고 하여 다른 곳에서는 이렇게 불린다고 적고 있다(Cf. Couvreur, pp.524-525). 그리고 도리(道吏)는 N.624에서 지방 감사기관으로 첨사(僉事)라고 한다고도 말한다. 명대(明代) 어사의 기원, 기구, 기능, 활용은 중국어 우등(于登)이라는 항목으로, 明代監察制度槪述 in『金陵學報(Nanking Jounal)』, university of Nanking, 1936, VI, pp.213-229에 잘 수록되

황제의 명령에 따라 조정 안팎에서 여러 가지 일을 한다. 권한이 매우 커서 많은 사람의 존경을 받는다. 그들의 임무는 대소 관료들뿐만 아니라, 황제와 황실까지 감찰하고 모든 폐단을 황제에게 보고한다. 라케다이모니아(*Λακεδαιμονία*)의 감독관(ephoros)과 비슷하다.[264] 하지만 중국의 감독관은 말은 할 수 없고 글만 써서 보고하며, 황제가 그들에게 권력을 주지 않으면 아무것도 할 수 없다. 그런데도 계속해서 글로써 폐단을 알리는 그들의 정신은 놀랄 만하다. 잘못이 많이 드러나면, 그들은 상서건 각로건,[265] 심지어 황제라고 해도 그냥 넘어가지 않는다.[266] 그러니 조정 안팎의 관료 대신들은 말할 것도 없다. 모든 것을 자기 재량이나 이해관계에 따르지 않고 공익을 위한 일에만 열중한다. 그들은 여러 차례에 걸쳐 황제와도 불편한 사이가 되곤 했다. 이유는 (어떤 문제에) 황제가 직접 혹은 대신들을 통해 연루되었기 때문이다. 이런 경우, 감독관이 파면 혹은 좌천되거나 중형을 받기도 한다. 하지만 그들이 그 직무를 보고 있는 한, 건강한 정부를 위해 폐단이 고쳐지지 않으면 같은 문제를 여러 차례 다시 거론하고 간언하기를 멈추지 않는다. 사실 법률에 따르면, 모든 관료는 물론 관직이 없는 사람이라도 누구나 간언할 수 있다. 그러나 과리와 도리는 직무상 이 일을 전담하고 있어서 더 잘한다고 할 수 있다.

매일 황제에게 도달하는 공문서들과 황제의 답변서들은 많은 필사자

어 있다.

264 감독관(ephoros)은 오늘날 스파르타로 알려진 라케다이모니아(*Λακεδαιμονία*)에 있었던 것으로, 다섯 명으로 구성된 최고 기관으로 원로원과 황제가 선출하지만, 원로원과 황제까지 감찰하는 기관이었다.

265 Cf. NN.94, 96.

266 Cf. Pantoja[1], p.647.

가 수천 장씩 베껴 쓴다. 그들은 종일 이 일만 하고, 조정 안팎에서 그것을 필요로 하는 모든 관료 대신들에게 저렴한 가격으로 판다. 그들도 벼슬아치들이라, 그 덕분에 조정에서 하는 일이 바로 중국 전역으로 알려지게 된다. 또 그것을 엮어 책으로 만들기도 한다. 역사에 따라 항목을 나누어 편찬하면 우리의 좋은 연설문과 같이 된다.

98.

몇 년 전에 지금의 황제[267]가 장자長子보다 어린 아들을 태자로 세운 적이 있었다. 황제가 총애하던 비妃가 낳은 아들이었기 때문이다.[268] 조

---

267 당시에는 주익균(朱翊鈞, 1563-1620)이 묘호를 신종(神宗)으로 연호를 만력(萬曆)으로 통치하고 있었다. 그의 이름의 철자 曆, 歷, 厤, 厯에 관해서는 D,Elia, p.102, N.1을 보라. 음력 8월 17일(N.505)에 생일을 기념했기 때문에, 그러면 1563년 8월 4일에 태어났어야 한다. 9세가 되던 1572년에 왕위에 올라 리치 사망 10년 후인 1620년 8월 18일에 사망했다. 그에 대해 판토하는 "매우 부도덕하고 탐욕적(muy vicioso y codicioso)"(p.648)이며, "아주 파멸적(muy ruin)"(pp.648, 653, 675)이라고 평했다. NN.524, 525. 1585년 이후부터는 관료들과 후궁들에게조차 얼굴을 보이지 않았다고 한다. Cf. NN.130, 165, 597, 609. 자기의 얼굴을 드러내지 않은 이유 중 하나는 아마도 추악하게 변해 버린 외모 때문일 것이다. 1613년 2월 20일, 니콜로 론고바르도(P. Nicolò Longobardo, S.I.) 신부가 아콰비아(Acquaviva) 총장에게 쓴 1612년 연차보고서에는 이런 말이 있다. "황제가 뚱뚱하고 몰골이 추악하여 남의 눈에 띌까 바깥출입을 하지 않고 있습니다"(ARSI, Jap.-Sin., 113, f.225r). 단 한 번 조정에 나타났는데, 1607년 11월 28일 태자와 화해하기 위해서였다고 한다. Cf. BD, N.452. 1585년 이후 황제가 도성으로 나온 것은 처음이었다. N.165.
268 만력제는 총애하던 정귀비(鄭貴妃)의 아들이자 3남인 주상순(朱常洵)을 태자로 삼고 싶어 했다. 리치는 정귀비를 첫 번째 정실부인으로 보고 있었다. Cf. N.1249. 첫 번째 난관은 1586년에 있었고 1592년에 일단락되었는데(N.1215), 그것은 조정 대신들이 후계자 문제를 두고 크게 논쟁을 벌였기 때문이다. Cf. NN.633, 1249; Cronaca dei Mim, c.43, ff.12a-14a, ff.21b-22a: c.41, ff.29-31; Storia dei Mim, c.288 황휘(黃輝). 1601년 11월 10일, 주상순을 복왕(福王)으로 이름까지 정했지만, 결국 장자며 왕공비(王恭妃)가 낳은 아들 주상락(朱常洛, 1582-1620)이 태자에 책봉되었다. 그는 부친 사

정 대신들은 소신껏 많은 탄원서를 올렸고,[269] 백여 명이 넘는 인사들이 파면되거나 좌천되었다. 모든 대신이 황궁으로 달려가 관직을 내려놓고 고향으로 돌아가겠다고 했다.[270] 이에 황제는 그들이 원하는 대로 할 수 밖에 없었다.

99.

얼마 전에는 황제가 총애했으나 일을 게을리하던 어떤 각로가 있었는데,[271] 그에 관한 상소가 두 달 동안 백여 건이 올라왔다. 그 각로는 얼마 못 가 사망했는데, 소문에는 그가 상소문들 때문에 고통을 받아서 죽었다고 한다. 황제도 상소가 올라오는 것까지 막지는 못한 것이다.

100. 황실 학당, 과목과 등급 및 수여 학위

이 밖에도 조정에는 특수 업무를 관장하는 여러 기구가 있는데, 그중 으뜸은 황제를 대신하여 문장을 쓰는 기숙학교 한림원翰林院이다.[272] 이곳에는 3년에 한 번씩 치르는 시험에서 가장 좋은 성적을 거둔 진사들만 들어올 수 있다. 그들은 이곳을 나갈 때까지 행정 일은 하지 않지만, 행

망 2개월(재위 29일) 만에 사망하였다. Cf. De Mailla, X, p.39; *Storia dei Mim*, c.20, anno XXIX. 十月己卯(11월 10일)일 자 *Storia dei Mim, ibid.*에서 찾아볼 수 있다. Cf. *Cronaca dei Mim*, c.45, ff.15b-16a.

269 1592년 황제의 계획에 반대했던 조정 대신들의 명단은 *Cronaca dei Mim*, c.43, f.13b 에 적혀 있다.

270 판토하(Pantoja[1])는 "일부 수천(algunos millares)" 명에 달했다고 적고 있다. p.648.

271 이 각로는 만력제가 매우 아끼던 사람으로 장거정(張居正), 숙대(叔大)라는 이름으로 알려져 있다. 그는 1547년에 진사가 되고 1582년에 사망했고, 1584년에 지위를 박탈 당했다. Cf. *BD*, N.41; *DB*, p.938.

272 Cf. NN.66, 714.

정 일을 하는 사람들보다 더 중요하게 대접을 받는다. 그래서 많은 사람이 부러워한다. 그들의 직무는 황제를 대신하여 문장을 쓰고, 중국의 역사를 기록하며, 법률과 규범을 만든다. 그들 중에서 황제의 스승을 뽑고, 황태자와 다른 자녀들의 스승도 뽑는다. 그들은 끊임없이 공부하고 연구하여 한림원의 최고 자리에까지 오른다. 모든 사람이 그들을 우러러보지만, 그들 중 아무도 결코 한림원 밖을 나오지 않는다. 황실 밖에서는 한림원 출신이 아니면 아무도 각로가 될 수 없다. 여러 가지 이유로 그들에게 문장을 요청하게 되면 많은 돈을 내야 한다. 그래서 한림원 출신의 문장이라고 하면 모두 최고의 것으로 인정한다. 진사와 거인 시험은 모두 한림원 학사들이 감독하거나 그들 중 한 사람이 주재한다. 중국의 관습은 시험에 합격한 사람은 시험 감독관을 스승으로 모시고 평생 그의 제자가 되어 공경하고 봉사한다. 그래서 그들은 많은 제자를 거느리고 있다.[273]

101. 남경에서 북경으로 수도를 이전; 남경의 혜택

한림원과 각로를 제외한 그 외 북경 조정의 직위는 남경에도 있다. 비록 권한이 축소되기는 하지만 말이다. 이는 원래 홍무제[274]가 남경을 수도로 정했기 때문이다. 그러나 홍무제가 죽은 후 그의 손자 영락永樂이,[275] 앞에서 언급한바,[276] 제후王라는 이름으로[277] 타타르족의 침략을

---

273 Cf. N.73.
274 Cf. N.78.
275 **역주_** 홍무제의 손자는 아래의 주 278에서 말하고 있는 것처럼 건문제(建文帝)다. 영락은 홍무제의 4남이다. 여기에서 리치는 약간 혼동하는 것 같다.
276 Cf. N.81.

막기 위해 좋은 군대를 이끌고 북방에 머물고 있었다. 그는 타타르족을 물리친 후, 왕위를 계승할 홍무제의 장자[278]가 무능한 것을 알고 정권을 찬탈하였다. 영락은 북방 지역을 손쉽게 정복하고 대군을 이끌고 남경으로 가 조카[279]를 남경에서 몰아내고 자신이 전제 군주국의 주인이 되었다. 영락의 지지 기반은 북방 지역에 있었고, 그곳은 타타르족의 침범 위험이 있는 곳이었기 때문에 그곳으로 수도를 옮기고자 했다. 그곳은 타타르의 왕이 머무르기도 했던 곳으로[280] 북경北京, 곧 '북쪽 지역의 수도'[281]라는 뜻으로 불렀다. 남부 지역 사람들의 불만을 피하고자 '남쪽 지역의 수도南京'[282]는 그대로 두기로 하였다. 그 밖의 관직과 기구 및 특권도 그대로 두었다.

이제 두 직례성 외 각 지방의 관직에 대해서 살펴보겠다.

---

277 원래 작위는 연왕(燕王)으로 북경에 머물고 있었다. 그는 남경에서 북경으로 수도를 이전했고, 그것은 이후 1928년까지 이어졌다. Cf. N.101, 아래, 주(註) 281.

278 리치가 말하는 것처럼 홍무제의 바로 뒤를 이은 계승자는 그의 장자가 아니다. 그의 장자 주표(朱標)의 아들 윤문(允炆)을 태손으로 삼고, 1398년에 묘호를 혜종(惠宗)으로, 건문제(建文帝)가 되었다. Cf. BD, N.488. 그는 1402년 홍무제의 넷째 아들 주체(朱棣, 1360-1424)에 의해 제위를 빼앗겼다. 주체는 묘호를 성조(成祖)로 영락제(永樂帝)가 되었다. Cf. BD, N.471. 그러므로 영락제는 건문제의 삼촌이니까, 이 점에서는 리치의 말이 맞는다.

279 **역주_** 리치는 원문에서 '삼촌'이라고 적고 있다. 앞에서 언급했듯이 촌수를 거꾸로 보고 있다.

280 즉, 쿠빌라이(BD, N.1012)와 그의 계승자들이 있던 원(元)왕조다.

281 1402년 7월 17일, 왕위에 오른 영락제는 1403년부터 수도를 남경에서 북경으로 옮겼다(TP, 1935, p.303). 그러나 1403년에서 1421년에 이르러 미래의 북경은 "잠정적인 체류지(行在)"로 바뀐다. Cf. TP, 1935, p.281, N.1. 1425년에 남경으로 수도를 다시 옮길 생각을 했고, 1441년 북경의 행정은 아직도 "잠정적인 체류지"라고 말하고 있다. Cf. TP, 1935, p.291, N.2; NN.456, 1326, 1381, 1408, 1449.

282 남경, 남경(南京)은 '남쪽의 수도'라는 뜻이다. 북경, 북경(北京)이 '북쪽의 수도'인 것처럼 말이다.

102. 도시의 크기와 중요도에 따른 민사와 형사

두 도시의 조정은 각기 자체적으로 통치되는데,[283] 청원[284] 역시 각자의 조정에 직접 해야 한다. 그 밖의 13개 성省은 모두 민사民事를 담당하는 포정사布政司[285]와 형사刑事를 담당하는 안찰사按察使[286]의 통제를 받는다. 포정사와 안찰사는 언제나 성의 도읍에 거주하며, 수하에 많은 비서를 두고 있다. 동료 또는 동지라고 할 수 있는 이 비서들은 모두 지체 높은 관료들이기도 하다.[287] 도리道吏[288]라고 부르는 이들(동료와 동지)은 가끔 도읍에 거주하지 않을 때도 있다. 왜냐하면 많은 도시를 관장하고 있어 각지로 시찰을 나가야 하기 때문이다.

---

283 여기에서 두 도시는 북경과 남경이고, 이 두 곳에 두 개의 궁정(혹은 조정)이 있었다. 지리적으로 다른 두 곳, 남경(南京)과 북경(北京)은 이제부터 같은 이름의 성(省)(남경성, 북경성)으로 구분하여 쓰겠다.

284 상소, 제소를 말한다.

285 포정사(布政司) 혹은 포정사(布政使)는 승선포정사사(承宣布政使司)를 줄인 말로 원래 '한 성의 민사를 통솔하는 사람'이다(Cf. NN.1099, 1131). 후에 이보다 더 높은 자리인 총독이라는 새로운 직책이 만들어지자 포정사는 성(省)의 회계담당관이 되었다. Cf. Beltchenko, NN.819 A, 821. 그러나 리치 당시만 해도 포정사는 1급 관료에 속했다. 정사(正司)라는 중국어 표현 '정부 관리인'은 상관으로부터 받은 승(承)을 백성에서 '선포(宣布)'하는 임무를 맡은 사람이다. Cf. Zzeiüen, 승정(承政), 승선(承宣).

286 안찰사(按察司)는 제형안찰사(提刑按察司)의 줄임말로 성(省)의 판사다. Cf. NN.624, 4261.

287 귀주(貴州, Guizhou)를 제외한 다른 모든 성(省)에는 두 명의 포정사가 있어, 한 사람은 좌(左)에 책임자로, 다른 한 사람은 우(右)에 보조자로 있었다. 안찰사 역시 모든 성에 부사(副使)라고 하는 여러 명의 보조자를 두었다. 광동성에는 포정사와 안찰사가 여섯 명 있었는데, 거기에는 병비도(兵備道)와 해도(海道)도 포함된다. Cf. *TMHT*, c.4, ff.1a, 2b.

288 다른 문건에서는 도리(道吏)도 '통감사(N.4191)'라고 명기하고 있는데, 이것은 그들이 일부 도시에 한해 직접 형법을 집행하기 때문이다. Cf. NN.97, 624.

103.

모든 성省은 여러 지역으로 나뉘는데, 그것을 부府[289]라고 한다. 이들 지역에는 각기 통감사가 있어, 그것을 지부知府[290]라고 한다. 부府 아래는 조금 큰 도시라고 할 수 있는 주州[291]와 그보다 작은 도시 현縣[292]이 있다. 모든 주와 현에는 지방관[293]이 있는데, 그들을 지주知州[294] 혹은 지현知縣[295]이라고 한다. 이 지방관들도 지부처럼 각기 4명의 비서[296]가 있어, 배석판사처럼 그들의 판단을 도와준다.

104.

그러나 한 부府 혹은 지역의 통감은 자신의 관할 구역 안에서 가장 크고 편리한 곳에 건물을 짓고 생활한다. 그가 거주하는 관사는 그가 다스리는 부府와 같은 이름으로 불린다. 가령 남창南昌과 남창에 있는 관사를 남창부南昌府[297]라고 하는 것이다. 많은 사람이 통감이 거주하는 곳과 그가 통치하는 도시를 동일하게 보는 것이다. 그 외의 지역들은 땅 혹은 고을이라는 뜻으로 주州나 현縣으로 불린다. 그러나 사실은 통감이 거주하는 지역은 현이고, 다른 모든 지역과 같이 거기에 각 수장과 비서들이 있

---

289 관할 지역.
290 지사.
291 지방자치에서 행정구역상의 주.
292 행정구역상의 군(comune, 코무네) 혹은 지구, 관할구.
293 행정관.
294 주의 행정 임무를 담당하는 행정관.
295 현의 행정 임무를 담당하는 행정관.
296 평의원들이다. 여기에는 지사 외에도 동지(同知)라고 하는 부지사와 통판(通判), 추관(推官)이 있었다. Cf. *TMHT*, c.4, f.3b.
297 지사와 지사가 머무는 건물은 그 도시와 같은 이름을 쓴다. 남창부(南昌府)처럼 말이다.

다. 지부의 권한은 다른 데 비해 약하다. 가장 상위의 것이라고 하는 지부지만 지주와 지현에서 올라온 상소문을 처리하는 것 외에는 하는 일이 없다. 중대 사안의 경우, 재상소를 포정사나 안찰사 또는 그의 비서들에게 보내 최종 판결을 받는다.[298]

105. 조정에서 임명한 두 명의 고위 지방관: 도읍에 정주하는 도당(都堂)과 매년 파견되는 찰원(察院)

조정 밖에 있는 모든 성(省)의 행정은 북경 조정의 통제를 받고 있어, 각 성의 모든 지방관 위에 각기 두 명의 조정 대신이 있다. 한 사람은 성에 상주하는 도당(都堂)[299]이고, 다른 한 사람은 매년 북경에서 파견되는 찰원(察院)[300]이다. 도당은 모든 관리의 신상은 물론 군대와 국가 기반에 관한

---

298 그러나 사실은 이와 정반대다. 모든 성(省)에는 민사를 담당하는 포정사가 성의 통감으로 있고, 형사를 담당하는 안찰사가 있다. 이 두 권한은 사안에 따라 나누어 해결한다. Cf. N.409. 지사 혹은 부(府)는 현(縣)으로 둘러싸여 그 자체로 남창현(南昌縣)이 되기도 한다. 지부가 있는 도시의 부는 거기에 소속된 다른 도시들과 연관하여 남창부(南昌府)로 간주하기도 한다. 다시 말해서 이들 도시에는 각기 이중의 통감부가 있는 셈이다. 지현과 그의 비서들이 직무를 보는 관청이 있고, 지부와 그의 비서들이 직무를 보는 관청이 있는 것이다. 지사는 그가 거주하는 지역에서나 자기 통치하에 있는 다른 지역에서나 최고의 권한을 가지고 있지 못하다. 그는 관할구의 모든 관리나 지현의 업무, 그리고 행정구역상 주(州)의 지방관들이나 지주의 업무를 구분하여 할당할 뿐이다.

299 도당(都堂)은 총독도당(巡撫都堂)의 줄임말로 성(省)에서는 가장 높은 고정된 권한을 갖는다. 중앙 정부의 직접적인 책임자다. 이 때문에 리치는 여기서, 또 다른 곳에서 (N.1458, Cf. N.4186) 총독이라고 부르고 있다. Cf. TP, 1930, p.447: 1934, p.64; 도당(都堂)에 관해서는 N.577도 보라.

300 찰원(察院)은 도찰원(都察院)을 줄인 말로 감찰관이다. 수장은 도어사(都御史)라고 부른다. 여기서, 또 다른 곳에서 축약하여 부르는 것은 감찰관이라는 의미보다는 황제가 파견하는 어사임을 강조하기 위해서다. 리치는 성(省)에 상주하지 않는 공안 위원이라고 말하고 있다. Cf. Beltchenko, N.821. 어사는 3년에 한 번 북경에서 치르는 박사 시

막대한 권한을 가지고 있다. 우리의 총독에 해당한다. 찰원은 황제가 파견한 감찰관으로 조정 밖에 있는 성의 모든 상황을 살피고, 모든 지방을 돌며 관리들을 모두 조사한다. 그는 별도의 권한 없이 관리를 즉각 처벌할 수 있고, 파면할 수도 있다. 그런 다음 황제에게 경과를 보고해도 된다. 게다가 그는 성^省에서 사형을 판결할 수도 있어, 그를 두려워하지 않는 사람이 없다.

106. 여러 하급 관리들과 무관들

언급한 관직 외에도 여러 가지 사무를 보는 관직이 있다. 도시 행정은 물론 다른 지역과 마을 행정을 보는 것으로서, 장수들처럼 중국의 바다와 국경 지역 등 모든 곳에 항상 많은 관리가 있다. 그들은 성벽과 성문, 항구와 성채를 밤낮으로 지킨다. 전시戰時처럼 모두 합세하여 시간에 맞추어 검열한다.

107. 아홉 품계와 관리들의 낮은 봉급

이렇듯 중국의 모든 관리는 일사불란한 병사들처럼[301] 직위에 따라 모두 아홉 개의 품계(九品)로 나뉜다. 관리들은 직위에 따라, 그가 어디에 있건, 매월 국고에서 돈과 쌀(大米)로 봉급을 차등적으로 받는다. 사실 관리의 봉급은 매우 적다. 직위가 높다고 하더라도 연봉이 1천 스쿠도밖에 안 된다. 무관과 문관이 같은 품계면 동일한 봉급을 받지만, 그렇지

험에서 뽑힌 새 박사들 가운데 장원한 사람이다. Cf. N.1312.
301 즉, 무관과 문관 모두를 일컬음.

않으면 문관이 무관보다 더 받는다.

108. 품계에 따른 모자, 관복, 허리띠, 문양, 양산과 관리들의 이 동 수단

모든 관리는 상급이건 하급이건, 또 무관이건 문관이건, 검은색 망사로 된 모자를 쓰고 두 개의 날개로 장식을 한다. 날개는 쉽게 떨어진다. 이것은 매 순간 관리는 위엄을 갖추고 몸가짐을 항상 바르고 겸손하게 해야 한다는 것을 의미한다. 그들은 모두 같은 관복을 입고 검은색 가죽 장화를 신는다. 그리고 관리의 품계를 알 수 있는 네모 혹은 동그란 장식이 달린 넓은 허리띠를 두른다. 여러 가지 문양으로 사각형의 장식을 두 개 만들어 하나는 가슴에, 다른 하나는 어깨에 단다. 허리띠와 이 사각형의 문양으로 관리들의 계급과 지위가 높은지 낮은지를 알아보고, 여러 동물 문양을 통해 무관인지 문관인지를 구분한다. 동물 문양에는 주로 날짐승과 들짐승을 쓰고, 인공적인 분위기의 여러 가지 꽃으로 장식한다.[302] 허리띠는 품계에 따라 나무로 된 것, 뿔로 된 것, 옥으로 된 것,[303] 은이나 금으로 된 것이 있다. 이 중 옥으로 된 것이 가장 높은 품계다. 그들을 구분하는 또 하나가 양산이다. 거리에 나올 때 햇빛을 가리기 위해 사용하는 양산은 파란색 또는 청색, 노란색 또는 사자색[304]으로 된 것이 있고, 이중 혹은 삼중으로[305] 된 것이 있다. 어떤 사람은 한 개 이상을 가

---

302 Cf. Zottoli, II, p.83과 [그림 10].
303 Cf. N.35, p.291, 주(註) 122, 123.
304 누런 사자 털과 유사한 색깔이라는 뜻이다.
305 양산의 천이 이중 혹은 삼중으로 된 것으로서, 거의 보호 차원에서 쓰는 것 같다.

지고 다니기도 한다. 관리들의 품계를 구분하는 또 다른 하나는 거리에서 말을 타는 사람이 지위가 가장 낮고, 가마를 타는 사람이 가장 높다는 것이다. 가마도 네 사람이 끄느냐, 여덟 사람이 끄느냐에 따라서 다르다. 그 밖에 무기, 깃발, 줄, 향로 등에 사용하는 여러 가지 문양과 그들을 호위하는 사람들의 숫자로도 관리의 품계를 알 수 있다. 그들이 길을 지나갈 때, 앞에서 큰소리로 외치면 사람들은 모습을 드러내지 않고 모두 물러난다.[306]

109. 중국인과 유럽인의 근본적인 차이

이 장章을 마무리하기 전에 중국의 정치에 대해 명확하게 하려면, 그들이 생각하는 좋은 정치가 무엇인지, 그 방식에 대해 몇 가지 간단히 언급하는 것이 좋겠다. 이 점에 대해서는 아직 아무도 말한 적이 없었고, 우리의 정치와도 매우 다르기 때문이다.[307]

110. 중국인은 정복자가 아니다. 한 번도 인도를 정복한 적이 없다

첫째, 중국은 영토가 크고 인구가 많아 전선戰船과 총포, 그리고 여러 전쟁 물자의 조달이 쉬워서 주변 국가들을 쉽게 침략할 수가 있었다. 그러나 어떤 왕도, 신하도 이 부분에 대해 말하지 않는다. 자신의 것에 만족할 뿐, 다른 사람의 것을 탐하지 않는 것이다. 이것은 분명, 우리 서방

---

306 판토하(Pantoja[1])는 어떤 도시에서 본 것을 이렇게 적고 있다. "거리에서 큰 소동이 일어나 가 보니, 한 관리가 도착했는데, 사람들은 물론 심지어 개들까지 도망가고 있었다"(p.652). Cf. N.1330.
307 Cf. N.1523.

의 국가들과 사뭇 다른 점이다. [서방 국가 중에는] 종종 제국을 확장하려고 다른 나라를 침공했다가 오히려 자기 나라를 잃곤 했던 사례가 적지 않았다. 어느 나라도 중국처럼 수백 년 수천 년을 유지하지 못했다. 분명한 것은, 만약 누군가가 자기 욕심에서 다른 나라를 정복한다고 해도 아무도 그 지역을 원하지 않고, 혹여 받아들인다고 해도 문관이나 고관대작 중 아무도 그곳을 통치하려고 하지 않는다. 그래서 서방의 일부 저자들이 글에서 쓴 것처럼, 중국인이 주변 국가들을 먼저 정복하기 시작했고 인도까지 갔다는 말은 믿을 수가 없다.[308] 나는 4천 년이 넘는 중국의 역사를 면밀히 살펴보았지만, 그런 흔적은 조금도 찾지 못했다. 일부 (중국) 학자들에게 물어보니, 그것은 사실이 아닐뿐더러 사실일 수도 없다고 대답했다.

111. 문관이 모든 것을 지휘하고 전쟁까지 지휘한다. 무기에 대해 몰라도 말이다

둘째, 앞에서 언급했듯이,[309] 중국은 온통 문인들이 통치한다. 중국의 모든 권력은 진정 문인들의 손에 모두 달려 있다. 병사와 장수들까지도 말이다. 그러나 그들 중에서 장수는 한 명도 없다. 따라서 어떤 비중 있는 장수가 수하에 수천 명의 병사를 거느려도 문관 진사와 관료는 그 (장수) 앞에서 굽히지 않는다. 오히려 많은 경우, 공개석상에서 문관이 그를

---

308 『일본 관련 선교에 관하여(*De missione legatorum iaponensium*)』에서 발리냐노는 다음과 같이 말하고 있다. "그들은 중국에서 인도에 이르기까지 항해하면서 그 영토의 일부를 점령하곤 합니다"(p.386).
309 Cf. N.82.

질타한다. 우리가 학교에서 학생들을 대하는 것처럼 말이다. 모든 전쟁에는 문인 관료들이 동행하여 장수들을 통솔하고 전투와 공격은 물론 그 안에서 하는 모든 일을 지휘한다. 병사와 장수들에게 봉급을 주는 일 외에도 군량미 조달까지 모두 문관들이 한다. 황제는 모든 병사와 장수들의 말보다는 문관의 말에 귀를 기울인다. 무관들은 군사 회의에 참석하기도 쉽지 않다.[310]

이런 이유로 야망 있는 사람치고 아무도 군대 쪽으로 가려고 하지 않고[311] 차라리 낮은 계급이라도 문관이 되고 싶어 한다. 진정성, 자부심, 봉급, 존중에서 문관이 훨씬 낫기 때문이다. 우리를 가장 놀라게 하는 것은 [무관들과 비교해] 문관들이 국가에 대해 가지는 높은 충성심이다. 전쟁과 같은 위기 상황이 되면 문관들이 조국과 황제를 위해 더 쉽게 목숨을 내놓기 때문이다. 이것은 독서가 그들의 정신을 고양했기 때문이기도 하고, 중국이 처음부터 항상 무관보다는 문관을 중시했기 때문으로 보인다. 서방의 민족들이 항상 다른 나라를 침공하는 것과는 매우 다르다.

112. 모든 사회적 계급의 의미, 복종과 존중

셋째, 하급 관리는 상급 관리에게, 지방 관리는 조정 관리에게 절대복종한다. 그리고 이들은 모두 왕에게 복종한다. 이런 복종은 단순히 따른다는 의미만이 아니라, 때에 맞추어 그들을 방문하고 선물을 보내 외형적인 존중을 표현한다는 의미까지 포괄한다. 상관들을 만날 때는 어디에

---

310 Cf. N.168.
311 Cf. NN.74, 168, 1523.

서 만나건 무릎을 꿇고 공손하게 말을 한다. 지현이나 지부를 만날 때도 그가 상관이면 그들 앞에서 무릎을 꿇고 공손하게 말을 한다. 비록 며칠 전 혹은 몇 개월 전까지만 해도 그가 아무것도 아니었다고 해도, 또 그가 낮은 신분의 노동자와 농민의 자녀라고 해도 말이다.

113. 3년마다 바뀌는 직무와 그에 대한 정치적인 이유

넷째, 같은 직무에서 계속 일을 해도 된다는 왕의 새로운 허락이 없는 한, 아무도 같은 곳에서 3년 이상 있을 수가 없다. 대부분 더 높은 관직이나 다른 지역으로 이동한다.[312] 이것은 그 지역의 인사들, 특히 고관대작들과 깊은 친분을 쌓지 않도록 하기 위해서다. 과거에 일어났듯이, 반란을 도모할 수 없게 하려는 것이다.

114. 3년 혹은 5년마다 진행하는 모든 지방 관리들의 실적 심사, 잘못에 대한 강한 처벌

다섯째, 포정사, 안찰사, 지주, 지부, 지현[313]과 그 밖의 모든 지방 관리들은 누구나 3년마다 직접 북경으로 가서 조정에 업무를 보고하고 왕에게 복종 서약을 해야 한다.[314] 이때 조정[315]에서는 조정 밖에서 일한 모든 지방 관리들의 실적에 대해 심사를 진행한다. 모든 지방 관리들이 조정에 직접 와야 하는 것 못지않게 그의 직무에 관한 심사도 엄격하다.

---

312 Cf. N.267.
313 Cf. NN.102, 103.
314 Cf. N.130.
315 남경과 북경.

심사 결과에 따라서 관직을 유지하기도 하고, 박탈당하기도 하고, 현재 직위에서 좌천되기도 하며, 인정사정없이 처벌을 받기도 한다. 내가 주목한 것은 이런 실적 심사에서는 아무리 왕이라고 해도 심사 결과를 바꾸지 못한다는 것이다. 그래서 적지 않은 사람들이 이 심사에서 어떤 식으로든 처벌을 받는다. 1607년에 있었던 조정 업무 보고와 심사에서는 4천 명의 관리들이 처벌을 받았다. 이것은 계속해서 발행된 관리들의 명단 기록부에 근거해서 나온 숫자다.[316]

처벌은 다섯 등급으로 나뉜다. 첫째, 뇌물을 주고받았거나 관공서 혹은 개인의 재물을 횡령한 사람이다. 이 사람들은 모든 관직을 박탈당하고 관복을 벗고 특권을 상실한다. 만약 조정에 오지 않고 업무를 보고하지도 않은 관리가 있다면, 그 역시 처벌 대상이다. 둘째, 매우 완고하고 비정한 사람이다. 이들은 모든 관직에서 파면당하고, 관복과 모든 특권을 잃고 고향으로 돌아가야 한다. 셋째, 늙고 병약하여 자신의 직무에 충실하지 못한 사람이다. 이런 사람들은 관직만 박탈당하고 관복 사용과 특권 및 혜택은 유지된다. 넷째, 판결에 신중하지 못했거나 직무에 실수가 있었던 사람이다. 이 사람들은 다른 곳으로 이동하거나 한직 혹은 일이 없는 곳으로 좌천된다. 다섯째, 본인 혹은 가족들이 신중하지 못한 경우다. 이들은 관직과 특권을 박탈당한다.

조정의 관료들도 똑같이 엄격한 심사를 받지만, 그들은 5년에 한 번씩 받는다.

같은 방식으로 무관들도 같은 해에 똑같이 엄격하게 심사를 받는다.

---

316 본서의 집필 시기를 알 수 있는 중요한 지점이기도 하다. Cf. NN.1, 66.

115. 행정관은 자기 고향에서 일할 수 없지만, 무관은 가능하다. 이런 차이에 대한 이유

여섯째, 무관을 제외하고는 아무도 자기 고향에서 행정 일을 할 수가 없다. 이것은 친구나 친척 관계로 인해 부정한 일에 연루되지 않도록 하기 위해서다. 그러나 무관은 고향을 사랑하기 때문에 더 충실하게 싸울 수 있어 고향에서 일을 할 수가 있다. 행정관이 사무실에서 일을 하는 동안 그의 자녀나 하인들이 외부로 나가 외부인과 접촉해서는 안 된다.[317] 모든 바깥일은 그 도시에서 관리를 모시는 공무원이 대신한다. 그들이 외출할 때는 언제나 관사와 공관의 문에 봉인을 붙인다.

116. 조선과 같이 중국에 헌신하는 국가들에까지 냉소적인 외교 관계

일곱째, 중국에서는 본국으로 돌아가지 않으려고 하거나 외국과 연락이 닿지 않는 외국인들은 아무도 거주할 수가 없다. 법은 외국인들의 입국을 아예 허락하지 않는다. 그렇지만 나는 한 번도 이와 관련하여 언급한 규정을 본 일이 없다.[318] 이것은 아주 오래된 관습으로 법에 선행하며, 외국인들을 공포의 대상으로 간주하는 법보다 더 나쁜 관습이다. 이것은 중국인들이 잘 알지 못하는 외국인들을 의심하고 적대시하게끔 한다. 절친한 친구 관계로 매년 조공을 바치는 조선(高麗)과 같은 나라까지

---

317 Cf. NN.368, 475, 1523.
318 동시에 리치는 1609년 2월 15일, 파시오(Pasio)에게 이런 내용의 편지를 썼다. "중국에는 허가증 없이 입국하는 사람을 사형시킨다는 법률이 있다고 하는데 저는 그것을 본 적이 없습니다. 그리고 우리에게 그런 법률을 적용하지도 협박하는 사람도 없습니다"(N.1904).

그렇게 대한다. 조선은 중국과 가까이 있으면서 중국의 법률을 그대로 쓰고 있는 나라지만 중국에서 사는 조선인을 한 번도 본 적이 없다. 조선에서 오랫동안 살다 온 한 장수의 일부 하인을 제외하고는 말이다.[319] 그러나 만약 밀입국하는 외국인이 있어도 우리가 생각하는 것처럼 그를 죽이지는 않는다. 다만, 그가 고국으로 돌아가는 것도 허락되지 않는다. 그가 돌아가서 중국에 어떤 손해를 끼칠 수도 있기 때문이다.[320] 왕의 허락 없이는 외국에 있는 사람과 연락하는 것조차 의심을 받는다. 중국인[321]이 외국에 있는 사람과 편지를 주고받다가 발각되면 중벌을 면치 못한다. 중요한 직책에 있는 사람치고 아무도 중국 밖으로 나가려고 하는 사람은 없다. 일부 관료들이 인접 국가에 파견될 때는 왕의 위임을 받아 어쩔 수 없이 가지만, 아무도 그것을 원하지는 않는다. 마지못해 가게 되는 경우라서 마치 죽으러 가는 사람처럼 온 집안이 눈물을 흘린다. 돌아온 뒤에는 엄청나게 힘든 일을 하고 온 사람처럼 즉시 높은 직위를 하사한다.[322]

---

[319] "조선에서 오랫동안 살았던" 이 사람은 아마도 이응시(李應時)일 확률이 높다. 그는 1602년 9월 21일, 바오로라는 이름으로 세례를 받았다. Cf. NN.693-695. 그는 "임진왜란(1592-1595)이 일어났을 때, 조선에 장수로 파견되었던 사람"(N.693)이다.

[320] Cf. NN.167, 523, 1904.

[321] 리치는 본문에서 '중국'이라고 쓰고 있다. 이렇게 '중국'과 '중국인'(단수)을 혼용하여 쓰는 것은 스페인어와 포르투갈어에서 '중국인'과 '중국'을 형용사, 명사로 같이 쓰고 있기 때문이다. 그러나 중국인(복수)은 구분하여 쓰고 있다. Cf. NN.186, 194.

[322] Cf. NN.166, 167, 257. 이 책을 쓸 때만 해도 리치는 중국인들이 드물지 않게 외국 여행을 했다는 사실을 모르고 있었던 것 같다. Cf. D'Elia¹, pp.125-133.

117. 전쟁 중이 아니라면, 중국인들은 결코 무기를 소지하지 않는다

여덟째, 근무 중인 군인이나 고위 관료들을 호위하는 사람이 아니라면, 아무도 도시에서 무기를 소지할 수가 없다. 간혹 출타할 때, 자기방어용으로 소지하는 칼323을 제외하고는 가정에서도 무기를 소지할 수 없다. 싸움이 벌어졌을 때 이것[자기방어용 칼]으로 상대방을 저지하고 찔러 죽이기도 하기 때문이다. 문관은 물론 전쟁 중이 아니라면 무관조차 무기를 가지고 다니지 않는다. 우리는 무장한 사람을 멋있게 보지만, 중국에서는 나쁘게 보거나 무섭게 보는 것 같다. 그래서 우리처럼 무기로 사람을 죽여 복수하는 싸움이나 폭동 같은 것은 없다. 중국인들은 다른 사람에게 상해를 주지 않으려고 [자리를] 피하는데, 이것은 정말 잘하는 것 같다.

118. 황실 친척들은 북경이 아닌 다른 도시에서 살아야 한다. 그들이 벌을 받는 경우

아홉째, 왕이 죽은 후 왕위를 계승할 태자 외에 다른 자녀들이나 그 밖의 친척들은 아무도 궁에 남을 수 없다. 한 도시를 정해서 살아야 하며, 절대 그곳을 떠날 수 없다. 다른 성省으로 가는 것도 안 된다. 이것은 친척들이 모여 역모를 도모하지 못하도록 하기 위해서고, 왕의 친척이라는 이유로 다른 사람들에게 해를 끼치지 못하도록 하기 위해서다. 그들이

---

323 오래전부터 내려오던 작은 칼이나 아라비아나 페르시아 등에서 유래한 신월도(新月刀) 같은 것을 말한다.

사는 곳에는 거기에 상주하는 황실 친척의 한 사람이 통치하고 있어 그들 사이의 분쟁과 다툼을 처리한다. 그러나 [황족 외의] 다른 사람들과 분쟁이 생기면, 백성들과 마찬가지로 관청[324]에 나가 관료 앞에서 무릎을 꿇어야 한다. 그리고 판결에 따라 형刑과 벌罰을 받아야 한다.[325]

---

324 그가 속한 지역의 관청.
325 Cf. NN.1345, 1473.

제7장

중국의 예법과 몇 가지 의례

○ 중국인들이 문명국을 열망하다
○ 인사, 대화, 서신에서 사용되는 예법과 표현
○ 명함과 장부, 명함의 모양과 사용법
○ 선물과 상세한 선물 목록: 전체 혹은 부분적 수용과 거부
○ 관료나 존경할 만한 사람을 방문할 때 입는 예복
○ 집주인과 찾아온 손님 사이의 예의: 다례(茶禮)
○ 작별 예절
○ 연회 풍습과 예절: 젓가락 사용과 술과 음식, 노래와 놀이
○ 황제에 대한 의전과 관습: 알현, 색깔, 상징, 궁 등
○ 관료들에 대한 존중, 그들의 명예로운 동상과 신당
○ 친척과 웃어른에 대한 예절
○ 장례와 장례 예절, 관(棺)과 제삿날
○ 일반 혼례식, 황제와 그 자녀들의 혼례, 일부다처제, 신부 구입, 정실부인
○ 생일잔치, 성인식, 신년식, 등불축제

119. 중국인들이 문명국을 열망하다

고대에 중국은 자칭 '문화국文華國'[326]이었다. 중국인들이 많은 저서에

---

[326] 문명화된 왕국이라는 의미일 것이다.

서 방대하게 다루고 있는 기본적인 다섯 가지 덕목[327] 중 하나는 예禮다. 예는 인간관계와 일 처리에 있어서 존중과 격식을 갖추는 걸 말한다. 중국의 예법은 시간이 지나면서 점차 [많은 것이] 더해져, 다른 일을 할 시간도 없이 종일 방문[328]을 하는 경우가 생겼다. 학자들은 불평하거나 힘들어하기는 해도 피하지 않았다. 이것은 대부분 사람이 내적인 것보다는 외적인 허례허식을 더 따지기 때문이다.[329] 그들 스스로도 고백하듯이 모든 만남과 교제는 체면 때문에 이루어진다. 이 점에서 다른 비非문명국이나 야만 민족들을 언급할 필요는 없겠지만, 우리 유럽인들이 어떤 술책을 쓰는 것을 중국인들과 비교할 때, 예법에 개의치 않는 매우 단순한 사람들이라고 할 수 있다.

120.

중국인들의 일상적인 예법을 먼저 이야기한 다음, 그들의 개별적인 의식, 그중에서도 우리 서방의 것과 다른 것에 대해서 말하기로 하겠다. 이것이 이 장章에서 내가 말하고자 하는 주요 내용이다.[330]

---

327 다섯 가지 덕목은 인(仁), 의(義), 예(禮), 지(智), 신(信)이다. 이 덕목들은 최근 1935년 3월 11일에 시작된 신생활(新生活)운동에 그대로 흡수되었다. Cf. *CCS*, 1934, pp.397-404. 990-1003: 1936, pp.39-64.

328 인사차 방문하러 다니는 것을 말한다.

329 중국인들 사이에서 유명한 '요우 미엔쯔(有面子, 체면이 선 상태)'다.

330 고대 중국인들의 문명성에 관한 모든 것은 최근(1942년 시점)에 나온 다음의 자료를 참고하라. P. Simone Kiong S.I., *Quelques mots sur la politesse chinoise*, Shanghai, 1905. 여기에서 잠시 독자들이 알아야 할 것은, 언급한 내용과 관련하여, 오늘날의 중국은 유럽 문화와 접촉하면서 더 크고 많은 중요한 변화를 꾀하고 있다는 점이다.

121. 인사, 대화, 서신에서 사용되는 예법과 표현

중국인들은 모자를 벗거나 발로 정중함을 표시하는 것을 예의라고 생각하지는 않는다. 포옹을 하거나 손에 입을 맞추거나 그 외 다른 사람에게 자신을 표현하는 어떤 것도 하지 않는다. 그들이 하는 가장 일반적인 인사는 두 손과 항상 입고 다니는 긴 소매를 마주 잡고 들었다가 가슴 앞으로 내리며 서로(拜手) 칭칭請請[331]이라고 말한다. 이 말은 예의상 하는 것 외에 아무런 의미도 없다. 방문을 하거나 길에서 서로 만나게 되면 두 손을 마주 잡고 고개를 숙여 공손하게 인사를 하는데, 이것을 쭤이zuò yī, 作揖[332]라고 한다. 이런 인사는 연장자가 아랫사람에게 하거나, 집주인이 누군가의 방문을 받았을 때 하며, 방문자는 언제나 주인의 오른편에 서도록 한다(하지만 중국의 북방 지역에서는 손님을 왼편에 서게 한다).[333] 그리고 많은 경우, 선 채로 자리를 서로 바꾸어 가면서 두 손을 모아 허리를 굽혀 인사를 하는데, 서로 영광스럽게 생각하고 답례를 하는 것 같다. 이런 예절을 거리에서 하게 되면, 둘 다 북쪽을 향하고, 집에서 하게 되면 북쪽에 있는 거실의 가장 높고 깊은 곳[334]을 향한다. 중국의 모든 건물과 사당과 가정집들의 건축양식은 규정상, 혹은 적어도 손님을 맞이하는 거실은 남쪽으로 향해 있고, 문도 남쪽에 있기 때문이다.[335]

최고의 예를 갖춘 인사나 처음 만나거나 오래간만에 만나거나, 좋은

---

331 "please, please"라는 의미다.
332 **역주**_ 공수작읍(拱手作揖), 곧 '양손으로 주먹을 감싸고 몸을 굽혀서 서로를 향해 인사한다'라는 의미다.
333 리치는 더 뒤에서 "중국에서는 왼손을 열등한 것으로 취급한다"라고 말한다(N.129).
334 가장 안쪽.
335 중국에서는 오늘날에도 입구를 북동쪽으로 낸다.

일이 있어 축하할 일이 생겼거나, 어떤 도움에 감사해야 할 때, 그리고 큰 명절이 되어 인사를 해야 할 때, 중국인들은 서로 무릎을 꿇고 머리가 땅에 닿도록 고개를 숙인다. 그런 다음 일어나서 다시 허리를 숙이고, 무릎을 꿇고 머리가 땅에 닿게(磕頭) 인사한다. 이것을 모두 네 차례 한다. 그러나 이런 예를 윗사람에게 할 경우, 혹은 자신의 부친이나 상사, 또는 매우 권위 있는 사람에게 할 경우, 인사를 받는 사람은 집의 가장 높은 자리에서 무릎을 꿇지 않고 서서 두 손을 모아 답례를 하거나 가볍게 고개를 끄덕인다.[336] 가끔 인사를 받는 사람이 상대방에게 답례 인사를 하고자 하면 집의 높은 자리가 아니라, 거실의 윗자리에 서 있기도 한다.

하인이나 신분이 낮은 사람들이 인사할 때는 주인 앞에 한 번 무릎을 꿇고 머리를 세 번 숙여 절을 한다. 신상神像 앞에서도 같은 방식으로 절을 한다. 말을 할 때는 주인의 한쪽 옆에 서서 하고, 지위가 높은 사람과 말을 할 때는 모두 무릎을 꿇는다.

122.

이런 예절은 우리가 보기에 매우 이상하게 보일지 모르나 사실 우리와 크게 다르지 않다. 중국어가 매우 어려운 것은 말을 하거나 글을 쓸 때 사용하는 겸양어 때문이다. 지위가 높은 사람과 말을 할 때 우리처럼 '너'라고 해서는 안 된다. 말을 하는 사람이 누구인지, 누구와 이야기를 하는지에 따라 여러 화법이 있다. 마찬가지로 화자도 자신을 가리켜 '나'라고 하는 경우는 상대방이 지위가 높지 않고 매우 낮을 때다. 상대방을

---

336 Cf. N.397.

높이는 화법처럼, 자신을 낮추는 여러 화법을 사용한다. 가장 겸손한 방식의 하나는 '나' 대신에 자신의 이름을 넣는 것이다. 아버지, 어머니, 형제, 아들과 딸, 신체, 구성원, 집, 편지, 조국, 다른 사람의 질병에 이르기까지 통상적인 이름이 아니라, 더 예를 갖춘 말을 쓴다. 반대로 화자가 자신에 대해서 말을 할 때는 통상적으로 쓰는 말보다 더 낮추어서 쓴다. 이런 방식의 예법은 무례하거나 품위 없는 사람이 되지 않기 위해서만이 아니기 때문에 그렇게 말을 하고 글을 쓰는 사람의 의도를 이해하기 위해서는 많이 배워야 한다.[337]

123. 명함과 장부, 명함의 모양과 사용법

친척이나 지인들을 방문하거나 다른 사람이 자기 집을 찾아오거나, 혹은 답 방문을 하게 될 때, 대문을 들어서면 여러 방식으로 자신을 낮추어 쓴 명함[배첩(拜帖)][338]을 건넨다. 이것은 방문한 사람이나 방문을 받은 사람이나 똑같이 한다. 그래서 문지기는 방문한 사람의 명함을 주인에게 갖다주고, 방문객에게 주인의 명함을 준다. 방문을 많이 했거나 많이 받은 사람은 그만큼 명함이 많다. 명함은 보통 열두 쪽의 백지로 크기가 손바닥 절반 정도 되고, 봉투 가운데는 붉은색 종이띠가 있다. 백지는 봉투 안에 넣고 봉투 밖에 붉은색 종이띠를 두른다.[339] 명함의 형태는 매우 많고, 매일 계속해서 사용하기 때문에 집에는 명함을 넣어 두는 여러 개의

---

337 이것은 최근까지 유지되어 온 전통이었으나, 지금은 조금씩 사라지는 경향을 보인다. D'Elia[1], 그림(도록) 18 E f. 참조.
338 "방문할 때 사용하는 명함"(Pantoja[1], p.655). Cf. *Ibid.*, p.659.
339 Cf. NN.1477, 1704, 1877.

함이 종류별로 있다. 지위가 있는 사람은 문지기가 매일 찾아오는 사람들을 모두 기록하는데, 이는 삼일 안에 답 방문을 하도록 하기 위해서다. 주인이 집에 없거나 찾아온 손님을 만나지 못한 경우에는 명함을 두고 간다. 그러면 답 방문을 했을 때 똑같은 상황이 되면 그 역시 그렇게 한다. 이로써 예를 갖추었다고 생각한다. 명함에는 한 줄로 이름만 쓰는데 꼭 친필이 아니어도 된다. 누구든 알아볼 수만 있으면 된다. 그리고 지위가 높은 사람일수록 명함에 쓰는 글자가 크다. 각 글자가 손가락만 하여 그들이 쓰는 방식대로라면 열 글자만 써도 명함을 가득 채운다.

124. 선물과 상세한 선물 목록: 전체 혹은 부분적 수용과 거부

선물을 보내거나, 선물을 가지고 방문할 때도 앞서 말한 명함을 사용한다. 이때에는 이름만 적는 것이 아니라 가지고 간 선물의 목록까지 자세히 한 줄에 하나씩 적는다. 선물은 매우 자주 하고, 받은 것과 동등한 것으로 답례를 한다. 보낸 선물을 받지 않거나 그것을 그대로 직접 도로 가지고 오는 것을 결례라고 생각하지도 않는다. 선물의 일부 혹은 전부를 되돌려 보낼 때도 똑같은 명함을 동봉하고, 받은 선물에 대해 감사를 표하고 그 목록을 적어 보내거나 받지 않겠다고 말하고 무엇을 돌려보냈는지를 적어 넣어 최고의 예를 갖춘다. 우리 [서방인들의] 눈에 새로운 것은 이런 선물들 가운데 하나로 돈을 보내는 것이다. 때로는 은자 열 개, 때로는 다섯 개, 때로는 두 개, 혹은 진주 두세 개일 때도 있다. 지위가 있는 사람이 아랫사람에게, 연장자가 어린 사람에게 주로 한다.

125. 관료나 존경할 만한 사람을 방문할 때 입는 예복

관리나 학자들이 이렇게 방문할 때는 지위에 맞는 관복을 입는데, 이는 평상복과 매우 다르다.[340] 관료나 학자가 아니더라도 지체 높은 사람이라면 손님을 맞이하거나 방문할 때, 평상시와는 다른 예복禮服을 갖추어야 한다. 우리도 이곳(중국)에서 그렇게 입고 있다.[341] 두 사람이 우연히 만났는데 한 사람은 예복 차림이고 다른 사람은 그렇지 못할 때, 상대가 예복을 갖추어 입을 때까지 기다린다. 그래서 외출할 때는 항상 하인에게 예복을 가지고 따라오도록 한다. 그것이 불가능할 경우, 예복을 갖추어 입은 사람이 입고 있던 자신의 예복을 벗어 평상복으로 바꾸어 입음으로써 언급한 예를 다한다.

126. 집주인과 찾아온 손님 사이의 예의: 다례(茶禮)

인사를 나눈 후, 주인 또는 집안에서 신분이 가장 높은 사람이 손님에게 의자를 내어 준다. 주인 자리부터 순서에 맞춰 잘 배열하고 원래 깨끗했다고 하더라도 소매로 다시 잘 닦는다. 만약 의자가 순서대로 제자리에 잘 놓여 있어도 흔들리지 않는지, 다시 한번 두 손으로 확인한다. 그런 다음 손님 중 지위가 가장 높은 사람이 주인의 의자를 들어 자신의 자리로 끌고 와 같은 방식으로 소매로 닦는다. 나머지 손님들도 한 사람씩 마련된 의자를 같은 방식으로 닦는다. 손님이 얼마가 되든지 모두 그렇게 한다. 그동안 주인은 한쪽에 서서 두 손을 모으고 연신 '감사합니다.

---

340 Cf. N.108.
341 Cf. NN.429, 495.

황송합니다[不敢當]'[342]라고 말한다.

손님들이 자리에 앉을 때도 여러 가지 예절이 있는데, 서로 중앙[343] 혹은 상석에 앉으라고 권한다. 이러느라고 모두 서서 15분 이상을 지체하기도 한다. 주인은 그 자리에 서서 손님들끼리 서로 누가 상석에 앉아야 하는지를 모두 알 때까지 기다린다. 고향이 같은 사람은 나이에 따라서, 벼슬의 높고 낮음에 따라서, 혹은 누가 가장 멀리서 왔는지에 따라서 누가 상석에 앉아야 하는지를 정하는 것이다. 그러다 보니 어떤 곳에서는 우리 같은 외국인에게 자리를 양보하기도 하는데, 아무리 사양해도 소용이 없다.

자리에 앉고 나면, 긴 옷을 입은 하인[344]이 쟁반에 많은 찻잔을 들고 들어온다. 차에 대해서는 제2장[345]에서 언급하였다. 모두 자리에 앉으면 상석부터 말석까지 각자의 자리에서 모두 잔을 든다. 찻잔 속에는 약간의 말린 과일이나 설탕에 절인 과일이 담겨 있고, 옆에는 그것을 먹기 위한 은수저나 다른 도구가 있다. 자리에 앉아 있는 시간이 길면, 차가 두세 차례 더 나오는데, 그때는 말린 과일이나 설탕에 절인 과일이 바뀌어 나온다.

127. 작별 예절

방문을 마치고 손님들이 나가면 거실문 밖에서 서로 허리를 굽혀 인사

342　**역주_** 불감당(不敢當)은 '별말씀을 다 하십니다', '천만의 말씀입니다', '황송합니다'라는 뜻으로 사용된다.
343　가운데 놓인 자리.
344　잔이 떨어지지 않게 오른손에 쟁반을 들고 각각 하나씩 돌린다.
345　제3장에서 보다 상세히 이야기했다. Cf. N.32.

를 한다. 그런 다음, 주인이 뒤에서 손님들을 모시고 대문을 나선다. 거기서 다시 한번 고개 숙여 인사를 하고 손님들은 대문을 향해 몸을 돌려 인사하면, 주인은 손님들에게 말에 오를 것을 재촉하며 타고 온 가마[346]에 오르라고 한다. 하지만 손님들은 주인에게 먼저 집으로 들어가라며 연신 고개를 숙인다. 그러면 주인은 대문으로 들어가며 다시 몸을 돌려 인사를 하고 손님들도 그렇게 인사를 한다. 주인이 대문 안으로 들어간 후에도 손님들은 세 번을 더 숙여 인사를 한다. 주인이 문 뒤로 모습을 감추면 손님들은 말이나 가마에 오른다. 그러면 집주인은 다시 나와서 칭칭[347]이라고 말하고, 손님들도 다시 예를 다한다. 그 뒤에도 주인은 손님마다 하인을 보내 인사를 당부하고, 손님들 역시 각기 자신의 하인을 집주인에게 보내 인사를 전한다.

이것은 매일 만나는 사이일지라도 항상 이렇게 인사한다. 이것이 그들의 풍속이다.

128. 연회 풍습과 예절: 젓가락 사용과 술과 음식, 노래와 놀이

이제 그들의 연회에 대해서 말해 보겠다. 중국에서 가장 성대하고 자주 치르는 의식이다. 모든 명절과 행사에서 연회는 절대 빠지지 않기에 어떤 이들은 말하자면, 거의 매일 연회를 열거나 연회에 참석한다고 할 수 있다. 무슨 일이든지 손에 잔을 들고 식탁에 앉아서 이야기하는데, 먹고 사는 문제들에서부터 도덕과 종교에 이르기까지 주제는 다양하다.[348]

---

346 Cf. N.142.
347 Cf. N.121.
348 Cf. N.558.

그들은 사람을 초대하여 먹고 마시는 것 외에 [다른 방식으로] 우애를 표현할 줄을 모른다. 그리스 사람들이 함께 먹는다고 하지 않고 함께 마신다고 하는 '향연'과 이름이 같다.[349] 실제로 그들은 처음부터 끝까지 주어진 작은 잔으로 계속해서 술을 마신다.[350] 비록 잔이 작아 그 양을 느끼지는 못하지만 계속해서 마시기 때문에 결과적으로 우리의 술꾼들이 마시는 것보다 훨씬 더 마시게 된다.[351]

중국인들은 음식을 먹을 때 포크[352]나 숟가락을 사용하지 않고 한 뼘 반 정도의 가늘고 긴 젓가락을 사용한다.[353] 오른손에 젓가락을 쥐고 식탁 위의 모든 음식을 능숙하게 집어 먹는다. 음식을 맨손으로 집는 법은 결코 없다. 식탁 위의 음식은 국물이 있거나 말랑말랑한 것을 제외하고는 모두 잘게 잘라 놓는다. 달걀, 생선과 같이 젓가락으로 자르기 쉬운 음식들이 올라온다. 식탁에서는 아무도 식도食刀, 나이프를 쓰지 않는다.

그들은 차나 포도주, 그 외 여러 가지 술을 한여름에도 매우 뜨겁게 마신다. 내가 보기에 건강에는 매우 좋을 것 같다. 그래서 그런지 그들은 오래 산다. 70세, 80세가 되어도 우리보다 상당히 건강한 편이다. 그들

---

349 심포지엄, *Συμπόσιον*. 동사는 *συμπόσιαξω*. 중국인들에게 있어 친구는 "함께 마시는 사람들(同飮者)"이다. Cf. N.558.
350 Cf. N.13.
351 Cf. N.1230.
352 로마인들도 숟가락과 포크를 알고 있었다. 그러나 16세기 중·후반기에 이탈리아에서 유래한 포크가 프랑스 왕실로 들어가 본격적으로 사용하기 시작했다. Cf. Bonnaffé, *Voyages et voyageurs de la renaissance*, Parigi, 1895, p.133.
353 젓가락이다. 카를레티(Il Carletti, p.133)는 '작은 나뭇가지'라고 부른다. 중국인들은 기원전 11세기부터 상아로 된 젓가락을 사용했다는 증거가 두 가지 있다. 이것은 확실한 첫 증거들로, 기원전 3세기까지 거슬러 올라간다. Cf. Forke, *Chopsticks* in MSOS, 1911, Supplementary Volume, pp.495-496.

은 우리 유럽인들이 늘 찬 것을 마셔서 걸리는 담석증과 같은 병은 없는 것 같다.

129.

그러므로 누군가를 성대한 잔치에 초대하고자 하면, 하루 전이나 며칠 전에 초청장을 보낸다.[354] 초청장에는 이름과 함께 정중하고 예의 바르게 "몇 날, 몇 시(통상적으로 저녁 시간에) 어디에서 조촐한 술자리를 마련하여 좋은 가르침을 듣고 배우고자 하오니 왕림해 주시기를 간곡히 청합니다"라고 쓴다. 그런 다음 붉은색의 띠 부분에 초대받는 사람의 신분을 나타내는 여러 가지 직함의 호號[355]를 적는다. 초대하고 싶은 모든 손님에게 이렇게 한다.

연회 당일 아침에 다시 같은 초대장을 보낸다. 여기에는 '조만간 뵙겠습니다'라는 말 외에 아무것도 적지 않는다. 그리고 연회 시각이 되면 세 번째 초대장을 보내는데, 중국인들은 그것을 '손님맞이(迎客)'라고 한다.

손님이 도착하면 여느 때처럼 예를 다해 인사하고, 거실에 자리를 잡고 앉은 다음 먼저 차茶를 마신다. 그런 다음, 연회장으로 간다. 연회장은 제법 치장이 되어 있지만, 의자 등받이는 단순하다.[356] 등받이 장식이 없는 대신 많은 그림과 화병, 그 외 도자기와 골동품들로 채워져 있다. 손님들에게는 제각기 상이 하나씩 주어지는데, 길이는 팔 하나 반 정도고 폭은 한쪽 팔 정도 된다. 때로는 상 두 개를 앞뒤로 붙여 놓기도 한다.

---

354 Cf. N.123.
355 Cf. N.139.
356 등받이 장식.

상은 우리의 제단처럼 매우 예쁘다. 의자는 다양한 문양으로 조각을 하고 거기에 색을 입히고 광을 낸 다음 금으로 장식하여 더 예쁘다. 중국인들의 거실은 모두 이런 장식과 그림으로 채워져 매우 아름답다.

　연회장의 손님들은 모두 서 있고 집주인이 은이나 금 혹은 보석으로 만든 잔을 든다. 대개 같은 재료로 만든 받침대 위에 그것[357]을 올리고 술을 따른다. 그리고 상석에 있는 손님들에게 깊이 절을 한 다음, 마당으로 나가 먼저 남쪽을 향해 절을 하고 천제天帝[358]에게 술잔을 올린다. 술을 땅에 쏟고 허리를 굽혀 인사를 한다.

　그리고 안으로 들어와 다른 술잔을 들고 상석에 앉게 될 손님에게 깊이 인사를 한다. 그런 다음 손님과 함께 중앙에 있는 상으로 간다. 상의 가장 긴 쪽이 주빈석이다. (우리 서방과는 반대다. 우리는 상의 가장자리가 상석이다.) 주인은 두 손으로 잔을 공손히 들어 작은 접시 위에 놓고 그 옆에 젓가락[359]을 얹는다. 젓가락은 상아나 흑단 혹은 다른 매끄럽고 단단한 것으로 만들어 은이나 금을 입혔다. 그리고 의자를 가져와 자신의 소매로 훔친 다음 반듯이 놓고 다시 거실의 중앙으로 가 허리를 굽혀 인사한다.

　두 번째 높은 손님에게도 그렇게 하고 주인의 왼쪽 자리에 앉게 한다.[360] 세 번째 높은 손님에게는 주인의 오른쪽 자리를 내어 주고, 같은

357　잔.
358　천제(天祭)는 그리스도교에서 말하는 천주(天主)가 아니다(NN.236, 246). 다만 '하늘의 임금'이라는 뜻으로 천제(天帝)라고 부른다. 유교에서 주인(主)은 '임금'이라는 뜻이다(NN.170, 193). 모두 최고의 실체를 향한 종교적인 의미를 지니는 것 같다.
359　젓가락은 포크처럼 사용한다. Cf. N.128.
360　Cf. N.121.

방식으로 마지막 사람까지 일일이 자리를 배석시킨다. 마지막으로 상석에 앉은 손님은 하인으로부터 술잔과 접시를 직접 받아 술을 따른 다음 모든 손님과 주인에게 인사를 하며 건넨다. 그런 다음 남향을 등지고 술잔과 접시를 주인의 상 위에 내려놓는다. 상석은 문과 마주 보게 되어 있다. 집주인이 자신과 다른 모든 사람에게 한 것처럼 젓가락과 의자를 잘 놓는다. 그러면 초대받은 손님들은 순서대로 접시와 젓가락과 의자를 더 잘 놓기라도 하는 듯 양손으로 한 번씩 만진다. 집주인은 그 옆에 서서 두 손을 모으고 허리를 굽혀 연신 고맙다는 인사를 한다.[361] 중국인들은 음식물을 손으로 만지지 않기 때문에 식사 전이건 후건 손을 씻지 않는다.

이것이 끝나면, 모든 손님은 주인에게 허리를 굽혀 인사하고, 자기네끼리도 서로 인사한 뒤 상에 앉는다. 집주인은 술을 마실 때마다 잔과 접시를 두 손으로 올렸다 내리며 모든 사람에게 술을 권한다. 그러면 손님들도 똑같이 주인을 향해 잔을 들었다 내리며 한 모금씩 마신다. 보통 한 잔을 비우는 데는 네다섯 모금이면 된다. 그들은 물이 아닌 이상 결코 우리처럼 단번에 잔을 비우는 일은 없다.

술을 마시고 나면 음식이 순서대로 나오기 시작한다. 음식이 올라올 때마다 주인은 먼저 두 손으로 높이 젓가락의 가운데를 잡고 먹을 것을 권한다. 주인을 향해 고개를 돌렸던 손님들도 주인과 똑같이 응답한다. 그런 뒤 주인이 젓가락을 접시에 가져가며 손님들에게도 그렇게 하라고 권한다. 이렇게 모든 사람이 같은 음식을 한 번 혹은 두 번 맛을 본다. 그리고 항상 상석에 앉은 사람이 젓가락을 먼저 상에 내려놓으면 그제야

---

361 Cf. N.126.

사람들도 따라 내려놓는다. 이때 하인들이 다시 들어와 손님들의 잔에 따뜻한 술을 채운다. 상석에서부터 시작한다. 손님들은 계속해서 술을 마시는데, 음식을 먹는 시간보다 술을 마시는 시간이 더 길다. 연회 내내 사람들은 온갖 것들에 대해 이야기를 한다. 좋은 이야기를 하기도 하고, 유행하고 있는 코미디를 경청하기도 하며,[362] 노래꾼이나 악단의 연주를 듣기도 한다.[363] 이들[노래꾼이나 악단들]은 때로 부르지 않아도 오는데, 연회가 벌어지는 곳을 알고 있기 때문이기도 하지만, 대부분은 그 일로 생계를 유지하고 있어 (그냥 와서 하더라도) 연회가 끝나면 주인이 돈을 줄 것임을 알기 때문이기도 하다.

이런 연회에서는 우리[서방]의 잘 차린 음식들을 모두 모아놓은 것과 같지만, 그 양은 많지 않다. 많은 가짓수로 상을 가득 채우지만, 그 양은 매우 적어서 고기건 생선이건 모두 먹는다. 한 번 상에 올라온 음식은 접시를 비우기 전에 가져가는 일은 없다. 따라서 음식이 상을 가득 채울 뿐 아니라, (빈) 접시들을 2층, 3층으로 탑처럼 쌓아 두기도 한다. 상에는 빵이 없다. 빵에 해당하는 쌀이나 그것과 유사한 것도 제공되지 않는다.

그들은 또 각종 놀이도 만들어서 노는데,[364] 진 사람에게는 술을 마시게 한다. 마지막에는 비교적 큰 술잔으로 바꾸는데, 모두 큰 술잔으로 바꾸어도 술 마시기를 좋아하지 않는 사람에게 억지로 마시게 하지는 않는다. 마실 수 있는 사람에게만 권한다. 그들의 술은 맥주의 일종으로 그리

---

362 Cf. N.45.
363 Cf. N.608.
364 리치는 1600년 7월 산동성 임청(臨淸)에 있는 마당(馬堂)의 저택에서 이런 풍습을 매우 호기심 있게 보았던 것 같다. Cf. N.584.

독하지는 않지만[365] 많이 마시면 취한다. 하지만 이튿날이면 다시 멀쩡하다.

먹는 것에 있어서, 그들은 상당히 절제한다. 어떤 때, 떠나는 친구가 있으면 일곱 혹은 여덟 명의 친구들이 마련해 주는 전별餞別 연회가 있다. 그러나 그것은 간혹 이튿날 새벽까지 이어지는 대연회처럼 길지는 않다. 손님이 먹고 남은 음식은 손님이 데리고 온 하인들에게 충분히 먹으라고 내어 준다.

130. 황제에 대한 의전과 관습: 알현, 색깔, 상징, 궁 등

그 밖의 예절과 예법으로 중요한 것은 왕에 대한 것으로,[366] 외형적으로 보면 세상의 어떤 정치 지도자나 종교 지도자보다도, 그 외 어떤 지도자보다도 가장 큰 존경을 받고 있다. 현재 궁궐 안에 있는 태감들과 왕자와 공주 등 가족 친척들을 제외하고는 아무도 왕과 이야기를 할 수 없다.[367] 모든 업무는 궁궐 내에 있는 태감들이 모두 맡아서 한다. 궁궐 밖에 있는 대관들은 무슨 일이든 문서로 보고해야 한다. 문서를 쓰는 방식은 매우 복잡하다. 그래서 모든 문인이 다 쓸 수 있는 것이 아니어서 특별히 배워야 한다.[368]

---

365 Cf. N.13.

366 황제에게 드리는 모든 예절에 관해서는 N.609를 보라.

367 1585년경부터(BD, N.452) 1644-1662년에 없어진 일이다(Du Halde, I. 470). 하지만 1608년 8월 22일, 리치가 쓴 기록에는 "현재 왕은 자기를 아무에게도 보여 주지 않고 있는데, 이것은 중국 역사에서 오래된 일이 아니라, 그의 부친과 조부 때부터 생긴 일이다"(N.1875). 즉, 융경제(隆慶帝, 1537-1572)나 가정제(嘉靖帝, 1507-1567)의 역할이 컸다. Cf. NN.130, 165, 597, 1523; Pantoja¹, p.676.

368 만력 황제 시절에는 더 복잡해졌고, 리치도 어려움을 겪었다. 그 점에 관해서는 본서

현現 왕조의 신년[369]은 양력으로 2월 5일을 전후로 지낸다. 중국인들에게는 봄이 시작되고,[370] 각 성에서는 사람을 보내어 왕에게 신년 인사를 하게 하며, 3년마다 최고 대관이 직접 [북경으로] 온다.[371] 그리고 중국의 각 도시에서는 매월 음력 초하루[372]에 모든 대관이 모여 제단[373] 같은 곳에 마련된 왕의 용상을 방문한다. 용상에는 그것이 임금의 자리임을 알리기 위해 금으로 새겨진 용이 가득하다.[374] 물론 다른 것들도 새겨져 있다. 대관들은 용상 앞에서 성대하게 절을 하고[375] '만세(萬年)'를 외친다.[376] 매년 왕의 생일에도 이렇게 똑같이 한다.[377] 북경에서는 모든 대관과 지방으로 파견 나간 관리들과 여러 직급의 황족들이 많은 선물을

제4책 11장-13장에서 자세히 언급하고 있다. 이 문서들을 어떻게 장황하게 마련했는지는 N.585에서 잘 묘사하고 있다.

369 중국에서는 음력 정월 초하루다.

370 2월 4일이나 5일경에 맞이하는 중국의 24절기 중 하나로, 명시적으로는 "입춘(立春)"이라고 부른다. Cf. D'Elia[1], N.67. 중국의 달력에서 봄은 다른 모든 계절과 마찬가지로 유럽보다 대략 2개월 먼저 오는 것 같다.

371 Cf. N.114.

372 음력으로 매월 첫날.

373 장막으로 씌워져 있다.

374 용(龍)은 중국에서 로마 제국의 독수리와 같다. 용에 대한 자세한 설명은 이 책의 후반부에서 자세히 하겠다. 리치가 황제에게 선물한 자명종에도 용이 새겨져 있다. Cf. N.572.

375 완전히 엎드려서 절을 한다는 것은 이마가 땅에 닿아야 한다는 것, 개두(磕頭)다. Cf. N.121.

376 중국인들은 '만세'라고 기원한다. 중국 황제들을 '만년(萬年)'이라고 불렀다. Cf. N.549.

377 황제의 생일을 축하하는 예식이 공식적으로 시작된 것은 729년이다. '천추절(千秋節)'이라는 이름으로 시작되었으나 748년에 '천장절(天長節)'로 바뀌었는데, 일각에서는 그리스도교의 영향을 받았다고도 한다. 서안(西安)에 있는 당대종(唐代宗, 763-779) 시절의 대진경교유행중국비(大秦景教流行中國碑)에는 황제가 네스토리우스 수도자들에게 "매년 (메시아 또는 황제) 탄생일이 되면 유향을 선물했다"라고 적혀 있다. Cf. Saeki[1], pp.169, 264, 232-234.

가지고 축하의 인사를 하러 온다.

이것 외에도, 모든 대신이 왕으로부터 어떤 직급이나 은혜를 받으면 반드시 와서 감사의 인사를 해야 한다. 그래서 북경에는 이른 아침부터 인사를 하는 사람들로 매일 북적인다. 예절이 길어서 몇 명의 예절 담당 관이 어떻게 하라고 큰 소리로 지시해 준다. 누구든지 조금이라도 틀리면 처벌을 받는다. 왕은 현재 아무도 만나지 않고 있어[378] 국내에 있는 대신들이라고 할지라도 빈 용상에 와서 인사를 해야 한다. 사람들이 이 예식을 할 때 대신들은 특별히 만든 홍색 관복에 금장식을 한 관(冠)을 쓰며, 손에는 상아로 만든 판(홀, 笏)을 들고 있어야 한다. 상아 판은 손가락 네 개 정도의 폭에 두 뼘 길이로 된 것으로 본래는 왕과 이야기할 때 입을 가리기 위한 것이었다.[379] 예전에 왕이 사람들을 접견할 때, 높은 창문이 있는 발코니에 서서[380] 대신들과 똑같은 판으로 자신의 얼굴을 가리곤 했었다.[381] 왕이 쓰는 관冠 위에는 반소매 정도 길이에 한쪽 팔 정도의 폭으로 된 작은 판이 하나 있는데, 거기에는 많은 진주와 보석들을 (구슬처럼) 꿰어 사방으로 늘어뜨려 얼굴과 머리 전체를 가려 아무도 알아볼 수 없게 했다.[382]

왕만 쓸 수 있고 다른 사람은 쓸 수 없는 고유한 색은 노란색(황색)이

---

378 Cf. N.130, p.382, 주(註) 367.
379 이 판의 이름은 홀(笏) 혹은 수판(手版)이라고 부른다. Cf. Zottoli, II, [그림 10], a: pp.81-83; N.609.
380 Cf. N.1873.
381 황제가 사용하는 홀(笏)은 엄지손가락 열두 개의 길이로 옥으로 만들어 개규(介圭) 혹은 진규(鎭圭)라고 불렀다. 그 외에도 황제는 창규(昌圭) 혹은 창(瑒)을 들고 선물을 받곤 했었다. Cf. Zottoli, II, pp.67-68, 82-83, [그림 10].
382 Zottoli, II, 그림 Xa; cf. Ibid., p.80. '도안' 편을 보라.

다.[383] 그래서 왕의 옷은 노란색이고, 그 위에 금실로 많은 용을 수놓았다.[384] 용은 왕의 옷에만 수를 놓는 것이 아니라, 그와 관련된 모든 건물과 금이나 은으로 된 각종 그릇과 여러 소지품에도 조각하거나 그려 넣었다. 궁궐의 지붕에도 노란색의 기와가 있고, 벽에도 노란색에 온통 용으로 덮여 있다.[385] 황족을 제외하고는 누구든지 황색이나 용을 자신의 물건에 사용하면 반역자로 간주한다.

황궁에는 사방으로 네 개의 큰 문이 있다. 이 문을 통과할 때는 모두, 말을 탄 사람은 말에서 내려야 하고, 가마를 탄 사람은 가마에서 내려 걸어서 통과해야 한다. 이런 규정은 왕이 한 번도 가지 않고 들어가 본 적이 없는 남경의 황궁에도 똑같이 적용된다. 남쪽(황궁)에는 문이 세 개가 있는데, 중앙에 정문이 있고 양쪽에 한 개씩 쪽문이 있다.[386] 정문은 왕이 출입하는 문이라 다른 사람은 아무도 드나들 수가 없다. 그래서 정문은 항상 닫혀 있다.

모든 책과 공문서들에는 왕의 재위 연도 외에 다른 연도를 쓸 수가 없다.[387]

특별한 경우, 왕이 대신들의 부모에게 칭호를 내려 주는데 한림원翰林院[388]에서 왕의 이름으로 작성한 것이다. 사람들은 이것을 매우 소중하게 생각하고, 이것을 얻기 위해 많은 돈을 들이고, 유골함처럼 집에 고이 간

---

383 Cf. N.585.
384 황제의 의복에 관해서는 *TMHT*, c.60을 보라.
385 아마도 리치는 중국의 집 창문에 붙이는 창호지도 황색이라고 말하려는 것 같다.
386 문이 세 개가 나란히 있다는 뜻이다.
387 유럽에서는 교황들이 교황직 재위에 따라 연호를 사용하는 것과 같다. 중국의 황제들이 연호(年號)를 사용하기 시작한 것은 기원전 114년부터다. Cf. Wieger, *TH*, p.448.
388 Cf. N.100.

직한다.

마찬가지로 왕이 두세 글자로 쓴 특별한 칭호를 절개를 지킨 과부와 100살까지 산 노인이나 그와 유사한 경우에 하사하는데, 사람들은 그것을 문 위에 걸어 둔다. 중국인들은 대신들이 하사한 이런 비명碑銘들을 집의 문설주에 걸어 두기도 한다. 때로는 도시의 공용도로에 설치된 경축용 아치에 두기도 한다. 아치는 진사進士 시험에 통과되거나 그와 비슷한 일이 생겼을 경우 나라에서 세워 주는 것으로, 서방에서 전쟁에 나가 큰 공을 세우고 돌아온 사람에게 세워 주는 개선문과 같다.[389]

또 그들은 전국 각지에서 나는 모든 좋은 물건들, 가령 생선과 과일과 각종 물건을 매년 대량으로 큰 비용을 들여 북경으로 보내 황제에게 진상한다.[390] 왕이 살고 있거나 잠시 살았던 궁궐[391]에 대신들이 갈 때는 가마는 탈 수 없고 말만 탈 수 있어 다른 곳에 가는 것만큼 위풍당당하지는 않다. 고관들은 네 명이 드는 가마를 타고 갈 수 있다. 이들도 궁궐 밖에서는 여덟 명이 드는 가마를 타고 다니지만, 궁궐에 들어갈 때는 더 낮은 대신들의 가마를 타고 간다.[392] 궁에 있는 대신들은 매년 네 절기마다[393] 선대先代 왕과 왕후의 무덤에서 성대하게 제사를 지낸다. 특히 개국 황제 홍무洪武[394]의 무덤에서 올리는 예식은 더욱 성대하다. 며칠 전

---

389 패루(牌樓)다. 그 위에는 어지(御旨)라고 쓰여 있다. Cf. Couling, p.417.
390 운반은 대개 여름에 이루어진다. 정해진 날짜에 북경에 도착할 수 있도록 하기 위해서다. Cf. N.518.
391 남경과 북경에 있다.
392 Cf. N.142.
393 사계절이 시작되는 시점.
394 Cf. NN.78, 909, 4236. 홍무제의 무덤은 남경의 북동쪽에 있는 종(鍾)산 남쪽에 있다. [역주_ 오늘날에는 종산을 자금산(紫金山)이라고 한다. 이 산의 남쪽 기슭에 있는 매화

부터 궁의 업무를 중단하고 절제하며 준비를 한다.

131. 관료들에 대한 존중, 그들의 명예로운 동상과 신당

중국인들은 왕 외에도 자기네 지방관들을 크게 존중한다. 보통 사람들은 지방관과 이야기할 수도, 그를 만나러 갈 수도 없다. 특정 직위나 학위를 가진 사람이나 다른 데서 관직을 지낸 사람이어야 가능하다. 그들은 관직에서 물러나 고향으로 돌아와 있어도, 또 죄를 지어 관직을 박탈당해도, 여전히 관복을 입고 지낼 수 있다. 모든 지방관은 전직 지방관들을 존중하고 방문 비용까지 지급한다. (그들에게) 많은 편의도 봐주는데, 고위 관리를 지낸 사람들에게는 특히 더하다.

지방관이 일을 잘하고 백성에게 선익을 많이 베풀면 그의 임기가 끝나거나 다른 이유로 그곳을 떠날 때 큰 선물을 주고, 떠나는 지방관의 신발이나 관복 일부를 남겨 달라고 부탁한다. 그를 기억하고 후에 그를 찬양하는 편지와 함께 상자에 넣어 자물쇠로 채워 공공장소에 보관하려는 것이다. 만약 업적이 크면 공공장소에 큰 비석을 세우고, 거기에 그가 그지역에서 이룩한 모든 공덕을 유려한 문장으로 새겨 넣는다. 어떤 지방관에게는 화려한 사당을 지어 주고 제단을 만들어 거기에 동상을 세우는 등,[395] 살아 있음에도 관리자를 배치, 매일 촛불을 밝히고 향을 피우게

산(梅花山)의 북쪽에 홍무제의 무덤이 있는 걸로 알려져 있다.」 마르티니 신부는 1640-1645년 만주족에 의해 파괴되기 전, 이 무덤을 방문하고 1655년에 발간한 자신의 저서 *Novus atlas*, p.98에서 이를 묘사하고 있다. 다음의 저서들도 참조하라. 주공양(朱孔陽)의 『역대능침비고(歷代陵寢備考)』, 상해, 1877, c.45, ff.9-10; *TP*, 1923, pp.50-60; De Groot, *Religious System of China*, III, pp.1177-1282.

395 이런 사례는 N.298에서 많은 신발과 동상, 사당을 통해서 볼 수 있다. Cf. N.582.

하는 등 많은 걸 한다. 향로는 제단 앞에 놓는데 철로 된 것도 있고 청동으로 된 것도 있다. 여러 개의 비석에는 그 지역에서 이룬 공적과 업적을 새긴다. 연중 특정 시기에는 백성들과 지체 높은 사람들이 그곳을 찾아가 절을 하고, 몇몇은 제사를 지내고 의식을 행하기도 한다. 이런 사당들이 도시마다 가득하다. 왜냐하면 많은 벼슬아치가 공덕이 없는데도 아는 사람들을 동원하여 그곳에 자신을 위한 사당을 세워 달라고 하여 명예를 얻으려고 하기 때문이다.[396]

132. 친척과 웃어른에 대한 예절

중국의 모든 책[397]에는 부모님과 윗사람에게 순종하고 [그분들을] 존경하라고 가르친다. 그래서 외견상 아무도 중국만큼 이 규범을 잘 지키는 나라는 없는 것 같다. 그중에서도 으뜸은 아랫사람은 항상 윗사람의 한쪽 편에 앉아야지, 같은 자리에 앉거나 마주 앉을 수는 없다는 것이다. 부모에 대한 이런 예절은 매우 엄격하여 다른 사람들 앞에서 자기 부모에 대해서 말을 할 때도 매우 공손하게 한다. 가난한 사람들은 아무리 상황이 어려워도 죽을 때까지 부모를 봉양해야 한다.

---

396 이 모든 일은 당사자가 살아 있을 때 이루어진다. 백성들 사이에서는 '자격이 없는 사람'으로 알려진 지방관에게도 이런 명예가 주어지는지, 사회적 명예를 시험하는 기회가 된다. 이런 명예는 리치 자신에게도 주어지지 않을 수 없었다. 외국인임에도 불구하고 말이다. Cf. N.974.
397 특히 효경(孝經)이 있다. 효에 관해 공자가 집필한 고전으로 알려져 있는데, 공자 사후에 나온 것으로 추정된다. Cf. Wylie, p.8; Zzeiüen, h. l. 영어 번역본도 있다. Max Müller, *The Sacred Books of the East*, Oxford, 1879, III, pp.449-488.

133. 장례와 장례 예절, 관(棺)과 제삿날

무엇보다도 그들이 가장 신중하게 생각하고, 다른 나라와 가장 큰 차이를 두는 것은 부모님 사후死後 상복을 입는 것과[398] 장사를 지내는 일이다. 형편이 허락하는 한 좋은 관에 모시고,[399] 묘지를 예쁘게 손질한다. 그들의 상복은 검은색이 아니고 흰색이다. 부모가 돌아가시면, 특히 사망 직후와 첫 1년간은 매우 거친 천으로 만든 상복을 입고, 모자와 신발, 그리고 허리에 굵은 줄을 매는데 그 모양새가 매우 이상하다.

엄격하게 지키는 규정은 부모가 돌아가시면 모두 삼년상을 치르는 것이다. 하지만 다른 친척이 돌아가시면 상복도 다를뿐더러 1년 혹은 3개월 상으로 치른다. 친척이 얼마나 가깝고 먼지에 따라 달라지는 것이다.

황제와 황후가 죽으면 궁[400] 안에 있는 사람이건 밖에 있는 사람이건 모두 삼년상을 치러야 한다. 하지만 현재의 황제는 자기나 황후가 세상을 떠나면 조서를 내려 한 달을 하루로 계산하게 했다. 그래서 모두 한 달 이상 상복을 입지 않아도 된다.

이런 장례 예절에 관해서는 그것을 적어 둔 매우 두꺼운 책이 하나 있다. 그래서 집안에서 누가 사망을 하면 무엇을 해야 하는지 알기 위해 먼저 책을 펼쳐 든다. 거기에는 장례 예절만 적혀 있는 것이 아니라, 상복과 상모, 허리띠, 신발과 나머지 모든 물품의 모양까지 적혀 있다.

지체 높은 사람이 죽으면, 아들이나 가장 가까운 친척이 다른 친척들

---

398 상복에 관해서는 Zottoli, II, pp.84-85를 보라. 상복을 입는 것을 중국어로는 '효도복을 입는다(穿孝)'라고 말한다.
399 Cf. N.24.
400 남경과 북경에 있는 궁 모두를 일컫는다.

에게 부친의 사망에 대해 매우 처량한 어조로 부고를 알린다. 부고문에는 조문이 시작되는 날짜를 적는데 대체로 3, 4일 후에 시작된다. 그동안 관을 준비하고 거기에 시신을 넣어 뚜껑을 닫고 흰 천으로 두른 다음 거실 가운데 둔다. 정해진 날짜가 되면, (지체 높은 사람들은 4, 5일 후에) 모든 친척과 친구들이 도착하여 상복을 입고 종일 시간마다 망자에게 향과 두 개의 초를 봉헌한다. 여기에 대해서는 앞에서도 언급했듯이,[401] 관과 망자의 영정 앞에 있는 향로에 향을 피우고 초에 불을 붙이고 네 번 깊이 절을 한다. 이렇게 절을 하는 동안 망자의 자손들은 한쪽에 상복을 입고 꿇어앉아 계속 운다. 장막으로 가려진 관 뒤에는 집안의 여자들이 상복을 입고 큰소리로 곡을 한다. 그들은 지전紙錢과 흰색 비단 천 조각을 태우는데, 그것은 사랑의 징표로 망자가 저승으로 갈 때 입고 가라는 뜻이다.[402]

지체 높은 사람은 부모가 죽으면 시신을 2년 혹은 3년 동안 집에 두고, 살아 있을 때와 똑같이 매일 먹을 것과 마실 것을 바치고, 의자가 아니면 앉지도 않고, 바닥이 아니면 잠을 자지도 않는다. 관 옆에 마련된 짚으로 만든 바닥에서 잔다.[403] 일정 기간까지는 고기도 먹지 않고 맛있는 음식도 먹지 않는다.

장지葬地는 언제나 도시 밖에 있는데, 발인하는 날이 되면 다시 모든 친척과 친구들이 초대되어 다시 상복을 입고 묘지로 향한다. 이때 종이로 여러 가지 상을 만드는데, 남자와 여자, 코끼리, 호랑이, 사자 등을 만

---

401 Cf. N.121.
402 Cf. N.177.
403 여기에서 '짚'이라는 단어로 사용하고 있는 colcioni는 이탈리아어가 아니다(Cf. N.605). 리치는 스페인어 colchón 혹은 포르투갈어 colchão이라는 말에서 유래한 '짚 더미' 혹은 '발'(돗자리)을 표현하려고 한 것 같다.

들어 들고 묘지까지 행렬한 후, 묘지 앞에서 태운다. 행렬에는 우상 종파의 사제들[404]도 대다수 동행하며 독경을 하고 여러 가지 의식을 거행한다. 또 많은 악사가 징, 꽹과리, 피리를 불고 간다. 장정들은 커다란 향로를 들고 맨 앞에 선다. 관은 매우 무겁고 비단 조각으로 만든 다양한 무늬로 덮여 있으며, 40명 혹은 50명이 들 수 있게 되어 있다. 관 뒤에는 자손들이 상복을 입고 지팡이[405]를 들고 따라간다. 여자들은 흰 장막 뒤에서 사람들 눈에 띄지 않도록 그 뒤를 따른다. 그중에는 흰 천으로 덮인 가마를 타고 가는 사람도 있다.

아들이 집에 없으면 돌아올 때까지 기다렸다가 장례를 치른다. 만약 지체 높은 사람의 자손이면,[406] 자신의 집에 위패를 마련하여 친구들이 조문할 수 있게 한다. 후에 아들이 집으로 돌아오면 다시 똑같은 의식을 한다. 이런 의식은 법률로 정해져 있어 중국의 장자長子라면 각로閣老[407]나 상서尚書[408]라고 하더라도 집으로 돌아가 삼년상을 치르고 직무에 복귀해야 한다. 하지만 이것은 문관에게만 해당되고 무관에게는 해당되지 않는다. 또 부모의 경우에만 해당할 뿐 다른 친척들의 죽음에는 해당되지도 않는다. 만약 지체가 그리 높지 않은 사람이 죽으면, 그의 친척들은 시신을 관에 안치하여 고향으로 가져와 선영先塋에 묻는다.[409] 중국의 모

---

404 구체적으로는 화상(和尙, 불교의 승려)이다. Cf. N.187.
405 상장(喪杖)이다.
406 지체 높은 집의 아들.
407 Cf. N.96.
408 Cf. N.94.
409 유럽에서 말하는 공동묘지, 곧 마을이나 도시에서 죽은 모든 사람이 묻히는 장소의 의미는 최근까지도 중국에서는 찾아볼 수가 없었다. 하지만 오늘날 일부 대도시에서는 간혹 찾아볼 수가 있다. 가문마다 각자 땅을 가지고 있어 거기에 묻기 때문이다.

든 가문은 선산을 가지고 있고, 거기에는 돌로 만든 커다란 분묘와 각종 인물과 동물들의 상像이 있고, 비석에는 글과 문장이 빼곡하다. 이곳에 묻힌 사람의 행적을 적어 두는 것이다.

그리고 매년 제삿날[410]이 되면 친척들이 묘지를 찾아가 향을 피우고 성대하게 예를 다한다. 이것이 중국의 풍속이다.[411]

134. 일반 혼례식, 왕과 그 자녀들의 혼례, 일부다처제, 신부 구입, 정실부인

약혼식과 결혼식 예절도 매우 성대하다.

약혼은 물론 결혼식도 신랑, 신부 모두 매우 어린 나이에 한다. 둘은 동갑이거나 약간의 나이 차이가 있을 뿐이다. 양가 부모님이 모든 것을 정하고 당사자들의 동의는 구하지도 않지만, 항상 부모의 결정에 복종한다.[412] 첫 번째 정실부인을 맞이할 때는 외견상 지체 높은 집안인지, 사회적 지위가 비슷한지를 따진다. 그들은 원하는 만큼 첩을 들일 수 있고,[413] 그 경우, 첩의 집안이 귀족인지 천민인지는 보지 않고 생김새가 예쁘기만 하면 된다. 아니 첩들은 항상 은자 50냥 혹은 100냥의 돈으로 사 오곤 한다. 때로는 부모가 딸을 첩으로 팔기도 한다. 가난한 사람들은 모두 아내를 돈 주고 사 왔다가, 그래서 되팔기도 한다.[414]

---

410 망자들의 축일은 청명절(清明節), 곧 '밝은 빛'이라는 뜻으로 4월 5일이나 때로 4월 6 일에 해당한다. Cf. D'Elia[1], N.67.

411 Cf. N.177.

412 이 풍습은 최근까지도 이어져 왔다. 하지만 이제 점차 자취를 감추고 있다. 이해관계 에 있는 두 사람이, 아이가 태어나기도 전에 약혼하는 사례도 드물지 않았다. Cf. N.154.

413 Cf. NN.154, 180.

왕과 왕자들이라고 해서 모두 지체 높은 가문이나 귀족 집안에서 아내를 맞이하는 것은 아니다. 평민이나 가난한 집에서 얻는 경우 생김새가 예쁘기만 하면 된다. 왕과 왕자들이 부인을 고를 때, 책임을 맡은 관리가 여자아이의 몸을 검사해야 하는데, 학식 있는 문관이라면 자신의 딸을 내어놓으려고 하지 않는다. 곳곳에서 온 후보들 가운데 한 사람을 뽑기 때문에 온몸을 여러 번 검사받아야 한다. 더욱이 중국에서 왕후의 권한은 그리 크지도 않고 평생 궁궐에 갇혀서 살아야 하며, 무엇보다도 다시는 자기 부모를 볼 수가 없다. 왕과 왕자들은 한 명의 부인을 합법적인 정실로 인정하고, 아홉 명의 여인을 '주요 부인'이라는 이름으로, 서른여섯 명을 그냥 '부인'이라는 이름으로 더 두고 있다. 그 외, 아무런 타이틀이 없는 여인들도 무수히 많다.[415] 이 여인들 가운데 아들을 낳으면, 특히 첫째 아들을 낳으면 높은 지위를 얻는데, 이는 그 아들이 왕위를 계승하기 때문이다.

왕실에서는 물론 중국의 모든 가정에서 첫째 부인은 정실이고, 합법적이며, 집의 여주인으로서 남편과 함께 식사한다. 나머지 첩들은, 특별히 황족들을 제외하고는, 집주인과 정실부인의 종처럼 그 앞에서는 서 있지 않으면 곁에 있을 수도 없다. 첩의 자식들은 자신을 낳아 준 생모를 어머니로 인정하지 않고 정실부인만 어머니로 인정한다. 정실부인이 사망하면 직무를 내려놓고 고향으로 돌아와 삼년상을 치르지만, 생모를 위해서

---

414 이 부인들은 상황이 좋아지면 되팔 수도 있다. "이들의 몸값은 돼지 한 마리나 질이 떨어지는 말 한 마리보다 두세 냥 정도 더 나간다"(N.157).
415 황제와 왕자들의 첩은 "매우 많아서" 때로는 "수백, 수천 명"에 이르기도 한다(N.154). 도교(道教)에서 전해오는 전설의 하나로, 서기 4세기, 맥홍(驀洪)에 따르면, 홍무제는 1,200명의 아내가 있었다고 한다.

는 아무것도 하지 않는다.

중국인들은 결혼할 때 '아무도 같은 성(姓)을 가진 부인을 골라서는 안 된다'라는 엄격한 규칙을 준수한다. 같은 성을 가졌다고 해서 모두 친척이라는 것이 아닌데도 말이다.[416] 중국에서 성은 1천 개도 되지 않을 만큼 매우 적다. 그래도 아무도 성을 새로 만들 수가 없다. 처음부터 있던 걸 그대로 쓸 수만 있다. 그리고 아무도 누군가의 양자가 되는 것 외에 자기 아버지의 성이 아닌 다른 사람의 성을 가질 수도 없다.[417] 그들은 친척 관계에서 촌수를 따지지는 않는다. 그래서 자녀들은 모친의 가까운 친척들과 결혼하기도 한다.

신부는 혼수를 전혀 하지 않는다. 다만 남편의 집에 들어가는 날, 돈이 많은 집에서는 많은 물건을 가지고 가는 바람에 거리를 가득 메우기도 하는데, 통상 그 모든 경비도 신랑 쪽에서 지불하고 그것을 위해 수개월 전에 많은 돈을 신부 쪽에 보낸다.

135. 생일잔치, 성인식, 신년식, 등불축제

중국에서는 또 생일잔치를 하는 풍습도 있는데, 우리 서방에서도 오래 전부터 이런 풍속이 있었다. 생일날 모든 친척과 친구들이 당사자를 방문하여 선물을 준다.[418] 그의 집에서는 연회를 열고 잔치를 벌인다. 특히

---

416 중국의 격언에는 이런 말이 있다. "같은 성을 가진 사람끼리 조용한 결혼은 불가능하다(同姓不同嫁)." Cf. N.1872. 하지만 오늘날 이런 풍속은 이미 사라져 가고 있다.

417 중국의 성(姓)은 상대적으로 매우 적다. 10세기에 나온 책『백가성(百家姓)』에는 책의 제목에도 불구하고 438개의 성만 기록되어 있고, 그중 30개의 성이 두 음절로 되어 있다. Giles *JNCBRAS*, XXI와 Enrico Hauer in *MSOS*, 1926, pp.115-169; 1927, pp.18-95를 보라. 이들 성의 기원에 관해서는 Wieger, *TH*, pp.83-86을 보라.

50세가 넘으면 노년으로 간주하고, 10년에 한 번씩 생일을 축하한다. 문인 자제들이 있으면, 잔치 중에 그의 친구들을 불러 시와 문장을 쓰고 그림을 그려 부모를 칭송한다. 어떤 사람은 이것들을 엮어 책으로 출판하기도 한다. 그날 거실에는 생일잔치를 위한 다양한 행사의 하나로 시와 문장과 그림으로 가득 찬다.

중국에는 자제들이 20세가 되면 머리 올리는 예식을 한다. 그때까지는 머리를 길게 늘어트리고 다닌다.[419]

모든 종교[420]의 최고 축제[421]는 신년식이고,[422] 정월대보름에 하는 등불축제도 유명하다.[423] 모든 사람이 집에서 종이, 유리, 망사 등 각양각색으로 예쁜 등燈을 만든다. 정월대보름이면 시장에서 등燈을 파는 사람도 많아 [어디나] 등이 가득하다. 사람들은 이틀 혹은 사흘 밤, 계속해서 거리로 나와 등燈을 구경한다. 그 시기에는 불꽃놀이도 하는데, 모든 광장과 도로와 건물에 찬란한 불꽃이 번쩍인다.

---

418 방문하여 '모습을 드러내다'라는 뜻의 프레센타레(Presentare)는 '선물하다', 곧 '선물을 주다(offrire dei presenti)'라는 의미다.

419 당(唐) 왕조 시절(618-906)에는 남녀불문하고 나이를 다음과 같이 구분했다. 태어나서 3세까지를 '황(黃)', 4세까지를 '소(小)', 16세까지를 '중(中)', 21세까지를 '정(丁)', 60세까지를 '노(老)'라고 했다. Cf. Zzeiüen 丁中. Lo Zottoli (Ⅱ, p.84)는 예리하게 "(중국에서) 사내아이가 청년이 되면, 로마인들처럼, 남성 토가(toga)를 하사받았다"라고 지적했다.

420 유교, 불교, 도교가 있다.

421 Doré², pp.132-137, 중국의 모든 축제 목록이 적힌 페이지를 보라.

422 음력으로 1월 1일을 말한다.

423 등불축제라고 부르는 것은 이 축제 시기가 되면 수많은 등불이 켜지기 때문이다. 이 축제는 기원후부터 바로 시작되었다. 등불축제와 함께 중국의 신년축제는 마감된다. 종교적인 축제로 제일원인의 신전에서 음력 정월 13일부터 16일까지 거행되었고, 후에 13일부터 18일까지로 바뀌었지만, 축제의 하이라이트인 15일은 변함없이 유지되었다. 등불은 8세기경에 추가된 것이다. Cf. N.533; Couling, p.287.

제8장

중국인의 외모, 몸단장법, 의복 갖추기와
그 외 중국의 관습

136. 중국인들의 외모: 수염, 머리 모양, 여성들의 전족

중국인은 열대 지역에 가까운 남방에 있는 일부 성(省)의 주민들을 제외하고는 피부가 희다.[424] 그들 중에는 피부가 검고 수염이 매우 적은 사람

---

[424] 여기에서 말하고 있는 사람들은 하얀 중국인이 아니다. 카라키타이 혹은 '검은 중국'의
사람을 가리킨다. N.827; Cf. 본서, p.256, 주(註) 9.

도 있는데, 아예 없는 경우도 많다. 조금 있는 수염도 곧게 나 있고 곱슬곱슬하지는 않다. 그것도 매우 늦게 나서 30세가 되어도 우리 서방의 20세밖에 되어 보이지 않는다. 눈은 매우 작고 검으며, 대부분 타원형이다. 눈은 눈썹처럼 바깥쪽이 치켜져 있고 안쪽은 처져 있다. 코는 매우 작고, 귀도 크지 않다. 머리카락과 수염은 모두 까맣고 간혹 금발 혹은 빨간 머리가 있는데, 이들을 비정상으로 여긴다.[425] 어떤 성의 사람들은 얼굴이 거의 정사각형이다. 우리가 광주라고 부르는 광동廣東[426]과 광서廣西[427]에 사는 많은 사람은 그들의 이웃인 코친(베트남) 사람들처럼 양쪽 새끼발가락에 발톱이 두 개씩 있는데,[428] 아마도 옛날에는 그들의 발에 발가락이 여섯 개씩 있었던 걸로 추정된다.

137.

여성들은 모두 키가 작고, 그들의 대부분은 발이 작아야 매력적이라고 생각한다.[429] 그래서 여성들은 어릴 때 발을 단단히 묶어 자라지 못하게

---

425 중국인들은 자신을 '검은 머리 민족, 검수(黔首)' 혹은 '검은 머리카락의 민족, 여민(黎民)'이라고 부른다(Cf. Zottoli, III, p.328; Franke, III, pp.47-48). 그리고 그들은 처음에는 네덜란드 사람들을, 나중에는 영국 사람과 그 외 외국인들을 "빨강 머리를 가진 사람들, 홍모(紅毛)"라고 불렀다. Cf. Ciamueihoa, pp.107-108.

426 오늘날 광주는 지리적으로 광동의 도읍에 국한해서 사용하고 있다.

427 리치는 Quansi 라고 쓰고 델리야는 Kwangsi라고 쓰고 있다.

428 손톱처럼 다룬다. N.1705를 보라.

429 전족 사용은 20세기 초(1925년)까지 이어져 왔다. 다섯 살에서 여덟 살 사이, 여자아이의 발을 붕대로 단단히 감아서 자라지 못하게 했다. 이런 풍습이 등장하기 시작한 것은 10세기 초부터인데, 중국 남부 지방으로 확산하지는 않았다. 원(元)나라 초기에는 이런 풍습을 외면했고, 명(明)나라 초기에도 황궁에는 이런 풍습이 없었다. Cf. TP, 1920-921, p.279. 포르데노네의 B. 오도릭은 1325년에서 1328년, 중국에 있었던 걸로 추정되는데, 그가 1330년에 이런 말을 했다. "여성의 아름다움은 발이 작은 데 있다.

한다. 이렇게 모든 여성의 발을 불구로 만들어 죽을 때까지 싸맨 천을 풀지 못하고 걸을 때는 절뚝거리며 잘 걸을 수 없도록 만든다. 아마도 똑똑하다는 일부 남성들이 여성이라면 모름지기 집에 있는 것이 좋다며 밖으로 나가지 못하게 고안해 낸 것으로 보인다.

남녀를 불문하고 중국인들은 모두 머리를 자르지 않고 기른다.[430] 어린 남자아이와 스님[431]을 제외하고는 말이다. 스님은 매주 머리를 밀고 수염을 자른다. 성인 남성들은 망사로 된 두건으로 머리카락을 모두 모아 예쁘게 묶는다. 망사는 말꼬리로 만든 것, 사람의 머리카락으로 만든 것, 비단으로 만든 것이 있는데, 가운데 구멍이 나 있어 그곳으로 모은 머리카락을 나오게 한다. 여성들은 금, 은, 진주와 그 밖의 보석들로 머리를 장식하고 귀걸이까지 하지만 손가락에 반지는 끼지 않는다.[432]

138. 의복: 관복, 모자, 문인들의 두건, 신발, 우산

그렇다. 중국의 남성들은 여성들처럼 땅에까지 오는 긴 옷을 입는다.[433] 남성복은 오른쪽에서 고름을 매고, 여성복은 가운데서 맨다. 남녀 모두 우리의 베네치아 사람들처럼 소매가 길다. 하지만 남성복은 소매의 통이 좁아서 겨우 손을 내놓을 수 있을 정도고, 여성복은 소매가 열려 있다.

남성의 모자에는 섬세한 장식과 자수가 많다. 가장 좋은 것은 말꼬리

이런 생각은 여자아이를 낳은 어머니들에 의해 이어져 왔는데, 딸이 태어나면 발이 자라지 못하게 동여매기 때문이다"(*SF*, I, pp.487-488).
430 변발(辮髮)은 명 왕조 시절에는 없었다. 1912년 이후 완전히 폐지되었다.
431 승려, 화상(和尙)이다. Cf. N.187.
432 오늘날 중국의 여성들은 반지를 낀다.
433 Cf. Zottoli, II , 그림 10 *a-b*.

로 만든 것이다. 겨울에는 비단으로 만든 모자를 쓰는데, 요즘은 털로 만든 모자도 쓴다.[434]

우리에게 가장 이상하게 보이는 것은 신발이다. 비단으로 잘 만들어 서방에는 여성의 신발에조차 없는 많은 꽃장식으로 화려하게 수를 놓는다. 지체가 높지 않은 사람은 가죽으로 만든 신발을 신을 수 없다. 어쩌다 한 번은 신을 수 있어도 말이다.

문인들이 쓰는 모자는 각이 졌다. 다른 사람은 쓸 수 없다. 그들은 원형 모자만 쓸 수 있다. 모든 사람이 아침에 머리를 빗고 정리하는 데만 30분 정도를 쓴다. 우리 서방 사람들에게는 대단히 힘든 일이다.

그들은 긴 천으로 발과 다리를 싸매기 때문에 신발은 항상 매우 크다. 그들은 내의를 입지 않는다. 하지만 자주 목욕한다. 거리에서 그들은 하인들에게 커다란 우산을 들게 해서 햇볕이나 비를 가린다. 가난한 사람들은 직접 작은 우산을 든다.

139. 여러 가지 호칭: 이름, 성(姓), 호(號), 별명, 종교적인 이름, 세례명

우리에게 매우 새롭게 보이는 중국인들의 풍습은 이름의 사용이다. 성姓[435]은 예로부터 전해 온 것이기에 아무도 바꿀 수가 없다. 이름은 모두 새로 짓고 언제나 의미를 부여한다. 성이나 이름은 모두 한 글자, 한 음절이다. 어쩌다 한 번씩 두 음절이 나올 때도 있다.[436]

---

434 Cf. N.19.
435 Cf. N.134, p.394, 주(註) 417.
436 실제로는 한 음절짜리 이름(名)을 찾기가 드물다. 그러나 성(姓)이 두 음절인 것도 매

아기가 태어나면 아버지가 지어 주는 첫 번째 이름, 유명乳名[437]이 있다. (이것은 사내아이에게만 지어 주는 이름이다. 여자는 나이가 어리건 성인이건 중국에서는 절대 이름을 갖지 못한다. 오로지 부친의 성으로 불리거나, 자매들의 숫자로 첫째, 둘째, 셋째 혹은 맏딸 정도로만 부른다.) 부모와 다른 형제들은 이 이름으로 부른다. 그 외 형제들은 자매들의 경우처럼 형제들 간 서열에 따라 숫자로 부른다. 방명록이나 선물을 보낼 때, 또 책에 이름을 기재할 때나 이와 유사한 상황이 발생하면 이 이름을 쓴다.[438] 만약 동년배나 나이가 어린 사람이 자신의 이름이 있는데도 자기 부친의 이름을 부르거나 친척의 이름을 부른다면, 그것은 대단한 결례일 뿐만 아니라 모욕이기도 해서 누구라도 화를 낸다.

공부를 시작하면, 스승은 다른 이름을 지어 주는데, 그것을 학명學名이라고 한다. 스승과 친구들은 이 이름으로 부른다.

이후 두건을 벗고 모자를 쓰고[439] 아내를 맞이하면 지체 높은 사람이 '자字'[440]라는 이름을 지어 준다. 하인이나 손아랫사람 외에는 모두 이 이름을 부른다.

마지막으로 중년이 되면 사람들이 또 다른 이름을 지어 주는데, 호號라고 한다. 당사자가 있건 없건 이 이름을 부르는 것은 명예를 훼손하는 것이 아니다. 다만 상사나 윗사람이 그에게 굳이 존중을 표하고 싶지 않

우 드물다.
437 이것은 '젖 이름'이라고 하는 것으로, 리치가 '아명(兒名)'이라고 부르는 것과는 다르다.
438 Cf. N.1229.
439 두건은 머리를 고정시키는 망사다. 성인(成人), 곧 21세가 되면 그것을 벗는다. Cf. N.135.
440 그냥 중국어 '자(字)'라는 글자다.

다면, 이전에 사용하던 '자'로 부르면 된다.[441]

누군가 종교를 가지고 있고, 거기에 귀의한다면 그를 가르친 사람이 그에게 이름을 지어 주는데 그것을 법명法名이라고 한다.

그러므로 서로 방문할 때는 명함에 성과 이름을 쓰기는 하지만, 상대방의 호를 물어보고 가능하면 그것을 사용한다. 그래서 우리도 세례명(洗名) 외에[442] 방문용으로 자주 사용할 수 있는 호를 하나씩 지었다.[443]

140. 골동품들에 대한 자랑: 청동 항아리, 토기 항아리, 옥그릇; 그림과 서예 작품; 도장

중국인들은 골동품에 관심이 많다. 조각상이나 메달 같은 것은 없지만, 많은 청동 그릇들이 있어 그것을 귀중하게 여긴다. 그것들은 본래대로 녹슨 것을 좋아한다. 그렇지 않으면 가치가 전혀 없다고 생각한다. 그 밖에 오래된 토기와 옥그릇도 값어치가 있다. 하지만 정작 진귀한 것은 유명한 사람의 묵화나 서예 작품으로, 종이나 천에 진품이라는 뜻으로 저자의 도장[444]이 찍혀 있어야 한다. 이것은 많은 사람이 골동품을 가짜로 만들고 그 기술도 뛰어나기 때문에 잘 모르는 사람들은 쉽게 속아 넘

---

441 혼동을 피하려고 이 책에서는 성은 성(姓)으로, 이름은 명(名)으로, 별칭으로 자(字)를 쓰기로 하겠다. 별명이 있으나 결코 부정적인 의미로 쓰이는 것은 아니다. 어른이 되면 호(號)를 쓴다.

442 리치를 중국어로 하면 성이 리(Ri=Ricci) 利, 이름이 마두(Ma-tou) 瑪竇(=Matteo)다. 그 지역에서 부른 별명은 서태(西泰, 서방에서 온 현자)였다. Cf. NN.557, 562, 578. 기인(畸人)이기 때문이다. N.711를 보라.

443 리치가 여기서 완성도를 높이기 위해 사망 후에 받는 시호(諡)에 대해서도 언급했으면 더 좋았을 것이다. 황제가 다른 황제에게 내려 주거나 정승이나 유명한 사람이 죽은 후에 황제에게서 받는 것이다.

444 Cf. N.46.

어가 비싸게 산 물건들이 한 푼의 값어치도 없어지게 되는 일이 생기기 때문이다.

141. 관인(官印)과 그것의 신중한 보관

모든 관료는 관인官印을 갖고 있다. 현 왕조의 첫 번째 황제가 만든 것으로, 모든 법적인 공문서들에 붉은색[445]으로 찍는다. 다른 것은 사용할 수가 없다.[446] 관리들은 도장을 잘 보관해야 하며, 만약 그것을 잃어버리면, 직위만 박탈당하는 것이 아니라 엄중한 벌까지 받아야 한다. 그래서 그들은 외출할 때 열쇠로 한 번 잠그고 그 위에 다시 봉인한 상자를 가지고 다녀 항상 눈에서 멀어지지 않게 한다. 집에 있을 때는 베개 밑에 둔다고 한다.

142. 지체 높은 사람들의 이동 수단, 많은 배들

지체 높은 사람들은 걸어 다니지 않고 가마나 사람이 타는 작은 수레, 교轎[447]를 타고 다닌다. 가마는 사방이 막혀 있어 아무것도 볼 수가 없다. 관리가 쓰는 사방이 모두 트인 것과 다르다. 귀부인들이 쓰는 가마도 사방이 막혀 있지만, 남성들의 것과는 차이가 있다.

이륜마차와 사륜마차는 금지되어 있다.

---

445 도장밥이다. Cf. NN.46, 67.
446 Cf. N.179.
447 Cf. NN.130, 1231.

143.

어떤 도시는 바다 한복판에 세워진 베네치아처럼 강이나 호수 가운데 세워져 있다.[448] 그러다 보니 도시를 가려면 배를 이용하는데, 배들은 매우 아름답다. 중국은 전체적으로 하천과 운하가 많아 그것으로 지역을 구분하고, 우리와 비교해 교통수단으로 배를 많이 이용한다. 배들은 우리의 것에 비해 매우 예쁘고 편리하다. 고위 관리들만 타는 배는 매우 커서 온 가족이 타도 아무런 불편함이 없다. 거기에는 육지에 있는 집처럼 여러 개의 방과 거실, 주방, 창고 등이 있고, 장식이 화려하여 우리[유럽] 귀족들의 저택 같다. 그래서 그들은 연회를 열고자 할 때, 가끔 배 위에서 열기도 한다. 강이나 호수를 산책하면서 연회를 즐길 수 있기 때문이다. 배 안팎은 초로네라고 하는 유약을 바르고,[449] 천장과 기둥, 틀[450] 등은 다양한 색깔로 칠해 매우 화려하게 보인다.

144. 일생에 걸친 스승 존중

스승에 대한 존중은 우리보다 훨씬 크다. 어떤 학문이나 기술을 단 하루만 가르쳐도 일생 스승, 사부師傅라고 부르고, 그와 같은 자리에 앉을 수조차 없다. 어디를 가건 그의 옆에 서 있어야 하고, 그와 대화를 할 때

---

448 가령, 강소(江蘇)에 있는 소주(蘇州)와 절강(浙江)에 있는 항주(杭州)가 그렇다. 루지에리가 처음으로 절강(浙江)에 있는 소흥(紹興)을 베네치아에 비교하면서 거기에 있는 수많은 운하에 대해서 언급했다. 하지만 이미 포르데노네의 B. 오도릭이 항주(杭州)에 대해 다음과 같이 말한 바 있다. "이 도시는 물 위의 석호에 견고하게 세워진 베네치아와 같은 곳이다"(*SF*, I, p.464).

449 Cf. N.33.

450 여기에서 틀은 창문이라는 의미다. 유리는 종이로 대신한다. Cf. N.130, p.385, 주(註) 385.

도 큰 존중과 예를 갖추어야 한다.[451]

145. 카드놀이, 주사위 놀이, 장기와 바둑

중국에도 카드놀이와 주사위 놀이가 있는데, 주로 하층민들이 노는 놀이다.

지체 높은 사람들은 시간을 보내기 위해, 혹은 도박을 목적으로 우리의 체스와 매우 유사한 장기나 바둑을 둔다. 왕(장수)이 아니면 아무도 사각의 판에서 나갈 수 없다. 그 옆에 있는 두 병사도 이 판에서 벗어나지 못한다. 왕후(여성)는 없지만, 포砲라고 부르는 재치 있는 두 개의 알이 있고 두 마리의 말馬은 앞에, 졸卒은 뒤에 놓는다. 이 장기알들이 움직이는 방식은 서양의 체스 룩rook[452]과 같다. 하지만 장기알을 먹거나 장군을 부를 때는 항상 중간에 상대방 것이든 내 것이든 다른 장기알이 있어야 한다. 거기에서 먹히거나 장군으로부터 살아남기 위해서는 다른 두 가지 방식이 있어야 하는데, 하나는 중간에 다른 장기알을 두는 것이고, 다른 하나는 중간의 장기알이 자기 것이면 그것을 이동시키는 것이다.[453]

---

451 Cf. NN.63, 73, 100, 599. 1601년 만력 황제의 손자가 한 스님에게 상석을 내어 준 일이 있었는데, 이유는 그의 스승이기 때문이라고 한다. Cf. N.4127.

452 체스 룩은 체스게임에서 탑이다.

453 중국의 장기는 상기(象棋)라고 부른다. 각 흰색과 검은색의 매(枚)를 16개씩 갖는다. 두 개의 장(將)과 수(帥)(이것들을 리치는 왕이라고 불렀다) 외에도 한쪽에 두 개의 상(相)과 다른 쪽에 두 개의 코끼리(象), 네 개의 사(士), 네 개의 차(車), 네 개의 포(礮)와 열 개의 병사가 다섯 개의 병(兵)과 다섯 개의 졸(卒)로 나뉘어 있다. 이 놀이의 기원은 외국에서 들어온 걸로 추정된다. Cf. *TP*, 1922, p.432; Musso, II, pp.983-984. 장기를 두는 방식에 대해서는 Couling, p.94를 보라.

146.

모든 놀이 가운데 가장 비중 있는 것은 바둑이다. 흰색과 검은색으로 나뉘는 양측은 각기 200개가 넘는 바둑알을 갖는다. 바둑판은 300개의 모눈으로 되어 있고 그 위에 하나씩 서로 번갈아 가며 놓는다. 작전을 세워 상대방의 바둑알을 에워싸서 많이 죽인 쪽이 그 판의 주인이 된다. 결국 바둑판에서 차지한 공간이 많은 사람이 승자가 된다. 관료들은 이 놀이를 매우 좋아해서 어떤 사람은 매일 많은 시간을 여기에 투자하기도 한다. 한 판을 두는 데 한 시간이 더 걸리기 때문이다. 바둑을 잘 두는 사람은 다른 재주가 없어도 도처에서 환영을 받고 초대를 받는다. 어떤 사람은 바둑을 배우기 위해 그를 스승으로 삼기도 한다.[454]

147. 절도에 대한 솜방망이식 처벌과 많은 도둑

범죄자의 처벌에 대해서 중국인들은 매우 관대한 편이다. 특히 절도범은 굳이 잡으려고도 하지 않는다. 초범인 사람에게는 결코 사형을 내리지도 않는다. 재범으로 잡히면 도둑의 팔에 먹이나 불로 두 글자를 새긴다. 글자의 뜻은 '절도 재범자'라는 것이다. 세 번째 범죄로 잡히면 절도범의 이마에 '도둑'이라는 글자를 새긴다.[455] 같은 방식으로 또다시 물

---

454 여기에서 말하는 놀이는 바둑, 위기(圍棋)다. 바둑에는 361자리와 324개의 집이 있다. 278개의 바둑알로 놀이를 한다. Volpicelli in *JNCBRAS*, XXVI와 K. Hilmly in *TP*, VII, pp.135-146을 보라. Cfr. Musso, II, pp.982-983; Shu-Pecorini, *Il Wei-ci o giuoco della guerra*, Roma, 1927. 이 놀이는 1612년의 『민중 대백과 사전』에서 상세히 언급하고 있다. 리치가 사망하고 얼마 지나지 않아서 『문림사금만보전서(文林紗錦萬寶全書)』라는 제목으로 la Biblioteca Vaticana, Barb. Orient., c.10, 139에 올랐다. 사본은 다음에도 있다. Cf. Couling, pp.594-595; Zzeiüen, h.l.; Leibniz, *Opera Omnia*, Ginevra, 1768, V. p.205.

건을 훔치다가 잡히면 법률에 따라 곤장을 때리거나 힘든 노동을 시킨
다. 그러다 보니 중국에는 온통 도둑들로 가득하다. 특히 하층민들이 사
는 곳은 더 심하다.

148. 도시의 불침번, 종종 도둑들과도 한패

중국의 모든 도시에는 매일 밤 모든 거리에서 수많은 남성이 불침번을
선다. 징과 몽둥이를 들고 거리에서 그것들을 두들기며 다닌다.[456] 그런
데도 한 집안이 송두리째 털리곤 한다. 그것은 불침번을 서는 사람에게
불침번이 필요한 경우가 많기 때문이다. 많은 경우, 그들이 도둑들과 한
패거리다. 중국인들이 우리[유럽]의 대도시에서 밤에 도둑을 지키는 사람
이 하나도 없는 걸 보면 놀랄 것이다.

성문은 매일 밤 열쇠로 잠그고, 열쇠는 도시의 통감에게 넘긴다.

---

455 아마도 적(賊)이라는 글자일 것이다. '도둑'이라는 뜻이다.
456 징, 나(鑼)다. 오늘날 유럽의 배 위에서도 식사 시간에 손님들을 부르기 위해 사용한다.

제9장

중국의 미신과 몇 가지 나쁜 풍속들

- 중국의 미신들이 복음 선포가 이루어지지 않은 이유를 설명하다
- 달력이나 점성가들이 말한 손(損)이 있고 없는 날과 시간
- 미래를 예언하는 여러 가지 방식: 출생일과 시간, 관상, 꿈, 악령, 그 밖의 속임수들
- 풍수지리 혹은 흙점
- 넘쳐나는 점쟁이들
- 일부다처, 매춘, 남색, 동성애
- 수많은 가족 노예: 싼값에 자녀를 매매. 그리스도인 노예
- 유아 살해, 특히 여아(女兒) 살해; 윤회
- 연간 수천 건의 자살, 특히 자기 원수에 대한 보복으로서 자살
- 내시(태감): 기원, 숫자, 황제에게 미치는 영향, 무지와 무의미
- 재판 없이 죽음에 이르게 하는 곤장
- 물건의 이중가격: 일반인들의 가격과 관리들의 가격
- 알코올 중독의 나쁜 풍속, 평민계급만이 아니라 지체 높은 사람들까지
- 광범위하게 확산된 거짓말과 그에 따른 중대한 결과; 형식주의와 보편적인 불신
- 황궁 내 의심과 불신; 왕자들의 숫자와 지위; 눈에 보이지 않는 황제
- 외국인들에 대한 중국인들의 깊은 의심과 멸시, 외국인에 대한 적은 정보와 거짓 정보
- 외국 사절단들에 대한 이해할 수 없는 홀대
- 조국애가 부족한 군대에 대한 의심과 경시
- 두 가지 무모한 짓: 내단 연금술과 외단 연금술

149. 중국의 미신들이 복음 선포가 이루어지지 않은 이유를 설명하다

각 종파가 지닌 미신들에 관해서는 다음 장에서 소개하겠다. 여기서는 사람들의 신변과 직업에서 공통으로 나타나는 몇 가지만 다루어 보겠다. 이 두 장을 읽게 될 독자들이 이것 때문에 중국인들을 비웃거나 얕보지 않기를 바란다. 오히려 그들의 부족하고 어리석은 이런 점 때문에 하느님께 기도하는 것이므로 동정하는 마음을 가져야 할 것이다. 기억해야 할 것은, 이 사람들은 수천 년 동안 복음의 빛이 비치지 않은 어둠 속에서 살아왔다는 사실이다. 그래서 어떻게 해야 종교적인 깨달음에 도달할 수 있는지는 모르지만, 본성에 조명하여 주어진 힘든 처지를 진지하게 바라보고 수용할 줄을 알았다.[457]

150. 달력이나 점성가들이 말하는 손(損)이 있고 없는 날과 시간

가장 일반적인 미신은 일하거나 외출을 할 때, 손이 있고 없는 날[458]과 시간을 택하려고 한다는 것이다. 그래서 매년 관청에서는 두 개의 달력을 인쇄하는데,[459] (이런 거짓된 것을 더욱 인정하는) 황실 점성가들[460]이 제

---

457 리치는 중국인들의 이 부분을 높이 평가하고 있다. 한편으로는 중국인들의 불신에 대해서 언급하면서도(예컨대 NN.82, 150-160, 163, 164-166, 169 참조), 다른 한편으로는 그것 때문에, 그들을 비방하거나 과민 반응하는 것을 경계했다. 리치의 이런 자세를 본보기로 이후 중국선교에 나선 모든 후계자는 각자의 사도직 분야에서 리치를 따랐다. 리치는 태감들에 대해서만 강한 어조로 말하곤 했다(NN.519, 549, 560, 567).
458 이런 것을 '택일(擇日), 간일(看日)'이라고 한다.
459 1912년 공화국이 설립될 때까지 길(吉) 혹은 흉(凶) 일이 황제의 달력(皇曆)에 기재되어 있었다. 길일이라는 확신이 없이는 아무도 여행길에 오르지 않고, 집을 짓지도 않으며, 구들장을 놓지도, 재봉사를 부르지도, 시신을 묻지도 않으며 혼인날을 잡지도 않았다.

작하여 배포한 것이다. 그 때문에 사람들은 이런 미신을 더 중시한다. 달력에는 날마다 무엇을 하지 말아야 하고, 무엇을 해야 하는지, 연간 모든 시간에는 무엇이 필요한지 등이 적혀 있다.

이런 책력 외에도 약삭빠른 사람이나 상술에 능한 사람은 길일을 잡아 주는 일만 하고, 사람들은 모든 것을 성명가星命家(사주, 관상가)에게 물어보고 약간의 돈을 준다. 어떤 사람은 일을 순조롭게 하려고 다른 사람들이 알려 주는 대로 여러 날을 기다렸다가 개업을 하거나 여행 혹은 외출을 한다. 당일에 비가 오거나 바람이 불어도, 길일이라고 하면 그 시간에 예정된 일을 한다. 비록 몇 걸음 가지 못하고 일을 제대로 하지 못해도 길일에 일을 시작했다고 믿는다. 그래야 일이 성공적으로 이루어질 거라고 확신한다. 정말 답답한 노릇이다!

151. 미래를 예언하는 여러 가지 방식: 출생일과 시간, 관상, 꿈, 악령, 그 밖의 속임수들

같은 방식으로 중국인들은 일생의 운명과 사업의 성공 여부를 태어난 날짜와 시간으로 알고 싶어 한다.[461] 그래서 사람들은 모두 자신이 태어난 날과 시간을 잘 기록하고 살핀다. 이것을 전문적으로 가르치는 스승들이 있고, 일부 점쟁이들은 별자리나 그 외 다른 것을 가지고, 미래 운명을 알 수 있다고 큰소리치기도 한다.

---

460 천문학자들.
461 점성가들이다. 그들은 사람이 태어난 날의 별자리와 어느 별 아래서 태어났는지에 따라 건강, 질병, 사망을 역산하여 예언한다. 이것은 태어난 년(年), 월(月), 일(日), 시(時)로 구성된 사주와 그것을 표현하는 각기 다른 두 글자, 곧 여덟 글자로 된 팔자(八字)라고 하는 것으로 이루어져 있다. 이것은 육십 년이 한 주기다. N.693 참조.

어떤 사람들은 생일은 알 필요 없이 얼굴 관상이나 손금만으로도 똑같이 미래를 예언할 수 있다고 말한다.[462] 꿈으로 미래를 예측할 수 있다고 하는 사람들도 있고, 상대방이 하는 말이나 앉아 있는 장소와 여러 행동거지를 보고 그가 무엇을 물을지를 알아맞히는 사람도 있는데, 아무도 의심하지 않는다. 점을 치고 관상을 보는 사람들은 날마다 사람을 속이는 새로운 방법을 구상하여 어리석은 사람들에게 자기들이 미래의 모든 것을 알고 있다고 믿게 한다. 이것을 위해 때로는 자기 동료들을 몰래 사람들 사이에 침투시켜 점쟁이가 하는 말이 정말로 일어났고 지금도 일어나고 있다고 말하게 하여 공신력을 얻는다. 그러면 사람들이 앞다투어 몰려와 자기들의 미래도 봐 달라고 한다.

비싼 값으로 필사한 책을 구매하는 사람들도 있다. 책에는 특정 도시의 전체 가구가 간략하지만 모두 기록되어 있는데, 거기에는 누구에게 어느 정도의 기간에 무슨 일이 일어났는지 등이 적혀 있다. 외지인이 그 책을 들고 도시에 나타나 이 집에 누가 살고 있고 무슨 일이 일어났는지를 말하면 그들은 놀랄 수밖에 없다. 이렇게 신임을 얻어 사람들의 미래를 봐 주고 돈을 번 다음 다른 곳으로 옮긴다. 점쟁이들에 대한 큰 신임은 때로 누군가 그날 큰 병이 든다거나 다른 불행한 일이 닥친다고 하면 그 사람은 그 점괘에만 매몰되고, 그래서 그날이 되면 실제로 큰 병이 나거나 심한 경우에 죽기까지 한다. 그러면 사람들은 점을 더 믿게 되고 이런 잘못된 관습에서 벗어나지 못하게 된다.

또 많은 사람이 귀신과 조상들의 혼백이 영향을 미친다고 믿고 있는

---

462 관상가들은 중국 어디에서나 만날 수 있고, 그 숫자도 제법 많다.

데, 그것은 하느님의 것보다 마귀의 것을 더 듣고 거기에 속고 있기 때문이다. 많은 경우에 어린아이나 동물을 이용하여 응답을 주고, 악령이 하는 것처럼, 과거의 일을 말하여 거짓을 믿게 함으로써 미래의 일을 원하는 대로 말하게 한다. 이렇게 계속해서 많은 사람을 속이고 있다. 우리가 보기에 이런 모든 것이 중국에서는 아주 보편적이다.

152. 풍수지리 혹은 흙점

중국에서 눈에 띄는 매우 흥미로운 것은 집이나 건물을 지을 때, 혹은 시신을 묻을 때 장소를 선택하는 것인데, 그것은 지하의 어디가 용의 머리이고 꼬리이고 다리인지에 따라 모든 행운과 불운이 달려 있다고 믿기 때문이다. 가족뿐 아니라 도시와 성(省)과 국가의 운명까지 달려 있다고 한다.[463] 지체 높은 사람들은 하나같이 이것을 공부하고 그것을 심오한 학문이라고 생각한다. 장거리도 마다하지 않고 풍수지리를 공부한 저명 인사를 찾아가곤 하는데, 특히 탑을 세우거나 집을 짓거나 기계를 설치할 경우, 어느 땅을 선택해야 행운이 오는지, 액운을 물리칠 수 있는지를

---

463 이 미신은 중국인들의 마음에서 가장 뿌리 뽑기 힘든 것 중의 하나다. 풍수(風水)라고 하는 것으로서 흙점과 같다. Cf. Couling, p.175; NN.562, 693. 3세기 초에 산천의 모양에 따라 '하늘의 길과 땅의 길'이라는 사상이 대두되어 집과 묘지가 어떻게 자리를 잡았는지에 따라 길하거나 흉하다고 간주하였다. 지면이 튀어나온 것은 땅 혹은 용의 '맥'이라고 하는 것으로서, 그 부분은 수맥처럼 피하거나 하천으로 흡수되어야 하지, 건물을 지어 맥을 차단해서는 안 된다고 생각했다. 곽박(郭璞), 경순(景純)(서기 276-324)은 흙점의 기초를 놓은 사람으로 간주한다. 그는 이 학문의 연구를 하나의 기술로 축소했고(BD, N.1069), 송(宋) 대의 학자 왕급(王伋)은 처음으로 건축에 감여[堪輿, 감(堪)은 하늘의 천도(天道)를 말하고 여(輿)는 땅의 지도(地道)를 의미]를 도입하였다. Cf. BD, N.2144. 이런 미신은 1879년에 황제와 황제비의 무덤을 정하는 데 250,000달러의 비용을 낼 만큼 견고하다. Cf. Musso, pp.174-178.

묻기 위해서다.[464] 그들은 별자리로 모든 것을 예언하는 점성가들처럼 산과 강과 땅의 위치를 통해 길흉을 예언한다.[465]

이보다 어리석은 일은 더 이상 없을 것이다. 그들은 집 대문을 이쪽에 내야 하느니 저쪽에 내야 하느니, 마당의 물은 우측으로 흐르게 해야 하느니 좌측으로 흐르게 해야 하느니 따지고, 창문은 이쪽으로 혹은 다른 쪽으로 내야 한다고 하며, 자기 집 앞에 다른 더 높은 건물이나 물건이 있는지도 살핀다. 그런 것들에 따라서 건강, 재물, 명예와 모든 행운이 달려 있다고 믿기 때문이다.

153. 넘쳐나는 점쟁이들

이런 점성가, 지질학자,[466] 점복관(占卜先生)과 사기꾼들은 그들이 돌아다닐 만한 광장과 상점, 가가호호와 거리에 넘쳐난다. 미래를 예언한다며 큰소리치는[467] 사람 중에는 남자들뿐 아니라 여자들도 있다. 그중

---

464 조경(肇慶)에 있는 숭희탑(崇禧塔)은 오랫동안 바로 이런 미신을 이야기해 주고 있다. 뒤에서 길게(NN.235, 257, 293) 이야기하겠지만, 별다른 기원이 있는 것 같지는 않다.
465 그들을 '흙점사(흙을 가지고 길흉을 가리는 사람)'라고 부른다.
466 Cf. N.152, p.411, 주(註) 463.
467 1608년 리치는 이렇게 적고 있다. "이 나라에는 믿기지 않을 만큼 많은 사람이 거리와 집에서 이 일을 하고 있다. 광장에는 불쌍한 중국인들을 속이는 다양한 방법들이 판을 친다." 리치는 북경에만 "오천 명이 넘는 사람이 있을 것"이라고 말하고 있다 (N.1864). 같은 해인 1608년에 쓴 그의 저서 『기인십편(畸人十篇)』의 제9장은 송두리째 성명가(星命家)들에 대한 믿음을 비판하는 내용이 담겨 있다. 곽(郭)이라는 성을 가진 한 학자가 나이 60세인 1589년경 소주(韶州)로 가서 직무에서 물러나겠다고 하였다. 이유는 5년 전에 한 점쟁이가 그에게 60세가 되면 사망할 거라고 했다는 것이다. 리치는 이 예언을 완전히 허구라고 일축했다. 그리고 이렇게 덧붙였다. "내가 중국에 처음 들어왔을 때, 당신네 백성은 점성(星命)과 흙점(地理)에 빠져 있었는데, 그것이 중국인들을 해치는 가장 큰 나쁜 풍속이라고 생각했습니다. 그래서 연민을 느끼고 그것을 뿌리 뽑아야 한다고 마음먹었습니다. 그러나 중국의 학자들과 백성은 이 오래

에는 맹인도 많은데, 성경에서 말하는 "눈먼 이가 눈먼 이를 인도하는"
(마태 15, 14) 것과 같다고 하겠다.[468] 이런 전염병과 같은 것들은 모든 도
시와 마을, 대도시들과 황궁들[469]에도 있고, 그들은 이런 기술만 가지고
도 대가족을 부양하고 부를 축적한다. 그것은 모든 사람이 그들의 기술
을 필요로 하고 찾기 때문이다. 어른이나 어린이, 귀족이나 천민, 무식한
사람이나 배운 사람이나 황제는 물론 관료들과 고관대작들까지 그들을
찾는다. 그로 인해 다양한 형태의 점복들도 쉽게 찾아볼 수 있다. 새의
울음소리, 아침에 만나는 것들, 자기네 집에 드리우는 탑의 그림자까지
예사로 보지 않는 것이다.

한마디로, 중국인들은 가정은 물론 도시나 성(城)에서, 혹은 나라에 불
행이 닥치면 운이 나빠서 일어났다고 생각하거나 집, 도시, 성의 대도시
가 자리를 잘못 잡아서, 황궁이 자리를 잘못 잡아서 일어난 일이라고 생
각한다. 그들은 그 원인을 여러 가지로 보지 않고, 하늘이 내리는 징벌로
만 여긴다. 그들은 사적 혹은 공적인 일을 하는 사람이 맡은 바 일을 성
실하게 하지 않았거나 수단을 마련하지 않아서 생긴 일이라고 생각하지
않는 것이다.

된 믿음 속에서도 조용하고 살고 있었고, 단시간에 형성된 습관이 아니라는 것을 알았
습니다. 그래서 제가 어찌 할 수 있는 문제가 아니라고 생각했습니다. 하지만 지체 높
은 학자들이 제 나라에 대한 가르침과 지식을 물으면, 저는 주요 계명과 가톨릭교회
(天主教)에서 금지하는 것들에 대해서 말합니다. 그러면 모두 칭송을 아끼지 않고, 깨
달음을 얻은 듯 자기네 잘못된 과거에 대해 수정하고 손해를 끼치는 것들을 멀리하려
고 합니다"(下, PCLC, III, ff.29b-30a).
[468] "그들은 눈먼 이들의 눈먼 인도자다. 눈먼 이가 눈먼 이를 인도하면 둘 다 구덩이에 빠
질 것이다"(마태 15, 14).
[469] 남경과 북경에 있는 황궁.

여기에서는 이렇게 몇 가지만 언급하겠다.

154. 일부다처, 매춘, 남색, 동성애

첫 번째는 음란함이다. 여성적이고 섬세하며 먹을 것이 풍성한 사람에게서 뚜렷하게 나타나는 것이기도 하고, 아내를 얻을 성숙한 나이까지 절제할 줄도 기다릴 줄도 모르는 것이기도 하다. 스무 살이 되어 아내를 들이기도 전, 열넷 혹은 열다섯에 결혼하는 사람이 많다. 그중에는 자식을 낳아 키울 능력이 없는 사람도 있다. 그런데도 거기에 만족하지 않고, 첫 번째 부인을 버리고 다른 여자를 들이기까지 한다. 또 부인을 버리지 않고 다른 여자를 들이기도 하는데, 둘 혹은 원하는 만큼 몇 명이든 부양할 능력만 있으면 얼마든지 들인다. 이렇게 많은 사람이 열 명, 스무 명, 서른 명의 첩을 두고, 황제와 그의 자손들은 수백 명, 수천 명에 이르는 첩을 거느리기까지 한다.[470]

155.

그 외 중국 전역에는 공개적으로 활동하는 매춘부들이 가득하다. 잘 알려진 가내家內 간통들도 흔하다. 북경에만 4만 명의 매춘부들이 공개적으로 전시되어 있다고 하는데, 스스로 이 직업을 선택하기도 하지만, 대부분은 나쁜 사람들에 의해 팔려 와서 강제로 돈을 벌기 위해 붙잡혀

---

470 황제와 왕자들은 한 명의 부인을 합법적인 정실로 인정하고, "아홉 명의 여인을 '주요 부인'이라는 이름으로, 서른여섯 명을 그냥 '부인'이라는 이름으로 더 두고 있다. 그 외, 아무런 타이틀이 없는 여인들도 무수히 많다"(N.134). 리치는 자주 일부다처제가 중국인들의 개종에 가장 큰 장애 요소 중 하나가 된다고 이야기하고 있다. Cf. NN.366, 561, 570, 632, 680, 1599, 1607.

있는 경우가 많다.

156.

이와 관련하여 가장 슬픈 일은 이 민족의 비참함을 극명하게 드러내는 것으로서, 자연스러운 방식으로 욕망을 채우는 것으로는 부족해서 자연에 반하는 폭력을 저지른다는 것이다. 법적으로 금하지도 불법이라고 생각하지도 않으며 부끄럽게 여기지도 않는다. 그리고 그것에 대해 공개적으로 말하기도 하지만 아무도 저지하지 않는 가운데 아무 데서나 그 짓을 하기도 한다. 어떤 도시에서는 특히 부패가 가장 심한 북경[471]과 같은 도시의 큰 거리에는 매춘부들처럼 남색가들도 가득하다. 또 이렇게 남색가들을 사들여 악기를 가르치고 노래와 춤을 가르쳐 화려한 옷을 입히고 여자들처럼 치장시켜 가엾은 다른 남성들을 유혹하게 하기도 한다.[472]

157. 수많은 가족 노예: 싼값에 자녀를 매매. 그리스도인 노예

불편해하는 독자들의 귀를 더 괴롭히지 않기 위해 이 부분은 넘어가기로 하고, 같은 원인에 의해 발생한 또 다른 나쁜 풍속에 대해 말해 보겠다. 많은 사람이 부인 없이 살 수 없고, 그렇다고 부인을 살 돈이 있는 것도 아니어서 자진하여 다른 부자의 노예가 되어 주인이 하녀 중 하나를 부인으로 주게끔 한다는 것이다. 그러면 자신은 물론 그 자손들이 대대

---

471 북경은 리치가 이 역사서를 쓴 곳이다.
472 1583년까지 리치는 발리냐노로부터 정보를 얻은 것 같다. "가증스러운 죄가 있어, 거기에서 생겨나는 많은 것에 대해 … 부끄러워하지도 당혹스러워하지도 않는다"(*MHSI*, *MX*, I, p.183). Cf. *Ibid.*, 198. N.1.

로 노예가 된다.

또 다른 경우는 부인을 얻을 돈이 충분해서 결혼하기는 하지만 자녀들을 부양할 능력이 되지 않아 꽤 싼값에 팔기도 한다는 것이다. 돼지나 말을 파는 것처럼, 두 푼 혹은 세 푼(스쿠디)에 (자기 자녀를) 파는 것이다. 이런 일은 흉년이 아니어도 일어난다.[473] 부모들은 자녀를 구매한 사람이 하고 싶은 대로 하도록 내버려 둘 수밖에 없고 다시는 자녀들을 볼 수도 없다. 그래서 중국에는 노예가 매우 많은데, 전쟁 중에 다른 나라에서 끌고 온 것이 아니라,[474] 자기들과 같은 민족이다. 그 노예 중에는 외국으로 팔려 간 사람도 있는데, 하느님은 이것을 이용하여 많은 중국인이 그리스도교 신앙을 갖도록 하시기도 하셨다. 스페인과 여타 그리스도교 국가의 사람들이 그들을 샀기 때문이다. 그 덕분에 우상이나 거짓 이단에서 벗어나 선한 그리스도인이 되기도 했다.[475] 그러나 자녀를 쉽게 파는 데는 여러 이유가 있다. 인구가 많고 가난하여 부양이 어렵고, 노예라고 해도 매우 자유롭다는 것이 그 이유다.

158. 유아 살해, 특히 여아(女兒) 살해; 윤회

많은 성(省)에서 일어나는 또 다른 나쁜 풍속으로 자녀 살해가 있다. 특히 딸일 경우, 부양하지 않으려고 익사시킨다. 이것은 지체 높은 사람과

---

473 1602년 판토하(Pantoja[1])는 이렇게 적은 바 있다. "아무 흠 없는 열두 살 혹은 열다섯 살의 소년이 약간의 기근에도 실제로 두 푼 또는 다섯 푼의 가치도 없다"(p.623). Cf. N.1871.
474 외국인.
475 마카오와 필리핀에서 처음으로 그리스도인이 된 중국인들은 다른 원인이 있을 수가 없다.

귀족들 사이에서도 일어나고 있는데, 자기 자녀를 다른 사람에게 억지로 주는 것이 싫기 때문이다.[476]

이런 잔인한 행위는 윤회에 대한 믿음에서 기인하는 것으로, 그들은 아이를 죽임으로써 더 부잣집에 다시 태어날 수 있다고 믿는다. 가난한 자신의 자녀로 힘들게 살지 않아도 된다고 생각하기에 죽이는 것이 아이를 위해 잘하는 일이라고 여긴다. 그래서 이런 행위를 숨어서 하는 것도 아니고, 오히려 모든 사람이 알도록 공공연하게 한다.

159. 연간 수천 건의 자살, 특히 자기 원수에 대한 보복으로서 자살

절망에 빠져서 혹은 타인에게 해를 주기 위해 자살을 하는 것도 야만적인 일이다. 매년 수천 명의 남성과 여성들이 사소한 일로 자기 원수의 집 대문에 목을 매거나 우물이나 강에 몸을 던지고 독약을 마신다. 자살을 종용하는 사람은 처벌을 받는데, 그것이 자살자를 늘어나게 하는 원인이 되기도 한다. 자살한 사람의 가족이 그를 고발하면 그는 압박감을 느낄 것이고 처벌을 받게 될 것이기 때문이다. 정부에서 칙령으로 그 사람들에게 해를 입히지 않겠다는 법 조항을 넣으면 그렇게 많은 자살자는 나오지 않을 것이다. 자살이 그의 원수들에게는 전혀 영향을 미치지 않는 것을 보곤 한다.[477]

---

476 이 나쁜 풍속은 오늘날까지도 중국에서 완전히 없어지지 않았다.
477 지금도 이런 현상을 드물지 않게 보곤 한다.

160. 내시(태감): 기원, 숫자, 황제에게 미치는 영향, 무지와 무의미

북쪽 지역에는 또 다른 비인간적인 것이 있는데, 튀르키에 사람들처럼, 아들이 어릴 때 거세를 하여 황제 곁에서 일하게 하는 것이다. 궁에는 황제와 황후, 그리고 비빈들이 부리는 하인들로 내시와 궁녀들 외에는 없다. 내시의 풍습은 그 기원이 매우 오래된 것으로 범죄자를 거세하여 죽을 때까지 황궁에서 일하게 하는 하나의 벌이었다. 이후 궁에서 내시들의 권력이 커지면서 그것을 이용하여 황제에게 접근하려는 사람들이 많이 생겼다. 지금의 황제가 소유하고 있는 하인, 고문, 친구들과 실제로 중국을 통치하고 있는 내시(태감)들은 궁 안에만 1만 명에 이른다.

내시(태감)들은 가난한 환경에서 배우지 못한 평민계급이고 노예로만 길러져 중국에서 가장 천박하고 우매하여 중대한 일은 전혀 못 하는 무능한 사람들이다. 여기에서 생각해 볼 수 있는 것은 이렇게 거대한 왕국의 황제가 이런 사람들 속에서, 앞서 언급한 것처럼,[478] 귀족 출신이 아닌 여자들 사이에서 어떤 교육을 받을 수 있을까 하는 점이다. 현명한 사람들은 이 점을 예리하게 보고 해석하게 생각한다. 궁 안팎에서 일어나는 많은 부당하고 잔인한 일들을 보면서도 그것을 막거나 중재하지도, 힘을 쓰거나 합당한 조언을 할 수조차 없다. 왜냐하면 태감들만 황제와 말을 할 수 있기 때문이다. 덕망도 능력도 용기도 없는 이 태감들은 황제에게 듣기 좋은 말만 할 뿐 다른 말은 하지 않는다.[479]

---

478 Cf. N.134.
479 Cf. Pantoja[1], pp.674-676.

161. 재판 없이 죽음에 이르게 하는 곤장

태감들이 이 정부의 우두머리라면, 대신들과 관리들의 위치가 어느 정도인지는 쉽게 짐작할 수 있을 것이다. 중국의 법률은 사형을 선고할 만큼 크게 엄격하지 않은데도 불구하고, 내가 보기에 관리들이 부당하게 죽이는 사람들의 숫자가 적지 않다. 죄를 지은 만큼 합당하게 재판을 받는 사람보다 많다고 생각된다. 이런 풍습이 생긴 원인은 관리들의 권한이 아무런 절차나 재판 없이도 그들이 하고 싶은 대로 모든 형을 집행할 수 있기 때문일 것이다. 혐의가 있다고 생각되는 사람을 공개적으로 땅바닥에 엎드리게 하여 손가락 하나 정도의 굵기에 내 개 정도의 넓이, 두 팔 길이의 딱딱한 몽둥이로 허벅지 안쪽을 양손으로 세게 내리친다. 때로는 열 번, 스무 번, 서른 번까지 인정사정없이 때린다. 한 대만 맞아도 피부가 벗겨지고, 그 이상을 맞으면 살점이 떨어져 나가 대부분 그 자리에서 죽는다.[480]

사람들은 이런 권력을 무서워하고, 그래서 관리들은 자기들이 하고 싶은 대로 부당하게 뒷돈을 챙긴다. 가난한 사람들은 이런 치욕적이고 잔인한 형벌이 무섭고 목숨까지 잃을 수 있어 모든 것을 주어서라도 그들의 손에서 벗어나고자 한다. 이런 나쁜 풍속에 대해 당국은 그다지 관심을 가지지 않는 것 같다. 어떤 관리가 이런 식으로 20명, 30명의 사람을 부당하게 죽여도 면직시키는 것 외에 별다른 벌을 주지도 않는다. 단순히 형을 과중하게 집행했다고만 말할 뿐이다.

---

[480] 이런 형벌을 대나무의 대(竹板)로 하면 태(笞)라고 하고, 몽둥이로 하면 몽둥이의 이름에 따라 혹은 장(杖)이라고 한다.

관리들이 자행하는 이런 형벌과 그 밖의 부당한 행위들은 미움이나 돈 때문에, 혹은 친구의 청탁을 들어주기 위해서 하는 것으로서, 중국에서는 아무도 자기가 자신의 주인이 아니다. 사람들은 행여 불똥이라도 튀어 모든 것을 잃게 될까 봐 두려워한다. 부자는 더욱 두려움에 떨고 자기가 가진 것을 감춰 가난한 사람처럼 보이려고 한다.

162. 물건의 이중가격: 일반인들의 가격과 관리들의 가격

두 황궁[481] 밖에서 물건의 가격은 언제나 두 종류로 매겨진다. 하나는 일반적인 가격이고, 다른 하나는 관리들을 위한 낮은 가격이다. 관리들은 어느 지역이건 많다. 그들은 낮은 가격으로 원하는 것을 구입하고 하고 싶은 것을 하는데, 그것은 상인들과 노동자들에게 큰 피해 입히기 때문에 그들이 법에 저촉되는 아무런 행위를 하지 않았어도 상인과 노동자들은 관청에서 일하는 사람들을 보면 모두 도망간다. 상인과 노동자들은 강제가 아닌 이상 되도록 관리들과 거래를 하고 싶어 하지 않는다.

163. 알코올 중독의 나쁜 풍속, 평민계급만이 아니라 지체 높은 사람들까지

중국에서는 폭음을 금지하지 않기 때문에 거리에는 술 취한 사람들이 땅바닥에 쓰러져 아무 말이나 지껄이고 갖은 추태를 부리는 사람들로 넘쳐난다. 특히 명절과 연회가 있을 때는 더욱 심하다. 이것은 평민 계층의 사람들만 그런 것이 아니라 지체 높은 사람들과 관리 중에도 이런 나쁜

---

481 남경과 북경.

풍속에 빠져서 직무에 큰 방해가 되기도 하고 불명예스럽게 되기도 한다. 그들은 술에 취해 지붕 없는 가마에 앉아 모든 사람이 보는 가운데 소리를 지르고 때로는 사람을 때리기도 하고 죽이기까지도 한다.[482]

164. 광범위하게 확산된 거짓말과 그에 따른 중대한 결과; 형식주의와 보편적인 불신

지금까지 말한 여러 가지 나쁜 풍속들 가운데 중국에서 가장 보편적인 것은 속임수와 거짓말인데[483] 지체 높은 사람과 학식이 있는 사람들까지도 대수롭지 않게 여긴다.[484] 그래서 아무도 상대방을 믿지 못하고 서로를 의심한다. 친구들 사이에서나 같은 고향 사람들 사이에서뿐 아니라 친척들 사이에서도 마찬가지다. 형제가 형제들을 믿지 못하고, 아버지와 아들이 서로 믿지 못한다. 아무도 믿을 수가 없어 극도로 조심해야 한다. 그들이 하는 모든 것은 그저 입에 발린 소리일 뿐, 가슴 속에 있어야 할 진정한 우정과 사랑은 없다.[485]

165. 궁궐 내 의심과 불신; 왕자들의 숫자와 지위; 눈에 보이지 않는 황제

이런 속임수와 거짓말은 지위가 낮은 사람들 사이에서만 있는 것이 아

---

482 오늘날 중국인들 사이에서는 알코올 중독과 같은 나쁜 풍속은 드물다.
483 Cf. N.406. 이와는 상반되게, 1595년 10월 말부터 리치는 중국인들 사이에서 거짓말을 하지 않는 사람으로 대단히 존경받는 인물이 되었다. Cf. NN.485, 1481, 1491, 1514.
484 다시 말해서 지체 높은 사람과 학자들마저도 거짓말하기를 꺼리지 않는다는 것이다. Cf. N.259.
485 Cf. NN.119, 340, 1461. 1595년 6월, 리치는 슬픈 경험을 통해 진실한 벗을 사귈 필요가 있다고 생각하게 되었다. Cf. NN.459-461, 1336-1337.

니다. 조정과 황궁에서는 더욱 심하다. 나이가 많은 태감들과 어린 태감들 사이에서는 그렇다 치더라도 왕의 처첩들과 비빈들 사이에서는 거의 지옥 같은 상황이 펼쳐진다. 물론 왕과 그의 아들들 사이에서, 왕자들끼리, 특히 이복 왕자들 사이에서는 아무도 믿지 못하고 함께 살지도 않는다. 서로 배신할까 봐 감시한다.[486]

맏아들을 세자로 책봉한 뒤에도 왕은 태자를 믿지 못한다. 태감들이 하는 말을 들으니, 왕이 태자를 부르기 전에 태자가 먼저 아버지 왕이 있는 곳으로 가게 되면[487] 살해될 위험이 있다고 한다. 궁궐 밖에 있는 사람은 아무도 태자와 말을 할 수도 편지를 쓸 수도 없다. 궁궐 안에서나 밖에서나 그는 아무런 힘도 권력도 없다.

이런 이유로 지금의 왕은 누군가 자신을 해칠까 두려워 궁궐 밖으로 한 번도 나오지 않았다. 예전에 왕이 궁궐 밖을 나올 때 경계를 삼엄하게 했다고 한다. 왕이 지나가는 길과 골목을 무장한 군인들이 지키고 사람들이 그를 쳐다보지도 못하게 했고, 많은 가마를 동원하여 왕이 어느 가마에 탔는지 알아보지 못하게 했다. 마치 그가 자기네 왕국을 가는 것이 아니라, 그를 해치려는 대원수의 나라를 지나가는 것처럼 말이다.

왕실의 혈족들은 모두 국고에서 생활비를 받는데, 그 인원이 점차 늘어서 6만 명에 이르고 지금도 계속해서 늘어나고 있어 국가로서는 큰 부담이 되고 있다. 그들은 아무리 원해도 절대 공직을 맡을 수 없기에 하는

---

486 이 부분은 물론 유사한 이런 언급을 통해 리치는 중국인들의 부족함에 대해 눈을 감지 않겠다는 점, 그리고 N.149에서 보는 것처럼 이런 관찰로 인해 신뢰를 실추시키려는 것은 아니다.

487 이탈리아어로 '아버지가 있는 곳으로 가게 되면'이라는 뜻으로 "si recasse al luogo"라고 쓰는 대신에 스페인어로 "Fusse al luogo"라고 쓰고 있다.

일 없이 생활은 넉넉하여 아무 데서나 무례한 짓을 일삼는다. 이런 것들에 대해 왕은 거의 원수를 대하듯이 하고,[488] 그래서 모두 감시하는 가운데 정해진 도시에서만 살 수 있을 뿐 다른 지역으로 옮겨 갈 수도 없다. 이를 어기면 엄한 처벌을 받는다. 이것은 그들이 서로 합세하여 반란을 도모하지 못하게 하려는 것이다. 그들은 아무 데나 갈 수도 없고, 두 조정이 있는 북경과 남경에는 얼씬도 할 수가 없다.[489]

166. 외국인들에 대한 중국인들의 깊은 의심과 멸시, 외국인에 대한 적은 정보와 거짓 정보

자기네 동포와 혈족과 황족조차 신뢰하지 못한다면, 멀든 가깝든 다른 나라에서 온 외국인들을 신뢰하지 않는 것은 당연하다. 외국의 사정에 대해서는 밖에서 조공을 바치러 오는 몇몇 사람들을 통해서 알게 되는 만큼, 아는 것이 매우 적거나 잘못 알지 않으면 부정확하게 알고 있다. 그들은 외국 서적들을 통해서는 아무것도 알고 싶어 하지 않는다. 내가 보기에 그들은 세상의 모든 지식은 중국에 있다고 생각하고, 외국인들은 모두 무지하거나 미개하다고 생각하는 것 같다.[490] 문장이나 책에서 외국에 대해 언급할 때는 그곳 사람들에 대해 늘 짐승과 다름없다고 전제

---

488 Cf. N.1874. 리치는 이것을 1597년에 알게 되었다. Cf. N.503.
489 Cf. Pantoja[1], p.680; Bartoli[1], I, c.115, pp.185-187. 혈족들에 관해서는 NN.81, 118, 467, 1345, 1390, 1417, 1473, 1531을 보라.
490 1596년 10월 15일, 리치는 중국인들에 대해 이렇게 적고 있다. "태초부터 오늘에 이르기까지 중국인들은 모든 외국인에 대해 근원적인 혐오감을 느끼고 있었습니다. 제가 보기에 외국인들은 모두 미개하고 자기네는 세계의 우두머리, 모든 나라의 수장이라고 생각하는 것 같습니다. … 그들이 우월감을 느끼는 것은 이런 이유 때문입니다. … 그래서 그들은 우리 앞에서 절대로 자신을 낮추지 않습니다"(N.1523). Cf. N.538.

하고 외국인들을 여러 동물[491]과 나쁜 물건에서 쓰는 말로 표현하며,[492] 마귀라는 글자나 이름으로 부르는 사람까지 있다.[493]

167. 외국 사절단들에 대한 이해할 수 없는 홀대

일부 국가에서 조공을 바치러 사절단이 오거나 외교방문을 할 때, 그들을 대하는 것을 보면 민망하기 짝이 없다.[494] 그들에 대한 존경심은 차치하고라도 수백 년간 우정을 다져 왔음에도 불구하고, 오는 길에서부터 포위하여 아무것도 볼 수 없게 하고, (북경의) 조정에 도착해서도 수십 개의 문과 자물쇠가 있는 큰 집에 갇혀서 지내게 한다. 사절들은 중국인과 말을 할 수도 없고, 중국인들 역시 그들과 대화를 해서는 안 된다.[495] 동물들을 다루듯이 문도 없는 아주 작은 집에 가둔 채[496] 왕과 말을 할 수도, 왕을 볼 수도 없게 한다. 매우 낮은 직책의 관리와 사무적인 일만 보

---

491 많은 다른 지역의 원주민들을 '개'라는 의미를 지닌 94개의 견(犬)자로 이름을 불렀다. 가령, 요(獠), 힐로(犵狫), 중가(狆家), 요(猺), 나(玀) 등이었다. Cf. Couling, pp.1-5; Richard², pp.342-345.

492 이(夷), 만(蠻), 번(番), 적(狄)이라는 글자다.

493 지금도 중국에서는 종종 외국인들을 '유럽의 귀신(洋鬼子)'이라는 이름으로 부른다. Cf. NN.257, 259. 1592년에 리치는 1583-1589년의 역사를 기록하면서 "날마다 일어나는 부당한 일은 우리가 지나가면 광장이나 거리에서 항상 우리를 향해 뭐라고 말을 한다는 것"(N.1190)이라고 하였다.

494 중국은 아마도 "다른 국가에서 오는 사절단이나 방문단들의 접대를 원하지 않는 것 같다"(N.1523).

495 여러 가지 배려 가운데 외국인들에게 밥(점심) 대접하는 것을 보면 그리 예를 다하지 않는 것 같다. N.608

496 외국 사절단은 회동관(會同館)이나 예빈관(禮賓館)에서만 접대할 수 있다. 그곳은 "문도, 의자도, 책상도, 침대도 없어 사람을 위한 방이라기보다는 양들을 위한 우리"와 같다고 할 수 있다. 사절단은 황제를 알현하거나 예부상서(禮部尚書)를 만나기 위한 것 외에는 밖으로 나올 수가 없다. 어느 건물에 있느냐에 따라서 고국으로 귀환하는지도 달라진다. Cf. N.605; Pantoja¹, p.676; TMHT, cc.58, 108, 109.

게 할 뿐이다. 사절들은 자기네 나라에서는 비록 지위가 높고 명망이 높은 사람이라고 할지라도 중국의 (낮은) 관리들과 말을 할 때는 무릎을 꿇어야만 한다. 그런 후, 모두 자기네 나라로 되돌아간다. 아무도 이런 황당한 수모를 겪으며 중국에 남으려고 하지 않는다.

외국인들과는 정해진 장소와 시간에만 왕래를 할 수 있고, 관청의 허가 없이 외국인과 접촉하면 큰 벌을 받게 된다.[497]

168. 조국애가 부족한 군대에 대한 의심과 경시

장수와 병사들은 전쟁 때건 평화 시기건 반란을 도모하지 못하도록 항상 감시한다. 그래서 한 장수에게 많은 군사를 배치하지도 않고, 모든 장수를 문관의 관리하에 두는 것이다. 문관이 병사들에게 봉급을 주고 군량미를 관리한다. 이렇게 군대를 이끄는 사람과 봉급과 군량미를 관리하는 사람을 별도로 두는 것은, 모두 안전을 위해서다. 서방에서는 가장 지위가 높고 영향력 있는 사람이 병사들인 데 비해, 이곳에서는 가장 무능하고 소심한 사람이 전쟁에 투입되는 것이다.[498] 모두가 빈곤한 사람들로, 국가와 황제에 대한 사랑도 자신의 명예를 위해서도 아니다. 단순히 천한 기술이나 직무처럼 생존을 위해서일 뿐이다. 그들의 대부분은 직접 혹은 조상이 죄를 지어 이 일을 하도록 판결을 받았거나 관리들을 섬기도록 낙인찍힌 사람들이다. 일이 없을 때는 짐꾼이나 마부 또는 하인 등 여러 가지 천한 일을 한다. 장수와 상사들만 다른 사람들 앞에서 약간의

---

497 Cf. NN.80, 116, 206, 523.
498 Cf. NN.74, 111, 1523.

권위를 내세울 수가 있다. 그들의 수비부대와 공격부대는 검열할 때는 그럴듯해 보이지만 상당히 무기력하다.[499] 그러다 보니 병사들은 물론 장수들까지 앞서 말한 대로, 전혀 존중받지 못한 채 학교에서 짓궂은 학생들처럼 문관들로부터 얻어맞는다.[500]

169. 두 가지 무모한 짓: 내단 연금술과 외단 연금술

이런 모든 나쁜 풍속들을 정리하면서, 16개의 모든 성省에서 많은 사람이 열중하는 두 가지 보편적이고 황당한 것도 소개하겠다. 하나는 수은[501]과 다른 재료들[502]을 가지고 진짜 은을 만들 수 있다는 것이고, 다른 하나는 여러 가지 약재나 훈련으로 불로장생할 수 있다고 믿는 것이다.[503] 이 두 가지 비방은 '성인聖人'[504]으로 간주하는 몇몇 사람에 의해 고

499　무기에 관해서는 Zottoli, II, [그림 14]를 보라.
500　Cf. N.111.
501　다시 말해서, 진사(辰砂) 단(丹)으로, 수은과 유황을 배합한다.
502　중국인들은 마그네시아의 규산염도 단(丹)과 똑같은 성질을 갖는다고 생각한다.
503　'두 가지 무모한 짓'은 두 분야의 같은 오류를 말한다. 즉, 연단(鍊丹)술이다. 남성, 양 (陽)과 여성, 음(陰)이라는 두 가지 기초적 개념과 인간 삶에 필요한 다섯 가지 원소인 수(水), 금(金), 화(火), 목(木), 토(土)를 토대로 삼고 있다.
　　연단술은 내단(內丹)과 외단(外丹)으로 나뉜다. 내단은 사람의 영혼과 육신을 영원히 존재하는 본질로 바꾸는 것이 목표다. 금욕의 실천, 영신 수련, 자연과의 일체, 광물의 활용, 특히 합성금과 자연약재(長生藥)를 통해 변화된 거룩한 존재, 곧 '성인(仙)'이 되는 것이다. 이렇게 도달한 불멸성은 절대적이지 않고 상대적이다. 곧, 장수하는 것이다. 반면에 외단은 무생물, 특히 쇠(金)와 같은 물질을 변화시키는 것이다. 수은을 진짜 은으로 바꾸기 위해서는 식물이 하나 필요하다. 용선향(龍仙香)이라는 것으로 "중국에는 없지만 다른 나라에는 있는"(N.295) 것으로 알려져 있다.
504　도교에서 말하는 신선(神仙)이다. Cf. Wieger, HC, p.389. 1583년부터 1602년까지 그리스도교 사전에 '성인(聖人)'이라는 단어는 당시의 모든 중국 텍스트에서 보듯이, 중국어로 선(仙)이라고 번역되어 있다. 가령 리치가 만든 《만국여지전도(萬國輿地全圖)》(1602)에서도 선진유교에서부터 알려진 '성(聖)'이라는 말보다는 '선(仙)'으로 쓰

대의 전통으로 남겨진 것으로서, 그들은 세상에서 그것을 이용하여 좋은 일을 많이 했기 때문에 영혼과 육신이 하늘로 올라갔다고 말한다.[505] 최근에 들어와서 이 두 가지 비방을 적은 서적들이 인쇄본과 필사본으로 크게 늘었다.

은을 만드는 것과 관련하여, 먼저 이 기술을 기대하는 모든 사람은 자신의 재산을 탕진하거나 때로는 수천 냥의 손실을 보고 거지가 되는 걸 매일 우리의 눈으로 본다. 할 수 있는 사람들은 가짜 은을 만들어 사람들을 속이기도 한다. 이것 외에도 많은 사람이 자신의 본업과 학업과 직무를 내팽개치고 나쁜 사람들과 어울려 종일 불火과 바람風으로 새로운 체험을 하고 서적을 베껴 쓰고 도구들을 만든다.

이렇게 연단술이 성행하는 것은 많은 사기꾼이 있기 때문이다. 그들은 때로는 옷을 잘 차려입기도 하고, 때로는 거지처럼 보이기도 하는데, 사방을 돌아다니며 불쌍한 사람들을 속여 이런 기술을 가르쳐 준다고 큰

고 있다. Cf. D'Elia[1], pp.111-113과 n.28. 그러나 『천주실의(天主實義)』(1603)와 『천주교요(天主敎要)』(1605)에서만 해도 이미 '선(仙)'이라는 단어는 사라지고 없다. 그 자리를 '성(聖)'이 차지하며, '성인(聖人)'을 뜻하는 중국 그리스도교 단어로 자리를 잡았다.

505 연단술이 중국에서 시작된 것은 기원전 4세기 말부터다. 그 후 서기 4세기에 접어들어 갈홍(葛洪)이 합금에서 추출한 불로장생의 특효약에 대해서 말했다. 실제로 진사(辰砂, cinnabar, HgS)는 황화수은을 주성분으로 하는 광물질로 수은과 유황으로 구성되어 있다. 그것을 쉽게 재구성함으로써, 시기에 따른 재탄생의 모델이자 불사의 증거로 간주하였다. 또 황색 비소 유화물에서 금을 추출한 것처럼, 진사에서 불사의 물질, 합금이자 진짜 불사약을 얻을 수 있다고 보았다. 불로장생의 영약에 대한 이런 생각은 아마도 인도(Nāgārjuna नागार्जुन, 서기 2세기 말)에서 유래한 것으로 보인다. 이후 인도, 아라비아, 서양에서 이븐 시나(Ibn Sina 980-1037, 페르시아의 의학, 철학자), 알베르토 대교황(1205-1280), 베이컨(1214-1294), 라이몬드 룰루(1235-1315) 등에게 영향을 미쳤다. Wieger, HC, pp.395-397, 405-406; M. F. De Mély, L'Alchimie chez les Chinos et l'alchimie grecque, in JA, 1895, II, pp.314-340.

소리친다. 모든 수완을 쓰고, 그들이 아는 몇 가지 실험으로 속임수를 써서 보여 주기 때문이다. 그들은 사람들이 모이기를 기다렸다가 은을 만드는 도구와 재료를 사기 위해 돈을 빌려 달라고 한다. 그리고 사람들이 전혀 생각하지 못한 때에 어디론가 사라진다. 그러면 두 번 다시 찾을 수가 없다. 그들은 자신의 모든 물건과 때로는 고리대금업자의 손에 담보물까지 두고 사라진다. 은을 만든다는 이런 망상은 사람을 홀리는 점이 있어서 이렇게 열 번이고 스무 번이고 속고도 누군가 똑같은 수법으로 다시 속이면 또다시 그를 믿는다. 어떤 사람은 일생 여기에 빠져 집안을 말아먹는데, 친구나 친척 아무도 이런 거짓된 망상에서 빠져나오게 하지 못한다.

첫 번째 연단술과 관련이 있는 또 다른 것으로는 잘 알려진 불로장생의 약을 제조하는 기술이다. 이것은 지체 높은 사람이나 높은 직위에 있는 사람들이 많이 찾는다. 그들은 현세에서 부와 명예를 얻었기 때문에, 불로장생 외에는 다른 부족한 것이 없는 사람들이다. 그래서 그들은 자신의 모든 힘을 동원하여 이런 허황된 것을 추구한다. 내가 알기론 이곳 조정[506]에도 관리건 태감이건, 아니면 부자들까지 여기에 관심이 없는 사람은 없다. 제자들이 많으니 그 기술을 가진 스승 또한 적지 않다. 그들은 이 기술을 다른 것에 비해 비싼 가격에 가르쳐 주는데, 이는 '불사不死'라는 최고의 것을 가르치는 기술이기 때문이다. 그들이 가르치는 것이 그대로 실현되지 않아도 그 위험성은 [연금술과 비교하여] 적은 편이다. 왜냐하면 스승이건 제자건 한쪽은 죽게 되어 있고, 죽지 않은 사람은 그에

---

506 북경.

대한 책임이 없어지기 때문이다. 스승이 죽으면 제자는 저지른 사기에 대해 하소연할 곳이 없다. 그러면 이렇게 생각한다. 그 약이 스승에게는 효과가 없었지만, 자신에게는 효과가 있을지 모른다고. 그러다가 만약 제자가 죽으면 아무리 높은 사람이라도 스승에게 환급을 요구할 수 없다. 스승은 어떤 식으로든 제자가 죽은 원인에 대해 다른 구실을 찾을 것이고, 자기가 지시한 규범을 따르지 않았다고 말할 것이기 때문이다. 많은 경우, 스승들은 타지에서 온 낯선 사람인데다 형색을 기이하게 하고 다니며, 자신은 이미 수백 년을 살았다고 거짓말을 한다.[507] 자기의 비책을 믿도록 하기 위해서다.

불로장생의 이런 허황된 망상에 빠지는 사람은 연단술보다 빠져나오기가 어렵다고 한다. 불로장생의 기술을 가르치던 스승들이 매일같이 세상을 떠나지만, 여기에 빠진 사람들은 계속해서 기술을 익히고 약을 먹는다. 아무도 성공하지 못했지만, 자신은 성공할 거라고 믿는다. 그리고 아무도 이것이 불가능한 일이라는 확신을 심어 줄 수가 없다.

그들의 책에서 이런 이야기를 읽었다. 어떤 왕이 불로장생술에 빠져 건강을 심각하게 해치게 되었다. ―자주 일어나는 일로, 많은 경우에 이 기술은 수명을 연장하는 것이 아니라, 죽음을 앞당길 뿐이다. ― 이에 한 사람이 여러 대신을 속이고 불로장생약이라며 한 병을 바쳤다. 왕의 친한 친구 한 명이 약효가 없다고 누차 간했으나 왕이 듣지 않자, 그는 왕이 잠시 한눈을 파는 사이에 약을 모두 마셔 버렸다. 이를 알게 된 왕은 분노하여 그를 죽이려고 하였다. 불사의 약을 그 친구가 모두 마셔 버렸

---

507 Cf. N.552.

기 때문이다. 용감한 친구는 말했다. "제가 이 약을 마셨으니 왕께서는 저를 죽일 수 없습니다. 혹여 저를 죽일 수 있다고 해도 그렇게 하시면 안 됩니다. 제가 죽으면 그 약이 가짜라는 것이 입증될 것이기 때문입니다." 왕은 일리가 있다고 생각했고, 친구의 진중한 선의善意를 알아듣고 오류에서 벗어날 수 있었다.[508]

중국에는 신중하고 현명한 사람들이 많이 있어 내가 두 가지 무모한 짓이라고 부른 이 두 가지 질병에 빠지지 않도록 방법을 찾고 있지만, 날마다 더욱 성행하고 있는 두 가지 거짓 기술을 없애지는 못하고 있다. 과거보다 우리 시대에 그 추종자들이 훨씬 늘어난 것 같다.[509]

---

508 리치는 이 이야기를 『한비자(韓非子)』(기원전 233년?)에서 읽었다. 리치 당시 구태소 (舊太素)(역주_ 리치가 조경에서 만난 유학자로 그의 권유로 불교 승려의 차림에서 유학자의 복장과 이름으로 생활양식을 변경하였다)의 고향인 상숙(常熟)에서 연단술을 추종했던 조용현(趙用賢, 1535-1596)이 감수하였다(N.539). Cf. Wylie, p.92. 아마도 구태소가 리치에게 조용현의 책을 전해 준 것 같다. 여기에서 언급되는 왕은 기원전 402년경 형(荊) 혹은 초(楚) 나라의 성왕(聲王)이라고 한다. 『한비자』에는 이렇게 적혀 있다. 《어떤 사람이 초나라 임금에게 불사약을 바쳤다. 내시가 그것을 들고 가는데 한 궁궐 지기가 큰 소리로 물었다. "마실 수 있습니까?" —"그렇소." — 그러자 그는 냉큼 그것을 빼앗아 마셔 버렸다. 임금은 크게 노하여 그를 죽이려고 하였다. 이에 궁궐 지기는 사람을 시켜 이렇게 말하게 했다. "신이 내시에게 물어보니 마셔도 된다고 하여 마셨습니다. 그러니 제 탓이 아니라, 내시의 탓입니다. 그리고 임금께서 불사약을 먹은 저를 죽이시면 그 약은 사약이 됩니다. 그러면 그 약을 바친 손님은 임금을 속인 것이 됩니다. 죄 없는 사람을 죽이는 것은 누군가 임금을 속인 것이 밝혀지는 것이니, 신을 풀어 주시는 것만 못할 것입니다." 이 말에 왕은 그를 죽이지 않았다. 有獻不死之 藥於荊 王者, 謁者操之以入. 中射之士問 曰. 可食乎. 曰可. 因奪而食之. 王大怒, 使人 殺中射之士. 中射之士使人說王曰, 臣問謁者, 謁者曰, '可食. 臣故食之. 是臣無罪, 而罪 在謁者也. 且客獻不死之藥, 臣食之, 而王殺臣, 是死藥也. 是客欺王也. 夫殺無罪之臣, 而明人之欺王也. 不如釋臣. 王乃不殺》(韓子迂評, 吳興, pref. 1583, 說林, 上, c.7, ff.6b-7a).
509 구태소(舊太素)는 1589년부터 리치와 인연을 맺었는데, 이유는 리치로부터 연금술을 배울 수 있을 거로 기대했기 때문이다. Cf. N.362. 1589년 여름, 조경(肇慶)에서 신부

들이 쫓겨나게 된 것은 광동의 총독이 그들에게 호의를 베풀었음에서도 불구하고 (N.295) 연금술을 가르쳐 주지 않았기 때문이다(N.396). 1595년, 리치가 남창(南昌)에서 큰 성공을 거둔 이유 중의 하나도 중국인들이 알고 있는 연금술이 거짓된 것임을 명확히 밝혔기 때문으로(NN.1396, 1421), "최고의 연금술사만이 그것을 밝혀낼 수 있다"라고 생각하게 되었다. 그래서 그들은 리치가 원하는 만큼 얼마든지 은을 만들 수 있을 거라고 믿었다. Cf. N.1470. 또 다른 유명한 태감 마당(馬堂)도 사람들의 환심을 사고자 리치는 '은을 만들 줄 아는 기술'을 알고 있다고 하였다(N.3037). Cf. N.581.

제10장

종교와 관련한 중국의 여러 종파

○ 중국의 초대 종교의 순수함, 그리고 그리스와 로마의 종교들보다 열등하지 않음
○ 페르시아로부터 온 마호메트인들, 이제 수천만으로 늘어난 무슬림 가족들, 다른 중
　국인들과 동등한 위치
○ 개봉과 항주에서 만난 유대인들
○ 재발견한 십자가 숭배자들, 배교, 십자가 예절, 기원이 되는 외국. 우연히 발견한 그
　리스의 종(鐘)
○ 외국 종교들의 중국 이름들
○ 중국에 있는 세 가지 다른 종파들: 유교, 불교, 도교
○ 유교: 교리와 실천
○ 불교: 교리, 실천, 역사, 의례, 탑, 비구, 비구니, 단식하는 사람
○ 도교: 기원, 도사, 교리, 미신적인 실천, 우두머리
○ 이미 300개가 넘은 많은 종파
○ 황제가 각기 다른 세 종파에 요구하는 것. 많은 우상
○ 종교가 모두 같다고 믿는 것과 만연한 무신론

170. 중국의 초대 종교의 순수함, 그리고 그리스와 로마의 종교
　　들보다 열등하지 않음

유럽에 전해진 모든 정보 중에서 종교와 관련하여 고대 중국의 종교만
큼 오류가 적은 것은 본 적이 없다. 중국의 서적에서 내가 발견한 것은

중국인들은 언제나 천제天帝[510] 혹은 천지天地[511]라고 부르는 최고의 존재

---

510 Cf. N.129, 주(註). 이 두 가지 천(天) = 상제(上帝), 곧 최고 황제는 중국의 문학에서 수천 년 동안, 그리고 지금도 최고 존재, 유일하고 전지전능하신 분, 모든 것, 특히 인간의 기원이신 분, 속일 수 없는 지성, 상선벌악을 주시는 분, 원하는 사람에게 왕권을 주시는 분으로 표현되고 있다. 중국의 자료 중에서 이 두 가지 이름을 찾아볼 수 있는 것은 다음과 같다. Bruno Schindler, *The Development of the Chinese conception of supreme Beings*, pubblicato in *Hirth Anniversary Volume*, Londra, Probsthain, 1923, pp.298-366. Cf. *TP*, 1923, pp.363-368.

가장 오래된 중국 자료에 등장하는 상제(上帝)는 순(舜, 기원전 2042?-1989?) 황제 시절의 『서경(書經)』에 나오는 것으로 추정된다. Cf. Zottoli, III, p.332. 『천주실의(天主實義)』 제2장에서 리치는 하느님(神)이라는 의미로 상제(上帝)를 믿고 있는 중국 서적 열한 개의 텍스트를 모았다. 여기에 등장하고 있는 텍스트는 『중용(中庸)』(Cf. Zottoli, II, p.196, liN.8-9)으로 주희(朱熹)의 잘못된 해석을 지적하고 있다. 『시경(詩經)』에서 4번 언급하고 있는 것 중, 한 번은 〈대아〉[大雅, 시경 육의(六義)의 하나: Cf. Zottoli, III, p.228, liN.9]에서고, 두 번은 〈주송〉(周頌, Cf. Zottoli, III, p.294, liN.13: p.296, liN.9)에서, 한 번은 〈상송〉(商頌, Cf. Zottoli, III, p.322, liN.5-6)에서, 한 번은 『역경(易經)』(Cf. Zottoli, III, p.604, liN.2)에서다. 두 번은 『예기(禮記)』에서 언급했는데, 그중 하나는 〈표기〉(表記, Cf. Couvreur, *Li Ki*, 1913, II, p.493, liN.5-7)이고, 다른 하나는 〈월영〉(月令, Cf. Couvreur, *Li Ki*, 1913, I, p.381, liN.5-6)이다. 그리고 『서경(書經)』에서 세 번을 언급했는데, 두 번은 〈탕서〉(湯誓, Cf. Zottoli, III, p.372, liN.3-4: p.376, liN.3)이고 하나는 〈주서〉(周書, Cf. Zottoli, III, p.428, liN.3)에서다. 여기에서 (리치는) 이렇게 결론짓고 있다. "그러므로 고서들을 검토해 보건대 최고신은 이름만 '하늘의 주인(上帝)'이 아니다(歷觀古書而知上帝與天主特異以名也)." 게다가 리치의 벗이었던 문관들이 상제(上帝)를 섬기라고 조언했는데, 이 점을 디아즈(Emanuele Diaz) 신부가 1630년의 한 편지에서 언급했고 바르톨리(Bartoli[1], I, c.122, pp.201-202)는 그것을 인용한 바 있다. 당시의 문관들은 무신론자들이었기에 그 의미를 기(氣) 혹은 원기(元氣), 또는 태극(太極, *ibid.*, c.120, pp.197-198)이라고 보았다. 당시의 신학자들과 고위 인사들은, 곧 일본의 주교와 발리냐노 신부는 1603년에 마카오에서 열린 회의에서(N.699) 리치의 견해를 승인해 주었다(*Ibid.*, c.118, p.195). 개봉(開封)의 유대인들은, 뒤에서 더 언급하겠지만(N.174 참조; NN.172, 726), 1489년, 1612년, 1663년의 기록에서 천(天)과 상제(上帝)를 구분하지 않고 야훼의 다른 이름으로 도(道)와 같이 사용하고 있었다. Cf. Tobar, pp.104-105; *JNC BRAS*, 1922, pp.45, 48-49. 알려진바, 개신교인들은 오늘날에도 하느님이라는 이름으로 신(神) = 영(靈), 천(天) = 상제(上帝) = 최고 황제를 사용하고 있다. 이와 관련하여 최근의 한 개신교 저자는 이렇게 결론 내리고 있다. "중국인들은 우주의 주인을 지칭하는 것으로 '최고 통치자', 생명과 빛의 샘, 상제(上帝) 혹은 천(天)이라고 쓰고 있다"(R. H. Matthews,

를 숭배해 왔다는 사실이다. 그들은 하늘과 땅을 영적인 것으로 생각했고, 최고 존재와 더불어 하나의 유기체를 이룬다고 생각했던 것 같다.[512] 그리고 그들은 산과 강은 물론 세상의 모든 사방을 수호하는 여러 신령을 경배해 왔다.

중국인들은 하늘의 임금이나 다른 신령들을 믿지는 않았어도 하늘이

An Examination of the terms used for translating the word 'God' into Chinese, Shanghai, 1935, p.66). 계속해서 이 저자는 "중국에서 최고 존재에 관한 생각은 근본적으로 영성적"이라고 말한다. 개신교인이었던 위대한 혁명가 손일선(孫逸仙, 1866-1925)은 하느님을 지칭하는 이름으로 언제나 상제(上帝)라고 하였다. Cf. D'Elia, *The Triple Demism of Sun Yat-sen*, Wuchang, 1931, pp.707-708, 718. 오늘날 타 종교의 학자들도 신(神), 곧 그리스도교의 하느님을 말할 때, 상제(上帝) 또는 천(天)이라고 한다. 대표적으로 양계초(梁啓超, 1873-1929)를 들 수 있다. Cf. *TP*, 1917, pp.257-259: p.273, N.2: p.286.

511 우주의 의미. 리치는 저서 『천주실의(天主實義)』(*PCLC*, V, ff.22a-b) 제2장의 끝에 중국인 대담자와 나눈 경험을 싣고 있는데, 거기에서 '천지(天地)'라는 표현(Cf. NN.176, 1914)은 '하늘과 땅의 주인'이라는 의미로 보아야 한다고 말한다. 남창부(南昌府)라고 말할 때 단순히 남창이라는 도시를 말하는 것이 아니라, 남창지부(南昌知府)라는 의미를 갖는 것과 같다. Cf. NN.104, 1914. 우리도 '로마가 말한다(*Roma locuta est*)'라고 할 때, '로마 교황이 말한다(*Romanus Pontifex locutus est*)'라는 의미를 지니는 것과 같다. 중국에서 이런 방식의 어법은 매우 흔하다. Cf. Intorcetta ecc. pp.XCI-XCⅡ.

최고 존재를 가리키는 것으로 '하늘과 땅(天地)'이라는 표현은 도교에 그 기원이 있다. 태초에 도(道)는 감지할 수 없고 이름 붙일 수 없는 것으로, 남성의 기운인 양(陽)과 여성의 기운인 음(陰)으로 표출되고, 하나는 천(天)의 형태로 다른 하나는 지(地)의 형태로 발산된다. 따라서 태초에 이름 붙일 수 없었던 것은 '천과 지(天地)'라는 두 이름으로 표현할 수 있다. Cf. Wieger, *HC*, pp.147-148; Franke[1], I, pp.118-119.

512 리치의 이런 견해는 『여씨춘추(呂氏春秋)』(c. 13, ff.3-4)에서도 찾아볼 수 있다. "하늘과 땅, 모든 것이 인체와 같아서 우주라고 부른다. 하늘은 모든 것에 그의 자리를 마련해 준다"(天地萬物, 一人之身也, 此之謂大同 … 天斟萬物, Fomieulan, p.208).

리치의 이런 견해는 바렌(Bernardo Varen, Amsterdam, 1649, p.266)의 『일본 묘사(*Descriptio Regni Iaponiae*)』를 통해 알려졌고, 그것을 트리고도 언급했으며, 일부 작가들은 하느님에 관한 스피노자의 주장이 중국 자료의 영향이라고 보았다. Cf. Lewis A. Maverich, *A possibile Chinese source of Spinoza's doctrine in Revue de Littérature comparée*, Parigi, 1939, N.75, pp.417-428.

부여한 생각하는 이성이 자신들의 모든 일을 이끄는 대로 따랐다고 말한다. 그들은 하늘의 임금이나 다른 신령들이 우리 로마인들과 그리스인, 이집트인들과 다른 여타 국가들에서 믿는 것처럼 야비하다고 믿지는 않는다.[513] 그런 까닭에 주님의 무한하신 자비를 희망할 수 있었고, 대부분 옛사람은 자연의 법칙에 따라 살아감으로써 구원을 받는다고 믿었다. 구원을 받기에 합당한 사람들에게 상제는 언제나 특별한 은총을 내리는 것이다. 고대 중국인들의 조국에 대한 사랑, 공익과 백성의 이익을 위해 한 좋은 일들을 볼 때, 지난 4천 년간의 역사가 언급한 사항들을 입증한다고 할 수 있다.[514] 또한 지금까지 내려오는 고대 철학자들의 수많은 저서는[515] 인간 삶에서 자비와 좋은 권고, 덕행들로 가득하고, 우리(서방)의 가장 유명한 고대 철학자들의 가르침에서도 절대 뒤처지지 않는다.

그러나 본성이 잘못되고 그것을 하느님의 은총으로 바로잡지 않으면 계속해서 나빠지기 때문에 가련한 인간들은 점차 밝은 도리를 잃고 아무렇게나 행동한다. 그들은 아무런 두려움 없이 바른 것이건 그릇된 것이건 이미 제멋대로 말하고 행동한다. 오늘날 우상숭배에 빠지지 않은 사람 중에서 무신론에 빠지지 않은 사람은 적다.[516]

---

513 Cf. N.1914.
514 중국에서 가장 오래된 텍스트로 공자가 발행한 걸로 알려진『서경(書經)』이 있다. 이
     책은 중국 민족의 기원인 선사시대 혹은 우서(虞書) 시대와 첫 번째 세 왕조인 하서(夏
     書, 기원전 1989?-1557?), 상서(商書, 기원전 1558?-1049?), 주서(周書, 기원전 1050?-
     255)에 대해 말해 주고 있다. Cf. Zottoli, III, pp.327-519.
515 리치는 공자(孔夫子, 기원전 551-479)와 그의 제자 맹자(孟子, 기원전 372-289)와 묵적
     (墨翟, 기원전 479?-381)과 그 외 여러 제자를 암시하고 있다.
516 Cf. N.199.

171. 페르시아로부터 온 마호메트인들, 이제 수천만으로 늘어난 무슬림 가족들, 다른 중국인들과 동등한 위치

이런 상황에서 또 다른 한 가지가 더 있으니, 중국의 서쪽에 페르시아가 가까이 붙어 있으면서 여러 시대에 걸쳐 많은 사람이 이슬람교를 들여왔다.[517] 그들은 자녀와 손자 세대를 거치면서 급격하게 늘어났고, 중

---

517 별 의미 없는 중국의 원전들은(*TP*, 1934, p.59) 마호메트가 직접 4명의 제자를 중국으로 파견했는데(618-626), 그중에는 그의 외삼촌도 있었다고 전한다(628-629). 해상 무역은 광부(廣府, 아랍어로 한푸 = 관푸 = 광동?), 천주(泉州), 영파(寧波), 항주(杭州)]와 같은 해안 도시에서 8세기 중반까지 회교도들의 출현이 있었다는 충분한 근거들을 제공한다. 아랍의 한 상인으로 바스라(오늘날 이라크 도시) 출신의 이븐 바합(Ibn Vahab)은 872년 의종(懿宗) 황제를 알현하기 위해 수도 장안(長安, 아랍어로 홈단 Humdân)까지 왔다. 878년 이슬람교도들은 광동에서 일어난 '황소(黃巢)의 난'에서 다른 외국인, 곧 유대인, 네스토리우스인들과 조로아스터인의 공격을 받았다. Cf. Franke[1], III, p.421. 사실 이슬람교가 중국에 전해진 것은 몽골제국 시절 병사들의 이동과 관련이 있겠으나, 여기에 관한 연구는 아직 자세히 이루어지지 않았다. 투르키스탄의 중국인들은 10세기에서 15세기 사이에 이슬람으로 개종하였다. 이슬람교도들에 대한 흔적은 12세기 말에서야 비로소 중국의 여러 지역에서 확실하게 나타나기 시작했다. 1275년경, 많은 무슬림 민족이 운남까지 진출한 걸로 보인다(*TP*, 1935, p.278). 마찬가지로 중국 북쪽에서도 13세기 초, 러시아 투르키스탄에서 이주한 3천 명의 이슬람교도 가족이 있었다는 정황이 있다. Cf. *JA*, 1927, pp.261-279. 쿠빌라이(1260-1294)는 왕궁에 저명한 이슬람교도 인사들을 두고 있었는데, 그중에는 샴스 알-딘 오마르(Sayyid Ajjal Shams al-Din Omar, 1210-1279)도 있었다. 그는 운남을 정복하는 데 큰 공을 세웠고 후에 쿠빌라이에 의해 최초의 운남 주지사로 임명되어 중국인들에게 좋은 행정이 어떤 것인지를 보여 주었다. Cf. Vissière, *Etudes Sino-mahométanes*, Parigi, 1911. 그러나 1279년 쿠빌라이는 자기 나라에서 이슬람교의 선교를 금했다. 그러나 1275-1292년, 마르코 폴로는 중국의 곳곳에서 이슬람교도들을 만났다고 했다. 50년 후, 이븐 바투타(Ibn Battûta, 1304-1368)[역주_ 중세 아랍 여행가며 탐험가이자 유명한 여행기 『리흘라(*Rihla*)』의 저자는 중국과 이슬람 국가 간의 무역에 대해 크게 언급하였다. 실제로 1267년부터 예수회가 진출하기 전까지 중국의 달력[Cf. N.58, 주(註)]은 이슬람교 천문학에 따라 편찬되었다. Cf. *Encyclopédie de l'Islam, Chine*; Ferrand, *Relations de voyages et textes géographiques arabes, persans et turcs, relatifs à l'Extrême Orient*, 1913-1914; Franke[1], III, pp.359-360; J. Goussault, *L'Islam en Chine*, in *En Terre d'Islam*, Parigi, 1937, pp.10-20; Marshall Broomhall, *Islam in*

국 전역에 걸쳐 수천 가구 이상이 생겼으며,[518] 거의 모든 성(省)에 모스크가 세워졌고 거기에서 그들은 경전을 읽고 할례를 받고 종교예식을 거행했다. 그러나 내가 알게 된 것은 그들은 새 신자를 받아들이지도 율법을 선전하지도 않으며, 오히려 중국의 법률을 준수하며 자기네 종교에 대해 매우 무지하다는 것이다. 그래서 중국인들도 전혀 신경을 쓰지 않는다. 모든 것은 그들이 이미 중국인이 되었고, 그들이 반역할 거라고 아무도 의심하지 않을 정도가 되었다. [중국이] 그들에게도 공부하여 과거 시험을 보고 관직을 얻을 기회를 주기 때문이다. 그들 중 많은 사람이 지위를 얻어 자기네 옛 신앙을 버리기도 한다. 다만 습관적으로 돼지고기[519]는 먹지 않는다.

China, Londra, 1910; Commandant D'Olleone, *Recherches sur les Musulmans chinois*, Parigi, 1911; Wieger, *HC*, p.535; 진원(陳垣), "중국의 이슬람교 진출(回回敎入中國史略)," in [*Eastern Miscellany*]『동방잡지(東方雜誌)』, 상해, XXV, N.1; 진한장 (陳漢章), 『중국회교사(中國回敎史)』, in [*Historical and Geographical Review*] 사학 여지학(史學與地學), N.1.

518 유럽으로 몽골인들이 진출하던 시기에 운남에만 3천에서 4천 명의 이슬람교도들이 있었을 것으로 추정된다. 왕결경(王潔卿) in [*Quarterly Review of the Sun Yat-sen Institute for advancement of Culture and Education*] 中山文化敎育館李刊, Nanchino, 1936, III, pp.1195-1223. 이것과는 상관없이 리치는 1608년 8월 22일, "이슬람교도들은 과거 중국에 수백만 명이 있었습니다"(N.1850)라고 적고 있다. Cf. N.1903. 17세기 초, 이슬람교도들은 "중국에 오고 싶으면 얼마든지 올 수 있었고, 모스크와 꾸란도 가지고 있었으며, 매우 자유롭게 살고 있었다"(N.1622). 그뿐만 아니라 중국에서 7년이나 8년 정도 거주하면(N.836) 중국에서 본 것들을 고국의 사람들에게 말할까 봐 본국으로 돌아갈 수 없도록 하였다. 리치는 1609년, 중국에서 태어난 외국인 이슬람교도들에 대한 강한 억압에 대해 언급했는데, 특히 오늘날 감주(甘州)에 속하는 숙주(肅州)의 마카오 이슬람교도들과 연관된 것이었다. Cf. NN.836, 1903.
519 Cf. NN.174, 726.

172. 개봉과 항주에서 만난 유대인들

마찬가지로 우리는 중국에서, 나중에 더 이야기하겠지만,[520] 모세의 옛 율법에 따라 사는 유대인들[521]도 만났다. 하지만 그 수는 많지 않았고, 하남성河南省 개봉부開封府와 숙강淑江의 항주부杭州府 외의 지역에도 시너고그가 있는지는 모르겠다. 시너고그에는 양피지에 고대의 방식대로 마침표 없이 히브리어로 쓴 모세오경이 두루마리[522]로 잘 보관되어 있었다. 그 밖에, 구약의 여러 경전이 얼마나 있는지는 아직 파악하지 못했다. 그들은 오랜 전통과 예식에 따라 할례의식을 보존하고 있었고, 돼지고기와 모든 힘줄 있는 고기[523]를 먹지 않고 있었다.

173. 재발견한 십자가 숭배자들, 배교, 십자가 예절, 기원이 되는 외국, 우연히 발견한 그리스의 종(鐘)

몇 년 전[524]에 우리는 특별히 북쪽 지역의 여러 성番[525]에 그리스도인들

---

520 NN.722-730. Cf. NN.1688-1694.
521 각종 화기와 병기, 화약들은 유대인들이 1세기 말경, 주(周)나라 혹은 한(漢)나라 시절에 들어왔다는 오랜 증거들이다. Cf. Tobar, pp.88-91; *BEFEO*, 1906, pp.413-414; Duvigneau, pp.18-37. 그들의 일부는 878년 광동에서 일어난 '황소의 난' 때에 그곳에 있었던 것으로 전해졌다. 960년에서 1126년 사이, 인도에서 온 몇몇 유대인들은 지중해에서 가져온 옷감들을 처음으로 중국 왕실에 가져다주었다. 마르코 폴로도 유대인들에 대해서 적고 있다(Yule-Cordier, *MP*, I, pp.343, 346-348). Cf. Hennig, I, pp.312-314; *Revue de synthese historique*, I, p.296; *TP*, 1904, pp.482-483; *BCP*, 1935, pp.587-599, 649-652: 1936, pp.22-29, 77-88; *JNCBRAS*, 1928, pp.22-49; Franke[1], III, pp.420-421; B. Laufer, *Zur Geschichte der chinesischen Juden in Globus*, 1905, vol. 87, pp.245-247; Marcus N. Adler, *Chinese Jews*, Oxford 1900; S. M. Perlmann, *History of the Jews in China*, Londra, 1913.
522 '두루마리에 감긴'이라는 뜻으로 arrotolati 대신에 irrotolati라고 쓰고 있다.
523 Cf. NN.174, 726.
524 1602년 9월 초. Cf. NN.606, 724-730, 4180.

이 살았다는 사실을 알게 되었다. '십자가를 숭배하는 사람들(十字敎)'[526]
이라는 이름으로 문자와 무기를 가진 사람들의 수는 대단히 많았다. 60년
전[527]에 중국인들은 그들을 의심의 눈으로 보기 시작했는데, 어디에서건
'우리의 적敵'이라고 생각한 이슬람교도들이 충동질한 것으로 보인다. 체
포가 시작되자 그들은 모두 흩어져 일부는 터키인[528]과 유대인이 되고,
대개는 이교도가 되었다. 그들의 교회는 사당으로 바뀌었다.[529] 후손들
대부분은 먹고 마실 때 십자성호를 긋는 풍습을 유지하면서도 자신들이
십자교도의 후손이라고 고백하는 걸 두려워했다. 그들 자신은 물론 다른
사람들이 십자성호를 왜 긋는지에 대해서 아무도 모르고 있었다. 그렇지
만 그들의 외모가 중국 내 이민족의 후손임을 분명히 드러내 주었다.

우리는 아직도 그들이 어떤 성상聖像과 문자[530]를 사용하는지 모른다.

---

525 산서성(山西省)과 감숙성(甘肅省). Cf. N.724.
526 십자교(十字敎)는 1289년 숭복사(崇福司)[역주_ 1289년 원나라가 전 제국의 그리스도
교 제례 의식을 관장하기 위해 설치한 특별부서] 설립에 즈음하여 제국의 칙령으로 선
포된 그리스도교의 공식 이름이다. 따라서 교회 역시 일괄적으로 십자사(十字寺)라고
불렸다. 이들 그리스도인은 몽골인들이 노예 혹은 병사로 끌고 온 네스토리우스인, 그
리스인, 그리스 전례를 하는 조지아인, 크리(타타르)족, 러시아인, 아르메니아인, 알라
니족과 루테니족을 포괄하고 있었다. 이들 중 많은 사람이 조반니 다 몬테코르비노
(Giovanni da Montecorvino, 1247-1328)의 활동으로 가톨릭으로 개종하였다. Cf.
Wieger, TH, p.1716. 음력으로 638년부터 745년 9월까지, 중국 네스토리우스 교회들
은 "페르시아 이방인들의 사당(波斯胡寺)"이라고 불렸고, 745년부터 천년도 말까지는
"대태사(大泰寺)"라고 불렸다. Cf. 왕단(王溥), 당회요(唐會要), c.49, f.10b; MS, 1936-
1937, p.315, N.97. 이들 십자교인들에 관한 리치의 언급은 NN.606, 724-730, 1686-
1687, 1692, 1806, 1850을 보라.
527 1550년경. Cf. NN.724, 1821, 1850.
528 즉, 이슬람교도를 말한다.
529 터키에서 온 회흘(回紇)[역주_ 튀르크계 언어를 사용하는 아시아 내륙 지방의 위구르
민족들은 4개의 종교를 신봉하였다. 이슬람(回回敎), 마니교(摩尼敎) 혹은 명교(明
敎), 불교(佛敎), 네스토리우스교(十字敎) 혹은 경교(景敎)가 그것이다.

다만 내가 어느 골동품상에서 오래된 청동 종鍾을 하나 보았는데, 종 꼭대기에 조그만 교회가 새겨져 있고 그 앞에는 십자가가 새겨져 있었다. 그리고 주변에는 많은 그리스 글자가 새겨져 있어, 고대 그리스도인들의 것으로 추정하게 했다.[531]

174. 외국 종교들의 중국 이름들

중국인들은 이 모든 외래 종교[532]를 그 기원을 알 수가 없다고 하여 회회回回[533]라고 부른다.[534] 이슬람교도들은 세 가지 율법을 준수한다는 의

---

530 곧 사용하는 언어를 가리킨다. 1608년 8월 22일 자 편지에서 리치는 이렇게 적고 있다. "지금까지 열심히 노력했음에도 불구하고 아직도 그들[십자가를 숭상하는 사람들]이 어떤 성상과 무슨 글자를 사용했는지 알아내지 못했습니다만, 제가 생각하기에 그리스 문자를 사용한 것으로 보입니다"(N.1850). 이어지는 각주에서 보듯이 종(鍾) 표면에 쓰인 글자로 추정하는 것 같다. Cf. N.1692.

531 1605년 7월 26일 자 편지로 보아 1595년쯤에 있었던 일로 보인다. 거기에서 리치는 이렇게 말하고 있다. "10년 동안 그 오래된 종(鍾)이 한 중국인의 손에 있는 것을 보았습니다. 십자가와 그리스어 글자가 새겨진 것으로 보아서 하남(河南) 땅으로 가져온 것으로 보입니다"(N.1692).

532 리치는 694년에 처음 언급된 마니교(明教)에 대해서는 외면하고 있다. Cf. Chavannes-Pelliot, *Traité manichéen*, 2e partie, pp.174, 182.

533 **역주_** 회족(回族)의 명칭 가운데 '회'(回)는 중국에서 이슬람교를 의미하는 회회(回回)와 관련이 있다. 회골(回鶻)이라고 부르던 위구르인이 이슬람교로 개종했던 것에 기인하여 이슬람교도를 회회교도(回回教徒) 또는 줄여서 회교도(回教徒)라고 했는데, 역사적으로 아랍 및 중앙아시아에서 이주하여 온 회족의 선조들은 대다수 이슬람교를 신봉했으며 이후에도 일관되게 이슬람교를 믿었기에 이슬람교를 믿는 민족이라는 의미에서 '회회'(回回)를 민족 명칭으로 채택하여 회족(回族)이라고 하였다. 명청(明淸) 시기에는 한화(漢化)된 이슬람교도를 한회(漢回) 또는 숙회(熟回)라고 불렀고, 신강 지역의 튀르크게 이슬람교도를 전두회(纏頭回) 또는 생회(生回)로 구분하였다. 이후 모든 외래종교로 확산되어 이방 민족과 종교를 의미하는 걸로 사용한 것으로 파악된다. https://baike.baidu.com/item/回族?fromtitle=回回&fromid=196862

534 오늘날에도 중국에서는 이슬람교도들을 회회(回回)라고 부른다. 일부 저자들은, 가령 자일스(Giles)와 같은 사람은 『중국어-영어 사전(*Chinese-English Dictionary*)』,

미에서 '삼교회회三教回回'[535]라고 부르고, 유대인들은 '고기의 힘줄을 제거하고 먹는 사람들挑筋回回',[536] 그리스도인들은 '십자회회十字回回'[537]라고

<hr />

N.6163에서 어원학적으로 셈족의 '형제'라는 의미를 지닌 호이(*Khwei hw*)로 거슬러 올라간다고 했다. 이슬람교도들은 자기네끼리 '형제들'이라는 뜻을 사용했고, 그것을 중국인들은 '형제들-형제들'이라고 호이-호이(*khwei-khwei, hoei-hoei*)라고 부른 것으로 추정된다. 다른 저자들은 이 책에서 말하는 것처럼 위구르(Uigur)라는 뜻으로 회골(回鶻), 호이후(Hoeihu)에 어원을 두고 있다. 리치는 중국인들이 그들을 어떻게 부르는지에 주목했다. "돼지고기를 먹지 않는 사람들(不喫猪肉)"(N.726)이 그 예다. Cf. N.597. 아무튼 이슬람교도들을 의미하는 회회(回回)와 터키스탄 동쪽의 몽골 민족인 위구르인들을 뜻하는 외오아(畏吾兒)와는 구분할 필요가 있다. 10-12세기에는 외오아(畏吾兒), 8-9세기에는 회흘(回紇), 6-7세기에는 죽흘(韋紇)이라고 불렀던 이 위구르인들을 후에 몽골의 역사학자 등에 의해 회골(回鶻) 또는 원흘(袁紇)이라고 부르기 시작했다. Cf. Franke[1], III, p.352. 위구르의 일부 이슬람교도들은 비슷한 음으로 부르기도 (*Revue du Monde musulman*, 1914, p.163) 했으나 일치하는 것은 없었다. Cf. Zzeiüen, 回回, 回紇. 리치의 《만국여지전도(萬國輿地全圖)》(1602)에 회회(回回) 왕국은 인도 북쪽에 자리하고 있다. Cf. NN.725-726; D'Elia[1], 그림 19-20 F fe. 16세기 말경, 남경(南京)에 이슬람교도들은 "대단히 많았다"(N.536)라고 기록되어 있다.

[535] 삼교회회(三教回回)라는 표현은 중국에 있는 이슬람교도나 사라센인들을 두고 중국 유대인들이 부른 이름으로서, 애전(艾田)이라는 한 유대인이 리치에게 1605년 6월 말, 알려 준 것이다. Cf. N.725. 이유는 그들의 교리가 세 종교(三教), 곧 유대교, 그리스도교(네스토리우스교), 이교(불교)의 교리를 섞어 놓았기 때문이다. Cf. N.725.

[536] 유대인들을 중국에서는 처음부터 석흘(石忽, 641), 출흘(朮忽, 1372), 주회(朱灰), 유태(猶太)(14-15세기), 곧 유대인(Saeki[2], pp.238-240) - 사악업(賜樂業) - 이스라엘 사람들, 이스라엘교(以色列教)라고 불렀다. 하남(河南) 지역에서는 회회인들의 순수한 종교(青回教)와 힘줄을 자르는 회회인들(挑筋回回)의 종교라고 불렀다. 리치가 기록하고 있는 대로(N.726; Cf. N.1821) "그들은 모든 식용 동물의 힘줄을 자르는 옛 율법을 지금까지(1609년) 지키고 있기 때문"이다. Cf. Gen., XXXII, 32; Zzeiüen, 挑. 유대인들의 종교도 가끔 인도의 종교(天竺教)로 치부되기도 한다. 진원(陣垣)은 먼저 동방잡지(東方雜誌), XVII, NN.5-7과 개봉의 이스라엘 사람들에 관한 연구(開封一賜樂業教考)를 출판하였다.

[537] '십자가의 회회인들(十字回回)'이라는 표현은 하남(河南과 산서 지역에서 살던 고대 그리스도인(네스토리우스인)의 후손들을 지칭한다. 그들의 외모가 중국인들과 달리, 오히려 이슬람교도들과 비슷하게 생겼다고 붙은 이름이다. 1605년 6월 말, 북경에 살고 있던 리치에게 애전(艾田)이라는 유대인이 알려 주었다. 후에 다른 사람들도 리치에게 같은 정보를 주었고, 리치는 "발굽이 둥근 동물은 먹지 않는 사람들"이라고 썼다.

부른다. 다시 말해서 중국에서 십十이라는 글자는 완전한 것을 의미할 뿐,[538] 이름이나 용도, 혹은 십자가와는 아무런 상관이 없다.

이슬람교도들은 그리스도인들을 예수이니(iesuini)[539]라는 의미로, 애설愛薛, 이수夷數라고 부른다. 그 외, 특이살忒爾撒, 질설迭屑이라고도 불렀다. 페르시아에서는 아르메니아인들을 이렇게 부른다고, 어떤 아르메니아인이 하는 말을 나는 들었다.[540] 따라서 이 그리스도인들은 아르메니

그들은 이슬람교도와 유대인들처럼 말고기, 노새 고기 등을 먹지 않기 때문이다. Cf. NN.726, 1687.

538 '십(十)'이라는 글자는 십자가처럼 생겼다. 흥미로운 것은 1584-1585년부터 가톨릭 선교사들이 십자가를 묘사하기 위해서 781년 2월 4일 이전에 네스토리우스인들이 이미 사용했던 표현을 차용하고 있다는 사실이다. Cf. Havret, III, pp.54-55.

539 '예수이니(iesuini)'라는 말은 '예수의 추종자들'이라는 뜻이다. Cf. NN.821, 830, 4180. 네스토리우스인들이 처음 중국어로 쓴 '예수'라는 음, 이서(移鼠, 637)와 예수(翳數, 641), 마니교인들이 쓴 이수(夷數, 1035년 이전, 아마도 900년경)가 흥미롭다. Cf. *The Chinese Recorder*, 1935, p.679; *JA*, 1911, II, p.566, N.3. 13세기 말경과 14세기 초, 쿠빌라이 칸 왕실에서도 종종 '애설(愛薛)'이라는 이름의 서방 네스토리우스에 대한 언급이 있었다(여기에 관해서는 Moule, p.107, N.22; *SF*, I, pp.LII, LXIX; 元史, c.134; Saeki², pp.508-510). '애설(愛薛)'은 펠리옷(Pelliot, *TP*, 1914, p.639)이 쓴 것처럼 '예수'를 옮겨 쓴 것이다. 예수회 선교사들은 1584년부터 루지에리의 『천주실록(天主實錄)』에서 나타나는 것처럼 이탈리아어 제수(Gesù)를 음역한 것으로 열소(熱所)로 썼다(1584 in *ARSI, Jap.-Sin.*, I, 189, f.28a). 이후 리치의 『교리문답서』에서도 거의 같은 음, 열소(熱所)을 발견할 수 있다[**역주**_ 이 부분에서 델리야 신부는 루지에리의 『천주실록』 '열소'에서 '열(㷸)', '열'의 한자음에 입구(口)를 왼쪽에 썼지만, 리치의 『교리문답서』 설명에서는 '열'자와 '소(哷)'자 모두의 왼쪽에 입구(口) 변을 넣고 있다. 음역이라는 의미로 다른 글자와 구분하기 위해 사용한 것으로 짐작된다]. 하지만 이와 함께 1603년 이후의 문건에서 발견되듯이 야소(耶穌)라고도 쓰고 있는데, 이는 1595년 이후는 아닌 것 같다. Cf. *ARSI, Jap.-Sin.*, I, 198, f.14a.

540 『구약성경』(느헤미아 1, 11)에 오래전부터 언급되었고 『신약성경』에도 누차 등장하는 사람들이다. 그들은 하느님을 자신의 스승이자 거룩하신 분으로 알고 그분을 경외하며 그분의 분노를 사게 될까 봐 두려워하였다. 그들은 "하느님을 두려워하는 사람들"이다(루카 1, 50; 사도행전 10, 35; 묵시 14, 7; 15, 4; 19, 5). 그들은 하느님의 "이름을 경외하는 사람들"(묵시 11,18)이다. "주님을 경외하는 사람들"(콜로 3, 22); "하느님

아에서 온 것이 분명하다고 할 수 있다.

중국인들은 이들 세 종교에 대해 아무도 말하지 않고, 책에서도 이들

을 두려워하는"(사도 10, 2. 22: 13, 16. 26: 16, 14: 18, 7) 혹은 그냥 단순히 "두려워하는"(사도 13, 50: 17, 4. 17: cf. 13, 43. 50) 사람들이다. 한편 라틴어로 이 표현들은 믿음을 가진 사람들, 그리스도인을 가리키는 말로 '두려워하는(metuentes)', '겸손한(verecundi)', '신앙심 깊은(religiosi)', '경외하는(timorati)'으로 번역하였다. 페르시아어로는 타르사(tarsā)라는 말에 기원을 둔 것으로, "두려워하는 사람"인 동시에 "그리스도인"을 의미한다(*TP*, 1914, p.626). 이런 의미는 4세기부터 시작되었다(*Bulletin of the Catholic University of Peking*, 1930, p.103, N.1). 내가 보기에 네스토리우스 초기부터 이 말은 페르시아어에서 중국어로 사용되었다. 그것은 달사(達娑)라는 형태로 781년 서안(西安)의 《대진경교유행중국비》에도 적혀 있다. Cf. Saeki[2], *The Chinese text*, p.8, lin.3. 1221년의 한 자료에도 아르메니아인은 질설(迭屑)이라는 이름으로 나타나고(*CCS*, 1935, p.29), 변위록(辨僞錄) c.3(1291)에도 1256년의 한 자료를 인용하며 언급하고 있다. Cf. Saeki[2], p.495; Cf. *Ibid.*, p.495. 이슬람교도들이 쓴 중국 자료에는 그리스도인들을 특이살(特爾撒, tersa)이라고 불렀다. 같은 음의 다른 것으로 첩설(帖薛)(*CCS*, 1935, p.78)이라고도 하였다. 조반니 다 몬테코르비노가 14세기 초에 위구르 언어는 사용하지 않았어도 터키어는 사용했을 것으로 추정되고(cf. *TP*, 1931, pp.421-422; *SF*, I, p.352), 아르메니아 왕 헤툼은 위구르인들의 땅을 타르시(tarsi) 왕국이라고 불렀다(*SF*, I, p.90, N.10; Assemani, *Bibliotheca Orientalis*, III, Pars secunda, p.CCCCLXX). 아무튼 '타르사(tarsā)'와 '위구르'라는 용어는 거의 비슷한 용어라고 할 수 있다. 왜냐하면 위구르인들은 그리스도인들이었기 때문이다(*TP*, 1914, p.636). 1605년에 리치는 용어가 '초창기 중국에 온 그리스도인들의 본국을 묘사하지 않는다면' 하고 자문한 바 있다. Cf. N.1687.

1375년 카탈루냐 지도에는 타르시아(Tarsia)가 세 명의 동방박사들의 나라로 기록되어 있다. 타르시스(Tharsis)를 성경과 연관시키려는 의도가 엿보이는 대목이다(Cf. Cheyne-Black, *Enciclopedia Biblica*, Tarshish, ecc., 4897-4899). 피렌체 중앙도서관에 소장된 14세기 중 후반 혹은 15세기 초의 잘 알려진 어느 무명인의 평면 지도(Portolani, N.16)에도 타르시스의 레이(Rey)[역주_ 이란의 수도 테헤란 남쪽에 인접한 작은 도시. 고대부터 번영한 곳으로 조로아스터교의 유적도 있다]의 모습이 그려져 있다. Cf. *Indice dei Portolani, carte nautiche e planisferi [della Biblioteca Centrale di Firenze*], 1881, p.19 v°.

용어 '타르사(tarsā)'에 대해서는 다음을 보라. Moule, p.45, N.39: pp.215-218; *TP*, 1895, pp.533-534: 1904, p.381, N.3: p.382, N.3: 1914, pp.626, 636; Wieger, *TH*, p.1716; Saeki[1], p.242, N.86.

에 대해 논하지 않는다.

175. 중국에 있는 세 가지 다른 종교들: 유교, 불교, 도교

중국인들은 세상에 세 개의 율법[541]만 존재한다고 말한다. 즉, 유교儒教, 석가釋迦,[542] 노자老子가 그것이다. 노자를 따르는 사람들을 도사道士라고 부른다. 이 세 종파에 따라서 온 중국이 나뉘고, 일본인, 조선인, 유구인琉球人[543]과 베트남인 등 중국의 문자를 사용하는 이웃 나라들도 구분된다.

176. 유교: 교리와 실천

유교는 중국의 고대 종교로 과거는 물론 지금도 유학자들이 정권을 잡고 있어 책을 많이 가질수록, 그만큼 자부심이 크고 관련 문화가 꽃을 피우고 있다. 그들의 이런 습관은 의식적으로 형성된 것이 아니라 학문 연구를 통해 자연스럽게 습득된 것이다. 아무도 공명을 얻거나 높은 관직을 탐해서가 아니다. 유교의 창시자이자 개혁자며 우두머리는 공부자孔夫子인데, 그에 관해서는 제5장에서 이미 말한 바 있다.[544] 유교에는 신상神像이 없다. 다만 언급한 것처럼,[545] 하늘과 땅, 혹은 하늘의 임금이 있어

---

541 리치의 텍스트에서 '율법'이라는 용어는 종종 '종교'라는 의미로 사용된다. 세 개의 다른 종파들(異教)에 대해서는 cf. NN.1499, 1523를 보라.
542 중국어로 석가(釋迦, Śākya, शाक्य)는 '깨달음을 얻은 사람'이라는 뜻의 '부처' 가문의 이름이다. Cf. Soothill-Hodous, p.482.
543 타이완(대만) 섬에 사는 사람들. Cf. N.231, 본서 2권, p.123, 주(註) 165.
544 Cf. N.55.
545 Cf. N.170.

세상의 모든 것들을 통솔하고 유지하도록 한다.[546] 또 여러 신령을 섬기지만, 신령들은 천제天帝[547]처럼 큰 힘을 갖지는 못한다.

진정한 유학자는 이 세상이 언제 만들어졌는지,[548] 누가 만들었는지, 어떻게 시작되었는지에 대해서 전혀 말하지 않는다. 내가 진정한 유학자라고 말한 것은 권위가 부족한 일부 유학자들은 매우 천박한 판단과 나쁜 생각을 하므로 사람들이 그다지 주목하지 않기 때문이다.

유교에서는 하늘이 나쁜 사람들에게는 벌을 주고 착한 사람들에게는 상을 준다고 말한다. 하지만 가장 일반적인 것은 선을 행하거나 악을 행하거나 본인 혹은 그의 후손에게 현세에서 인과응보가 내려진다고 생각하는 것이다.

내가 보기에 영혼의 불멸에 관해서는 옛사람들도 의심의 여지가 없었고, 오히려 세상을 떠난 지 오랜 시간이 지나면 하늘에서 살고 있다고 생각한 것 같다. 그러나 어떤 사람이 지옥에 가는지는 말하지 않았다.[549]

---

546 크릴(Herrlee Glessner Creel) 교수는 자신의 저서 *Was Confucius agnostic?* in *TP*, 1932, pp.55-99에서 공자를 알기 위해서는 그의 윤리 사상과 정치와 생애를 모두 알아야 한다며, 그의 존재와 종교성은 분리할 수 없다고 했다. "실제로, 공자의 윤리, 정치, 그리고 삶 전체와 분리할 수 없는 그의 우주적이고 종교적인 배경 … 그것에 대한 인식 없이 공자를 이해하기란 불가능하다"(*Ibid.*, p.99).

547 Cf. N.129, p.379, 주(註) 358.

548 세상을 창조한 초인 반석(盤石) 신화는 기원전 7세기 중국 문헌에 이미 등장하는 것으로, 가장 오래된 텍스트로 서기 3세기 때 서정(徐整)과 문조(文操)가 쓴 『삼오역기(三五歷紀)』에서 다시금 인용하고 있다. Cf. *TP*, 1931, pp.466-467; Werner², p.355.

549 『천주실의(天主實義)』, 하(下)(*PCLC*, VI, ff.30b-31b)에서 리치는 한 중국인 유학자(中土)의 입을 빌려 이렇게 말한다. "유교를 신봉하는 사람들은 모든 것을 성인(聖人)에 중심을 두고 있습니다. 성인은 사서삼경과 역사서들을 통해 가르치지만, 이 책들은 천당이나 지옥에 대해서는 전혀 말하지 않습니다. 성인이 이런 가르침들에 대해 모르고 있다는 것을 어떻게 설명할 수 있을까요?" 그러자 서사(西土)라고 부르는 리치가 대답했다. "성인들의 가르침들이 온전히 보존된 것은 아닙니다. 때때로 그들의 가르침은

오늘날의 유학자들은 사람이 죽고 나면 영혼이 소멸한다고 믿고[550] 내세에 천당이나 지옥이 있다는 것도 믿지 않는다. 어떤 사람들은 이런 이치가 너무도 가혹하다고 생각하여 착한 사람의 영혼만 영원히 산다고 말한다. 이런 사람들은 선행을 통해 영혼 육신이 하나로 일치하고 견고해지지만, 나쁜 사람의 영혼은 나쁜 행동을 함으로써 영혼이 육체에서 나와 사라지고 소멸한다고 말한다.

그러나 내가 보기에 현재 가장 보편적인 견해는 500년 전쯤에 중국에 들어온 우상 종파[551]에서 전해진 것으로서, 이 세상의 모든 것이 단 하나의 물질로 이루어져 있다는 것이다. 세상의 창조자와 하늘과 땅, 인간과 동물, 나무와 풀이 모두 4가지 원소로 구성되어 있고, 모두 단일한 유기체를 형성하며, 개체들은 모두 이 유기체의 구성원들이다. 그리고 이런

구전으로만 전해질 뿐 모두 기록되지는 않았습니다. 또 때로는 기록된 것들조차 잃어버렸거나 그런 가르침을 인정하지 않으려는 나쁜 역사가들에 의해 삭제되기도 했습니다. 나아가 '텍스트에 없는 것은 일어나지 않은 일'로 치부되기도 했습니다. 오늘날 유학자들의 실수가 옛날 책에 기록된 것과 다르다고 말하는 것은 의미가 없습니다." 여기에는 세 개의 텍스트가 등장한다. 『시경(詩經)』의 〈대아(大雅)〉(Cf. Zottoli, Ⅲ, p.226, liN.I, 3: p.242, liN.1)에서 두 개와 『서경(書經)』의 〈소고(召誥)〉(Cf. Zottoli, Ⅲ, p.450, liN.10)에서 하나가 그것이다. 여기에서는 고대의 특정 인물들이 하늘에, 상제의 오른쪽 혹은 왼쪽 높은 곳에 있다고 말하고 있다. 이어지는 질문에도 "어째서 사서삼경에서는 착한 사람이 머무르는 행복한 곳은 있지만, 지옥에 관한 언급은 없습니까?"라고 묻자, 서사가 대답하기를 "천당과 지옥이라는 두 가지 개념은 상대적인 것입니다. 하나가 있으면 다른 것도 있습니다"라고 하였다. 천당과 지옥의 문제는 『기인십편(畸人十篇)』제8장에서 길게 다루고 있다(PCLC, Ⅲ, ff.5a-26b).

550 다른 지역보다도 광동에서는 유학자들이 영혼 불멸설에 반대하였다. Cf. N.1232. 그러나 남창(南昌)에서는 학자들이 리치와 여러 차례 이야기를 나눈 결과 영혼불멸을 확신했다. Cf. NN.1398, 1459, 1472, 1523. 『천주실의(天主實義)』제3장은 통째로 영혼불멸에 대해서 이야기하고 있다(PCLC, V. ff.23a-37a).

551 불교.

물질의 단일성은 우리가 서로를 향해 갖는 사랑을 형성케 한다. 결국 모든 인간은 신과 똑같은 물질이기에 그와 같아질 수 있는 것이다. 우리는 이런 논리에 대해 이성적으로뿐 아니라, 그들의 고대 학자들의 말을 인용하여 반박한 바 있다. 고대 학자들의 가르침은 이것과 상당히 다르기 때문이다.[552]

유학자들은 천天이라고 하는 최고의 존재를 인정하지만, 그에게 사당을 지어 주지도, 그를 숭배하는 특정 장소를 만들지도 않는다. 따라서 사제도 없고, 종교적인 직무를 담당하는 사람도 없으며, 모든 사람이 주목하는 성대한 의식도 지켜야 할 규범이나 계명도 없다. 교리를 해석하고 선포하는 사람도 위반했을 때 처벌하는 사람도 없다. 그래서 공동으로건 개인으로건 아무것도 하는 것이 없다.

다만 황제만은 '하늘의 임금上帝'을 섬기고 제사를 지낸다. 만약 다른 사람이 그것을 하고자 하면 황제의 권리를 침해한 것으로 간주하여 처벌을 받는다.[553] 황제는 제사 지내기 위해 북경과 남경에 천단天壇[554]과 지

---

552 다신론적이고 유물론적인 유교의 이런 새로운 학파의 창립자는 저 유명한 주희(朱熹, 1130-1200)다. 주희는 오랫동안 중국에서 공자의 업적에 대한 첫 주석가로 알려져 왔다. Cf. *BD*, N.446; *TP*, 1912, p.339; Stanislao Le Gall, S.I., *Le philosophe Tchou Hi. Sa doctrine, son influence*, Shanghai, Tusewei, 19232; Fomieulan, pp.895-927. 그는 신의 존재, 영혼 불멸설을 부정하고, 막연한 일원론(一元論) 혹은 활동적인 유물론을 인정했다. Cf. Wieger, *HC*, pp.664-671. 1416년『성리대전(性理大全)』으로 집대성되어 유학자들을 구속하던 그의 가르침과 초창기 예수회 선교사들은 여러 면에서 부딪혔다. Cf. Wieger, *HC*, pp.679-696. 리치는 주회 학파에 대해서는 외면한 채 중국의 고대 텍스트들을 해석하였다. 하지만 그의 후계자들 가운데 론고바르도와 같은 사람은 고대의 텍스트들은 현대적인 의미에 따라 재해석되어야 한다고 주장하였다. Cf. N.199 두 번째 각주. 이런 다른 견해는 리치 사후 그의 뒤를 따르던 많은 선교사 간 중대한 분열의 씨앗이 되었다. 이런 불일치들은 초창기 비-예수회원 선교사들이 중국에 입국하던 1632-1633년부터 18세기 중반까지 더욱 거세게 일어났다.

단地壇[555]이라고 하는 매우 화려한 사당을 두고, 거기에서 직접 연중 특별한 시기[556]에 제사를 지낸다. 지금은 지위가 높은 다른 관료를 보내는데, 이 두 곳에서는 제사를 지내기 위해 많은 소와 양을 잡고, 여러 가지 예절도 갖춘다.

산과 강의 신령들과 사방의 신들에게 드리는 제사는 고관들과 대신들이 한다. 개인은 아무도 이 예식을 할 수 없다.

유교의 경전은 『사서四書』와 『오경五經』으로,[557] 이 책을 통해 문자를 익힌다. 이 책들에 대한 주석을 제외하고는 다른 어떤 권위 있는 책이란 없다.

177.

황제에서부터 가장 낮은 신분의 사람에 이르기까지 유교에서 가장 성대하게 생각하는 것은 매년 정해진 장소에서 고기와 과일, 향, 비단 —가

---

553 하늘에 제사를 지내는 것은 국가 설립 초기부터 제도가 폐지되는 1912년까지 오로지 황제에게만 유보된 권한이었다. 황제는 지상에서 하늘의 공적 대리자로 간주하는 동시에 하늘에 속한 인류의 대리자였다.

554 북경에 있는 웅장한 천단(天壇)은 5,760㎡의 면적에 1420년에 공사를 시작했는데 1530년에도 여전히 공사는 진행 중이었다. 그리고 훗날 대부분의 복원 공사는 1889년에 이루어졌다. 현재의 사당에 대한 묘사는 Hubrecht, *Grandeur et suprématie de Péking*, 1928, pp.417-422. Cf. Favier, *Péking*, pp.288-290에 잘 나와 있다. 남경에 있는 사당은 N.554를 참조하라.

555 북경에 있는 지단(地壇) 혹은 농사를 위한 제단은 3,450㎡로 가정(嘉靖) 황제(1522-1566)에 의해 지어졌다. 정사각형으로 된 광장은 고대 중국인들이 믿었던 땅의 형태라고 한다. Cf. Favier, *Péking*, pp.290-291.

556 동지에는 하늘에 제사를 지내고, 하지에는 땅에 제사를 지낸다. Hubrecht, *ibid.*, p.421를 보라.

557 Cf. N.61.

난한 사람들은 종이― 과 향수를 자신의 돌아가신 조상들에게 바친다. 그들은 이것을 효도라고 생각하고, "돌아가신 분을 모시기를 살아 계신 분 모시는 것처럼"[558] 한다. 그렇다고 해서 돌아가신 분들이 와서 그것들을 먹는다고 생각하지도 그분들이 그런 것들을 필요로 한다고 생각하지도 않는다. 다만 그들은 돌아가신 분들을 향한 자신들의 사랑과 존경의 마음을 달리 표현할 방법을 몰라 이렇게 하는 것이라고 말한다. 어떤 사람들은 우리에게 이런 예법이 죽은 사람들을 위해서라기보다는 산 사람들을 가르치기 위해서 만들어졌다고 말했다.[559] 다시 말해서 자손들과 무식한 사람들에게 지체 높은 사람들이 돌아가신 분을 생존해 계신 분처럼 모시는 것을 보면서 자기네 부모도 그렇게 존경하고 섬기도록 가르치기 위해서라는 것이다. 여하튼 그들은 돌아가신 분들을 신이라고 생각하지 않고, 그분들께 무엇을 청하지도 바라지도 않는다. 이 모든 것들은 우상숭배와는 무관한 것이다. 더 말하자면 미신도 아니라고 할 수 있다. 그들이 그리스도인이 되어, 돌아가신 분들의 영혼을 위해 가난한 사람들에게 도움을 주는 것이 더 좋겠지만 말이다.[560]

---

558 리치가 인용하고 있는 문장은 『중용(中庸)』 19장 5절에 나오는 것으로, 리치 이후 그를 따르는 선교사들이 전례 논쟁에서 주장했던 말이기도 하다. 무왕(武王)과 주공(周公)은 "죽은 이 섬기기를 산 자를 섬기듯 하고, 없는 이를 섬기기를 생존한 이 섬기듯 하는 것이 효의 지극함이니라. 事死如事生, 事亡如事存; 孝之至也"고 말했다고 한다. Cf. Zottoli, II, p.196. 이 텍스트는 리치가 『천주실의(天主實義)』, 상(上)(PCLC, V, f.33a.)에서도 인용하고 있다.

559 성 아우구스티누스도 이렇게 말한 바 있다. "이 모든 것, 즉, 망자 관리, 무덤 상태, 장례 행렬 등은 죽은 사람보다도 살아 있는 사람에게 위안을 주기 때문입니다"[「죽은 사람을 위한 보살핌에 관하여(De cura pro mortuis gerenda)」], c.2 in Migne, *Patrologia Latina*, XL, cl. 594).

560 Cf. N.133. 이 문장에서 중요한 것과 이후 '중국 전례'에 관한 리치의 태도는 일관적이

178.

유교의 진정한 사당은 공자의 사당이다.[561] 법률에 따라 공자의 사당은 모든 도시의 학관學官이라고 부르는 곳에 세우는데,[562] 매우 화려하다. 그 옆에는 수재라고 하는 처음 관직을 맡은 사람들을 관리하는 관청이 있다.[563] 사당의 가장 중요한 자리에 공자의 상이나 금으로 이름을 적은 위패를 놓고, 그 옆에는 그 제자들의 상이나 위패를 두는데,[564] 그들역시 성인으로 간주한다.[565] 각 사당에서는 매 음력 초하루와 보름[566]이

라는 것을 알 수 있다. Cf. NN.55, 133, 181, 2569. 리치는 다른 예수회 선교사들과 함께 중국인들에게 모든 미신적인 행위는 금하지만, 국가적인 관습은 유지하면서 그리스도교의 가르침에 따르도록 하였다. 이런 가르침은 발리냐노가 승인해 준 것이다. Cf. NN.678, 699. 실천적인 측면에서 초창기 중국 그리스도인들은 그리스도교의 정통성을 완벽하게 유지하였다. NN.675, 678, 773, 924를 보라. 1939년 12월 8일, 교황 비오 12세는 포교성성을 통해 "시신 앞에서, 혹은 죽은 사람의 사진이나 이름을 적은 위패 앞에서 고개를 숙이거나 그와 비슷한 문화적인 행위를 하는 것은 정당하고 타당하기에 유지해도 된다"(*Acta Apostolicae Sedis*, 1940, p.25)고 천명하였다. Cf. *Civiltà Cattolica*, 1940, I, pp.191-202.

561 문묘(文廟) 혹은 공부자묘(孔夫子廟)라고 부른다.

562 Cf. NN.55, 64.

563 학사에 해당하는 수재는 제학(提學)의 관리를 받는다(NN.64, 65).

564 공자의 상은 오른쪽에 두 명, 왼쪽에 두 명, 모두 4명의 제자(四配)가 중앙에 있다. 왼쪽의 영예를 차지하고 있는 사람은 '후성(後聖)'이라고 부르며 제2의 공자라고도 하는 안자(顔子)와 중용(中庸)을 쓴 술성(述聖)이라고 부르는 자사(子思)가 있다. 오른쪽에는 증자(曾子) 혹은 종성(宗聖)과 공자 이후 제2의 성인(亞聖)이라고 하는 맹자(孟子)가 있다. 공자의 제자들과 그들의 위치는 Doré[1], XIII, pp.125-133을 보라.

565 성인(聖人, 현자)은 중국 유교에서 인간이 도달할 수 있는 최고 높은 수준을 표현하는 말이다. 자일스(Giles)는 『중국어-영어 사전(*Chinese-English Dictionary*)』 N.9892에서 이렇게 정의하고 있다. "신(神)의 영감을 입어 신적인 선(善)과 직관적인 지혜를 가진 사람으로, 인간의 제 문제에 있어 옳고 그름을 명확하게 제시하는 사람." 이 호칭은 오로지 문왕(文王), 주공(周公), 공부자(孔夫子)에게만 주어진 것이었다. 흥미로운 점은 이 호칭이 이교도들이라고 할 수 있는 유학자들에 의해 리치에게도 부여되고 있다는 사실이다. 1598년 10월 10일, 론고바르도가 총장 신부에게 보낸 편지에서 리치의 절친 구태소(舊太素, Cf. N.359)가 1596년 5월 18일, 오늘날의 강소(江蘇, Jiangsu)성

면 현지 관리들과 수재들이 와서 무릎을 꿇고, 초를 켜고, 제대 앞에 마련된 향로에 분향하여 예를 다한다.[567] 공자의 탄생일[568]과 정해진 절

소주(蘇州)에서 리치에게 보낸 편지를 이탈리아어로 인용하는 대목에서 언급하고 있다. 구태소는 리치에게 이렇게 말한다. "올해 저는 서재에서 무슨 일을 해야 할지 몰랐습니다. 존경하올 리치 신부님이 (1589년에서 1592년 사이에) 가르쳐 준 것들을 연구하며 책을 한 권(수학에 관한) 썼습니다. 그것을 인쇄하여 유생들에게 보여 주었더니 아무도 놀라지 않는 사람이 없었고, 모두 하나같이 리치 신부님을 두고 이 시대의 성인(聖人)이라고 했습니다." 여기에 대해 론고바르도는 이렇게 해석하고 있다. "중국에서 '성인'이라는 호칭은 인간에게 부여할 수 있는 최고의 것입니다. 왜냐하면 공자처럼 모든 사람의 스승이 될 수 있는 최고 단계에서 성인과 현자가 태어나기 때문입니다. 그래서 500년에 한 명 나온다는 성인의 책들을 간직하는 것입니다. 그런데 이제 중국에서 구태소가 말하고 있는 것처럼, 마태오 리치 신부에게 이런 호칭이 부여된 것입니다"(N.2753). 이런 관점에서 중국어 '성인(聖人)'은 이탈리아어 '산토(santo)'의 포르투갈어 '싸오(sāo)'와 같다. 1599년 9월 20일, 론고바르도는 『교우론(交友論)』 서평을 쓰면서 다시 한번 이 호칭을 언급한다. "마태오 리치 신부님은 '우정'에 관한 몇 가지 경구들을 중국어로 번역했고, 중국인들은 그것을 매우 좋게 평가하며 그에게 최고의 호칭인 '성인'이라는 타이틀을 부여하고 그렇게 불렀습니다"(N.2831). Cf. N.562. 이런 호칭을 갖기란 얼마나 드문 일인지, 중국에서는 500년이 아니라 1,000년에 한 번씩 나온다는 말이 있다. Cf. Pétillon, *Allusions littéraires*, Shanghai, 1909-1910, p.586. 리치도 중국인들이 자신에게 이 호칭을 부여했다는 것을 겸허하게 인정한 바 있다. 1590년 8월 14일에 이렇게 기록하였다. "우리는 모든 사람의 다양한 평판을 들으며 우리의 신앙 때문에 이곳에 있습니다. 어떤 사람들은 하느님께 영광이라고 말하고, 아주 먼 곳에서 기적적으로 이곳에 온 '최고의 성인들'이라고 말합니다"(N.1554). 나아가 데 우르시스는 죽는 순간 리치의 얼굴에 미소가 번지는 것을 보고 "마치 죽지 않고 살아 있는 것처럼 혈색이 도는 것"을 보고 임종을 지켜본 중국인들이 소리를 지르며 "성인이로다! 참으로 큰 성인이로다!"고 했다고 전했다(Archiv. Pontif. Univ. Gregor. 292, ff.173-180). 『마카오 역사』에서도 "명 왕조 시절, 마태오 리치는 중국에 그리스도교를 전했고, 수도에까지 진출하였다. 유학자들과 관료들은 극서(極西)에서 온 성인으로 그를 칭송하였다. 學士大夫至尊爲極西聖人. 그의 유명세는 황제의 귀에까지 들어가 그를 불렀다. 모든 사람이 리치를 칭송했는데, 거기에는 태감과 지체 높은 사람과 관료들도 있었다"(*AMCL*, I, f.36a-b).
566 음력으로 매월 1일과 15일.
567 이 과정은 트리고(Trigault, p.108)에 의해 라틴어로 잘 설명되었다. 그의 설명은 그대로 라틴어본 Kircher, *China Illustrata*, 1667, p.332에 실렸다. 그러나 같은 책의 프랑스어본 *La Chine Illustrée*, Amsterdam, 1670, pp.176-177에는 심각하게 변질되어 실

기[569]에는 고기와 성대한 음식을 차려 제사를 지낸다.[570] 공자가 책을 통해 좋은 가르침을 남기고, 그 덕분에 그들이 관직을 얻고 높은 신분을 얻은 것에 대한 감사의 표시다. 그래서 기도를 하거나 무엇을 청하거나 하지 않고 망자에게 하듯이 한다.[571]

179.

유교는 또 다른 사당이 있어 도시와 관청의 수호 신령들을 모신다. 관리가 처음 부임하면 접인(接印)[572]이라는 것을 하는데, 이곳에서 공정하게 법을 집행하고 자신의 임무를 충실히 수행하겠다고 엄숙하게 맹세한다. 관리는 고기와 향을 바친다. 그들은 이런 신령들도 상을 주고 벌을 주는 능력이 있다고 믿는다.

180.

유교의 목적은 국가의 평화와 안녕이고, 가정과 개인을 올바로 통솔하는 것이다. 그들의 이런 측면은 매우 좋고 모두 자연에 부합되고 가톨릭

렸는데, 몇 줄 안 되는 문장에서 공자를 세 번이나 신(dio)이라고 부르고, 그의 제자들을 신들(dèi)이라고 부르고 있다. 중국인들은 신인 공자를 숭배한다고 말하고 있는데, 이런 식의 텍스트는 이전에는 없었다. 토마스(Thomas, *Histoire de la Mission de Pékin*, Parigi, 1932, I, pp.150-151)는 키르허가 중국에 관해서 쓴 라틴어 원본이 아니라, 이 프랑스어본을 사용하여 중국에서 선교한 초창기 예수회원들을 우상 숭배자들로 단죄하려고 했다.

568 음력 8월 27일이다. 오늘날 이 축제는 양력 8월 27일로 정해져 있다.
569 봄의 두 번째 달 정(丁)에 해당하는 중춘(仲春)과 가을의 두 번째 달 중추(仲秋)다. 즉, 음력 2월과 8월이다.
570 감사하기 위해서다.
571 Cf. N.177. NN.55, 133, 181도 보라.
572 Cf. N.141.

교회의 진리에도 맞다. 그들은 인간에게 공통으로 오륜五倫이라고 하는 것이 있어, 부자 관계, 부부 관계, 군신 관계, 형제 관계, 친구 관계를 중시한다고 주장한다. 그들은 다른 나라에 사는 외국인들은 이런 관계를 중시하지 않는다고 생각한다.[573]

그들은 독신을 금하고 일부다처제를 허용한다.[574]

유교의 모든 책에는 사랑의 규정에 대해 언급하는 부분이 많은데, 다른 사람이 우리에게 해 주기를 바라는 것처럼 다른 사람에게 하라고 가르친다.[575] 자녀가 부모에게 효를 다하는 것을 확대하여 신하가 임금과 윗사람에게 충성을 다해야 한다고 한다.

---

[573] Cf. D'Elia[1], n.466.

[574] 과거에는 지체가 높은 사람일수록 후손, 특히 아들을 반드시 낳아야 한다고 생각했다. 일부다처제는 여전히 중국 민족의 개종에 커다란 장애가 되고 있다. Cf. NN.680, 1236; N.154, 본서 p.413, 주(註) 470.

[575] 바람직하지 않은 사랑의 규정은 공자의 여러 가르침에서 드러난다. 유교에서 말하는 완전함, 곧 인(仁)에 관해 물으면, 무엇보다도 이렇게 말한다. "내가 하고자 하지 않는 바는 남에게도 억지로 시키지 말아야 한다. 己所不欲, 勿施於人"(論語, 顏淵, 2, in Zottoli, II, pp.306-307, N.2). 어떤 사람이 공자에게 '평생 실천할 만한 것이 있습니까' 하고 묻자, 공자는 이렇게 대답했다. "바로 서(恕)이다! 자기가 바라지 않는 것은, 남에게도 하지 않는 것이다. 其恕乎! 己所不欲, 勿施於人"(論語, 衛靈公, 24, in Zottoli, II, pp.340-341, N.23). 다른 곳에서도 공자는 "자기 자신의 마음을 다 드러내는 태도와 자기 자신을 미루어서 다른 사람을 대하는 태도는 도에서 멀리 떨어져 있지 않다 ('자신에게 베풀어지기를 바라지 않는 것을 또한 다른 사람들에게 베풀지 말라'는 뜻). 忠恕違道不遠. 施諸己而不願, 亦勿施於人"(中庸, 第十三章, 3, in Zottoli, II, pp.188-189, N.13)이라고 강조했다. 바람직한 사랑에 대해 특별히 리치가 중국에서 강조해 온 것은 공자의 다음 가르침이었다. "대체로 어진 사람은, 자기가 [어딘가에] 서고 싶으면 다른 사람을 [거기에] 서게 하고 자기가 [어딘가에] 도달하고 싶으면 다른 사람을 [거기에] 도달하게 한다. 가까이에서 깨달음을 얻을 수 있는 [이것이] 인의 방법이라고 할 수 있다. 夫仁者, 己欲立而立人, 己欲達而達人. 能近取譬, 可謂仁之方也已."(論語, 雍也, 30, in Zottoli, II, pp.262-263, N.28). 최고의 "보편적인 사랑, 겸애(兼愛)"의 모델은 묵적(墨翟, 기원전 479?-381?)이었다.

181.

다음 생에 관한 것들[윤회]에 대해서, 그들은 믿으라고 명령하지도 금지하지도 않는다. 그들 중 많은 사람이 유교 외에 다른 두 개의 종교를 믿고 있어, 우리는 유교가 종교라기보다는 국가를 다스리기 위해 세운 일종의 학파라고 생각한다. 그들은 이 학파에 속해 있으면서도 그리스도인이 될 수 있다. 유교의 본질이 가톨릭 신앙의 핵심에 반하는 내용이 없기 때문이다. 가톨릭 신앙 역시 유교의 책에서 주장하는 국가의 안녕과 평화를 매우 중시하기에 아무런 장애가 되지 않는다.[576]

182. 불교: 교리, 실천, 역사, 의례, 탑, 비구, 비구니, 단식하는 사람

중국의 두 번째 종파는 석가 또는 아미타불阿彌陀佛[577]이다. 일본에서도 같은 글자로 쓰고 석가 또는 아미타불, 불교佛敎[578]라고 부른다. 이 종파

---

576 1595년에 벌써 리치는 유교의 가르침에 대해 언급한 바 있다. "우리에게 매우 적합한 것으로, 불교와 전혀 다르고, 종종 덕행들에 대해 언급하며 인생살이에서 좋은 도덕적 방식입니다"(N.1358). 여기서 리치의 유교에 대한 태도를 엿볼 수가 있는데, 그것은 NN.180, 555, 557, 709, 1917에서도 찾아볼 수 있다. 최근에 진수신(陳受頤)은 "明末淸初耶穌會士的儒敎觀及其反應," in 『國學季刊』, National University of Peking, Peiping 1935, V, N.2, pp.1-64에서 17세기 중국 예수회원들의 이런 태도가 미친 영향에 대해 심도 있게 진단한 바 있다.

577 전설에 의하면 다르마카라(Dharmakāra)라고 하는 인도의 한 청년이 어느 날 부처로부터 그도 부처, 곧 '해탈한 자'가 될 것이라는 말을 들었다. 청년은 조건을 달아 그 말을 받아들이기로 했는데, 그것은 살아서 자기에게 청하는 사람은 모두 '깨끗한 세상인 정토(淨土)'에서 다시 태어날 수 있게 해 달라는 것이었다. 합의를 본 청년은 살아서 이미 부처 아미타불이 되었다. 영원한 생명, 무량수(無量壽) 혹은 영원한 빛, 무량광명(無量光明)을 얻은 것이다. 불교 종파의 초창기에 그를 두고 정토종(Amidism)이라고 하였다. 일본에서 4세기부터 공인되어, 1133년에 탄생한 법연(法然)에 의해 포교되었다. Cf. Wieger, *Amidisme chinois et japonais*, Sienhsien, 1928; *HC*, p.369.

는 서방의 '천축天竺' 혹은 '신독身毒'[579]이라는 나라에서 전해졌다. 천축은 오늘날 우리가 '인더스탄'이라고 부르는 곳으로서, 인더스강과 갠지스강

---

578 중국 글자로 불(佛, 'Fó-포'라고 발음)은 '부처'라는 뜻으로, 일본어 호토케(ほとけ), 부쓰다[ぶつだ-하토케(Hatoche)]라고 읽는다. 리치는 다른 사람들의 사례를 따르면서 첫 글자 H를 F로 바꾸어서 쓰고 있다[리치가 쓴 원문에는 불교를 '호토케들(Fatochei)의 종교'라고 쓰여 있다]. 텍세이라(Emanuele Teixeira) 신부도 성 프란치스코 하비에르 신부의 생애를 기록하면서 "Fotoques"로 쓴 바 있다. Cf. *MHSI, MX*, I, p.112, XXIII. 성 프란치스코 하비에르도 "Fotoquei"라고 썼다. Cf. Nagaoka, *Histoire des relations du Japon avec l'Europe au XVI et XVII siècles*, Parigi, 1905, p.56. Cf. *Ibid.*, pp.92, 95.

579 중국인들은 오랜 역사에 걸쳐 '인도'라는 말을 여러 가지 음으로 적었다. 간다라 어족을 제외하고 알아보기로 하자. 기원전 120년부터 산스크리트어 '신두(Sindhu, 身毒)'라는 말이 나오기 시작했는데, 그것은 '강'이라는 뜻이다. 온 인도를 가로지르는 인더스강의 산스크리트어 명칭이다. Cf. 司馬遷, 史記, c.123, f.3 b. 그 나라를 전체 혹은 일부를 연두(捐毒) 또는 신독(身篤)이라고 부르고, 마지막 음인 '독'은 같은 음인 '축(竺)'으로 대체되기도 했는데 '두'라고 읽기도 하고 오늘날은 '추'라고 하기도 한다. 중국에 불교가 들어온 이후, 적어도 8세기경부터, 인도는 '천축'이라는 이름으로 알려지기 시작했는데, 그 뜻은 '하늘(天), 대나무(竺)' 자로 음 자체는 의미가 없다[*TP*, 1934, p.59. 다만 펠리옷(Pelliot)은 '천축'이 '천상 인도'를 의미하는 걸로 생각했다]. '신(身), 몸)'을 '천(天, 하늘)'으로 바꾼 것은 중국인들이 자기네 왕궁을 '천조(天朝, 천자의 조정)'라고 불렀기에 불교도들로서는 그 밑에 있고 싶지 않았기 때문으로 보인다. Cf. Legge, *A Record of Buddhistic Kingdom*, Oxford, 1886, p.14, N.2. 예수회원들이 중국에 도착했을 때, 이미 오래전부터, '축(竺)'이라는 글자는 '두'라는 음을 잃고 '추'라는 음으로 사용하면서 서서히 '축'이 되었다. 1602년 리치의 《만국여지전도(萬國與地全圖)》에도 인도를 가리켜 '응제아(應帝亞)'(D'Elia¹, 그림 19-20 F bg)'보다는 '천축(天竺)'(D'Elia¹, Tavole XIX-XX Fg; XV-XVI Af)이라고 쓰고 있다. 현재 쓰고 있는 '인도(印度)'라는 명칭은 서기 7세기 이후부터 쓰기 시작한 것으로 보인다. Cf. Takakusu, *A Record of Buddhist Religion*, Oxford, 1896, p.LII. 예수회원들은 일본에 있는 동료 형제들과 마찬가지로, 중국의 서쪽, 곧 유럽에서 왔다는 뜻으로 '천축국(天竺國)'에서 중국으로 들어왔다고 하였다. 당시에 '유럽'이라는 말은 중국어로 존재하지 않았기 때문이다. Cf. 2책, 제3장, N.234, 각주 4. 그보다 훨씬 이전에 유대인들도 자기네 종교인 유대교가 천축서역(天竺西域)에 기원을 두고 있다고 말하는 데 주저하지 않았다. Cf. Tobar, pp.43, 57. 이와 관련한 모든 사항은 *AHSI*, 1934, pp.209-218과 in *Civiltà Cattolica*, 1935, II, p.47, N.4 '갈멜회원들'을 '프란체스코 회원들'이라고 수정한 부분에서 충분히 찾아볼 수가 있다.

사이에 있다. 불교가 중국에 전해진 것은 우리 주 그리스도가 오신 후 65년이었다.[580] 중국의 황제가 꿈을 꾼 후 사람을 보내어[581] 중국어로 번역된 경전들을 가져오게 했다.[582] 당시에 석가나 아미타불은 이미 돌아가셨기에 중국에 직접 올 수는 없었다. 분명한 것은 불교가 중국에서 일본

---

[580] 중국의 한 전승에 의하면, 후한(後漢, 서기 58-75)의 명(明) 황제는 꿈에 키가 16척에 후광처럼 태양에 둘러싸인 금으로 된 사람을 보았다. 부의(傅毅)가 그 사람이 부처라고 설명해 주었다. 그러자 황제는 불교 포교자들을 찾아오라고 사람을 보냈다. 그들은 65년 혹은 67년, 68년 1월 22일이라고도 하는 날, 낙양(洛陽)에 도착했다. Cf. 『후한서(後漢書)』, 서역전(西域傳). 이 이야기는 리치를 포함한 예수회 선교사들도 인정했는데, 황제가 인도로 사람을 보내어 종교를 가지고 오라고 했을 때, 성 토마스 사도도 인도에서 설교하고 있었는데, 공교롭게도 그들은 불교만 중국으로 가지고 갔다고 생각했다. 리치는 『천주실의(天主實義)』, 하(下, PCLC, VI, f.71b)에서 이 대목을 이렇게 정리했다. "중국의 역사는 한의 명 황제가 [그리스도교 종교에 관한] 이야기를 듣고 [종교] 서적을 요청하러 서방으로 사람을 보냈습니다. 그런데 파견된 사람들이 가는 도중에 잘못 알고 인도라는 '신독(身毒)'으로 가서 불교 서적들을 가지고 와서 중국에 보급시켰습니다. 고고한 여러분의 나라는 지금까지 속고 있었습니다. 그래서 참된 종교에 대해 듣지 못한 것입니다. 이 얼마나 원통한 일인지요!" Cf. N.1914.

　그러나 1910년, 마스페로(H. Maspero) 교수는 명 황제의 꿈에 관한 전승은 서기 2세기 말 신앙이 만들어 낸 이야기임을 밝혀냈다. Cf. H. Maspero, *Le songe et l'ambassade de l'Empereur Ming. Étude critique des sources*, in *BEFEO*, 1910, pp.95-130. 기원전 1세기 혹은 더 이전에도 이미 불교문화가 양자강 주변 지역에서 발견되어 이를 입증해 주고 있기 때문이다. 전설은 2세기 중후반 『42장경(四十二章經)』의 서문에서 비롯된 것으로 추정된다. Cf. *TP*, 1918-1919, pp.259-260, 311-312, 384-396; Franke[1], I, pp.407-408: III, p.215.

　불교가 공인된 것은 서기 65-68년경이지만, 148년 이후 파르티아의 왕자 안세고(安世高)가 중국에 소승불교를 전파하면서부터 본격적으로 발전했다고 볼 수 있다. Cf. *TP*, 1918-1919, pp.255-257, 311-312, 384-396, 429-430: 1929, p.386: 1932, p.68: 1934, p.175; Doré[1], XVI, pp.135-177; Granet, *La religion des Chinois*, p.138; *BCP*, 1935, pp.30-31; Wieger, *HC*, pp.351-367.

[581] 두 사람은 장건(張騫)과 왕존(王尊)이고, 다른 열 사람이 더 있었다.

[582] 이를 계기로 인도에서 두 명의 승려가 중국으로 왔는데, 가섭마등(迦攝摩騰)과 축법란(竺法蘭)으로 추정된다. 그들은 『42장경(四十二章經)』과 다른 불교 경전들을 가져와 번역한 것으로 알려졌다. Cf. N.707; Wieger, *TH*, pp.689-690; *TP*, 1918-1919, pp.344, 392, 394; *BEFEO*, 1910, pp.115-117.

으로 전해졌는데,[583] 일본 불교도들은 어떻게 해서 석가와 아미타불이 일본에 왔다고 하는지 모르겠다. 그리고 그들은 불교가 시암[584]에서 왔다고 하는데, 중국에서 시암은 매우 잘 알려진 나라여서 전혀 혼동할 리가 없고, 불교 서적들[585]에서도 하나같이 '천축天竺'이라고 하는 나라에서 전해졌다고 기록하고 있다.

언급한바, 불교가 중국에 전해진 시기는 복음이 전파되기 시작한 것과 맞물린다. 성 바르톨로메오 사도[586]가 인도 북부 또는 인더스탄 혹은 그 인접 국가들에서 설교하고 있었고, 성 토마스 사도는 인도 남부에서 설교하고 있을 때였다.[587] 따라서 중국인들은 거룩한 복음 선포자들[588]의

---

583 불교는 중국에서 한반도[삼국시대]로 전해졌다. 한반도에서 불교는 514-539년에 공인되었다. 이후 불교는 한반도에서 일본으로 전해졌고, 일본에서 불교는 550년경에 공인되었다. Cf. Doré¹, XVI, p.268.

584 리치도 중국 체류 초기부터 이 나라에 대해 알고 있었고, 그것은 1589년 이전 대화식 교리문답에서도 언급되고 있다. Cf. *Civiltà Cattolica*, 1935, II, p.52.

585 리치는 '파고다 서적'이라고 적고 있다. **역주_** 이탈리아어로 '파고다'는 우상들의 신전을 뜻하는 것으로, 리치는 불교를 '우상숭배교'로 단정하고 있다.

586 리치가 [인도] 고아에 있을 때, 성 바르톨로메오가 인도에서 활동했다는 주장이 공식적으로 인정되었다. 그래서 1579년 10월 26일, 안토니오 몬세라토 신부는 인도에서 이렇게 청원 기도를 한 바 있다. "복되신 성 바르톨로메오 사도에 대해 우리는 그가 이곳 인도 땅에서 처음으로 복음을 선포했다고 생각합니다. 그가 선포한 백성들은 그들이 가장 선호하던 이름 인더스탄이라는 지역에 사는 사람들입니다"(*ARSI, Goa*, 38, f.173v).

587 인도에서 성 토마스 사도가 활동했다고 주장하는 사람들은 3세기 중반 시리아어로 적은 『토마스 행록』[**역주_** *Acta Thomae*. 사도 토마스(Judas Thomas)의 전교 활동을 13 행록으로 구분하여 폭넓게 쓴 위경. 거대한 궁전을 지으려고 마음먹은 인도의 왕 곤도파레스(Gundaphorus)가 훌륭한 건축가를 얻으려고 부하 압바네스(Abbanes)라는 사람을 시리아로 보낸다. 그는 예루살렘에 도착하여 목수의 아들 예수를 만나서 사정 이야기를 한다. 예수는 자기 종 토마스를 그에게 소개했고, 토마스는 그와 함께 인도로 가기로 한다. 백민관, 『가톨릭에 관한 모든 것』(2007.11.25.), 가톨릭대학교출판부에서 인용]을 근거로 하고 있다. 하지만 많은 교부와 인노첸시오 1세(450년) 교황은 이

유명세를 들었을 것이고, 그래서 그들에게 가르침을 청하러 사람을 보냈을 것으로 추정되지만, 파견된 사람들이 실수로, 아니면 착오가 생겨 복음이 아니라 잘못된 가르침을 중국으로 가지고 갔다고 할 수 있다.

183.

불교의 가르침을 정립한 사람들은 우리의 서방 철학자들에 대해 알고 있었던 것 같다. 그래서 네 가지 기본 요소四大에 대해 말하고,[589] 세상 만물은 이전에 중국에서는 한 번도 들어본 적이 없는 네 가지 요소인 인간과 동물, 식물과 혼합물로 구성되어 있다고 생각했다.[590] 데모크리토스 Democritos와 그 밖의 철학자들이 주장한 세계의 다양성에 대해서도 말하고 있다.[591] 특히 불교에서는 중국에 윤회사상을 전파했는데, 그것은 피

『토마스 행록』을 외경이라고 말한다. Cf. *Dictionnaire de la Bible, Supplément*, cll. 501-502.

588 리치가 성 토마스가 중국에서 설교했다고 말했다면, 그의 텍스트를 라틴어로 번역한 니콜라 트리고(pp.124-126) 역시 분명히 이 나라[중국]에 대해서 말했거나 '달마'가 아닌 전혀 다른 이름으로 논의를 개진했을 것이다. Cf. N.183, 주(註); N.200, 주(註).

589 네 가지 원소설에 대해서는 당시 네스토리우스 문헌들에서 언급하고 있는바, 7세 중반 중국에서 논쟁이 벌어졌다. 641년경에 나온 한 텍스트에는 이렇게 적혀 있다. "이 세상에 눈에 보이는 것들은 4대 원소로 이루어진 것이다. 즉 땅, 물, 불, 바람으로서, 신령의 힘으로 만들어진 것들이다. 可見則是天下四色物作地, 水, 火, 風, 神力作" (Saeki², p.174). Cf. *Ibid.*, pp.168, 172, 194.

590 『사원행론(四元行論)』에 반박하는 비-불교계 이론은 후에 리치가 비판하는 또 다른 이론인 오행(五行), 곧 수(水), 불(火), 나무(木), 쇠(金), 흙(土)을 주장하였다. 『서경』 (書經, 洪範, 5) in Zottoli, III, p.418. 이 다섯 가지 요소들에 대해서는 A. Forke, *The Theory of the Five Elements and the Classification based thereon* in *MSOS*, 1911 (XIV) Supplementary Volume, Lun-Heng, Part II, Appendix I, pp.441-478도 보라.

591 이 시기에 다행히 벤투리(Tacchi Venturi, I, p.93, N.1)도 언급하듯이, 리치는 여러 계층으로 대상을 바꾸고 이전 시기에 집중했던 교리는 몇 가지 노선을 유지한 채 후에 다시 시작하기로 하고, 저술로 방향을 전환하였다.

타고라스의 학설에 다른 많은 유사한 견해를 덧붙인 것이다.[592] 더 중요한 것은 그들이 그리스도교에 관한 정보를 상당히 확실하게 알고 있었던 걸로 보이는데, 이는 하나의 존재에 대해 삼위 신神의 방식[삼위일체]으로 말하고 있기 때문이다.[593] 착한 사람에게는 천당을 약속하지만 나쁜 사람에게는 지옥에 떨어진다고 한다.[594] 인내를 가르치고 고행을 하라고 한다. 독신생활을 칭송하는데, 내가 보기에 오히려 결혼을 금하는 것 같다. 그들은 집을 떠나 여러 형태의 순례를 하며 가난하게 구걸로 연명해 간다. 많은 부분에서 우리의 교회 전례와 비슷하다. 그들이 하는 독경의 음조는 우리의 성가와 제법 흡사하다. 사찰에는 조각상과 등燈[595]이 있다. 스님들이 입은 긴 옷은 우리의 사제들이 있는 옷과 매우 비슷하다. 그들의 경전에는 상당히 자주 '달마達磨'[596]라는 이름이 등장하는데, 이는

---

592 『천주실의(天主實義)』, 하(下, PCLC, VI, ff.1b seg.)에서 리치는 피타고라스의 윤회설[閉他臥刺]이 인도(身毒)로 넘어갔다고 주장한다. 그리고 바로 이 인도에서 불교가 중국으로 들어갔다. 같은 말을 『기인십편(畸人十篇)』 c.8(PCLC, III, f.17b)에서도 반복하고 있다. Cf. N.4177. 안세고(安世高)(Cf. N.182, 주(註))도 2세기 중반까지 이 점에 대해 확신하고 있었다. Cf. Wieger, HC, p.361.

593 불교의 삼인조 또는 삼보(三寶, triratna, वररिवन)는 부처(佛), 다르마(法), 승가(僧)이다. Cf. Soothill-Hodous, p.63. 때로는 삼보라는 이름 밑에 걸려 있는 세 개의 그림을 가리키기도 한다. 대웅전의 중앙에는 석가모니(釋迦牟尼, Soothill-Hodous, p.482), 왼쪽에 약사유리광여래(藥師瑠璃光如來, Soothill-Hodous, pp.472-473), 오른쪽에 아미타불(阿彌陀佛, Soothill-Hodous, p.287)이 있다. Cf. N.182, 주(註).

594 리치는 자신의 교리서에서 "불교도들은 자기네 교리를 선포하기 위해 천국과 지옥의 교리를 그리스도교에서 차용하였다. 釋氏借天主天堂地獄之義, 以傳己私意邪道"(天主實義, 上, PCLC, V, f.27a)라고 했다. 다른 곳에서도 리치는 불자들이 "영혼의 불멸과 천국과 지옥을 믿는다"(N.1459)라고 적고 있다.

595 등불. Cf. NN.236, 249, 341, 376, 903.

596 달마대사 = 보리달마(菩提達磨, Bodhi Dharma)는 인도불교의 마지막 대사이고 중국불교의 첫 번째 대사로 간주한다. 펠리옷 교수는 "거의 모든 이야기가 그에 관한 것이고", "그 특징은 대단히 전설적이다"(TP, 1923, p.253)라고 적고 있다. 그에 관해 이야

'거룩한 사도'[597]의 이름으로 권위를 얻어 자기네 가르침을 믿게 하려는 걸로 보인다.

184.

하지만 그것으로 그들은 모든 빛을 퇴색시키는 많은 거짓된 것들을 설파하고 있다. 진리는 우리의 것에서 차용한 것임을 충분히 감지할 수가 있다. 하늘과 땅, 천당과 지옥을 혼동하고, 어디에 있건 영혼은 영원히 존재하며, 많은 시간이 흐른 뒤 [이 영혼들은] 그들이 제시하는 여러 세상에서 다시 태어난다고 말한다. 그러면 과거의 죄는 속죄할 수 있게 된다. 이 불쌍한 나라에 존재하는 숱한 불행은 이렇게 생겨난 것이다. 그들은 고기나 다른 살아 있는 것을 먹어서는 안 된다고 한다.[598] 그러나 모든 사람이 이런 규정을 지키는 것은 아니고, 이런 규정과 다른 죄들은 자선을 통해서 쉽게 면제받기도 한다. 그들의 예식은 원하는 사람이면 누구나 이런 지옥에서 해방시켜 준다고 말한다.

기하는 사람들은 그가 중국에 온 것이 486년 혹은 520년 또는 526년, 또 527년이라고 하고, 그가 사망한 것은 495년 혹은 527년, 혹은 528년이나 535년, 또는 536년이라고 한다. 그가 낙양(洛陽)에 살 때도 이미 나이가 많이 들었던 것으로 보이는데, 그때가 516년에서 534년이라고도 하고, 516년이 아니라 534년에 더 가깝다고 하기도 한다. *TP*, 1923, pp.253-264를 보라. Cf. Franke[1], II, pp.299-300; Wieger, *HC*, pp.523-532; Soothill-Hodous, pp.22, 415; Doré[1], VII, pp.246-250; XVI, pp.130-131, 248; Duvigneau, pp.59-65. 리치 이후의 일부 선교사들은 성 토마스 사도를 달마로 보려고 하였다.

597 토마스 혹은 리치의 뉘앙스로 봐서 바르톨로메오일 가능성도 있다.
598 생애 변화와 동물의 살생은 리치의 『천주실의』 제5장에서 부분적으로 다룬다(*PCLC*, VI, ff.1a-16a).

185.

이 종파[불교]는 처음에는 영혼의 불멸과 사후 천국에 대해 분명히 말했기 때문에 모든 사람으로부터 크게 환영을 받았다. 유학자들이 주목한 것처럼, 불교에서 말하는 것이 다른 사이비 종파들과 달리 이치에 맞았기 때문에, 거기에 포함된 오류들도 함께 확산되어 민중에게 끼친 해악도 그만큼 컸다.

그러나 불교의 신용을 가장 잃게 한 것은, 유학자들이 불자들에게 자주 제기하는 것으로서, 불교를 받아들인 황제와 일부 인사들이 전부 잔인한 죽음으로 생을 마감했고, 모든 것에서 많은 재앙을 겪었다는 것이다. 불교에서 약속한 것은 행운이었는데 그들이 받은 것은 많은 불행과 재앙이었다.[599]

186.

이후 불교는 밀물과 썰물처럼 여러 시대에 걸쳐 흥망성쇠를 거듭했고, 그런 중에 경전들은 계속해서 증가했다. 외국에서 새로 들어온 것, 중국어로 번역된 것이 있었고, 더 진정한 것은 중국인들이 직접 쓴 것이 있었다. 이로써 불교는 중국에 깊이 뿌리를 내려 더 없앨 수가 없게 되었다.

---

599 '잔인하다'라는 의미는 요절했다는 것으로 중국인에게 그것은 최고의 징벌이다. 반면에 이상적인 행복은 장수(長壽)다. 전해 오는 말에 의하면, 중국에 불교를 받아들인 명(明) 황제는 75년에 48세의 나이로 사망했다고 한다. 더 큰 불행은 그의 후손들에게서 찾아볼 수 있다. 장(章) 황제는 88년에 30세로 사망하고, 화(和) 황제는 105년에 27세로, 상(殤) 황제는 태어난 지 몇 달 되지 않은, 겨우 100일의 영아로 사망했다. 그의 후계자인 안(安) 황제는 여행하다가 27살에 세상을 떠났다. 이후 중국은 태감들의 보호가 시작되었다. Cf. Wieger, *TH*, pp.702, 713, 728, 737, 738.

그러면서도 매우 복잡한 교리에 대해 아무도 그것을 분명하게 이해하고 설명해 주는 사람이 없었다.

고대의 것으로 지금 볼 수 있는 것은 많은 사찰이다. 매우 웅장하고 크기를 잴 수 없는 조각상이 있다.[600] 조각상은 청동으로 된 것, 나무로 된 것, 대리석이나 석고로 된 것 등이 있다. 사찰에 바로 붙여서 돌이나 벽돌로 만든 큰 탑이 있다. 거기에는 청동이나 유색의 철로 만든 많은 종과 함께 여러 가지 값비싼 장식물들이 있다.

187.

이 종파의 성직자들을 화상和尚[601]이라고 부른다. 중국의 관습과는 정반대로 머리와 수염을 모두 깎고, 일부는 세상을 돌아다니며 걸식하고,[602] 일부는 산에 들어가 수행을 한다. 하지만 200만 혹은 300만 정도되는 대부분 승려는 앞서 언급한 사찰에 머물며 오래전에 이들 사찰에 하사한 재산의 수입과 신도들의 지속적인 시주와 스스로 노력하여 번 돈

---

600 첫 조각상은 —청동으로 만든 조각상(金人)으로 부처의 영향을 받은 것으로 추정— 하늘(天)의 주인(主)으로 간주한 걸로, 오늘날 감숙(甘肅) 지방에서 살고 있던 훈족들(休屠)의 나라에서 기원전 121년에 중국으로 가져온 것으로 추정된다. Cf. *TP*, 1937, pp.1-14, 191-192: 1938-1939, pp.174-178.

601 구어체 중국어에서 화상(和尚)이라는 말은 '승려'라는 뜻이다. 리치는 이것을 이탈리아어로 '오샤니'라고 불렀다. 중국어 어원에서 이 용어는 산스크리트어에서 유래한 것으로 베다 경전의 '스승 아래'라는 뜻이 있다. Cf. Soothill-Hodous, p.253; *TP*, 1925-1926, p.104. 이것이 문어체에서는 '승(僧)'으로 쓰는데 승가(僧伽)라는 승려 집단의 줄임말이다. Cf. Soothill-Hodous, p.420.

602 서기 400년경이 지나면서 여러 승려가 인도까지 순례를 오곤 하였다. 그중 가장 유명한 사람이 법현(法顯) 스님으로 그의 순례는 399-414년에 끝이 났다. Cf. Doré[1], XVI, pp.211-215, 219-220; *TP*, 1912, p.462; D'Elia[1], pp.125-133.

으로 살아간다.

　사람들은 승려들이 중국에서 가장 지위가 낮고 비루하다고 본다. 그들은 하나같이 지위가 낮고 가난한 사람의 아들들로, 어려서 부모가 노스님에게 팔아 노스님의 재산과 직무를 계승하기 때문이다. 또 다른 이유는 그들이 무식하고 자기 스승들한테서 질 나쁜 교육을 받았다고 보기 때문이다. 그래서 그들은 공부하여 어느 정도 지식이 있는 일부 똑똑한 사람을 제외하고는 글자도 모르고, 처세술도 모른다.

　한편, 부인이 없다고 해서 정결을 지키는 것은 아니다. 여인들을 건드릴 때는 감출 수 있는 만큼 몰래 하여 관리들의 처벌을 받지 않으려고 한다. 관리들은 그들이 나쁜 짓을 하여 증거만 확실하면, 그들을 옥에 가두고, 매질도 하고, 한치의 존경심도 없이 죽이기도 한다.

188.

　사찰이나 사찰의 승방僧房은 규모에 따라 여러 개의 방으로 나뉘어 있다. 각 방에는 종신직의 승려 한 사람이 있고, 그 아래에 제자들이 있다. 제자들은 원하는 만큼 사들일 수가 있고, 자신의 재산과 노력으로 부양할 수 있다. 이들 승방에는 다른 사람들 앞에서 큰 권위를 가진 고위 승려는 한 사람도 없다.

　중국 각지에 있는 사찰과 특히 황궁[603]이 있는 곳의 사찰에 있는 모든 승방에는 많은 손님방이 있어 그것을 임대한다. 마치 우리가 타지에서 오는 이방인에게 여관방을 대여해 주는 것과 같다. 이것을 통해 승방은

603　북경과 남경이다.

많은 돈을 버는데, 많은 사람이 이용하고 좋은 값을 지급하기 때문이다. 지금 큰 승방은 사방에서 오는 사람들로 거대한 숙박업소가 되었다.[604] 이곳에서 가장 하지 않는 것이 부처에게 절하고, 설법하고, 종교에 대해 논의하는 것이다.

189.

승려들이 이렇게 신분이 낮은데도 많은 사람이 그들을 찾는 것은 죽은 사람을 위해 장례를 부탁하기 위해서다. 이것을 통해 승려들은 얼마간의 수입도 올린다. 그 외에 승려들을 찾는 것은 야생동물을 방생하는 의식을 청하기 위해서다. 수생 동물처럼 날짐승과 들짐승들이 여기에 포함된다. 불교에서 신심이 깊은 사람은 살아 있는 짐승을 사서, 물이나 들에 놓아주는데, 이것을 공덕을 쌓는 매우 좋은 일이라고 생각한다.[605]

190.

이 시대에 불교는 매우 꽃을 피우고 있어 새로 사찰을 세우기도 하고 오래된 것을 재건하기도 한다. 하지만 불자들은 대부분 여성이나 태감, 단순한 사람들이다. 특별히 재공齋工[606]이라고 부르는 사람들이 있는데,

---

604 Cf. NN.530, 532.
605 동물들을 향한 이런 자비로운 행동을 '살아 있는 생물을 놓아주는 일(放生)'이라고 한다. 윤회설에 기반을 둔 것으로서 불자들에게는 매우 자랑스러운 일이다. Cf. Doré², pp.106-107; TP, 1938-1939, p.128.
606 채식주의자나 절식가들이 고기를 먹지 않는 것은 동물로 다시 태어난 친척들의 몸을 먹는 위험을 멀리하기 위해서다. 게다가 그들은 "생선도 유제품"도 먹지 않고 "채소와 콩을 빵이나 쌀과 함께"(N.397) 먹으며 산다. Cf. Doré¹, III, p.317 e seg.; Doré², p.107.

그들은 자기네 집에서 살면서 일생 고기와 생선을 금하고 절식하며, 많은 불상을 모시고 그 앞에서 매일 염불한다. 그중 일부는 다른 사람의 집에 가서 염불해 주고 약간의 보수를 받기도 한다.

191.

불교에는 여승들도 있어 머리를 삭발하고, [남자] 승려들처럼 남편을 얻지 않는다. 이고尼姑[607]라고 부르지만 [남자] 승려와 비교하여 그 숫자가 매우 적고, 많은 여승이 함께 살지도 않는다.

192. 도교: 기원, 도사, 교리, 미신적인 실천, 우두머리

세 번째 종파는 노자老子의 종교로, 공자와 같은 시대의 철학자였다. 그는 태어나기 전에 어머니의 뱃속에서 80년을 살았다고 한다. 그래서 그는 노자, '늙은 철학자'[608]라는 이름으로 불린다. 그는 자기 종교와 관

---

607 여승(女僧)들이다. 365년부터 비구니(比丘尼)라는 이름으로 불린다. Cf. Franke[1], III, p.267.

608 '나이 든 철학자(老子)' 또는 '늙은 군자(老君)'는 기원전 604년에 태어났다(그러나 이 날짜는 확신하는 것과 매우 거리가 있다. Cf. *TP*, 1922, p.435). 기원전 551년에서 479년에 살았던 같은 시대의 공자와 상당히 다르다. Cf. N.55. 따라서 공자와 같은 시대의 사람이라면 Wieger, *HC*, p.145에서 주장하고 있는 것처럼 노자가 570-490년에 태어나야 한다. 전해 오는 이야기에 따르면 그는 곡인(曲仁)에서 72세 혹은 80세에 태어났다고 한다. Cf. *BD*, N.1088. 노자에 관한 모든 전통이 의혹투성이지만 오늘날의 안휘(安徽) 남부에서 태어났다는 데는 모두 동의한다. Cf. *TP*, 1920-1921, p.162, N.1. 노자는 갈홍(葛洪)으로, 4세기 중반에 쓴 저서 『신선전(神仙傳)』에 자주 '단순한 스승, 포박자(抱朴子)'로 등장한다. 갈홍에 대해서는 Wieger, *HC*, pp.385-406을 보라.

　　노자는 도교의 설립자도 첫 스승도 아니다. 그의 가르침은 주(周) 왕조의 사관들에 있는 것처럼 매우 형식적이다. 한예문지(漢藝文志) 『전한서』(前漢書, c.30)에서 언급하고 있듯이, "도가들은 사관들에서 유래하였다(道家者流蓋出於史官)." 그러므로 교리는 인도에서 가져왔을 가능성이 크고 당시 인도의 우파니샤드 체계 중국 적응주의

런하여 아무 경전도 남기지 않았는데, 아마도 새로운 종파를 만들려고 한 것은 아니었던 것 같다. 하지만 그가 죽은 후, 도사라고 하는 그의 추종자들이 그를 우두머리로 세우고, 매우 기이한 이야기들과 함께 여러 종교와 경전들을 만들어 냈다.[609]

도교를 믿는 사람 중에는 여러 사원에서 살면서 결혼도 하지 않고 승려들과 같은 방식[610]으로 사는 사람들이 있다. 승려들처럼 마음에 드는 제자들을 사들이고, 승려들과 같은 권위를 가지지만 사는 방식에는 제약이 없다. 머리와 수염은 다른 모든 중국인처럼 기르고, 머리에 나무로 만든 모자를 써서 세속의 사람들과 구분한다. 일부 도사들은 결혼하고 자기 집에서 살면서, 자신과 다른 사람을 위해 경을 염하기도 한다.

의 결과물이라고 할 수 있다. 경전들은 이 점에 대해 "교리가 비-중국의 것으로, 당시 인도에서 유행하던 게 갑자기 중국에서 확산되었다"라고 말한다. 노자 이전에도 도교를 가르치던 선(先) 도사들이 있었지만, 그들은 아무런 기록을 남기지 않았다. 그들 중 몇 명은 알려진 사람들도 있다. 노자의 도교적인 측면은 ―확실한 전통에 의하면― 『도덕경』이라는 도교 경전을 처음으로 편집한 사람이라는 것이다. 이를 토대로 도교가 확산할 수 있다. Cf. Wieger, *HC*, pp.145-146, 156; Derk Bodde, pp.170-172.

609 『도덕경(道德經)』, 즉 노자의 가르침과 활동을 기록한 것으로, 노자가 쓴 걸로 알려졌지만, 그가 쓴 것 같지는 않고, 그가 죽은 후 많은 시간 지나도 여전히 유효한 그의 모습을 담은 것으로 보인다. 한편 기원전 1세기 초, 역사가 사마천은 노자의 업적에 대해 "5,000개가 넘는 말씀"이라고 하였다. 이것은 도덕경이 종교 서적이 아니라 철학 서적으로 오랫동안 알려져 왔다는 것을 의미한다. Cf. *TP*, 1912, p.427. 마스페로(Maspero)에 의하면 현재의 『도덕경』은 기원전 4세기 초 혹은 중반에 나온 것으로 본다. Cf. *TP*, 1922, p.442. 1923년에서 1927년 사이, 상해에 있는 Commercial Press에서 『도덕경』 시리즈 재판을 찍었는데 1,120부가 즉시 동이 났다. 『정통도장(正統道藏)』이라는 제목으로 1504년의 도교 판본을 찍은 것으로서, 이전에 다른 두 개의 사본 ―하나는 북경본이고 다른 하나는 도쿄본― 에 대해서는 알려지지 않았다. Cf. Derk Bodde, pp.177-180.

610 Cf. N.187.

193.

그들은 다른 여러 우상 중에서도 형체가 있는 천제天帝를 숭배한다.[611] 그들이 직접 만든 교리서에는 하늘에서 발생하는 많은 것들을 언급하고 있는데; 대부분 억측에 지나지 않고 매우 진부하여 내가 여기에서 일일이 열거할 필요도 없을 것 같다. 한 가지만 말하면 다른 것들은 미루어 짐작할 수 있을 것이다. 그들은 지금 나라를 다스리는 '하늘의 임금'[612]은 장張[613]씨 성을 가진 사람인데, 원래는 유劉씨 성을 가지고 있었다. 유왕이 어느 날 백룡을 타고 지상으로 내려왔다. 미래를 예견할 줄 알았던 장씨가 그를 자기 집으로 초대하여 식사를 준비했다. 유왕이 식사를 하는 동안 장씨가 백룡을 타고 하늘로 올라가 천상 왕국을 차지하고야 말았다. 유왕이 돌아와 보니 장씨가 자기 나라를 차지하고 있어 들어갈 수가 없었다. 이에 유왕은 장왕에게 부탁하여 중국의 산 하나[614]를 얻어 자신의 과거 지위를 사적으로라도 유지할 수 있게 해 달라고 했다. 이런 이유로 오늘날 도사들이 숭배하는 자는 그들도 고백하듯이 속여서 하늘을 횡

---

611 Cf. NN.129, 170, 176, 234; NN.236, 246과 비교하라.

612 리치는 모든 도교 신봉자들이 서기 424년 이후 수장으로 모시는 천사(天師)가 장(張) 씨 집안의 사람이라는 것을 혼동하고 있는 것 같다. Cf. Imbault-Huart, *La légende du Premier Pape* (sic) *des Taoistes* in *JA*, 1884, IV, pp.389-461. 천왕(天王)이라는 이름은 세상의 중심에 있다고 생각하는 수미루(須彌樓) 산에 사는 전설적인 4명의 신들에게만 붙여진 것이다. Cf. N.540; D'Elia[1], N.39; Werner[1], p.142; Soothill-Hodous, p.394.

613 여기에서 리치는 서기 156년경에 사망한 도교의 진정한 창시자 장도릉(張道陵)과 혼동하고 있는 것 같다. 장도릉에 관해서는 Franke[1], I, p.419, III, p.221; Doré[1], IX, Shanghai, 1915, pp.525-544; Wieger, *TH*, pp.783-789: *HC*, pp.377-378, 513; *TP*, 1912, p.394, N.3; *BEFEO*, 1903, pp.103-104: 1906, p.382, N.1, p.390, p.410: 1911, pp.211-213; *JA*, 1884, IV, pp.413-436; Werner[2], pp.37-41.

614 강서성에 있는 용호산(龍虎山)으로 추정된다.

령한 왕이다.

왕 위에는 다른 신이 세 명 있는데, 그중 하나가 노자이고, 그가 이 종파의 창시자다.

두 종파(불교와 도교)는 세 가지 요소로 이루어진 것이 여럿 있다.[615] 따

---

615 도교의 세 가지 요소 삼청(三淸)은 삼동(三洞), 삼원(三元), 삼보(三寶)라고 부른다. 태상원시(太上元始), 태상도군(太上道君), 태상노군(太上老君)을 포함하는데, 어떤 사람은 세 번째 존재에서 노군(老君)을 노자(老子)로 혼동하기도 한다. 여기에서 리치가 하는 것처럼 말이다. 하지만 잘 보면, 세 인물 중 두 인물이 각기 다른 시점에 개인적인 인연은 없지만 같은 도(道)에서 비롯된다는 걸 알 수 있다. 어쩌면 내면에 공통되고 유일한 하나의 도(道)에 대한 세 가지 다른 이름일 수도 있을 것이다. Cf. Werner[1], pp.124-125; Werner[2], pp.399-400.

그러나 여기에서 흥미롭게 강조하고 싶은 것은 많은 도교 텍스트들이 특수한 도교적인 환경에서 삼위일체에 대한 그리스도교의 교리가 대단히 미숙한 형태로 스며들어 있다고 생각하게 만든다는 점이다. 대략 1000년경, 고대의 자료들을 집대성한 『운급칠첨(雲笈七籤)』(사부총간 四部叢刊, Comm. Press, 1922, 子部, 第三期, 第十二包, 第十六冊, vol. I)에는 남경에 살고 있던 도사 갈현(葛玄)이라는 사람이 238년과 250년 사이에 '현시'를 보았다고 기록되어 있다. 이 텍스트를 이해하기 위해서는 뒤이은 문장을 보아야 하는데, 갈현이 남경에서 서방의 태론(泰論)을 보았거나, 아니면 적어도 그에 관해서 하는 말을 들었다고 한다. 텍스트를 그대로 옮기면 다음과 같다. "감통태상이 삼성진인을 내려보내 영보경을 주었다. 첫째 진인은 자칭 태상현일제일진인 울라요, 둘째 진인은 자칭 태상현일제이진인 광묘음, 셋째 진인은 자칭 태상현일제삼진인 진정광이라 한다. 感通太上 遣三聖眞人下降以 靈寶經授之. 其第一眞人自稱, 太上玄一第一眞人 鬱羅翹. 其第二眞人自稱, 太上玄一第二眞人 光妙音. 其第三眞人自稱 太上玄一第三眞人 眞定光". 울라요(鬱羅翹)는 울라하(鬱羅翰)를 잘못 표기한 것 같고, 서안의 『대진경교유행중국비(大秦景敎流行中國碑)』에서 보듯이 아라가(阿羅訶)의 여러 이름을 대표한 것으로 보인다[역주_ 여기에서 '아라가'는 '여호와'를 말하는 것 같다]. 여기에서 '말'과 '빛'은 쉽게 '하느님의 말씀'과 '성령'으로 볼 수 있을 것이다. 이 텍스트들은 다른 유사한 도교 텍스트들과 함께 큰 관심을 끄는데, 이 점에 대해 Wieger(HC, p.519)는 신비하기 짝이 없는 '하나이면서 셋이고 셋이면서 하나'인 '3·1 관념' 태현삼일(太玄三一)[역주_ 삼위일체]만 언급하는 것이 아니라, 종종 인간과 신령의 통치자, 인신지주재(人神之主宰)와 '진화의 중심점' 조화지추기(造化之樞機)이신 '거룩한 아버지', 성부(聖父)에 대해서도 언급하고 있다는 점이다. 나아가 '큰 도의 주인이신 높은 분', 태상대도군(太上大道君)은 서방의 녹나옥국(綠那玉國)에 사는 한 여인을 잉태시켰다. 託胎於西方綠那玉國寄孕(JA, 1913, p.121, N.3). 여인은 해산, 강탄(降誕)하여

라서 이 모든 게 근원이 거짓이라는 걸 분명히 드러내며, 이는 창조주와 닮으려는 건방진 야망을 아직도 내려놓지 않았다는 것이다.

194.

도교에서도 천당에 대해 말하고, 믿는 사람들에게 천당을 약속하지만 나쁜 사람들이 가는 지옥에 대해서도 말한다. 하지만 석가의 종파[616]에서 말하는 방식과는 다르다. 이들은[617] 죽은 후에 영혼과 육신이 함께 천당으로 간다고 하며, 그들의 신전에는 하늘로 날아 올라가는 사람의 모습이 그려져 있다. 이런 이유로 도사들은 여러 가지 재주를 가르치는데, 다양한 형태의 틀에 앉아서 특수한 기도를 염하고 약초를 마신다. 이로써 성인(仙)의 도움으로 하늘에서 영원히 살 수 있거나, 최소한 이승에서 장수할 수 있다고 믿는다. 이런 것들을 통해 [중국인들의] 허영심과 거짓을 쉽게 보게 되고, 그들이 현세에서 장수하고자 하는 큰 욕망이 많은 사

아들을 낳았는데, 그를 '기도(器度, 그리스도?)'라고 불렀다(章 靈寶略紀). 이 텍스트들을 토대로 위거(Wieger)는 자기 관점에서 3세기 이래 중국의 도사들은 바실리데스(Basilides, *Βασιλείδης*: fl. 서기 117-138)[역주_ 이집트 알렉산드리아의 초기 나스티시즘(영지주의, Gnosticism) 교부 중의 한 사람]의 제자들이었다는 결론을 내리고 있다(*HC*, p.519). Cf. Wieger, *Taoisme*, I, pp.15-16.

635년 네스토리우스파의 진출 이후, 그리스도교 사상의 침투는 더욱 두드러지게 나타났을 것이다. Cf. Franke[1], Ⅲ, p.435. 8세기 도교의 '3·1 관념'은 '귀중한 하늘의 주인(天寶君)', '귀중한 지식의 주인(靈寶君)', '귀중한 영의 주인(神寶君)'이 되었고, 그것을 "이 세 가지는 구분되지만, 그 깊은 곳에는 하나만 있다. 此三號雖殊, 本同一也"라고 표현하였다. 그리고 열 가지 천존(天尊)의 속성은 "자연(自然), 무극(無極), 대도(大道), 지진(至眞), 태상(太上), 도군(道君), 고황(高皇), '숭배할 하늘'(하느님, 天尊), 옥제(玉帝), 폐하(陛下)"(*Ibid.*, 章 道敎三洞宗元)라고 말한다. Cf. Vieger, *HC*, pp.515-519.

[616] 불교. Cf. N.183.
[617] 도교를 믿는 사람들.

람에게 가능한 걸 내려놓고 죽을 때까지 이런 환각 속에서 살아가게 한
다는 걸 알 수 있다. [장수를 위해] 각종 재주를 연마함으로써 오히려 죽음
을 재촉하기도 한다.[618]

195.

이 도사들의 고유한 직무는 구마驅魔를 하는 것으로, 마귀가 자기 집에
나타났다고 생각하는 사람은 도사를 불러 마귀를 쫓아낸다. 이것은 두
가지 방식으로 한다. 하나는 마귀가 붙었다고 느끼거나 더러운 영이 들
어올까 두려워하는 집에 흉측한 귀신의 형상을 붙인다. 그 형상은 노란
종이에 검은 잉크로 인쇄를 하거나 그린 것으로, 도사들은 그것을 통해
많은 돈을 번다. 다른 하나는 도사들이 직접 집으로 가서 마귀를 쫓아내
고 정화하는 것이다. 손에 검을 들고 크게 소리를 지르면 그들이 오히려
마귀 같기도 하다.[619]

그들의 또 다른 고유한 임무는 가뭄이 들 때 비를 내리게 해 달라고 청
하고, 비가 많이 오는 시기가 되면 비가 그치게 해 달라고 청하는 것이
다. 홍수를 막고, 그 외 공적·사적 불행을 방지하는 기도를 한다. 그들
은 장담한 것을 하면서 전혀 부끄러워하지도 않는다. 그들을 청한 사람
들에게 조금이라도 미안해할 수도 있으련만, 그들은 장담한 모든 것에
대해 얼마나 거짓말을 잘하는지, 전혀 개의치 않는다.

---

618 연단술을 암시한다. Cf. N.169. 이런 재주 가운데 하나는, 되레 '죽음을 재촉하는' 리듬
　　 호흡이 있는데, 이와 관련한 것은 Wieger, *HC*, pp.367, 391-397, 401; *JA*, 1937,
　　 pp.177-252, 353-430을 보라.
619 Cf. N.562.

그들 중 일부는 마술을 부릴 줄 알거나 알았던 걸로 보이지만, 그들이 하는 모든 게 그저 거짓에 불과할 뿐이다.

그들은 천단天壇과 지단地壇에 머물며, 황제가 직접 혹은 사람을 보내 지내도록 한 제사를 도와주고 큰 명성을 얻는다. 그들은 이곳에서 중국의 모든 악기를 동원하여 연주하는데, 그들의 합주는 우리의 귀에 커다란 불협화음으로 들린다.[620]

장례를 치를 때도 그들을 부른다. 그러면 그들은 귀한 도포를 입고, 피리 혹은 그것과 비슷한 악기를 불며 간다.

특별한 행렬이 있을 때도 그들을 부른다. 새집을 축복하고, 어떤 길에서는 사악한 영을 쫓아내기도 한다. 많은 지역에서 매년 특수한 길을 정해 선두로 삼는데,[621] 이번에는 이 길, 다음에는 저 길, 이런 식으로 하고 그 비용은 인근에 사는 모든 사람이 분담하게 한다.

196.

도교는 장張씨 성을 가진 사람을 수장으로 두고,[622] 그의 지위를 이어받아 지금까지 전해진 지 천년이 넘었다. 그는 원래 강서성江西省의 한 동굴에서 살던 강령술사였다. 그의 후손들은 지금도 그곳에서 살며 많은 세대에 걸쳐 강령술사가 있는 걸로 봐서 그의 자녀들에게 강령술을 전수하는 것으로 보인다.

---

620 이 부분에서도 리치는 중국인들이 하는 모든 것들을 무조건 칭송하지는 않는다는 걸 알 수 있다. 리치는 1600년 3월 16일, 남경에서 직접 이 음악을 들었다. Cf. N.553.
621 행렬의 선두를 말한다.
622 도교의 우두머리는 수 세기 동안 장(張)씨 가문의 사람이 차지해 왔다. Cf. N.193, p.467, 주(註) 612, 613.

도교의 수장은 대부분 시간을 북경[623]에서 보내면서 황제의 극진한 대접을 받고 왕궁에 들어가 새로운 건물을 축성하거나 액운을 물리친다. 도시로 나갈 때는 지붕이 없는 가마를 타고 왕실의 최고 대신들처럼 차리고 나간다.[624] 황제는 그에게 매우 높은 봉록을 지급한다. 그러나 어떤 그리스도인[신자]이 우리에게 말하기를, 지금의 장천사는 너무 무식해서 도사 대부분이 할 줄 아는 도술조차 할 줄 모른다고 했다.

장천사는 민중에게는 아무런 권한이 없다. 하지만 자기네 도사들 위에 군림하고, 최고 사원에서 군림한다. 이 도사 중 많은 사람이 거짓 불로장생에 심취하여 연단술에 힘쓰고, 스승의 뒤를 이어 어떤 이는 내단술에 정통하다고 하고, 어떤 이는 외단술에 정통하다고 한다.

197. 이미 300개가 넘은 많은 종파

이것이 중국의 기본적이고 중요한 세 종파다. 그러나 마귀는 이것들로는 여전히 만족하지 못하는지, 각 종파는 다시 수많은 파로 나뉘어 많은 사원과 스승을 두고 있다. 그래서 이름으로는 세 종파지만, 실제로 중국에 있는 종교는 300개가 넘고, 매일 새로운 여러 종파가 대규모로 출현하기도 한다. 풍속은 날로 악화되고, 모든 새로운 스승들은 최대한 방탕한 생활을 제시한다.[625]

---

623 특별히 이곳에서 리치는 북경을 페키노(Pechino)가 아니라, 파키노(Pachino)라고 쓰고 있다. 이곳에서 유일하게 파키노(Pachino)로 쓰고 있다. Cf. N.7, p.268, 주(註) 43.
624 Cf. N.108.
625 리치는 이런 많은 종파를 모두 우상숭배로 보고 "머리가 세 개 달린 괴물로 하나를 자르면 바로 다시 세 개가 생겨나는" 것에 비유했다. 오로지 예수의 십자가만이 이런 우상들을 무너뜨릴 수 있는 수단이 될 것임을 열망하였다(N.1499). Cf. N.200.

198. 황제가 각기 다른 세 종파에게 요구하는 것. 많은 우상

지금의 왕조를 개국한 황제[626]는 모두의 마음을 사기 위해, 왕국에 도움이 된다고 생각하여 법률로써 세 종파를 모두 허락하였다. 세 종파 모두에게 특권을 부여하면서도 두 종파(불교와 도교)를 유학자들의 지배하에 두었다.[627] 유교는 중국의 통치이념이기 때문에 아무도 차별한다고 생각하지 않는다.

중국의 황제는 놀라우리만치 모든 종파에 관심을 두고 도움을 준다. 각 종파의 사원을 보수하고 때로는 새로 지어 주기도 한다.

황후들은 불교를 가장 신봉하고,[628] 거기에 많은 돈을 희사하고, 궁 밖에서 두 종파(불교와 도교)의 많은 성직자(스님과 도사)를 먹여 살린다. 그들은 황후들을 위해 기도한다.

중국에서 신앙을 갖기 어렵게 하는 것에는 우상들의 숫자가 너무 많은 탓도 있다. 사당에는 우상이 가득하고, 그중에는 수천 개의 우상이 있는 사당도 있지만, 개인 집들에도 많은 우상을 두고 있고, 우상을 위해 따로 장소를 마련하기도 한다. 광장과 도로, 산山과 배船와 공공건물 등 우상이 없는 곳을 찾아볼 수가 없다. 이렇게 많은 우상에 비해 그것을 진지하게 믿는 사람은 아주 적다. 그들은 겉으로 우상을 숭배하는 것이 비록 도움이 되지는 않아도 적어도 해를 주지는 않을 거로 생각한다.

---

626 명(明) 왕조를 설립한 홍무(洪武)다. Cf. N.78.
627 다시 말해서 불교와 도교를 유교의 지배하에 두는 것이다.
628 리치는 '파고다'를 신봉하는 우상 종파라고 표현하고 있다. Cf. N.206, 본서 2권, p.78, 주(註) 34.

199. 종교가 모두 같다고 믿는 것과 만연한 무신론

현재 가장 공통된 견해이자 가장 지혜로운 거로 생각하는 것은 이들 세 종파가 모두 같다(三敎歸一)[629]는 것이다. 이들을 모두 같다고 생각하면 스스로는 물론 다른 종파까지 속이는 것이고, 큰 혼란이 야기될 수도 있다. 그런데도 그들[중국인]이 이런 생각을 하는 데는 각 종파에서 말한 것처럼 국가에 도움이 된다고 생각하기 때문이다. 그렇지만 각 종파는 주장한 것과 전혀 다르게 모든 것을 드러낸다. [중국인들은] 모든 종파를 믿으려고 하다 보니 진심으로 따르는 종교가 하나도 없고, 아무도 한 종교에 머무르지 않는다.

그래서 어떤 사람은 믿는 종교가 없다고 고백하는 사람도 있고, 어떤 사람은 믿고 있다는 거짓된 확신으로 자신을 속이기도 한다. 이 사람들의 대부분은 심각한 무신론에 빠져 있는 경우가 많다.[630]

---

629 Cf. NN.550-551. "세 종교가 하나라는 것(三函敎)"은 리치가 『천주실의(天主實義)』하(下)에서 언급한 것(*PCLC*, VI, f.55a)으로 하나의 몸에 세 개의 머리를 가진 것에 비유하였다. 리치는 이곳(ff.55a-56b)에서도 똑같은 이론을 펴고 있다.

630 Cf. N.170. 이 주제에 관해 가장 먼저 언급한 사람은 루지에리다. N.2025. 리치는 당대 대부분 유학자가 무신론자였던 데 반해, 고대 중국인들은 참 하느님을 알았다고 했다. 도미니코 수도회의 미노렐리(Minorelli)는 *Examen des faussetés sur le culte chinois*, p.10에서 Thomas, *Histoire de la Mission de Pékin*, 1923, I, p.143을 인용하면서 "리치 신부님은 유학자 중 무신론자는 한 사람도 본 적이 없다고 고백한 바 있습니다"라고 말했다. 그러나 리치의 후임자였던 론고바르도는 고대의 중국인들도 무신론자들이었다고 주장했다. 그의 말을 그대로 인용하기로 하자. "고대 중국의 유교(儒敎)를 연구한 학자들은 무신론자들이라고 하기에 충분하다. 리치도 언급한바, 현대와 고대가 별반 다를 바가 없기 때문이다. 현대인들은 어떻게 하면 여자를 얻을 수 있을까에 집중할 뿐, 덕행과 같은 종교적이고 문화적인 것에는 관심이 없다." 상제(上帝), 천신(天神), 혼령(魂靈)과 같은 중국의 특정 용어를 그리스도교에서 사용할 수 있느냐 없느냐에 대한 논쟁은 중국에 사는 신부들의 오랜 과제였다. 이에 마카오에 있는 우리의 순찰사 신부[발리냐뇌]가 그에 대해 간략히 답변을 주었고, 예수회의 니콜로

(Nicholas) 론고바르도 신부[c. 1624]가 그것을 라틴어로 번역하여 용어가 더 세련되어졌다. Anton de Santa Maria, *Minorum in Cina,* 1661(R. Biblioteca Casanatense, Roma, ms. N.1516. f.29r). 이것을 언급한 론고바르도의 서술에 대해 서장(序章) 18의 17 내용 ff.30 사본은 모랄레스(Giovanni Battista Morale, O.P.) 신부가 "1662년 4월 4일 자, 남경(?)"(*Ibid.,* in fine)에서 입증하고 있다. 쟁점을 나바레테(Navarrete)는 1676년에 스페인어로 알렸고(*Tratados historicos*, I, pp.246-289), 1701년 데 시레(de Ciré)는 프랑스어로 알렸다. 프랑스어본은 라이프니츠가 주석을 달아 발표하였다. Cf. Leibniz, *Opera omnia*, Ginvra, 1768, IV, Prima pars, pp.89-144; 앞에서 언급한 부분은 p.136에 있다. 여기에는 다른 데서와 마찬가지로, 론고바르도의 것에서 서장(序章) 18장이 부족하다. 실제로 필사본의 끝에는 이렇게 적혀 있다. "예수회의 니콜로 론고바르도 신부는 지금까지 18장을 제외하고 번역을 마무리했다. 서문 17장의 마지막 페이지 오른쪽 아래에서 그 흔적을 엿볼 수 있고, 다음 장 오른쪽 위의 시작 지점에서 저자의 서명을 볼 수 있기 때문이다." 그러나 1598년 론고바르도는 당시 무신론자 유학자들에 대항하여, 많은 진리가 "그들의 서적과 고대의 일부 전승들을 통해 쉽게 수용"될 수 있다고 인정한 바 있다(N.2772).

마태오 리치(Matteo Ricci, 중국명 利瑪竇, 1552-1610)

이탈리아 마르케주 마체라타에서 태어나 예수회에서 운영하는 학교에서 공부했고, 로마로 가서 현(現) 로마대학교 전신인 콜레지움 로마눔에서 당대 최고의 과학자며 교황청 학술원장으로 있던 예수회 소속 아나스타시우스 키르허 교수 밑에서 수학과 물리학을 전공했다.

예수회에 입회하여 신학을 공부하던 중 아시아 선교사로 발탁되어 고아, 코친을 거쳐 당시 동인도지역 예수회 순찰사 알렉산드로 발리냐노의 명으로 아시아선교의 베이스캠프인 마카오에서 중국선교를 준비했다. 중국어와 중국문화에 관한 체계적인 공부를 했고, 중국 내륙으로 파견되어 발리냐노가 수립한 "적응주의 선교정책"을 실천했다.

1610년 5월 11일 북경에서 58세의 일기로 생을 마감하기까지 28년간 중국인 리마두로 살았다. 그가 보여 준 삶을 통한 대화의 방식은 '긍정적인 타자 형상'으로 각인되었고, 학문을 매개로 한 대화는 동서양 문명의 가교가 되었다. 도덕과 이성, 양심에 초점을 맞춘 인문 서적과 실생활에 도움을 주는 실천학문으로서 과학 기술서의 도입이 그것이었다. 르네상스 시대 유럽에서 꽃을 피운 예술(藝術)도 대화의 수단으로 활용했다. 그 덕분에 절벽으로 표현되던 폐쇄적인 중국 사회에서 대화가 가능한 길을 찾아 동서양 화해를 모색한 방법은 역사의 현시성을 극명하게 보여 주는 사례가 되었다.

김혜경(金惠卿, 세레나)

로마에서 선교신학을 전공하였다. 가톨릭대, 서강대, 성신여대 등에서 강의했고, 현재 부산가톨릭대 연구교수로 있다. 연구과제와 관련하여, 이탈리아에 머물며 피렌체대학교에서 미술사학을 공부하고 있다.

저서로『예수회의 적응주의 선교』(2013년 가톨릭학술상 수상),『인류의 꽃이 된 도시, 피렌체』(2017년 세종우수교양도서),『모든 길은 로마로』(2024),『세계평화개념사: 인류의 평화, 그 거대 담론의 역사』(공저: 서울대학교 평화통일연구원 편) 등 전공 및 일반교양 도서가 10여 편 있고,『사랑만이 우리를 구원할 수 있습니다』(프란체스코 교황 저), 『바티칸 박물관, 시대를 초월한 감동』(2023) 등 약 20편의 역서가 있다.

「마태오 리치의 적응주의 선교와 서학서 중심의 문서선교의 상관성에 관한 고찰」(『선교신학』 제27집, 2011), 「실천하는 영성가 요한 바오로 2세의 평화의 관점에서 본 가난의 문제」(『인간연구』 제21호, 2011), 「선교사들이 직면한 토착언어 문제: 선교역사를 통해 보는 몇 가지 사례」(『신학전망』, 2015), 「왜란 시기 예수회 선교사들의 일본과 조선 인식―순찰사 알렉산드로 발리냐노의 일본 방문을 중심으로」(『교회사연구』 49호, 2016), 「마태오 리치의 세계지도에 대한 선교신학적 고찰」(『신학전망』 제198호, 2017), 「발리냐노의 덴쇼소년사절단(天正遣欧少年使節)의 유럽 순방과 선교 영향」(『선교신학』 제52집, 2018) 등 다수의 논문이 있다.